Hubertus Knabe
Honeckers Erben

Hubertus Knabe

HONECKERS ERBEN

Die Wahrheit über DIE LINKE

Propyläen

Propyläen ist ein Verlag der Ullstein Buchverlage GmbH
ISBN 978-3-549-07329-2

© Ullstein Buchverlage GmbH, Berlin 2009
Alle Rechte vorbehalten
Gesetzt aus der Sabon
bei Pinkuin Satz und Datentechnik, Berlin
Druck und Bindung: CPI – Clausen & Bosse, Leck
Printed in Germany

Inhalt

Vorwort 7

TEIL I – HERKUNFT 13
Karl und Rosa 17
Totengräber von Weimar 28
Aufbau einer Diktatur 42
Vierzig Jahre Sozialismus 58
Schöngefärbte DDR 73
Eine saarländische Männerfreundschaft 96
Operation Überleben 106

TEIL II – POLITIK 135
Die Anfänge 142
Der Milliardenschatz 154
Ostpartei 179
An der Macht 197
Westausdehnung 213
Partei ohne Programm 237
Sicherheitsrisiko 249

TEIL III – PERSONAL 259
Alte Kader 263
Medienstar mit schwarzer Weste 276
Stasi im Bundestag 293
Partei der Spitzel 307
Betonkommunisten 329
Sektierer aus dem Westen 342

Revolutionäre im Landtag   354
Die Gewerkschaftspartei   365
Gescheiterte Sozialdemokraten   374
Napoleon von der Saar   379

Epilog   390

Abkürzungen   393
Anmerkungen   398
Personenregister   442

Vorwort

Ein Gespenst geht um in Europa – das Gespenst des Kommunismus.« Der berühmte Eingangssatz des Kommunistischen Manifestes, mit dem Karl Marx und Friedrich Engels vor 160 Jahren zum Sturz der »Bourgeoisieherrschaft« aufriefen, ist in Deutschland überraschend aktuell geworden. Zwanzig Jahre nach der friedlichen Revolution in der DDR drängt eine Partei an die Macht, die sich die Abschaffung des Kapitalismus auf die Fahnen geschrieben hat. Sie ist im Bundestag in Fraktionsstärke vertreten und entsendet Abgeordnete in alle ostdeutschen und viele westdeutsche Landtage. »DIE LINKE«, wie sie sich nennt, eilt seit ihrer Gründung im Juni 2007 von Wahlerfolg zu Wahlerfolg – und wird sich wohl auf längere Zeit im politischen System der Bundesrepublik etablieren.

Von 1949 bis 1989 war die Partei schon einmal an der Macht. Unter dem Namen »Sozialistische Einheitspartei Deutschlands« (SED) setzte sie damals in Ostdeutschland mit eiserner Faust den Sozialismus durch. Getreu dem Kommunistischen Manifest wurde das Privateigentum an Produktionsmitteln beseitigt und die bürgerliche Gesellschaft so gut wie ausradiert. Doch nicht das Proletariat herrschte in der DDR, sondern eine kleine Gruppe von Parteifunktionären, die sich auf Tausende großer und kleiner Kader stützen konnte. Eine martialisch gesicherte Grenze machte das Land zu einem großen Gefängnis, in dem ein allgegenwärtiger Staatssicherheitsdienst die Menschen nahezu lückenlos überwachte. Als die Partei im Herbst 1989 mit Schimpf und

Schande davongejagt wurde, hinterließ sie ein heruntergekommenes, traumatisiertes Land, das bis heute nicht wieder richtig auf die Füße gekommen ist.

Wohl niemand hätte damals gedacht, dass die Partei zwanzig Jahre später – nach viermaliger Umbenennung – wieder an den Toren der Macht rütteln würde. Wie Phönix aus der Asche schwang sich die Diktaturpartei der DDR aus den Ruinen des SED-Staates empor und wurde im vereinten Deutschland erneut zu einem Faktor der Politik. Unter ihrem Vorsitzenden Gregor Gysi konnte sie nicht nur verhindern, dass die SED nach ihrem Sturz aufgelöst, enteignet oder verboten wurde. Mit Hilfe gut ausgebildeter DDR-Kader vermochte sie sich vielmehr als »Partei des Demokratischen Sozialismus« (PDS) in Ostdeutschland dauerhaft festzusetzen. Die jahrelangen vergeblichen Bemühungen, auch im Westen Fuß zu fassen, wurden erst von Erfolg gekrönt, als ihr der gescheiterte SPD-Vorsitzende Oskar Lafontaine zu Hilfe kam: Durch seinen Eintritt in eine linke Splittergruppe, die anschließend medienwirksam in die PDS überführt wurde, verhalf er der Partei zu bundesweiter Anerkennung. War sie noch bei den Bundestagswahlen 2002 kläglich an der Fünf-Prozent-Klausel gescheitert, kam sie drei Jahre später unter ihrem neuen Namen Linkspartei auf 8,7 Prozent. Umfragen verheißen ihr inzwischen regelmäßig zweistellige Ergebnisse.

Der unerwartete Erfolg der Partei DIE LINKE hat für das politische System der Bundesrepublik weitreichende Folgen. Im Osten Deutschlands sitzen ehemalige SED-Kader schon seit Jahren wieder an den Schaltstellen und verklären die DDR als »legitimen Versuch«, eine vermeintlich bessere Gesellschaft aufzubauen. Durch die bundesweite Etablierung der LINKEN ist es unwahrscheinlich geworden, dass sich daran in Zukunft etwas ändern wird. Eher dürfte ihr Einfluss im Osten weiter zunehmen, insbesondere wenn es zu neuen Regierungsbeteiligungen wie in Berlin oder womöglich zur Wahl eines dunkelroten Ministerpräsidenten käme. Doch auch im Westen sind erstmals seit Jahrzehnten wieder linke Extremisten in die Parlamente eingezogen, von wo aus sie mit Steuergeldern ihre rückwärtsgewandten Parolen verbreiten. Mit 239 Landtags- und Bundestagsabgeordneten (Stand: Dezember 2008) ist die Partei zu einem bedeutenden politischen Faktor in Deutschland geworden.

Die Folgen hat vor allem die SPD zu tragen, die sich die linke Konkurrenz durch rot-rote Koalitionen und innere Selbstzerfleischung selbst herangezüchtet hat. Gleich ob sie sich für einen Kurs der Abgrenzung oder für Regierungsbündnisse mit der LINKEN entscheidet – die SPD hat kaum noch Chancen, an ihre früheren Wahlergebnisse von über dreißig oder gar vierzig Prozent heranzukommen. Doch auch die anderen Parteien müssen sich darauf einstellen, dass stabile parlamentarische Mehrheiten nur noch in Großen Koalitionen oder komplizierten Drei-Parteien-Bündnissen zu erreichen sind. Mit populistischen Forderungen werden sie zudem beständig unter Druck gesetzt, wider jede ökonomische Vernunft auf Kosten künftiger Generationen soziale Wohltaten zu verteilen. Finanzkrise und Wirtschaftsrezession geben der LINKEN zusätzlich ideologischen Auftrieb. Wahrscheinlich werden ihre Wahlerfolge auch die Rechtsextremen stärken, da ein Abdriften der Republik nach links entsprechende Gegenkräfte auslösen dürfte. Je weiter die demokratischen Parteien den politischen Heilsversprechungen der LINKEN entgegenkommen, desto größer wird der leere Platz am rechten Rand. Im schlimmsten Fall bestärken sich rechte und linke Extremisten gegenseitig und zerstören wie in der Weimarer Republik die systemtragende Mitte. Sollte das Programm der LINKEN – Auflösung der NATO, Enteignung privater Unternehmen, drastische Erhöhung der Staatsausgaben – Wirklichkeit werden, drohen der

Bundesrepublik nicht nur außenpolitische Irrwege, sondern auch Freiheitsbeschränkungen im Innern, womöglich eine neue Diktatur.

Umso erstaunlicher ist das neutrale bis positive Image, das die Partei in Teilen der Öffentlichkeit genießt. Mit populistischen Parolen, geschickter Personalpolitik und redegewandten Demagogen haben sich Honeckers Erben erfolgreich aus der Schmuddelecke der deutschen Politik herausbewegt. Kaum noch eine Talkshow meint, ohne sie auszukommen. Dabei weichen Inhalt und Verpackung bei ihnen weiter als in jeder anderen Partei voneinander ab. Während DIE LINKE in der öffentlichen Wahrnehmung inzwischen vor allem mit dem saarländischen Ex-Sozialdemokraten Oskar Lafontaine in Verbindung gebracht wird, dominieren die Partei in Wirklichkeit alte SED-Kader. Und während vor die Kameras am liebsten junge Frauen mit hennagefärbten Haaren geschickt werden, ist DIE LINKE tatsächlich eine überalterte Rentnerpartei. Die flotten Sprüche im Wahlkampf täuschen darüber hinweg, dass das Programm der LINKEN so altbacken und konservativ ist wie das keiner anderen Partei.

Wer die Wahrheit über die LINKE wissen will, muss deshalb hinter ihre Fassaden schauen. Einen ersten Blick in ihr Inneres hat der Autor bereits vor zwei Jahren geworfen. In seinem Buch *Die Täter sind unter uns* ging es um die Verherrlichung der SED-Diktatur durch Stasi-Obristen und DDR-Nostalgiker. Dabei wurde offenbar, dass die DDR von keiner anderen Partei so sehr verharmlost wird wie von der Linkspartei, die ungeniert mit obskuren Stasi-Vereinen zusammenarbeitet. Die damals in anderem Zusammenhang veröffentlichten Erkenntnisse werden jetzt noch einmal aufgegriffen und vertieft.

Im ersten Teil des Buches geht es um die Herkunft der LINKEN. Der Blick zurück ist nicht nur wichtig, um ihren ideologischen Nährboden auszuleuchten, sondern auch um deutlich zu machen, wozu ihre Rezepte in der Vergangenheit geführt haben. Im zweiten Teil wird ihre Politik behandelt, von den ersten freien Wahlen in der DDR bis zur Gegenwart. Die Frage, wo das Milliardenvermögen der SED geblieben ist, wird dabei ebenso untersucht wie das wirtschafts- und außenpolitische Programm der LINKEN. Im dritten Teil geht es ums Personal. Hier wird nicht nur analysiert, wie sich die Mitgliedschaft zusammensetzt, sondern vor allem, welche Personen und Gruppen hinter Lafontaine und Gysi die Strippen ziehen.

Durch ständige Umbenennung haben die Parteistrategen in den letzten Jahren versucht, ihre Spuren zu verwischen. Dieser Tatsache ist es geschuldet, dass der Gegenstand dieses Buches immerzu mit anderen Kürzeln bezeichnet werden muss: SED, SED-PDS, PDS, Linkspartei, DIE LINKE – die wechselnde Verpackung darf nicht darüber hinwegtäuschen, dass es sich immer um ein und dieselbe Partei handelt. In der Regel wird sie auf den folgenden Seiten mit ihrem jeweils gerade gültigen Namen benannt. Sollte der Leser dabei einmal die Orientierung verlieren, mag er sich damit trösten, dass er nun richtig begreift, welchem Zweck die wechselnde Verkleidung der Partei dient.

Wie kein anderer Politiker in Deutschland hat der gelernte Anwalt Gysi seine Kritiker in den letzten Jahren mit Prozessen überzogen; andere Linken-Politiker haben es ihm alsbald nachgemacht. Die, die so oft und lautstark von Demokratie sprechen, haben die Freiheit des Wortes durch kostenträchtige Klagen inzwischen spürbar eingeschränkt. Journalisten und Verlage gehen den juristischen Gefahren inzwischen vielfach bereits vorbeugend aus dem Weg und verzichten auf eine kritische Aufarbeitung der SED-Diktatur und ihrer Stasi-Machenschaften, die die Täter beim Namen nennt.

Umso mehr weiß der Verfasser zu schätzen, dass der Propyläen Verlag dieses Buch so veröffentlicht, wie er es geschrieben hat. »Die Freiheit stirbt zentimeterweise«, lautete ein Slogan der Bürgerrechtsbewegung, und es kommt auf jeden an, sie zu verteidigen. Ohne den Rückhalt des Verlages hätte der Autor viele Dinge nicht in der gebotenen Klarheit darlegen können, die für eine kritische Auseinandersetzung mit der LINKEN und ihrer Politik unabdingbar sind. Zu großem Dank ist er auch Hans-Ulrich Seebohm für seine Unterstützung und Christian Seeger für Ermunterung und Lektorat verpflichtet. Danken möchte er nicht zuletzt seiner Familie, die das monatelange Schreiben an Abenden und Wochenenden klaglos hingenommen hat. Besonders dankbar ist er seinen Eltern, die ihm durch ihre Flucht aus der DDR ein Leben in der Diktatur erspart haben.

TEIL I

HERKUNFT

Rote Fahnen wehen vor dem riesigen Hotelkomplex am östlichen Ende der Berliner Sonnenallee. Delegierte aus Ost und West strömen in das Gebäude. Die einen sind auf dem Weg zum Parteitag der Linkspartei.PDS, die anderen wollen zur Wahlalternative Arbeit und Soziale Gerechtigkeit (WASG). Beide Organisationen halten heute ihren letzten Parteitag ab. Bei der PDS spricht als Erster ihr Ehrenvorsitzender Hans Modrow, einst SED-Bezirkschef in Dresden und später DDR-Ministerpräsident. Anschließend werden die Mitglieder des Parteivorstands gewählt. Schließlich redet, von Beifallsstürmen unterbrochen, Fraktionschef Gregor Gysi, der die Partei 1989 vor dem Untergang rettete. »Wer von uns hätte denn im Dezember 1989 daran geglaubt!«, ruft er den Delegierten emphatisch zu und rechnet ihnen vor, wie viel Prozent die Linkspartei bei den zurückliegenden Bundestagswahlen bekommen hat.[1]

Nebenan, bei der WASG, ist es der ehemalige SPD-Chef Oskar Lafontaine, der die Partei zu frenetischem Jubel hinreißt. Auch hier werden die Vertreter für den Vorstand gewählt. In seinem Schlusswort sagt Lafontaine, dass es ohne die WASG nicht DIE LINKE gäbe und ohne DIE LINKE sich die Politik nicht verändern würde. Nachdem die Reden vorbei sind, kommen Hotelhandwerker herein und schieben die Trennwände zwischen den Tagungssälen beiseite. Als die Delegierten am nächsten Morgen wiederkommen, sitzen sie alle zusammen in *einem* Saal und gründen gemeinsam die Partei DIE LINKE.

Der sogenannte Gründungsparteitag der LINKEN am 16. Juni 2007 war ein wohlinszeniertes Medienereignis. Von einer Vereinigung zweier Parteien, wie man der Öffentlichkeit suggerierte, konnte keine Rede sein. In Wirklichkeit hatte sich die Linkspartei lediglich umbenannt und die WASG-Mitglieder waren ihr beigetreten. Unter ihrem Spitzenmann Lafontaine hatte die WASG im Gegenzug ausgehandelt, dass sich der neue Vorstand paritätisch aus beiden Gruppierungen zusammensetzen sollte. Bis 2014 dürfen die westdeutschen Landesverbände zudem einige Delegierte mehr entsenden, als ihnen nach der Mitgliederzahl zustehen würde. Schon gar nicht handelte es sich um eine Neugründung, auch wenn LINKEN-Politiker die Zusammenkunft stereotyp als »Gründungsparteitag« bezeichnen und in ihren amtlichen Biographien, zum Beispiel für den Bundestag, so tun, als seien sie damals einer neuen Partei beigetreten. In Wahrheit blieb die Partei immer dieselbe – mit demselben Vermögen, denselben Mitarbeitern und demselben Apparat.

Eigentlich war der Beschluss zum Zusammengehen von Linkspartei und WASG bereits im März 2007 erfolgt, bei einem Doppelparteitag in Dortmund. Auch die Mitglieder hatten sich schon in einer Urabstimmung mehrheitlich dafür ausgesprochen. Jetzt, in Berlin, wurde der Zusammenschluss nur noch einmal in Szene gesetzt. Um den anmaßenden Parteinamen in die Welt zu transportieren, hatte man für die Fernsehkameras in riesigen Buchstaben den Schriftzug »DIE LINKE« auf der Bühne aufgebaut. Auch bei einem Schwenk ins Publikum war der Name nicht zu übersehen, da man die Delegierten mit T-Shirts und Umhängetaschen ausstaffiert hatte. Und wie im US-Wahlkampf stiegen pünktlich zum Vollzug der Einheit rote Luftballons auf, bis kurz vor Mitternacht alles vorbei war – gerade noch rechtzeitig vor dem 17. Juni, dem Jahrestag des Volksaufstands gegen das SED-Regime.

Dieser »Gründungsparteitag« diente nicht nur dazu, der im Westen verpönten PDS bundesweit Akzeptanz zu verschaffen. Er sollte auch die Vorgeschichte vergessen machen, die der Partei so lange auf dem Weg zu politischer Macht im Wege gestanden hatte. Die medienwirksame Fusion sollte dafür sorgen, dass die Erben der DDR-Staatspartei ihre lästige Vergangenheit über Nacht abstreifen konnten. Eine neue Kraft, so lautete die Botschaft aus Berlin, hat mit einem Paukenschlag die politische Bühne betreten, unbelastet von der Politik der SED und ihrer Vorläufer. Mit Stasi, Mauer und den maroden Zuständen in der DDR hat DIE LINKE nichts zu tun, wohl aber mit Frieden, sozialer Gerechtigkeit und anderen wohlklingenden Zielen, mit denen sie in Deutschland seitdem um Stimmen wirbt. Was seit dem Ende der SED-Herrschaft nicht gelungen war, sollte mit dem Parteitag in Berlin endgültig erreicht werden – die Herkunft der LINKEN in Vergessenheit geraten zu lassen.

Karl und Rosa

Dabei entstand die Partei eigentlich schon am 1. Januar 1919, als in Berlin die Kommunistische Partei Deutschlands (KPD) gegründet wurde. Achtundzwanzig Jahre später ging aus dieser die SED hervor, die sich 1990 in PDS umbenannte und jetzt DIE LINKE heißt. In der parteiinternen Kommunikation wird diese Kontinuität auch gar nicht geleugnet. Ungeachtet der öffentlichen Selbstinszenierung bildet sie sogar ein wesentliches Fundament der Partei. Sie ist der ideologische Kitt, der die verfeindeten Lager zusammenhält. Selbst die Parteizentrale der LINKEN ist immer noch dieselbe wie die der KPD. »Die PDS ist der kommunistischen Tradition in der deutschen und internationalen Arbeiterbewegung verbunden«, erklärte Bundesgeschäftsführer Dietmar Bartsch zum 80. Jahrestag der Gründung der KPD. »Dabei besitzt besonders die Traditionslinie, die durch Rosa Luxemburg geprägt wurde, hohen Rang.«[2] Und auf der Homepage der LINKEN kann man lesen: »Die LINKE ist keine Modeerscheinung aus dem Nichts. Sie sieht sich in einer parteipolitischen Traditionslinie, die auf Rosa Luxemburg und Karl Liebknecht zurückreicht.«[3] Was ist das für eine Tradition, auf die sich die Partei da beruft?

Die KPD, von Luxemburg und Liebknecht am Ende des Ersten Weltkrieges gegründet, war eine hochideologisierte, antidemokratische und gewalttätige Kaderpartei. Sie kämpfte mit allen Mitteln gegen die erste Demokratie in Deutschland. Während die SPD nach der Abdankung des Kaisers im November 1918 ein demokratisch-parlamentarisches System errichten wollte, forderte die KPD die sogenannte Diktatur des Proletariats. Der Kampf um den Sozialismus sei der gewaltigste Bürgerkrieg der Weltgeschichte, hieß es in einem Aufruf des kommunistischen Spartakusbundes vom Dezember 1918. Polizei und Offiziere müssten deshalb entwaffnet werden, alle männlichen Arbeiter an ihrer Stelle Waffen erhalten und zum Schutz der Revolution Milizen bilden. Die Hauptschuldigen am Krieg und alle Verschwörer der Gegenrevolution seien von einem Revolutionstribunal abzuurteilen. Banken, Bergwerke, Großbetriebe und alle größeren Ländereien sollten enteignet werden, die in Militärlagern und Fabriken entstandenen Arbeiter- und Soldatenräte an die Stelle der Parlamente treten. Ein sozialistischer Zentralstaat sollte die bisherigen Länder ersetzen. Die Macht in Deutschland sollte nicht in den Händen einer vom Parlament gewählten Regierung liegen, sondern bei einem von den Räten bestimmten Vollzugsrat, der als Oberstes Organ der vollziehenden und der gesetzgebenden Gewalt wirkte. »In diesem letzten Klassenkampf der Weltgeschichte um die höchsten Ziele der Menschheit«, so endete der Aufruf, »gilt dem Feinde das Wort: Daumen aufs Auge und Knie auf die Brust!«[4]

Diesen Forderungskatalog machte die KPD vierzehn Tage später zu ihrem Parteiprogramm. Wäre er verwirklicht worden, hätte es in Deutschland weder Rechtsstaat noch Demokratie gegeben. Stattdessen wäre ein großer Teil der Bevölkerung – Handwerker, Selbständige, Angestellte, Beamte, Hausfrauen usw. – von der politischen Mitwirkung ausgeschlossen und privates Eigentum in großem Umfang entschädigungslos enteignet worden. An die Stelle der für alle geltenden Gesetze wären willkürliche Entscheidungen von Räten und Milizangehörigen getreten. Auch eine Gewaltenteilung – also die Trennung von Gesetzgebung, Regierung und Justiz – hätte es nicht gegeben. Diese Diktatur des Proletariats, der KPD zufolge nur gewaltsam zu erreichen, war ihrer Ansicht nach keineswegs undemokratisch, sondern die »wahre« Demokratie: »Nicht wo der Lohnsklave neben dem Kapitalisten, der Landproletarier neben dem Junker in verlogener Gleichheit sitzen, um über ihre Lebensfragen parlamentarisch zu debattieren; dort, wo die millionenköpfige Proletariermasse die ganze Staatsgewalt mit ihrer schwieligen Faust ergreift, um sie wie der Gott Thor seinen Hammer den herrschenden Klassen aufs Haupt zu schmettern: dort allein ist die Demokratie, die kein Volksbetrug ist.«[5]

Das Gründungsprogramm der KPD hatte Rosa Luxemburg verfasst, die in der Partei DIE LINKE wie eine Heilige verehrt wird. Auch in anderen politischen Lagern genießt die kommunistische Politikerin gelegentlich den Ruf einer toleranten Demokratin, von der viele nur den Ausspruch kennen: »Freiheit ist immer die Freiheit des Andersdenkenden.« In Wirklichkeit hat sie energisch dafür gekämpft, die erste Demokratie auf deutschem Boden zu verhindern.

Auch den berühmten Satz hat sie niemals veröffentlicht. Erst 1922, drei Jahre nach ihrem Tod, ist er erschienen, als aus ihrem Nachlass ein Manuskript über die russische Revolution publiziert wurde. Darin begrüßte Luxemburg nachdrücklich den bolschewistischen Putsch gegen die Kerenski-Regierung im Oktober 1917 und ließ keinen Zweifel daran, dass auch dort eine Diktatur errichtet werden müsse. Wenn das Proletariat die Macht ergreife, so schrieb sie wörtlich, müsse es »sozialistische Maßnahmen in energischster, unnachgiebigster, rücksichtslosester Weise in Angriff nehmen, also Diktatur ausüben«. Sie kritisierte allerdings die russischen Kommunisten, weil diese das Parlament aufgelöst und sogar die sozialistischen Parteien verboten hatten. Ihr neues Wahlrecht sah vor, dass in Zukunft nur noch Arbeiter und Bauern wählen sollten, Presse- und Versammlungsfreiheit waren abgeschafft. Luxemburg war dagegen der Meinung, dass man den Sozialismus nicht errichten könne, ohne das Volk zu beteiligen und zu erziehen, da auch die Revolutionspartei kein fertiges Rezept in der Tasche habe. Die Diktatur müsse eine Diktatur der Klasse sein und nicht die einer Partei oder einer Clique. An den Rand dieser Überlegungen notierte sie: »Freiheit nur für die Anhänger der Regierung, nur für Mitglieder einer Partei – mögen sie noch so zahlreich sein – ist keine Freiheit. Freiheit ist immer Freiheit der Andersdenkenden. Nicht wegen des Fanatismus der ›Gerechtigkeit‹, sondern weil all das Belebende, Heilsame und Reinigende der politischen Freiheit an diesem Wesen hängt und seine Wirkung versagt, wenn die ›Freiheit‹ zum Privilegium wird.«[6] Der berühmte Ausspruch bedeutete also nicht, dass allen Menschen dieselben Freiheits- und Menschenrechte zustehen, sondern dass man die Diktatur des Proletariats nicht nur mit einer kleinen Gruppe von Berufsrevolutionären ausüben dürfe.

Öffentlich ließ Luxemburg dagegen niemals ein kritisches

Wort über den kommunistischen Terror in Russland verlauten. Freunde wie Clara Zetkin oder Alexander Warski sagten nach dem Erscheinen des Manuskripts sogar, Luxemburg habe es nicht mehr veröffentlichen wollen, weil sie ihre ablehnende Meinung über die Bolschewiki geändert hätte. Tatsächlich erklärte der Spartakusbund unter ihrem Einfluss Ende 1918 ausdrücklich seine Solidarität mit Lenins und Trotzkis Gewaltpolitik. Die in Deutschland geplanten freien Wahlen zu einer Nationalversammlung bezeichnete die KPD-Begründerin dagegen als »Attentat auf die Revolution und die Arbeiter- und Soldatenräte«. Angeblich dienten sie nur dazu, der Bourgeoisie »die Macht wieder in die Hände zu spielen«.[7] Weil jedoch auch die Reichskonferenz der Arbeiter- und Soldatenräte mit überwältigender Mehrheit *für* die Durchführung von Wahlen stimmte, beschimpfte sie deren Delegierte als »williges Werkzeug der Gegenrevolution« und »Mameluckengarde« der »Ebert-Clique« – eine abfällige Bezeichnung für die provisorische Revolutionsregierung unter dem Sozialdemokraten Friedrich Ebert.[8] Ihr Aufruf »Alle Macht den Räten« galt nur so lange, wie diese ihren eigenen politischen Vorstellungen folgten.

Luxemburgs Feindschaft richtete sich vor allem gegen die sozialdemokratischen Gründungsväter der Weimarer Republik, die sie als »Schildträger der Bourgeoisie«, »Konterrevolutionäre« oder »Judasse der Arbeiterbewegung« titulierte. Nicht Offiziere, Unternehmer oder Großgrundbesitzer, sondern die Führer der SPD waren für sie die »Todfeinde des Proletariats«. Offen rief sie deshalb dazu auf, die Regierung unter Ebert und Philipp Scheidemann durch Streiks, Demonstrationen und bewaffnete Aktionen zu stürzen. »Soll die Revolution weiter ihren Gang gehen«, schrieb Luxemburg im Januar 1919 im KPD-Organ *Rote Fahne*, »dann muss die Mauer, die sich ihr entgegenstellt, die Regierung Ebert-Scheidemann, hinweggeräumt werden.«[9] Vor diesem Hintergrund überrascht, dass ihr ausgerechnet eine SPD-geführte Landesregierung 2006 in Berlin ein Denkmal setzte.

Luxemburg und ihr Mitstreiter Karl Liebknecht beließen es aber nicht dabei, die Sozialdemokraten verbal zu attackieren. Im Januar 1919 unternahm die KPD auch den Versuch, die von den Räten unterstützte Ebert-Regierung mit Gewalt zu stürzen. Zusammen mit Teilen der Berliner USPD und den revolutionären Obleuten der hauptstädtischen Großbetriebe besetzten ihre Anhänger zu diesem Zweck das Polizeipräsidium. Auch verschiedene Zeitungsgebäude – darunter das des sozialdemokratischen *Vorwärts* – wurden gestürmt, um die öffentliche Meinung unter Kontrolle zu bekommen. Unter Führung von Liebknecht und zwei weiteren Vertretern bildete man einen Revolutionsausschuss, der die wichtigsten Gebäude in Berlin besetzen und die Regierung verhaften wollte. In einer von Liebknecht unterschriebenen Erklärung hieß es, Ebert und sein Kabinett seien abgesetzt, statt ihrer habe der Revolutionsausschuss die Regierungsgeschäfte übernommen.

Im Gegensatz zu Luxemburg kritisierte Liebknecht nicht einmal hinter vorgehaltener Hand die Gleichschaltungspolitik der russischen Kommunisten. Zusammen mit dem späteren DDR-Präsidenten Wilhelm Pieck wollte er im Januar 1919 auch in Deutschland eine Sowjetrepublik errichten. Schon auf dem Gründungsparteitag der KPD (29. Dezember 1918 bis 1. Januar 1919) hatte er erklärt, »dass wir entschlossen sind, die eiserne Faust zu erheben und auf jeden niederzuschmettern, der der sozialen Revolution des Proletariates Widerstand entgegensetzt«. Er begrüßte auch die Ausführungen eines Delegierten, der betonte, er sei »der erste, der bereit ist, wenn ein Revolutionstribunal Scheidemann und Ebert zum Aufknüpfen verurteilt, Bravo zu rufen«.[10]

Liebknechts Putschversuch im Januar 1919 endete in einem Fiasko. Die Massen, die Luxemburg zufolge bereit gewesen waren, »jede revolutionäre Aktion zu unterstützen« und »für die Sache des Sozialismus durch Feuer und Wasser zu gehen«, folgten ihren selbst ernannten Führern nicht.[11] Die Soldaten, die die Regierung verhaften sollten, erklärten sich für neutral. Nicht nur die USPD-Zentrale, sondern auch die Mehrheit der Berliner Arbeiter forderte in Belegschaftsversammlungen und bei einer Demonstration ein Ende des Bruderkrieges, der bereits zahlreiche Tote und Verletzte zur Folge gehabt hatte. Luxemburgs Verachtung richtete sich nun nicht mehr nur gegen die SPD, sondern auch gegen die sozialistische USPD, die sie als »verwesenden Leichnam« bezeichnete, »dessen Zersetzungsprodukte die Revolution vergiften« und deren »Liquidierung« notwendig sei.[12] Entschieden verwahrten sie und Liebknecht sich gegen jedes »Zurückweichen«. Das von ihnen herausgegebene KPD-Organ *Rote Fahne* rief stattdessen zum Generalstreik auf und zu bewaffneter Gegenwehr. Auch der Revolutionsausschuss forderte: »Zeigt den Schurken Eure Macht. Bewaffnet Euch. Gebraucht die Waffen gegen Eure Todfeinde, die Ebert-Scheidemann.«[13]

Da die Putschisten nicht aufgeben wollten, rief die sozialdemokratische Regierung nach einigen Tagen Soldaten zu Hilfe. Mit militärischer Gewalt wurden die besetzten Gebäude geräumt, wobei es zu vielen Todesopfern kam. Insgesamt kostete der sogenannte Spartakusaufstand 165 Menschen das Leben. Doch Luxemburg, die selber nicht aktiv daran teilgenommen hatte, verteidigte weiter die Aktion und deutete die Niederlage – ein Wort, das sie nur in Anführungszeichen benutzte – nachträglich in einen Sieg um. Diese sei, so schrieb sie pathetisch in der *Roten Fahne*, der »Stolz und die Kraft des internationalen Sozialismus«, aus der »der künftige Sieg erblühen« werde.[14] Auch Liebknecht verklärte die kommunistische Erhebung in einem merkwürdigen Blut-und-Boden-Vokabular: »Die Besiegten der blutigen Januarwoche, sie haben ruhmvoll bestanden; sie haben um Großes gestritten, ums edelste Ziel der leidenden Menschheit, um geistige und materielle Erlösung der darbenden Massen; sie haben [ihr] Heiliges Blut vergossen, das so geheiligt wurde.«[15]

In den Augen der SPD-Regierung hatten sich die Führer der KPD mit ihrem Putschversuch als Hauptfeinde der mühsam erkämpften Demokratie erwiesen. Polizei und Militär suchten deshalb nach den Verantwortlichen des Aufstands, die irgendwo in der Stadt untergetaucht waren. Am 15. Januar 1919 wurden Luxemburg und Liebknecht entdeckt und gefangen genommen. Angehörige der Gardekavallerie-Schützendivision töteten sie bei ihrer Überführung in das Untersuchungsgefängnis Berlin-Moabit. Die Ermordung der beiden Kommunistenführer war ein Verbrechen, der spätere Prozess gegen die Verantwortlichen eine Farce. Doch die Saat, die hier aufgegangen war, hatten sie selbst gesät. Immer wieder hatten Luxemburg und Liebknecht erklärt, dass ihre politischen Vorstellungen nur in einem Bürgerkrieg durchgesetzt werden könnten. Und in der Praxis hatten sie keinerlei Skrupel gehabt, Waffen einzusetzen und auf Menschen schießen zu lassen. Nun waren sie selbst zu Opfern ihrer Gewaltpolitik geworden.

Die KPD nutzte den Tod der beiden, um sie zu Märtyrern der kommunistischen Bewegung zu stilisieren. An ihren Gräbern auf dem Friedhof in Berlin-Friedrichsfelde ließ sie 1926 ein Denkmal errichten, das einen riesigen Sowjetstern mit Hammer und Sichel zeigte. Das DDR-Regime, das die von den Nationalsozialisten zerstörte Gedenkstätte 1951 neu errichtete, trieb den Personenkult zu neuen Blüten und entwickelte einen schizophrenen Heldenmythos: Während Parteimitgliedern, die Zweifel an der Linie der SED-Führung äußerten, der Vorwurf des »Luxemburgismus« gemacht wurde, benannte man gleichzeitig in großer Zahl Straßen und Plätze nach den beiden Ermordeten, noch heute sind davon fast 600 erhalten. Jedes Jahr im Januar mussten sich zudem Zehntausende Berliner bei Wind und Wetter zu festgelegten Stellplätzen begeben, um ihnen zur Ehre an einer »Kampfdemonstration« teilzunehmen, die über die Frankfurter und Karl-Marx-Allee zur »Gedenkstätte der Sozialisten« führte. An der Spitze marschierte, in protokollarischer Reihenfolge und mit erhobenen Fäusten, das Politbüro, das auf dem zur Tribüne umgewidmeten Denkmal die Huldigungen des Volkes entgegennahm.

Wie glaubwürdig diese Art des Totengedenkens war, konnte man im Januar 1988 studieren, als Bürgerrechtler und Ausreisewillige mit eigenen Transparenten an der Demonstration teilnehmen wollten. Auf Stofftücher hatten sie unter anderem das Luxemburg-Zitat von der Freiheit der Andersdenkenden gemalt. Die SED-Führung reagierte darauf mit einem brutalen Einsatz der Sicherheitskräfte und ließ über hundert Menschen verhaften. Ausgerechnet der Präsident des DDR-PEN-Zentrums Heinz Kamnitzer – laut Charta dazu verpflichtet, jeder Art von Unterdrückung der freien Meinungsäußerung entgegenzutreten – rechtfertigte das Vorgehen im SED-Zentralorgan *Neues Deutschland* mit den Worten: »Was da geschah, ist verwerflich wie eine Gotteslästerung. Keine Kirche könnte hinnehmen, wenn man eine Prozession zur Erinnerung an einen katholischen Kardinal oder protestantischen Bischof entwürdigt. Ebenso wenig kann man uns zumuten, sich damit abzufinden, wenn jemand das Gedenken an Rosa Luxemburg und Karl Liebknecht absichtlich stört und schändet.«[16] Bürgerrechtler wie Bärbel Bohley, Freya Klier oder Vera Lengsfeld kamen damals in das berüchtigte Stasi-Gefängnis Berlin-Hohenschönhausen und wurden wenig später in den Westen abgeschoben.

Das verlogene Ritual wurde von der PDS nach dem Sturz

der SED-Diktatur kaum verändert fortgeführt. An der so genannten LL-Demonstration nimmt bis heute fast die gesamte Parteispitze teil; seit 2006 ist auch der ehemalige SPD-Chef Oskar Lafontaine dabei. Wie zu DDR-Zeiten marschiert die Parteiprominenz in der Regel an der Spitze der Prozession: Parteichef Bisky, Fraktionschef Gysi, Bundesgeschäftsführer Bartsch, Bundestagsvizepräsidentin Petra Pau, Ex-DDR-Ministerpräsident Hans Modrow oder die Betonkommunistin Sahra Wagenknecht, die für DIE LINKE im Europaparlament sitzt. Der illustre Zug endet auf dem Friedhof an einem riesigen Stein mit der Aufschrift »Die Toten mahnen uns«. Zu seinen Füßen befinden sich die Gräber von Luxemburg und Liebknecht, aber auch von DDR-Größen wie Wilhelm Pieck, Walter Ulbricht und Otto Grotewohl.

Traditionell legt der Parteichef als Erster einen Kranz nieder und verneigt sich anschließend mit ernster Miene vor den Toten. Nach ihm treten auch die anderen Spitzenfunktionäre vor. Anschließend legen Tausende von Parteimitgliedern rote Nelken ab, einträchtig verbunden mit Anhängern linksextremistischer Splittergruppen, die auch Lenin oder Stalin in ihr Gedenken einbeziehen. Die Partei braucht dieses Gemeinschaftserlebnis, das den Kampf zwischen den verschiedenen Lagern zurücktreten lässt und allen ein Gefühl von historischer Bedeutung vermittelt. »Rosa und Karl«, so erklärte Gregor Gysi einem Journalisten das merkwürdige Zeremoniell, seien »richtige Helden«, die für Frieden und soziale Gerechtigkeit gekämpft hätten – »deshalb darf man das ehrende Gedenken nicht aufgeben«.[17] Wer Zweifel daran hat, dass der Kommunismus nur eine säkulare Religion ist, der kann sie bei diesem jährlichen Totengedenken beheben.

Es wundert deshalb nicht, dass sich DIE LINKE bis heute weigert, die Politik von Luxemburg und Liebknecht als antidemokratischen Irrweg zu verurteilen. Stattdessen entwickelt sie verworrene Argumentationen, um die Rolle der Kommunistenführer schönzureden. Angeblich hätte die Partei, so Bundesgeschäftsführer Bartsch in der Erklärung zum 80. Jahrestag der KPD-Gründung, an den gewaltsamen Auseinandersetzungen der Jahre 1918/19 nur marginalen Anteil gehabt. Erst die Ermordung ihrer Führer habe es ihr erschwert, die Weimarer Republik auch hinsichtlich ihrer Chancen zu begreifen. Zwar müsse moderne linke Politik zur Kenntnis nehmen, dass der Parteikommunismus vom Typ der Oktoberrevolution gescheitert sei, doch daraus folge nicht, die Geschichte des Kommunismus als Schwarzbuch zu schreiben. Am Ausgang des 20. Jahrhunderts sei vielmehr zu konstatieren, »dass der Versuch einer Alternative zur kapitalistischen Gesellschaft den regenerativen Kräften dieser Gesellschaft einen mächtigen Impuls gab« – so kann man sogar Terror und Gewalt noch etwas Gutes abgewinnen.[18]

Entsprechend unverblümt werden Luxemburg und Liebknecht zu Säulenheiligen verklärt. An der Fassade der Parteizentrale der LINKEN steht in großen Lettern »Karl-Liebknecht-Haus«. Und nach Luxemburg ist die parteinahe Stiftung benannt, die sich nach eigenem Bekunden der Radikalität verpflichtet fühlt, »mit der diese ›politische Dichterin‹ (Else Lasker-Schüler) auf der Verbindung von politischer Freiheit und sozialer Gleichheit« bestanden hätte.[19] 2002 setzte die PDS in den Koalitionsverhandlungen mit der SPD sogar durch, dass der Politikerin, die in Deutschland die Diktatur des Proletariats errichten wollte, vor ihrer Parteizentrale in Berlin ein Denkmal gesetzt wird. Einer Selbstdarstellung der Partei zufolge bleiben beide Kommunistenführer »Bezugspunkte für die PDS und die ganze demokratische Linke«.[20] Selbst Ex-SPD-Chef Lafontaine bezeichnet Luxemburg und Liebknecht, die seinen frühen Vorgänger Friedrich Ebert am liebsten vor ein Revolutionstribunal gestellt hätten, inzwischen als Vorbilder der Partei. Sie stünden, so erklärte er 2006 vor ihren Gräbern in Fernsehkameras und Mikrofone, für die Inhalte, die die neue linke Kraft im Bundestag vertritt.[21] Dass ausgerechnet die Rosa-Luxemburg-Stiftung im Februar 2009 der Gründung der Weimarer Nationalversammlung gedachte, ist an Heuchelei kaum noch zu überbieten.

Totengräber von Weimar

Werden Luxemburg und Liebknecht von der LINKEN zu Märtyrern stilisiert, so übergeht man die Politik der KPD in der Weimarer Republik lieber mit Schweigen. Stattdessen beruft man sich umso mehr auf den leidvollen kommunistischen Widerstand im Nationalsozialismus. Dabei macht man vergessen, dass die KPD selbst maßgeblich dazu beitrug, Hitler an die Macht zu bringen. Die Verteufelung der Sozialdemokraten als »Sozialfaschisten«, so der Historiker Heinrich August Winkler, sei ein wichtiger Beitrag zum Aufstieg der NSDAP gewesen. »Die Kommunisten waren ihrem Selbstverständnis nach die Partei des gewaltsamen Umsturzes – und gehören daher mit zu den Totengräbern der ersten deutschen Demokratie.«[22]

Wenn man in Deutschland über die Katastrophe des NS-Regimes spricht, übersieht man oft, dass die Weimarer Republik von zwei Seiten bekämpft wurde: von den Nationalsozialisten *und* den Kommunisten. Beide Bewegungen verstärkten sich gegenseitig und zerrieben am Ende die republikanische Mitte. Diese Entwicklung mit ihren verheerenden Folgen für Deutschland und Europa ist eine der zentralen Erfahrungen der jüngeren deutschen Geschichte. Im Angesicht von Wirtschaftskrise, Politikverdrossenheit, SPD-Niedergang und der Wahlerfolge radikaler Parteien wie der LINKEN ist die damalige politische Situation wieder beunruhigend aktuell geworden.

Von Anfang an war die Weimarer Demokratie durch starke republikfeindliche Kräfte bedroht. Die Wahlen zur Nationalversammlung im Januar 1919 endeten zwar mit einem überwältigenden Sieg der demokratischen Parteien, doch die KPD, die sie boykottiert hatte, versuchte, das parlamentarische System durch Aufstände, Streiks und Demonstrationen wieder zu beseitigen.[23] Die Nationalversammlung musste eigens ihre Beratungen nach Weimar verlegen, um in Ruhe die neue Verfassung verabschieden zu können. Auch danach versuchte die KPD immer wieder, die junge Demokratie mit Gewalt zu beseitigen. Was die Kommunisten von der Demokratie hielten, illustriert ein Wahlplakat der KPD von 1920, auf dem eine rote Faust aufs Parlament niederdonnert – so dass die Abgeordneten, die als Juden und Kapitalisten karikiert sind, ängstlich auseinanderlaufen.

Die vergleichsweise kleine KPD – sie hatte 1919 etwa 100000 Mitglieder – wurde erst durch die Vereinigung mit der Unabhängigen Sozialdemokratischen Partei Deutschlands (USPD) zur Massenorganisation. Die USPD hatte sich 1917 von der SPD abgespalten, weil ihre Mitglieder für einen sofortigen Friedensschluss und eine radikale politische Umwälzung eintraten. Bei den Wahlen zur Nationalversammlung im Januar 1919 erzielte sie mehr als sieben, bei den Reichstagswahlen im Juni 1920 sogar fast 18 Prozent. Im Dezember 1920 schloss sich die Mehrheit der USPD (etwa 350000 Mitglieder) dann mit der KPD zur Vereinigten Kommunistischen Partei Deutschlands (VKPD) zusammen, die anschließend fast immer zweistellige Wahlergebnisse erzielte. Die Gründung der LINKEN im Juni 2007 erinnert an diese Geschichte, denn auch die WASG bestand vielfach aus unzufriedenen Sozialdemokraten, deren Beitritt der Linkspartei erst bundesweit zum Durchbruch verhalf.

Der Ausbruch der Weltwirtschaftskrise im Herbst 1929 brachte die Weimarer Republik nach einer Zeit der Stabilisierung erneut in große Gefahr. Die republikfeindlichen Kräfte erhielten wieder erheblichen Auftrieb. Bei den Reichstagswahlen im September 1930 konnte die NSDAP die Zahl ihrer Abgeordneten von 12 auf 107 vergrößern. Sie war damit auf einen Schlag zur zweitstärksten politischen Kraft geworden. Im Juli 1932 errang sie sogar 230 Sitze und überflügelte mit 37,4 Prozent sämtliche anderen Parteien. Doch auch die KPD-Fraktion wuchs kontinuierlich: von 54 Abgeordneten (1928) auf 77 (1930), 89 (Juli 1932) und schließlich auf 100 Abgeordnete (November 1932); seit 1930 war sie drittstärkste Kraft im Parlament. Ab den Juli-Wahlen 1932 verfügten NSDAP und KPD zusammen über die absolute Mehrheit im Reichstag und konnten dadurch jede demokratische Regierungsbildung blockieren. »Schluss mit diesem System« forderten die Kommunisten jetzt auf ihren Wahlplakaten.

Die KPD war damals bereits eine bolschewistische Kaderpartei. Als Mitglied der Kommunistischen Internationale (Komintern) hatte sie vorbehaltlos den Anweisungen der russischen Führung zu folgen. Die Aufstandsversuche von 1921 und 1923 waren auf direkten Befehl Moskaus durchgeführt worden. An der Spitze der Partei stand mit Ernst Thälmann seit 1925 ein ungelernter Arbeiter von bescheidenem Intellekt. Der stämmige Mann mit der markanten Glatze verdankte seinen Aufstieg vor allem der Tatsache, dass er sich als williges Werkzeug Stalins erwies. 1923 hatte er den sinnlosen Hamburger Aufstand organisiert, der mehr als hundert Menschen das Leben kostete. Zwei Jahre später bewirkte er mit seiner Kandidatur für das Amt des Reichspräsidenten, dass der Monarchist von Hindenburg die Wahl gewann – der Mann, der Hitler 1933 zum Reichskanzler ernannte. Obwohl ohne Chancen, trat Thälmann damals auch im zweiten Wahlgang an, so dass der Kandidat der republiktreuen Parteien knapp die Mehrheit verfehlte. Es sei nicht Aufgabe des Proletariats, begründete die *Rote Fahne* seine Kandidatur, den »geschicktesten Vertreter der Bourgeoisieinteressen auszusuchen«.[24]

Thälmanns Politik trug aber auch auf andere Weise entscheidend dazu bei, Hitler an die Macht zu bringen. Statt die schwachen demokratischen Kräfte zu unterstützen, bekämpfte die KPD sie durch parlamentarische Obstruktion und radikalen Protest. Im Auftrag Moskaus bereitete sie sich auf eine gewaltsame Erhebung vor, während ihr das Parlament nur als politische Bühne diente. Mit Streiks und Demonstrationen, mit Propaganda und Gewalt versuchte sie, die Weimarer Republik sturmreif zu schießen – im wahrsten Sinne des Wortes, denn jeder Wahlkampf kostete Dutzende Tote. Traurige Berühmtheit erlangte der Doppelmord auf dem Berliner Bülowplatz, bei dem der spätere Stasi-Chef Erich Mielke 1931 zwei Polizisten erschoss. Zwar wurde 1929 der paramilitärische Rotfrontkämpferbund verboten, doch der sogenannte M(ilitär)-Apparat existierte im Geheimen fort.

Die Zerrüttungstaktik der KPD unterminierte die Weimarer Republik gleich auf mehrfache Weise. Einerseits schürte die Partei die Ablehnung der Demokratie durch die ohnehin wenig republikfreundliche Bevölkerung. Gleichzeitig taten ihre Abgeordneten alles, um eine funktionsfähige Regierung zu verhindern. Drittens schwächte die KPD die zivilen Widerstandskräfte gegen die aufziehende Diktatur, indem sie die Gewerkschaften – die die Republik beim Kapp-Putsch 1920 mit einem Generalstreik gerettet hatten – durch eine Revolutionäre Gewerkschaftsopposition (RGO) spaltete. Schließlich verstärkte sie mit ihrem klassenkämpferischen Auftreten die Furcht vor einem kommunistischen Aufstand und einem Terrorregime wie in der Sowjetunion, so dass vor allem der Mittelstand in die Hände Hitlers getrieben wurde. NSDAP und KPD agierten wie feindliche Brüder, die sich zwar blutige Schlachten lieferten, aber beide die Krise zu verschärfen suchten.

Besonders verheerend wirkte sich aus, dass die KPD nicht die NSDAP, sondern die Sozialdemokraten als Gegner Nr. 1 betrachtete, die stereotyp als »Sozialfaschisten« attackiert wurden. Angeblich hinderten sie im Auftrag der »Reaktion« die Arbeiter in Deutschland an der Revolution, um selbst ein faschistisches Regime zu errichten. Thälmann beschuldigte die SPD überdies, der »treibende Faktor in der Linie der Kriegsvorbereitungen gegen die Sowjetunion« zu sein, weshalb »der Kampf gegen den imperialistischen Krieg ein Kampf gegen die Sozialdemokratie« sei.[25] Auch das besorgniserregende Erstarken der Nationalsozialisten veranlasste die KPD nicht zu einem Kurswechsel. Thälmann verlangte vielmehr weiterhin, dass man den »Hauptstoß« gegen die Sozialdemokratie richten müsse. Noch im Februar 1932 erklärte er, dass die SPD die »gefährlichste Stütze der Feinde der Revolution«, die »soziale Hauptstütze der Bourgeoisie« und »der aktivste Faktor der Faschisierung« sei. Er zog daraus den Schluss: »Die Sozialdemokratie schlagen, das ist gleichbedeutend damit [...], die proletarische Revolution zu schaffen.«[26]

Der Bekämpfung der Sozialdemokratie entsprach die Verharmlosung des Nationalsozialismus. Die KPD vernebelte die heraufziehende Gefahr, indem sie auch alle anderen politischen Kräfte als faschistisch bezeichnete. So erklärte ihr Politbüro im Juni 1930, dass sich der Faschismus »keinesfalls auf die faschistischen Kampf- und Mordorganisationen, die Nationalsozialisten, den Stahlhelm usw.« beschränke. Er schließe vielmehr auch »alle wichtigen bürgerlichen Parteien« ein sowie die »sozialfaschistischen Agenten« des bürgerlichen Staatsapparates – womit die SPD-orientierten Beamten gemeint waren.[27] Der spätere SED-Chef Ulbricht behauptete im Dezember 1930 sogar, dass in Deutschland bereits ein faschistisches Regime existiere:»Die faschistische Diktatur wird ausgeübt durch stärkste Zentralisation und Militarisierung der Staatsgewalt und stärksten Ausbau des Unterdrückungsapparates der Bourgeoisie mit Hilfe der faschistischen Organisationen und der Einspannung des sozialdemokratischen Partei- und Gewerkschaftsapparates und anderer Organisationen in den Dienst der faschistischen Diktatur.«[28]

Liest man die damalige Agitation der KPD, so hat man den Eindruck, dass sie nichts sehnlicher erwartete als das Ende der ersten deutschen Demokratie. Den Aufstieg der NSDAP wertete sie deshalb als eine positive Entwicklung. So hieß es in einer Resolution vom Juni 1930:»Das stärkere Hervortreten des Faschismus in der gegenwärtigen Periode ist keinesfalls ein Zeichen des Rückgangs der proletarischen Bewegung, sondern im Gegenteil die Kehrseite des revolutionären Aufschwungs, die unvermeidliche Begleiterscheinung des Heranreifens einer revolutionären Situation.«[29] Noch im Februar 1932, als die NSDAP bereits zweitstärkste politische Kraft in Deutschland war, warnte Thälmann vor einer »Panikstimmung«, die die SPD»künstlich in den Massen zu erzeugen« versuche.»Nichts wäre verhängnisvoller als eine opportunistische Überschätzung des Hitlerfaschismus.«[30] Den Ausgang der Wahlen im November 1932, bei denen die NSDAP zwei Millionen Stimmen verlor, während die KPD 700000 dazugewann, betrachtete man als Bestätigung dieser These.

In ihrer Propaganda wies die KPD zum Teil frappierende Ähnlichkeiten mit den Nationalsozialisten auf. So versprach sie in ihrem Wahlprogramm vom August 1930, den Versailler Vertrag zu zerreißen und Deutschlands internationale Schulden und Reparationen zu annullieren. Das Papier trug den bezeichnenden Titel»Programmerklärung zur nationalen und sozialen Befreiung des deutschen Volkes«. In ihrer

Ablehnung der Friedensregelungen bildeten NSDAP, KPD und Deutschnationale eine gemeinsame ideologische Front. Die KPD-Fraktion beantragte auch im Reichstag, die Zahlungen an die Siegermächte einzustellen und aus dem Völkerbund auszutreten. Anschließend kritisierte Thälmann die Nationalsozialisten, dass sie dem kommunistischen Antrag nicht zugestimmt hätten. Mit ihrer aggressiven Agitation trieben sie die republiktragenden Parteien vor sich her, denen es immer schwerer fiel, gegenüber der Bevölkerung die Vertragserfüllung durch Deutschland zu verteidigen. Wenn nötig, machte die KPD auch gemeinsame Sache mit den Nationalsozialisten. Im Juli 1931 unterstützte sie im größten Bundesstaat Preußen einen Volksentscheid für vorgezogene Neuwahlen, der auf ein Volksbegehren von NSDAP, Deutschnationalen und Stahlhelm zurückging. Auf diese Weise sollte die Koalitionsregierung unter dem SPD-Ministerpräsidenten Otto Braun gestürzt werden. Der Volksentscheid scheiterte zwar, doch bei den Wahlen im April 1932 verlor die Koalition ihre Mehrheit. Weil die KPD sich weigerte, die geschäftsführend im Amt gebliebene preußische Regierung zu tolerieren, erklärte die Reichsregierung sie für abgesetzt, so dass der wichtigste republiktreue Machtfaktor in Deutschland ausgeschaltet wurde. Kurz vor den letzten freien Reichstagswahlen im November 1932 organisierten Kommunisten und Nationalsozialisten gemeinsam einen illegalen Streik der Berliner Verkehrsarbeiter. Selbst von einer Machtergreifung Hitlers versprach man sich Vorteile. So erklärte Dmitri Manuilski, Stalins Sprachrohr im Exekutivkomitee der Komintern, im September 1932, »die Machtübernahme Hitlers bedeute eine neue Verschärfung der Widersprüche von Versailles, eine ungeheure Zuspitzung der europäischen Beziehungen, was wiederum das Heranreifen der revolutionären Krise in Mitteleuropa beschleunigen würde«.[31]

An einen gemeinsamen Kampf gegen die NSDAP oder wenigstens eine Art Stillhalteabkommen bis zur Beseitigung der nationalsozialistischen Gefahr war unter diesen Bedingungen nicht zu denken. Die Kommunisten propagierten zwar in letzter Minute eine »Einheitsfront« gegen die Nationalsozialisten, doch sollte sich diese auch gegen die »rechten« SPD-Führer richten und in eine »Arbeiter- und Bauernrepublik« münden. Der Kurswechsel kam nicht nur zu spät, sondern stieß bei der SPD verständlicherweise auf wenig Gegenliebe. Wie viel davon zu halten war, zeigte sich im Februar 1933, als die KPD ein Angebot der SPD zurückwies, einen Nichtangriffspakt zwischen beiden Parteien abzuschließen.

Auch nach Hitlers Ernennung zum Reichskanzler im Januar 1933 hielt die KPD an ihrer Linie fest. Auf der letzten, bereits heimlich durchgeführten Tagung des ZK im Februar 1933 erklärte Thälmann, dass dadurch eine »Zuspitzung des Klassenkampfes« eingetreten sei. Die KPD erwartete – trotz Hitler – die baldige Revolution. Thälmann sprach sogar von einer »wachsenden Kampfkraft« der Partei und der Arbeiterklasse und rügte unverändert die Mängel im »prinzipiellen Kampf gegen die sozialdemokratischen Betrugsmanöver«.[32] Selbst nach dem Reichstagsbrand, dem Verbot der KPD und der Verabschiedung des Ermächtigungsgesetzes erklärte der deutsche Vertreter im Exekutivkomitee der Komintern, Fritz Heckert, im April 1933, dass die offene Gewaltanwendung der Bourgeoisie »ein sehr wichtiger Schritt zum Heranreifen der revolutionären Krise im Zentrum Europas« sei, was sich unter anderem darin zeige, dass die deutsche Sozialdemokratie »jetzt offen auf die Seite der Faschisten übergegangen ist«.[33] Noch zwei Jahre nach der Machtübernahme der Nationalsozialisten ging die KPD von einem »revolutionären Aufschwung« in Deutschland aus.

In Wirklichkeit fiel die größte kommunistische Partei

Europas 1933 wie ein Kartenhaus in sich zusammen. Ihre militante Rhetorik erwies sich als hohl, ihr riesiger Apparat als handlungsunfähig, ihre zentralistische Organisation als leicht zu zerschlagen. In Deutschland kam es weder zu Massenstreiks noch zu bewaffnetem Widerstand, geschweige denn zur prophezeiten »revolutionären Krise«, die zur kommunistischen Machtergreifung führen sollte. Stattdessen saßen bald Tausende KPD-Funktionäre in Haft, weil sie nicht auf die Illegalität vorbereitet waren. Bereits im März 1933 wurde der leichtsinnige Thälmann entdeckt und in »Schutzhaft« genommen. Während seiner elfjährigen Gefangenschaft startete niemand einen ernsthaften Versuch, ihn zu befreien. Selbst Stalin unternahm nichts für seine Freilassung, obwohl er während seines Freundschaftspaktes mit Hitler durchaus hätte erreichen können, dass er in die Sowjetunion abgeschoben würde. Doch Thälmanns engste Mitarbeiter waren in Moskau inzwischen entmachtet, einige sogar ermordet worden, und sein Rivale Ulbricht hatte kein Interesse daran, dass er freikam. Der Mann, der die Weimarer Republik so kompromisslos bekämpft hatte, fiel ihrer Abschaffung am Ende selbst zum Opfer: Im August 1944 ließ Hitler ihn im KZ Buchenwald exekutieren.

Schon zu Lebzeiten stilisierte die Komintern Thälmann zum Märtyrer. Bereits im Spanischen Bürgerkrieg trug ein deutsches Freiwilligenbataillon seinen Namen. In der DDR entfaltete man dann einen regelrechten Kult um ihn. Im ganzen Land benannte man Straßen, Plätze, Schulen oder Betriebe nach Thälmann, wovon noch mehr als 600 Straßennamen geblieben sind. Auch Briefmarken und Banknoten trugen das Konterfei des ehemaligen KPD-Chefs. Der kommunistische Kinderverband wurde bereits 1952 in »Pionierorganisation Ernst Thälmann« umbenannt, die älteren Mitglieder hießen »Thälmann-Pioniere«. In den Schulen begrüßten die Lehrer ihre Klassen mit dem so genannten Thälmann-Gruß, indem sie ausriefen »Seid bereit!« und die Schüler antworten mussten: »Immer bereit!« Ehemalige DDR-Bürger erinnern sich noch heute daran, wie sie mit den Propagandafilmen *Sohn seiner Klasse* und *Führer seiner Klasse* indoktriniert wurden. Bis 1989 ließ die SED in der DDR allein 331 Gedenkstätten und Traditionskabinette für Thälmann errichten. Im Ost-Berliner Stadtteil Prenzlauer Berg benannte sie einen ganzen Park nach ihm, mit einem 14 Meter hohen Denkmal, das Thälmann mit geballter Faust vor einer roten Fahne zeigt.

Der Thälmann-Kult wurde auch in den Westen exportiert. Mit Hilfe einer Liechtensteiner Briefkastenfirma erwarb die SED 1972 das ehemalige Wohnhaus des Kommunistenführers in Hamburg und richtete darin eine Gedenkstätte ein. Die museale Ausstattung stammte aus der DDR, einschließlich eines Fotos mit den »Kampfgefährten aus dem Thälmannschen ZK«, aus dem man in bekannter Manier die von Stalin ermordeten ZK-Mitglieder wegretuschiert hatte. Die Erinnerungsstätte, die heute von Hamburger Altkommunisten betrieben wird, wurde 1978 sogar vom sowjetischen Staats- und Parteichef Leonid Breschnew besucht. Auf Vorschlag des damaligen Bürgermeisters Klaus von Dohnanyi (SPD) erhielt das davor liegende Areal 1985 den Namen »Ernst-Thälmann-Platz«.

Nach dem Ende der DDR scheute sich die PDS zunächst, den in der Bevölkerung verpönten Thälmann-Kult weiterzubetreiben. Als 1994 in der Parteizentrale eine Gedenkveranstaltung zu Thälmanns 50. Todestag stattfand, erschien kein einziges Mitglied der Führung; seine Tochter Irma kehrte der PDS daraufhin empört den Rücken. Schon lange hat die Linkspartei ihre Zurückhaltung jedoch abgelegt und aus dem Totengräber von Weimar erneut einen ehrbaren Widerstandskämpfer gemacht. Die Thälmann-Verehrung hat sogar fast schon wieder Formen wie früher in der DDR angenommen. Zweimal im Jahr – zu seinem Geburtstag und Todestag – findet im Ost-Berliner Thälmann-Park eine Kundgebung statt, die von einem »Aktionsbündnis Thälmann-Denkmal« organisiert wird. Das Bündnis, in dem Linkspartei, DKP, KPD, FDJ und ähnliche Gruppierungen zusammenarbeiten, hat die monströse Büste jahrelang gepflegt, bis die Stadt Berlin unter ihrem rot-roten Senat diese Aufgabe selbst übernommen hat. Gegen den eigentlich geplanten Abriss hatte die PDS schon 1993 protestiert, inzwischen steht sie unter Denkmalschutz.

An dem Denkmal legten führende Parteivertreter, darunter die heutige Bundestagsvizepräsidentin Pau und die stellvertretende Fraktionsvorsitzende Gesine Lötzsch, zu Thälmanns 60. Todestag im August 2004 Kränze nieder. PDS-Chef Bisky fuhr sogar eigens zu einer Gedenkfeier nach Buchenwald, wo er erklärte, dass in der PDS nach fünfzehn Jahren etwas Neues entstanden sei, »was das Gedenken an Ernst Thälmann zu einer produktiven, aufrechten und lebendigen Aneignung werden lässt, die man wach halten muss«.[34] Auch die stellvertretende Parteivorsitzende Katja Kipping betonte auf einem »Ernst-Thälmann-Meeting« in Dresden, dass der Kommunistenführer es »weiß Gott« verdiene, geehrt zu werden. Vor einem Thälmann-Denkmal aus DDR-Zeiten beklagte sie, dass sein Name von Schulen, Kasernen und Straßenschildern verschwunden sei, und fragte: »Ist es angesichts dieser Geschichtsbereinigung ein Wunder, wenn heute Zwanzigjährige angeben, sie wüssten mit dem Namen Thälmann nichts anzufangen?«[35]

Nach Auffassung der Bundestagsabgeordneten Ulla Jelpke hat Stalins Statthalter in Deutschland sogar einen besonderen Ehrenplatz im antifaschistischen Widerstand verdient. Anders als die Attentäter um Stauffenberg habe er nicht bis 1944 gewartet, um zum Hitler-Gegner zu werden, erklärte sie im April 2008 vor dem Berliner Thälmann-Denkmal. Und

»ein Thälmann strebte nicht einen halbfaschistischen Ständestaat an, wie manche Verschwörer des 20. Juli, sondern ein freies Rätedeutschland«. Der KPD-Chef habe zudem immer auf die Sowjetunion vertraut, die den Arbeiterinnen und Arbeitern zumindest in einem Teil Deutschlands nach 1945 geholfen habe, »den Verantwortlichen für die Machtübernahme des Faschismus, den Monopolkapitalisten und Junkern, das Genick zu brechen und so zumindest vorübergehend die Wurzeln für ein anderes, nichtkapitalistisches Deutschland zu legen«.[36] Für die innenpolitische Sprecherin der Linksfraktion ist es offenbar ein besonderes Verdienst, dass Thälmann in Deutschland jene kommunistische Diktatur errichten wollte, die die Sowjetunion schließlich durchsetzte.

Ein Lehrstück ist auch der Kampf der Linkspartei für den Erhalt der Thälmann-Gedenkstätte in Ziegenhals. Der kleine Ort am Rande Berlins diente der SED jahrzehntelang als säkulare Pilgerstätte. Das sogenannte Sporthaus, in dem die KPD 1933 ihre letzte ZK-Tagung durchgeführt hatte, wurde bereits 1953 in eine Gedenkstätte umfunktioniert. Ein paar Jahre später wurde das Gebäude wegen Baufälligkeit abgerissen und durch ein neues ersetzt. In den 1970er Jahren kam ein Ehrenhof für feierliche Appelle und Kundgebungen hinzu. Vor einer roten Wand aus Naturstein erhob sich nun eine Büste Thälmanns, zu deren Füßen Kränze niedergelegt wurden. Nach dem Sturz der SED-Diktatur blieb das Gelände jahrelang ungenutzt, bis es ein Mitarbeiter des Landes Brandenburg bei einer Zwangsversteigerung privat erwarb. Da ihm der Erhalt der denkmalgeschützten Anlage wirtschaftlich nicht zuzumuten sei, erteilte ihm der Landkreis eine Abrissgenehmigung.

PDS-Funktionäre entfalteten daraufhin einen regelrechten Psychoterror gegen den Mann. Die Front reichte von einem PDS-geführten Freundeskreis über den örtlichen

PDS-Bürgermeister bis hin zu Spitzenpolitikern der Partei wie Pau oder Modrow. Dem neuen Eigentümer warfen sie einen Mangel an antifaschistischer Gesinnung vor, weil er das heruntergekommene Haus, an dem nichts authentisch war, abreißen wollte. In Hunderten von Protestschreiben forderte man vom brandenburgischen Ministerpräsidenten Matthias Platzeck, dass die Gedenkstätte »bleibt, wo sie ist und wie sie ist«.[37] Im April 2004 nannte Pau das Verhalten der Behörden einen »bundesweiten Skandal« und forderte indirekt die Enteignung des Besitzers.[38] Ein Jahr später zogen Hunderte Demonstranten zu dem Grundstück, um, wie es in einem Teilnehmerbericht hieß, ihre Wut über den Eigentümer zu zeigen, »der geschützt und unterstützt durch Ämter und Landesregierung sein antikommunistisches Werk vollenden will«.[39] Während sie am Zaun rote Nelken und Protestplakate befestigten, zogen der Bürgermeister, Modrow und der frühere Chef der DDR-Grenztruppen, Hans-Dieter Baumgarten, in Ansprachen über den Käufer her.

Derartige Aktionen hatte es zuletzt Anfang der 1950er Jahre gegeben, als in der DDR widerspenstige Bauern zum Eintritt in die LPG gezwungen werden sollten. Die PDS brachte das Thema auch vor den brandenburgischen Landtag. Dort warf sie dem Besitzer »spekulativen Erwerb« vor und fragte, ob »so ein Mitarbeiter in der Verwaltung noch tragbar« sei. Einem Landtagsabgeordneten der SPD platzte schließlich der Kragen, und er erinnerte an die massenhafte Zerstörung von wirklich bedeutsamen Baudenkmälern durch die SED: »Ich finde es völlig unangemessen, dass eine Fraktion, die Verantwortungsträger in ihren Reihen hat, die die Garnisonkirche und das Potsdamer Stadtschloss usw. gesprengt haben, hier so ein Brimborium vom Zaune bricht.«[40]

Manche in der Partei betrachten Thälmanns Politik auch heute noch als richtungsweisend. Auf der Homepage der LIN-

KEN findet sich über einen Link auf die Website der Linkspartei.PDS zum Beispiel ein Text, in dem es heißt, dass heute keine sozialistische, antikapitalistische Partei oder Bewegung in Deutschland an Thälmann vorbeikomme. Vor allem sein Kampf gegen die Weimarer Demokratie wird als verdienstvoll herausgestellt: »Während die deutschen bürgerlichen Machteliten alles daran setzten, unter allen Umständen und um jeden Preis die Kontinuität ihrer Herrschaft zu sichern, engagierte sich Thälmann für die Beseitigung dieser Herrschaft, weil sie immer wieder zu verheerenden Gesellschaftskrisen und nationalen Katastrophen führte. [...] All dies bestimmt auch in erster Linie Thälmanns Platz in unserem Erbe.« Der Text enthält zwar auch einige kritische Anmerkungen, aber die angeblich wichtigsten Eigenschaften der Thälmann'schen KPD – der konsequente Kampf gegen das Kapital und die Akzeptanz bei den Massen – gehörten auch heute »unverzichtbar zum Wesen einer Partei mit sozialistischem Anspruch«.[41]

Dass Thälmanns KPD bei der LINKEN so hoch im Kurs steht, hat nicht nur mit linker Traditionspflege zu tun. Auch politisch stimmt man in vielerlei Hinsicht überein. Wie die KPD will DIE LINKE in Deutschland den Kapitalismus überwinden und den Sozialismus errichten. Ihre Spitzenfunktionäre werden nicht müde, zu erklären, dass man »in prinzipieller Opposition« zu den herrschenden Verhältnissen stehe. Wenn Lafontaine, Gysi oder Bisky den »Systemwechsel« propagieren, gleicht das der KPD-Losung »Schluss mit diesem System«. Da DIE LINKE dafür bei freien Wahlen auf absehbare Zeit keine Mehrheit finden dürfte, versucht sie, den Druck wie in der Weimarer Republik durch Proteste auf der Straße zu erhöhen. Lafontaines Forderung, den Generalstreik als Instrument der Politik zuzulassen, erinnert an die revolutionäre Gewerkschaftspolitik der KPD. Sie dient wie damals dem Ziel, dass eine Minderheit der Mehrheit ihre Meinung aufzwingen kann. Wie die KPD zeichnet sich DIE LINKE zudem dadurch aus, dass sie an der Stabilität von Marktwirtschaft und Demokratie kein Interesse hat. Je krisenhafter das System funktioniert, desto besser ist es für die Partei. Denn die Unzufriedenheit mit den systemtragenden Parteien verstärkt sich dadurch und – so die Hoffnung – der Zulauf zur LINKEN vergrößert sich. Auch die außenpolitischen Vorstellungen – vom Anti-Amerikanismus über die Ablehnung der deutschen Europapolitik bis zur Forderung nach Auflösung der NATO – ähneln den nationalen Parolen der KPD am Ende der Weimarer Republik. Dass DIE LINKE hier fast gleichlautend wie rechtsradikale Parteien argumentiert, ist eine weitere Gemeinsamkeit mit damals.

Ein wesentlicher Unterschied besteht allerdings, neben einem anderen Parteiaufbau und dem Wegfall Moskaus als Führungszentrum, im Verhältnis zur SPD. Im Gegensatz zur KPD setzte die PDS von Anfang an auf eine Zusammenarbeit mit den Sozialdemokraten, um größere politische Akzeptanz zu erlangen. In dieser Hinsicht hat DIE LINKE aus den Fehlern Thälmanns gelernt – zumindest solange man die SPD braucht, um in Deutschland an die Macht zu kommen.

Aufbau einer Diktatur

Zwölf Jahre nach Hitlers Machtübernahme erhielt die KPD noch einmal die Chance, Politik zu machen. Nach der Zerschlagung des NS-Regimes kehrten die kommunistischen Funktionäre – soweit sie nicht ermordet worden waren – in das politische Leben der Deutschen zurück. In der Rückschau ist diese Zeit besonders aufschlussreich, da in Ostdeutschland damals das stattfand, was nach Meinung der Linkspartei auch heute erforderlich ist: die schrittweise Überwindung des Kapitalismus. In ihrem Parteiprogramm von 2003 heißt es dazu: »Die antifaschistisch-demokratischen Veränderungen im Osten Deutschlands und das spätere Bestreben, eine sozialistische Gesellschaft zu gestalten, standen in berechtigtem Gegensatz zur Weiterführung des Kapitalismus in Westdeutschland, der durch die in der Menschheitsgeschichte unvergleichbaren Verbrechen des deutschen Faschismus geschwächt und diskreditiert war.«[42]

Unter ihrem neuen Vorsitzenden Wilhelm Pieck hatte die KPD 1935 ihren Sitz nach Moskau verlegt. Dort erfuhren die aus Deutschland geflüchteten Kader bald am eigenen Leibe, was kommunistische Gewaltpolitik bedeuten konnte. In der »größten Kommunistenverfolgung der Geschichte«, wie der Historiker Hermann Weber den stalinistischen Terror in der Sowjetunion bezeichnete, kamen mehr Politbüromitglieder ums Leben als in Hitler-Deutschland.[43] Zwei Drittel aller KPD-Emigranten wurden hingerichtet, verschwanden im Gulag oder wurden, wie die Publizistin Margarete Buber-Neumann, im Zuge des Hitler-Stalin-Paktes an Deutschland ausgeliefert. Wer wie Pieck und der neue starke Mann Walter Ulbricht die Säuberungen überlebte, hatte zahllose Mitstreiter denunziert und sich vor Stalin extrem erniedrigen müssen – entsprechend zynisch war das Menschen- und Gesellschaftsbild dieser Funktionäre.

Noch während des Krieges bereitete sich die KPD-Führung auf ihre Rückkehr nach Deutschland vor. Auf Stalins Anweisung verlangte sie jetzt keine Revolution mehr, sondern vertrat eine Art linkssozialistisches Reformprogramm. Statt der Diktatur des Proletariats forderte sie nur noch die Enteignung der Kriegsschuldigen und der Großbauern, die Kontrolle der Wirtschaft durch den Staat, die Säuberung der Verwaltung und des Bildungswesens sowie die Umerziehung des Volkes zur Demokratie – ein Forderungskatalog, der in manchem an die heutige Programmatik der Linkspartei erinnert. Die Zurückhaltung diente dazu, die nach wie vor virulente Angst vor einer kommunistischen Machtergreifung zu zerstreuen und der KPD in Deutschland bessere Wirkungsmöglichkeiten zu eröffnen. Was Stalin wirklich wollte, erklärte er 1944 dem jugoslawischen KP-Funktionär Milovan Djilas: »Dieser Krieg ist nicht wie in der Vergangenheit; wer immer ein Gebiet besetzt, erlegt ihm auch sein eigenes gesellschaftliches System auf.«[44]

Um dies zu bewerkstelligen, wurden Ulbricht und eine kleine Gruppe von Genossen noch vor Kriegsende nach Deutschland eingeflogen. Von einem brandenburgischen Feldflugplatz brachte man sie am 30. April 1945 zu Sowjetmarschall Georgi Schukow, mit dessen Unterstützung sie weiter nach Berlin gelangten. Anfang Juni kehrte auch Pieck zurück, begleitet von weiteren Funktionären sowie von nationalsozialistischen Wehrmachtsoffizieren, die in »Antifa-Schulen« umgedreht worden waren. Wie die Kommunisten vorgingen, hat Wolfgang Leonhard, Mitglied der sogenannten Gruppe Ulbricht, später genau beschrieben. »Es muss demokratisch aussehen, aber wir müssen alles in der Hand behalten«, hatte Ulbricht seine Mitarbeiter angewiesen.[45] Die KPD-Kader sollten zunächst nur die Schlüsselpositionen in Verwaltung, Polizei, Bildung und Medien besetzen. Erst nach und nach wollte man die ganze Macht übernehmen. Ulbrichts ungarischer Kollege Mátyás Rákósi erfand dafür den griffigen Ausdruck »Salamitaktik«: Nicht schlagartig, sondern scheibchenweise sollten die übrigen politischen Kräfte vernichtet werden.

Eigentlich wollten viele SPD- und KPD-Anhänger damals eine gemeinsame Arbeiterpartei gründen. Stalin wies Ulbricht jedoch an, zunächst den kommunistischen Apparat wiederaufzubauen – und sich erst später die Sozialdemokraten einzuverleiben. Die KPD veröffentlichte deshalb am 11. Juni 1945 als erste Partei ihren Gründungsaufruf. Er war, wie man heute weiß, bereits Tage vorher bei einem Geheimtreffen in Moskau beschlossen worden. Sogar die Reihenfolge der Unterzeichner – von denen viele davon gar nichts wussten – hatte man in Moskau festgelegt. Um der KPD einen Startvorteil zu verschaffen, organisierte Ulbricht schon die Verbreitung des Textes, als Parteien noch gar nicht zugelassen waren. Der Aufruf enthielt ein beinahe bürgerliches Reformprogramm: Die KPD forderte, die Sache der bürgerlichdemokratischen Umbildung von 1848 zu Ende zu führen. Es sei falsch, »Deutschland das Sowjetsystem aufzuzwingen«. Freier Handel und private Unternehmerinitiative sollten sich völlig ungehindert entfalten können, eine »parlamentarischdemokratische Republik mit allen demokratischen Rechten und Freiheiten für das Volk« sollte entstehen.[46] Wie heute bei der LINKEN war viel von Demokratisierung die Rede, vom Kampf gegen Arbeits- und Obdachlosigkeit, von der Verstaatlichung der Wasser-, Gas- und Elektrizitätswerke – kein Wort aber vom totalen Umbau der Gesellschaft.

Drei Jahre später herrschte in Deutschland eine kommunistische Diktatur. Mit Hilfe der Besatzungsmacht hatte man diese ebenso zielstrebig wie brutal durchgesetzt. Soldaten der Roten Armee hatten schon beim Einmarsch in Deutschland in einem grausamen Rachefeldzug deutlich gemacht, wer nun die Macht besaß. Zehntausende Zivilisten wurden liquidiert, rund zwei Millionen Frauen und Mädchen vergewaltigt, ein Großteil der vom Krieg verschonten Anlagen und Gebäude sinnlos verwüstet. Gleich hinter der kämpfenden Truppe kamen die Verbände des sowjetischen Volkskommissariats für innere Angelegenheiten (NKWD), die in allen besetzten Gebieten Massenverhaftungen vornahmen. Allein aus den deutschen Ostgebieten verschleppten sie über 150 000 Zivilisten zur Zwangsarbeit in die UdSSR.

Etwa ebenso viele kamen in der sowjetischen Besatzungszone in sogenannte Speziallager, in denen ein Drittel der Gefangenen starb. Insgesamt kamen in den von der Roten Armee eroberten Gebieten etwa 2,5 Millionen Deutsche ums Leben – auf der Flucht, durch Vertreibung oder Verschleppung.

Mit Entnazifizierung, wie später behauptet wurde, hatte dieser Terror nichts zu tun. Als die Alliierten auf der Potsdamer Konferenz im August 1945 vereinbarten, Nazi-Führer und hohe Amtsträger zu internieren, saßen in der sowjetischen Besatzungszone bereits 70 000 Menschen in Lagern – meist kleine NSDAP- und HJ-Funktionäre, deren Festnahme auch nach den Potsdamer Beschlüssen nicht vorgesehen war. In Wirklichkeit beruhten die Verhaftungen auf einem NKWD-Befehl vom Januar 1945, der die »Säuberung des Hinterlandes der Roten Armee von feindlichen Elementen« verlangte.[47] Neben Spionen, Diversanten und ähnlichen Personen sollten sämtliche Bürgermeister, Verwaltungsleiter, Unternehmenschefs, Journalisten, Mitglieder nationalsozialistischer Organisationen sowie »sonstige feindliche Elemente« verhaftet werden. Weil viele für die vorgesehene Zwangsarbeit untauglich waren, wurde der Befehl im April 1945 etwas abgeschwächt. Ausgerechnet der harte Kern des NS-Regimes – SS- und SA-Angehörige und das Personal von Gestapo, Sicherheitsdienst, Gefängnissen und Konzentrationslagern – fiel *nicht* unter die Säuberungen, da sie bei den Sowjets als »Kriegsgefangene« galten. Bis zur Schließung der Lager im Februar 1950 unternahm die Besatzungsmacht keinerlei Anstrengungen, mögliche NS-Verbrecher herauszufiltern und abzuurteilen.

In Wahrheit diente der Terror dazu, den Boden für die neue Diktatur zu bereiten. Ähnliche Säuberungen hatte der NKWD auch in anderen sowjetisch besetzten Staaten durchgeführt, auch solchen, die zu den Opfern des Nationalsozialismus zählten. Die Angst vor Verhaftung wirkte wie ein lähmendes Gift. Jeder wusste, dass man sich mit den Besatzern tunlichst nicht anlegte. »Befreiung?«, so raunte man sich sarkastisch zu, »ja – von Uhren und Fahrrädern!« Die Sowjetische Militäradministration in Deutschland (SMAD) kontrollierte mit bis zu 50 000 Mitarbeitern das gesamte politische, wirtschaftliche und soziale Leben. Ihre Maßnahmen ergingen entweder direkt durch Befehl oder verdeckt über die KPD, die immer mehr eine bestimmende Rolle spielte. Schon bald konnten Stalins Statthalter es sich leisten, nur noch dann einzugreifen, wenn sich ihre deutschen Helfershelfer nicht allein durchzusetzen vermochten.

Unter dem Vorwand, die Wurzeln des NS-Regimes zu beseitigen, kam es zu massiven Änderungen in Wirtschaft und Gesellschaft. Bereits im Juli 1945 wurden sämtliche Banken geschlossen und ihr Vermögen beschlagnahmt. Zwei Monate später begann die entschädigungslose Enteignung aller Bauern mit mehr als hundert Hektar Land. Ab November wurden – durch einen propagandistischen Volksentscheid in Sachsen nachträglich »legitimiert« – fast 10 000 Betriebe enteignet, während die wichtigsten Großbetriebe sowjetisches Staatseigentum wurden. 1948 erwirtschaftete der Staatssektor bereits 60 Prozent der Produktion. Mit der Aufstellung des ersten Zweijahresplanes begann damals die Planwirtschaft.

Die Gleichschaltung des politischen Systems erfolgte in ähnlichem Tempo. Außer der KPD hatte die sowjetische Besatzungsmacht nur noch drei weitere Parteien zugelassen: CDU, SPD und die Liberal-Demokratische Partei Deutschlands (LDPD). Sie alle mussten einer »Einheitsfront der antifaschistisch-demokratischen Parteien« beitreten, in der eine politische Opposition nicht möglich war. Die Parteien hatten ihre Artikel, Reden oder Versammlungen vorab genehmigen zu lassen und den Anweisungen der Militäradministration in jedem Fall Folge zu leisten. Wer sich nicht fügte, wurde abgesetzt oder kurzerhand festgenommen. Schon im Dezember 1945 wurden die CDU-Vorsitzenden Walther Schreiber und Andreas Hermes zum Rücktritt gezwungen. Zwei Jahre später mussten auch ihre Nachfolger Jakob Kaiser und Ernst Lemmer gehen. Der Fraktionsgeschäftsführer der CDU in Sachsen-Anhalt, Ewald Ernst, wurde 1947 trotz Abgeordnetenimmunität verhaftet. Über anderthalb Jahre saß er in einem fensterlosen Verlies im Kellergefängnis von Berlin-Hohenschönhausen, bis ihn ein Militärtribunal zu 25 Jahren Arbeitslager verurteilte. In Thüringen traf es den Fraktionschef der Liberalen, Hermann Becker, in Brandenburg den LDPD-Parteivorsitzenden Wilhelm Falk. Meist war es die kommunistisch kontrollierte deutsche Polizei, die die Opfer an die sowjetische Geheimpolizei auslieferte. Tausende Sozialdemokraten, Christdemokraten und Liberale kamen seinerzeit in Haft oder wurden hingerichtet, die übrigen flohen in den Westen oder passten sich an. Fünf Jahre nach dem Ende des NS-Regimes waren die Parteien gleichgeschaltet.

Von der SPD, der unliebsamen Konkurrenz unter den Arbeitern, blieb nicht einmal der Name übrig. Um eine Niederlage der KPD bei den Landtagswahlen abzuwenden, drängte die Besatzungsmacht darauf, die SPD zu beseitigen. Trotz ständiger Benachteiligung hatten die Sozialdemokraten bereits mehr Mitglieder als die Kommunisten. Im Januar 1946 forderte Stalin die KPD ultimativ auf, sich bis zum 1. Mai mit der SPD zu vereinen. An der Basis inszenierte man dazu eine aufwendige Propagandakampagne, die »Einheit der Arbeiterklasse« herzustellen. Gegner der Verschmelzung wurden eingeschüchtert, Befürworter erhielten Posten und Vergünstigungen. Die anfänglich ablehnende SPD-Führung unter Grotewohl kapitulierte schließlich unter dem Druck, obwohl die West-SPD sie beschwor, die Partei lieber aufzulösen, als sie den Kommunisten zu übergeben. Im März und April 1946 vereinigten sich KPD und SPD zunächst auf Kreis- und Landesebene. Nur in West-Berlin, das von den westlichen Alliierten kontrolliert wurde, durfte eine Urabstimmung stattfinden, bei der 82 Prozent gegen den sofortigen Zusammenschluss stimmten. Gleichwohl wurde die Sozialistische Einheitspartei Deutschlands (SED) am 21. und 22. April 1946 auf einem gemeinsamen Parteitag von KPD und SPD in Berlin gegründet.

Die vereinbarte Gleichberechtigung von Kommunisten und Sozialdemokraten stand nur auf dem Papier. Obwohl mehr als die Hälfte der 1,2 Millionen Mitglieder aus der SPD kam, saßen im Funktionärsapparat zum großen Teil KPD-Genossen. Bald wurde die »Einheitspartei« in eine stalinistische Kaderorganisation (rück)verwandelt. Bereits auf ihrem II. Parteitag im September 1947 forderte Ulbricht, sie in eine »Partei neuen Typus« nach dem Vorbild der Kommunistischen Partei der Sowjetunion umzuformen. Im Juli 1948 beschloss der Parteivorstand ihre »Säuberung von feindlichen und entarteten Elementen«.[48] Im Januar 1949 bekannte sich die SED zum Marxismus-Leninismus sowie zum Demokratischen Zentralismus, bei dem die Parteispitze alle wichtigen Entscheidungen trifft, denen sich die Mitglieder bedingungslos unterzuordnen haben. Die SED verurteilte jetzt jede Art von »Sozialdemokratismus« und bekannte sich vorbehaltlos zur Führungsrolle der Sowjetunion.

Auch diese Gleichschaltung wurde brutal durchgesetzt. Tausende Sozialdemokraten wurden verhaftet, über 450 nachweislich zu langen Haftstrafen verurteilt. Oft reichte es aus, dass sie Kontakt zu Parteifreunden im Westen gehalten hatten, um sie – unter Bezug auf den damaligen Vorsitzenden der West-SPD, Kurt Schumacher – als »Schumacher-Agenten« abzuurteilen. Die damals für ihre sozialdemokratischen Überzeugungen ihre Gesundheit oder ihr Leben aufs Spiel setzten, sind heute in der sonst so traditionsbewussten SPD weitgehend vergessen. Julius Scherff zum Beispiel, Mitglied des Berliner SPD-Vorstands, wurde im Juni 1946 verhaftet, weil er sich gegen die Vereinigung mit der KPD ausgesprochen hatte. Er kam in das ehemalige KZ Sachsenhausen, in dem er schon zur NS-Zeit eingesessen hatte und wo er 1948 starb. Auch Willy Jesse, stellvertretender Landesvorsitzender der SPD in Mecklenburg-Vorpommern, landete 1946 in dem Lager, in dem unter sowjetischer Verwaltung etwa 12 000 Menschen zugrunde gingen. Nach vierjähriger Lagerhaft wurde er zur Zwangsarbeit in die Sowjetunion verschleppt. Frank Haufe, stellvertretender Landesvorsitzender der SPD in Sachsen, wurde 1948 verhaftet, zwei Jahre später zum Tode verurteilt und dann zu 25 Jahren Arbeitslager »begnadigt«. Werner Rüdiger, früher zweiter Vorsitzender der SPD in Berlin, wurde 1949 inhaftiert und ebenfalls mit 25 Jahren Lager bestraft. »Wir würden uns mitschuldig machen, wenn wir länger zu dem kommunistischen Terror in Berlin und in der Ostzone schweigen würden«, versuchte der spätere SPD-Vorsitzende Willy Brandt damals die Öffentlichkeit aufzurütteln, indem er berichtete, wie seine Parteifreunde im Osten massenhaft in Kellergefängnisse und Konzentrationslager verschleppt würden.[49]

Obwohl die SPD nun ausgeschaltet war, gelang es der SED nicht, bei den Landtagswahlen im Oktober 1946 die absolute Mehrheit zu erringen. In Berlin, wo die SPD auch im Ostteil weiterexistierte, kam sie nicht einmal auf 20 Prozent, während die Sozialdemokraten fast 50 Prozent erhielten. Auf Stalins Anweisung gründeten KPD-Funktionäre deshalb 1948 zwei weitere Parteien: die Demokratische Bauernpartei Deutschlands (DBD) und die Nationaldemokratische Partei Deutschlands (NDPD). Sie gaben vor, die Interessen der Bauern sowie der einstigen Nationalsozialisten zu vertreten. Von der Militäradministration umgehend zugelassen, verschoben sich dadurch die Mehrheitsverhältnisse im »Demokratischen Block« weiter zugunsten der SED. Weil auch noch die SED-kontrollierten Gewerkschaften und Massenverbände aufgenommen wurden, war die Vorherrschaft der Kommunisten besiegelt.

Auf diese Weise entstand nur kurze Zeit nach dem Ende des Nationalsozialismus ein neues Unterdrückungsregime. Anders als die Westdeutschen erhielten die Ostdeutschen nicht die Chance, die 1933 zerstörte Demokratie wieder aufzubauen. Gerade die, die die Lehren aus der Vergangenheit ziehen wollten und sich für einen demokratischen Neubeginn engagierten, wurden von den neuen Machthabern rücksichtslos verfolgt. Nie wieder kamen zwischen Elbe und Oder so viele Menschen aus politischen Gründen in Haft oder zu Tode wie in den ersten vier Nachkriegsjahren. Nie wieder ergriffen so viele die Flucht. Bis zur Gründung der DDR im Oktober 1949 verließen rund zwei Millionen Menschen die sowjetische Besatzungszone.

Und dennoch wird diese Zeit von der Linkspartei als großer demokratischer Neubeginn verklärt. Folgt man ihren Verlautbarungen, war die »antifaschistisch-demokratische Umwälzung«, wie die SED den Aufbau ihrer Diktatur nannte, von edlen humanistischen Zielen bestimmt. In bruchloser Fortschreibung der DDR-Propaganda wird die Sowjetunion als »Befreier« gefeiert, die Übertragung des sowjetischen Systems als »Aufbau einer neuen Gesellschaft« bezeichnet und die Zerstörung der SPD als Versuch beschönigt, »die Spaltung der Arbeiterklasse zu überwinden«. Ausgerechnet die blutigen Anfänge der SED-Herrschaft werden damit auf unverantwortliche Weise verklärt.

Das NS-Regime wird dabei schamlos instrumentalisiert, um die kommunistische Gewaltpolitik zu rechtfertigen. »Nach 1945 bemühten sich Millionen Menschen in Ost und West, das faschistische Erbe zu überwinden«, heißt es im Grundsatzprogramm der Linkspartei.PDS. »Sie setzten sich für ein friedliebendes Deutschland und den Aufbau einer besseren Gesellschaftsordnung ein. Dieser Wille bedarf auch für den Osten keiner Entschuldigung.«[50] Mit demselben antifaschistischen Gründungsmythos versuchte schon die SED, ihre Diktatur zu legitimieren. Nach dieser Lesart war der Kapitalismus die Ursache von Hitlers verbrecherischer Politik, die Übertragung des sowjetischen Systems folglich ein ehrenwerter Akt des Antifaschismus. Und weil die Sowjetunion unter enormen Opfern das NS-Regime besiegen half, sei Ostdeutschland durch sie befreit worden. Verschwiegen wird dabei nicht nur, dass der Kapitalismus auch in Ländern herrschte, die Hitlers entschiedenste Gegner waren. Unterschlagen wird auch, dass die Sowjetunion zunächst selbst im Bündnis mit Hitler stand und diverse Länder angriff. Erst als Deutschland die Freundschaft einseitig aufkündigte, wechselte sie auf die Seite der Alliierten. Verschwiegen wird schließlich vor allem, dass Stalin die Zerschlagung des NS-Regimes gerade nicht dazu nutzte, den Völkern die ersehnte Freiheit zu bringen, sondern dazu missbrauchte, halb Europa seiner eigenen Tyrannei zu unterwerfen.

Ein Beispiel für diese Art von Geschichtsklitterung ist die Erklärung der Historischen Kommission der PDS zum 60. Jahrestag der Befreiung vom »Faschismus« – wie die Partei den Nationalsozialismus im SED-Jargon noch immer nennt. Die Kriegsverbrechen der Roten Armee beim Einmarsch in Ostdeutschland kommen in dem Papier genauso wenig vor wie die anschließenden Massenverhaftungen. Die Ausschaltung der Demokratie wird sogar noch gerechtfertigt, weil sich eine einfache Rückkehr zur Vorkriegsordnung 1945 angeblich verboten hätte. »Die Forderung nach gesellschaftlichen Veränderungen und die Chance ihrer Verwirklichung ergab sich zwangsläufig aus dem Fazit der ersten Jahrhunderthälfte. [...] Es bedurfte nicht des Diktats einer Besatzungsmacht, um diese Fragen auf die Agenda zu setzen.« Angeblich hätten die Antifaschisten in Ostdeutschland genügend Autorität besessen, um die Menschen zum Umdenken zu bewegen. Erst später seien die Chancen vertan worden, die den gesellschaftlichen Veränderungen in der antifaschistisch-demokratischen Übergangsphase innegewohnt hätten.[51] Damit stellte die PDS nicht nur die Geschichte auf den Kopf. Sie offenbarte auch ein instrumentelles Verhältnis zur Gewalt. Ihre historischen Skrupel setzten erst für jenen Zeitpunkt ein, als sich die Unterdrückung nicht mehr »nur« gegen die Feinde des Sozialismus richtete. Unter dem neuen Label der LINKEN arbeitet die Kommission bis heute unverändert fort.

In ähnlicher Weise redete auch der Parteivorstand die Anfänge der SED-Herrschaft schön. Der 8. Mai 1945, so heißt es in einer Erklärung von 2005, sei ein »Neubeginn für Demokratie, Humanismus, Kultur und freien Geist« gewesen. Entgegen der Versicherung, »demokratische Sozialistinnen und Sozialisten« würden über eigene historische Fehler nachdenken, werden auch hier die kommunistischen Gewalttaten mit keinem Wort erwähnt. Stattdessen verwischt man die Unterschiede zwischen der Sowjetunion und den westlichen Alliierten mit den Worten: »Demokratische Sozialistinnen und Sozialisten widersetzen sich einer Ein- und Abstufung der Opfer und des Widerstandes ebenso wie einer Einteilung der Anti-Hitler-Koalition in Befreier und Besatzer.«[52]

Am liebsten möchte die Linkspartei den 8. Mai wieder wie früher in der DDR zum »Tag der Befreiung« machen. Als sie in Mecklenburg-Vorpommern regierte, setzte sie durch, dass das Datum staatlicher Gedenktag wurde. Zum 60. Jahrestag des Kriegsendes wollte es PDS-Chef Bisky dann überall in Deutschland »zum offiziellen Gedenktag« ausrufen.[53] Mit Vorliebe beruft man sich dabei auf den ehemaligen christdemokratischen Bundespräsidenten Richard von Weizsäcker, der das Kriegsende 1985 im Bundestag als »Tag der Befreiung« bezeichnet hatte. Unterschlagen wird dabei jedoch, dass er das als Staatsoberhaupt der Bundesrepublik tat, die im Gegensatz zu Ostdeutschland tatsächlich die Freiheit zurückerhalten hatte. Auch der lautstark vorgetragene Protest gegen Neonazis dient vor allem dem Ziel, sich selbst vom Geruch des Extremismus zu befreien.

Den Kommunisten, die damals mit den Sowjets kollaborierten, zollt die Partei bis heute Respekt. »Neunzig Jahre KPD bedeuten selbstlosen persönlichen Einsatz mehrerer Generationen von Kommunistinnen und Kommunisten für eine bessere, gerechte und freie Welt«, schrieb der Bundestagsabgeordnete Jan Korte in einer Erklärung zum 90. Jahrestag der KPD-Gründung im Dezember 2008.[54] Christdemokraten, Sozialdemokraten und Liberalen, die auch im Osten eine funktionierende Demokratie aufbauen wollten, finden hingegen keinerlei Anerkennung.

Die Folgen der Gleichschaltung von CDU und LDPD werden diesen sogar noch vorgehalten. Denn wenn DIE LINKE sich für ihre Vergangenheit rechtfertigen muss, geht sie inzwischen fast immer zum Gegenangriff über. »Die CDU hat zwei SED-Blockparteien geschluckt, ohne das jemals aufgearbeitet zu haben«, erklärte Parteichef Lafontaine, als er 2008 auf die vielen Stasi-Spitzel unter LINKEN-Abgeordneten angesprochen wurde. »Insofern würde ich Sie bitten, erst einmal bei der Konkurrenz zu schauen.« Und Bodo Ramelow, Vizefraktionschef im Bundestag, behauptete, auch die Ost-CDU habe »das Räderwerk der DDR am Laufen gehalten«.[55] Doch zu »Blockflöten« wurden Christdemokraten und Liberale erst, nachdem ihnen die Kommunisten das Rückgrat gebrochen hatten, und danach waren sie machtlose Anhängsel der SED, die sogar ihre Kandidaten für die Volkskammerwahlen vom ZK bestätigen lassen mussten.

Einen Beschluss, der die Auslöschung der SPD verurteilt, hat die Partei bis heute nicht gefasst – auch wenn ihre Funktionäre immer wieder gern das Gegenteil behaupten. Zum 50. Jahrestag der SED-Gründung legte die Historische Kommission der PDS stattdessen eine Erklärung vor, in der sie die Zwangsvereinigung wortreich abstritt. Das Papier, das 2001 noch einmal bekräftigt wurde, ist ein Paradebeispiel für die Verharmlosung kommunistischen Unrechts. Nach Meinung der Kommission hätte 1945 »die Mehrzahl der Kommunisten und Sozialdemokraten gemeinsam einen neuen Anfang wagen« wollen. Nach allem, was in Deutschland zuvor an »reaktionären Tatsachen« geschaffen worden sei, hätten viele Anhänger der Einheitspartei »nichts Schlimmes« darin sehen können, dass für Befürworter und Gegner der Vereinigung »keine Chancengleichheit« bestanden hätte, schließlich habe es auch in den Westzonen kein chancengleiches Spiel der Kräfte gegeben. Viele Mitarbeiter der Militäradministration hätten sich zudem als Vertreter der Arbeiterbewegung verstanden, so dass neben der administrativen und »mitunter repressiven« Vorgehensweise der politisch-moralische Appell gestanden hätte.

Dass über die Vereinigung nicht abgestimmt werden durfte, wird in dem Papier mit der dubiosen Begründung gerechtfertigt, dass es auch 1990 keine Urabstimmung über den Zusammenschluss von Parteien aus Ost und West gegeben habe. Und dass die kommunistischen Funktionäre die »Einheitspartei« von Anfang an dominierten, erklärt man »vor allem aus ihrer enormen politischen Energie«. In diesem Tenor geht es weiter, bis man postuliert: »Kein PDS-ler kann verpflichtet werden, sich erst Pauschalverurteilungen, wie sie uns in Begriffen wie ›Zwangsvereinigung‹ oder ›SED-Unrechtsstaat‹ entgegentreten, zu eigen zu machen, ehe er Anspruch auf politische Gleichberechtigung hat.«[56]

Um an die Schalthebel der Macht zu gelangen, hat sich die Linkspartei allerdings doch die eine oder andere gewundene Erklärung abgerungen. Mit ausgefeilten Formulierungen wurde jedoch stets vermieden, die Zerschlagung der Sozialdemokratie klar und deutlich zu verurteilen. Als die SPD 1998 in Mecklenburg-Vorpommern vor der ersten rot-roten Regierungsbildung verlangte, dass die PDS die Repressalien gegen Sozialdemokraten verurteilt, veröffentlichten die Schweriner SED-Erben eine halbherzige Entschuldigung. Drei Jahre später wollte die PDS auch in Berlin in die Regierung und sah sich deshalb ebenfalls zu einer Stellungnahme bemüßigt. Kurz vor dem Jahrestag der Zwangsvereinigung luden die PDS-Vorsitzende Gabi Zimmer und die Berliner Landeschefin Petra Pau zu einer Pressekonferenz. In einer »persönlichen Erklärung« stellten sie fest, dass die Bildung der SED »auch« mit politischen Täuschungen, Zwängen und Repressionen vollzogen worden sei.»Viele, die sich damals dem Zusammenschluss von KPD und SPD verweigerten, bezahlten das mit ihrer Freiheit, ihrer Gesundheit, nicht wenige mit dem Leben.« So kam man zwar der Forderung des ehemaligen SPD-Bürgermeisters Walter Momper entgegen, Mord und Gewaltherrschaft beim Namen zu nennen, doch die Worte »Zwangsvereinigung« oder »Entschuldigung« fielen nicht. Stattdessen ging man zum Gegenangriff über: »Wir erwarten übrigens von der Sozialdemokratie keine Abbitte für Handlungen, mit denen sie der deutschen Linken Schaden zugefügt hat.« Vor der Presse bekräftigte die PDS-Chefin, dass die Geschichtsschreibung auch heute kein klares »Pauschalurteil« über das Geschehen von 1946 zulasse, »weder im Sinne einer Zwangsvereinigung noch Freiwilligkeit«. Beide Politikerinnen lehnten es zudem ab, den Text dem bevorstehenden PDS-Parteitag vorzulegen.[57]

Vierzehn Tage später gab auch noch der Parteivorstand eine Erklärung ab. Der Text mit der Überschrift »Auseinandersetzung mit der Geschichte nicht instrumentalisieren« beginnt ebenfalls mit einem Vorwurf an die SPD. Erst das »Versagen der deutschen Sozialdemokratie« am Anfang des

Ersten Weltkrieges, so heißt es da, habe zur Spaltung der Linken geführt. Die Vereinigung von KPD und SPD sei deshalb »der ernst gemeinte Versuch vieler überzeugter Sozialdemokraten und Kommunisten« gewesen, »die Ursachen der Niederlagen von 1914, 1918 und 1933 zu überwinden«. Die Fusion sei allerdings auch ein Schritt entscheidender Funktionäre der KPD und der Sowjetunion gewesen, die Sozialdemokratie als eigenständige Kraft zu beseitigen, wozu »auch« zu Betrug, Repression, Verfolgung und politischer Gewalt gegriffen worden sei. »Wir haben und werden uns für die Vereinigung von KPD und SPD, für die Gründung der DDR nicht entschuldigen. Wir haben und werden aber aus Anlass von Gedenktagen jene um Verzeihung bitten, die unter SED und DDR gelitten haben. Uns selbst werden wir jedoch das Scheitern von Einheitspartei und DDR niemals verzeihen.«[58] Zwei Schritte vor, drei zurück – in eine gescheiterte Vergangenheit.

Selbst hinter diese Erklärung ist die Partei später wieder zurückgefallen. So meldete sich im April 2006 die Historische Kommission der Linkspartei erneut zu Wort – diesmal zum 60. Jahrestag der SED-Gründung – und bekräftigte noch einmal ihre verharmlosenden Aussagen von 1996. »Sie sieht keinen Grund, von dieser Darstellung und Einschätzung abzurücken«, verkündete der Sprecherrat.[59] Im November 2006 geriet in Berlin dann beinahe die Bildung der zweiten rot-roten Koalition ins Stocken, weil sich die designierte Staatssekretärin der Linkspartei, Almuth Nehring-Venus, öffentlich von einer Ausstellung über ein früheres Stasi-Gefängnis distanzierte. Bei der Eröffnung verwahrte sie sich dagegen, die SED-Gründung so darzustellen, als habe es »in Ost und West, in KPD wie SPD gar keine Vereinigungsanhänger« gegeben. Sie wies auch den Eindruck zurück, dass »die politischen Gegner der KPD [...] per se demokratisch, die KPD selbst undemokratisch und willkürlich« gehandelt hätten.⁶⁰ Als die SPD daraufhin eine Klarstellung verlangte, nahm Bundestagsvizepräsidentin Pau ihre Parteigenossin in Schutz und behauptete, sie selbst habe sich bereits vor fünf Jahren bei den betroffenen Sozialdemokraten entschuldigt.⁶¹

Im September 2008 beteiligte sich auch der ehemalige SPD-Vorsitzende Lafontaine an der Geschichtsverdrehung. Auf einer Pressekonferenz behauptete er, die Wahrnehmung der Vereinigung von KPD und SPD sei von »völliger Unkenntnis« geprägt. Schließlich habe »insbesondere die SPD« nach dem Krieg die Vereinigung der Arbeiterbewegung angestrebt; die SED sei »auch freiwillig gegründet worden – von vielen SPD-Funktionären«.⁶² Als er Chef der SPD war, hatte er die SED-Gründung dagegen noch ganz anders bezeichnet: als »Zwangsvereinigung« und »Vernichtung der Sozialdemokratie« durch »Verfolgung, Täuschung und Betrug«. »Zu keinem Zeitpunkt gab es eine Mehrheit in der ostdeutschen Sozialdemokratie, die eine Vereinigung mit der KPD zu den von der KPD vorgeschlagenen Bedingungen befürwortet hätte«, hatte er 1996 erklärt. Seinen heutigen Parteigenossen hielt Lafontaine damals vor: »Es ist schwer zu begreifen, dass die PDS, die Nachfolgerin der SED, in ihrem ausführlichen Papier ›Zum 50. Jahrestag‹ kein Wort des Bedauerns für die Opfer findet.«⁶³

Vierzig Jahre Sozialismus

Für die deutschen Kommunisten war die Bildung der SED ein wichtiger Schritt auf dem Weg zur Macht. Mit der Gründung der DDR am 7. Oktober 1949 verfügten sie erstmals über einen eigenen Staat, in dem sie ihre Ideen von der »Befreiung der Arbeiterklasse«, der »Beseitigung der Ausbeutung« und der »klassenlosen Gesellschaft« verwirklichen konnten. Wie in einem Laborexperiment kann man am Beispiel der DDR studieren, wohin die im 19. Jahrhundert von Karl Marx und Friedrich Engels entwickelte Vorstellung führt, dass sich Arbeiter und Kapitalisten in einem unversöhnlichen Klassenkampf befänden, der nur durch eine Diktatur des Proletariats zu beenden sei. Ist die Vormachtstellung des Kapitals erst gebrochen, so lautet auch die Verheißung der Linkspartei, bricht das goldene Zeitalter des Sozialismus an, in dem »die freie Entwicklung einer und eines jeden zur Bedingung der freien Entwicklung aller geworden ist«.[64]

Zu den Konsequenzen dieser Idee gehört es, dass der Klassengegner, also das Bürgertum und die mit ihm verbundenen Kräfte, von der Machtausübung ausgeschlossen werden. Doch auch das Proletariat ist nach der von Lenin weiterentwickelten Theorie nicht in der Lage, seine Interessen selbst zu erkennen, sondern muss von seinen bewusstesten Teilen angeleitet werden. Diese sogenannte Avantgarde bildet die kommunistische Partei, die selber wiederum streng hierarchisch aufgebaut ist, weil der Kampf für den Sozialismus nur mit einer schlagkräftigen Organisation zu gewinnen ist. Die gesamte Entscheidungsgewalt liegt deshalb in den Händen einer kleinen Funktionärsclique mit absolutem Macht- und Wahrheitsanspruch.

In der DDR führte dieses System dazu, dass die Bevölkerung über vierzig Jahre lang nicht frei über ihre Regierung entscheiden durfte. Obwohl die erste DDR-Verfassung eine »allgemeine, gleiche, unmittelbare und geheime Wahl« vorschrieb, kreierte die SED 1950 ein Wahlsystem, bei dem weder zwischen Parteien noch zwischen Personen gewählt werden konnte. Stattdessen gab es eine sogenannte Einheitsliste, die man lediglich bestätigen oder ablehnen konnte. Die Sitzverteilung stand immer schon vorher fest. Damit sich die

Bürger dieser Farce nicht entzogen, wurden sie massiv unter Druck gesetzt, zur »Wahl« zu gehen, die darin bestand, den Kandidatenzettel unverändert in die Urne zu werfen. Zusätzlich wurden die Ergebnisse auch noch gefälscht, damit die SED eine Zustimmung von annähernd hundert Prozent vermelden konnte. Widerstand gegen dieses undemokratische Wahlsystem wurde bereits in den Anfängen brutal unterdrückt – wie das Beispiel des LDPD-Generalsekretärs Günter Stempel zeigt, der zu 25 Jahren Zwangsarbeit verurteilt wurde, weil er angekündigt hatte, gegen das Gesetz zu stimmen. Der Student Herbert Belter wurde sogar hingerichtet, weil er gegen das dubiose Wahlrecht Flugblätter verteilt hatte.

Getreu dem leninistischen Avantgardekonzept übten in der DDR freilich weder das Parlament noch die Regierung die Macht aus. Alle wichtigen Entscheidungen wurden vielmehr von der SED und ihrer Führung getroffen. Die maßgebliche Figur des neuen Staates war deshalb nicht Präsident Wilhelm Pieck oder Ministerpräsident Otto Grotewohl, sondern Walter Ulbricht, der 1950 das neu geschaffene Amt des SED-Generalsekretärs übernahm. Seine Macht ging so weit, dass er sogar über die Verhängung von Todesurteilen entschied. Nach Piecks Ableben übernahm Ulbricht auch noch die Funktion des Staatsoberhauptes. 1968 wurde die führende Rolle der SED sogar in der Verfassung verankert. Die Parteispitze besaß eine Machtfülle, wie sie nicht einmal in Feudalgesellschaften existierte. Jedes Gesetz musste, bevor es der Volkskammer vorgelegt werden durfte, vom Politbüro genehmigt werden. Dieses lenkte auch die gesamte Regierungsarbeit und den Staatsapparat. Als Herr über die verstaatliche Wirtschaft entschied es zudem über den Großteil der wirtschaftlichen Belange. Zehntausende Leiter in allen Bereichen – die sogenannten Nomenklaturkader – durften schließlich nur mit Zustimmung der SED besetzt werden.

Zur Kontrolle ihrer Vorherrschaft existierte obendrein in allen Institutionen eine Parallelstruktur aus Parteileitungen und Parteisekretären – die Diktatur der SED war wahrhaft allumfassend. In diesem Herrschaftssystem bekleideten führende LINKEN-Politiker wie Parteichef Bisky, Fraktionschef Gysi oder der frühere Ehrenvorsitzende Modrow jahrelang wichtige Positionen (siehe Teil 3: Personal). Das Politbüro herrschte auch über die eigenen Genossen diktatorisch. Das Parteistatut von 1950 verbot es den damals 1,6 Millionen SED-Mitgliedern, abweichende Auffassungen zu vertreten oder sich an fraktionellen Gruppierungen zu beteiligen. Für den erwünschten Kadavergehorsam sorgten ein Berichtssystem von unten nach oben, ein an Gehirnwäsche erinnerndes Ritual von Kritik und Selbstkritik sowie ein Katalog von Parteistrafen, die neben dem sonstigen politischen Strafrecht existierten. Die brutale Durchsetzung dieses absolutistischen Führungsanspruchs erfolgte bereits in den Anfangsjahren. Nach dem Zerwürfnis mit Jugoslawien 1948 initiierte Stalin in allen sowjetisch besetzten Ländern groß angelegte Säuberungen, damit sich die Kommunisten bedingungslos seinem Willen unterwarfen. 1949 fanden in Ungarn und Bulgarien die ersten Schauprozesse gegen Spitzenpolitiker statt, von denen viele zum Tode verurteilt wurden, obwohl sie völlig unschuldig waren. Auch in der SED setzte damals eine gespenstische Hatz auf treue Funktionäre ein. Vor allem diejenigen, die die NS-Zeit im Westen verbracht hatten oder jüdischer Abstammung waren, galten als potentielle Abweichler. Sämtliche Parteimitglieder wurden damals überprüft, 150 000 – darunter viele ehemalige Sozialdemokraten – 1951 ausgeschlossen. Selbst hochrangige Kommunisten wie das Ex-Politbüromitglied Paul Merker verloren ihre Ämter, wurden verhaftet und gefoltert, damit sie sich als Verschwörer oder Spione bezichtigten.
Die Vorstellung, dass mit dieser Form der Machtorgani-

sation den Interessen der Menschen am besten gedient werden könnte, bewahrheitete sich nicht. Abgesehen von dem unvorstellbaren individuellen Leid, das mit der brutalen Durchsetzung des Sozialismus einherging, brachte die Beseitigung jeder Art von Opposition ein bürokratisches Regime hervor, das kaum in der Lage war, Probleme frühzeitig zu erkennen und wirksam darauf zu reagieren. Das starre Prinzip von Befehl und Gehorsam erwies sich als ungeeignet, komplexe gesellschaftliche Abläufe zu regulieren. Bei Großprojekten wie dem 1952 begonnenen Bau der Ost-Berliner Stalinallee mochte die Planwirtschaft vielleicht geeignet sein, in kurzer Zeit erhebliche Ressourcen zu mobilisieren, doch bei der Versorgung der Menschen mit Toilettenpapier oder modischer Kleidung erwies sie sich bis zuletzt als unfähig. Da demokratische Kontrollmechanismen fehlten, war das System zudem besonders anfällig für Amtsmissbrauch und Korruption. Zugleich war es in hohem Maße unpopulär, weil die Führung, getreu ihrem eigenen Machtanspruch, für sämtliche Schwierigkeiten im Lande verantwortlich gemacht wurde. Die Parteispitze überspielte zwar ihre fehlende Legitimation mit einem penetranten Führerkult – doch in Wirklichkeit lebte sie in ständiger Angst vor dem eigenen Volk.

Dieser Umstand ist in der Rückschau die wichtigste Erfahrung aus vierzig Jahren DDR-Sozialismus: Ein System, das grundlegende menschliche Bedürfnisse wie die nach individueller Freiheit oder materiellem Eigennutz unterdrückt, muss ständig neue Maßnahmen ersinnen, damit es nicht unterlaufen oder gestürzt wird. Anders, als die Linkspartei heute behauptet, waren Überwachung und Unterdrückung keine Deformation des Sozialismus, sondern gehören zu ihm wie das Töten zum Krieg. Ein »demokratischer« Sozialismus ist ein Widerspruch in sich, weshalb er auch nach hundertfünfzig Jahren Marxismus noch nirgends realisiert wurde.

Um ihr System zu schützen, schuf die SED bereits im

Februar 1950 einen geheimen Sicherheitsdienst: das sogenannte Ministerium für Staatssicherheit (MfS) oder kurz: die Stasi. Obwohl es formal zur Regierung gehörte, hatte es laut Geheimstatut zuerst den Direktiven des Politbüros zu folgen. Als »Schild und Schwert der Partei« entwickelte sich das MfS in kürzester Zeit zur ebenso umfassenden wie gefürchteten Geheimpolizei. Mit 10 000 hauptamtlichen Mitarbeitern hatte es bereits 1953 mehr Personal als die Gestapo im Deutschen Reich. Alle zehn Jahre verdoppelte sich die Zahl seiner Beschäftigten und erreichte am Ende die irrwitzige Zahl von 91 000. Die Stasi öffnete täglich 90 000 Briefe, hörte Zehntausende Telefone ab und lenkte mehr als 180 000 Spitzel. Im Laufe ihrer Existenz betrieb sie Hunderttausende Überwachungsvorgänge und Ermittlungsverfahren, verhaftete schätzungsweise 200 000 missliebige Bürger, führte ungezählte Verhöre und unterhielt siebzehn eigene Untersuchungsgefängnisse. Ihre Befugnisse waren in keinem Gesetz geregelt, eine parlamentarische Kontrolle fand nicht statt. Der riesige Überwachungsapparat der SED brachte nicht nur ein beispielloses Spitzelsystem hervor und verschlang enorme Ressourcen. Er zeigte auch, wie sehr die Führung der Stabilität ihres Systems misstraute und welcher Aufwand erforderlich war, es zu sichern.

Offiziell verkündete die SED den »Aufbau des Sozialismus« auf ihrer II. Parteikonferenz im Juli 1952. Nachdem Stalins Pläne, ganz Deutschland unter Kontrolle zu bekommen, gescheitert waren, sollte die DDR zu einem Bollwerk gegen den Westen ausgebaut werden. Im Mai 1952 riegelte die SED deshalb die innerdeutsche Grenze ab und ließ in der sogenannten Aktion »Ungeziefer« mehr als 8000 als unzuverlässig eingeschätzte Personen aus dem Grenzgebiet deportieren. Wenig später begann der Aufbau einer geheimen DDR-Armee. Im Juli erklärte die SED, dass die Errichtung des Sozialismus zur grundlegenden Aufgabe in der DDR geworden sei, und betonte, dass dabei »die Verschärfung des Klassenkampfes unvermeidlich ist und die Werktätigen den Widerstand der feindlichen Kräfte brechen müssen«.[65] Im Gegensatz zur Marx'schen Theorie, dass der Staat im Sozialismus absterben würde, wurde er nun noch bedeutender, denn die Revolution von oben sollte mit seiner Hilfe durchgesetzt werden. Die SED löste die ostdeutschen Länder und Provinzen auf und verwandelte die DDR in einen zentralistischen Einheitsstaat.

Um den Sozialismus unumkehrbar zu machen, sollten vor allem die Reste der Privatwirtschaft beseitigt werden. Die Tatsache, dass die Lebensmittelversorgung nach wie vor zu einem Großteil in privater Hand lag, beunruhigte die Parteiführung. Sie zwang deshalb die Bauern, ihre Höfe in sogenannte Landwirtschaftliche Produktionsgenossenschaften (LPGs) zu überführen. Allein zwischen August 1952 und Januar 1953 fanden über 1200 Verfahren gegen widerspenstige Bauern statt, die in der Regel nicht nur zu mehrjährigen Haftstrafen verurteilt wurden, sondern auch ihr gesamtes Vermögen verloren. Zahlreiche Landwirte gingen damals in den Westen, Tausende andere resignierten und flüchteten in den Schoß der LPG, die zu einem Rädchen im Getriebe der Planwirtschaft mutierte.

Mit ähnlichen Methoden ging die SED gegen die verbliebenen Kleinunternehmer vor. Anfang 1953 wurden anhand sogenannter Liquidationslisten zahlreiche Kleinbetriebe durchsucht und ihre Besitzer bei geringsten Steuerrückständen oder minimalen Privatgeschäften verhaftet und enteignet. Im Ostseebad Kühlungsborn wurde zum Beispiel die Pächterin eines Kinderheimes zu sechzehn Monaten Haft verurteilt, weil sie Zucker beiseitegeschafft hatte, um daraus für die Kinder Marmelade zu kochen. Allein im Februar und März 1953 wurden im Rahmen der Aktion »Rose« an der Ostsee 447 Menschen festgenommen und 621 Häuser und Grundstücke verstaatlicht. Darüber hinaus entzog die DDR-Regierung allen Selbständigen den Kranken- und Sozialversicherungsschutz. Wer mehr als fünf Beschäftigte hatte, bekam keine Lebensmittelkarten mehr, so dass die Selbständigen regelrecht ausgehungert wurden. Tausende Handwerker und Kleinunternehmer gaben damals ihren Betrieb auf oder überführten ihn in eine Genossenschaft.

Der Klassenkampf von oben richtete sich auch gegen die Kirchen, das wichtigste Refugium des Bürgertums. Insbesondere die evangelische Jugendarbeit war der SED ein Dorn im Auge. Im Januar 1953 beschloss das Politbüro, in kurzer Zeit drei bis vier öffentliche Prozesse zur »Entlarvung« der Jungen Gemeinde als »Tarnorganisation für Kriegshetze, Sabotage und Spionage« durchzuführen.[66] In tribunalähnlichen Versammlungen wurden christlich engagierte Schüler und Studenten zu »Agenten« erklärt oder aufgefordert, sich von der Kirche loszusagen. Tausende mussten die Oberschule oder Universität verlassen, über siebzig Pfarrer und Jugendleiter sowie eine unbekannte Zahl junger Christen kamen ins Gefängnis. Die gleichgeschaltete Presse flankierte die Kampagne mit entsprechender Berichterstattung. »Dieser Feind der werktätigen Bevölkerung hatte es fertiggebracht, die Einwohner des Dorfes jahrelang zu terrorisieren«, schrieb zum Beispiel die *Schweriner Volkszeitung* über den Gemeindepfarrer Karl-August Brandt in Mecklenburg. »Die gesamte werktätige Bevölkerung der Zentralgemeinde Lohmen erwartet eine strenge Bestrafung des Verbrechers.«[67] Wenig später wurde er, obwohl völlig unschuldig, zu sechs Jahren Zuchthaus verurteilt.

Die SED wusste, dass ihre Vorstellungen nur von einer kleinen Minderheit geteilt wurden. Deshalb spielte die politische Propaganda eine herausragende Rolle. Wie in George Orwells Roman *1984* berieselten Lautsprecher die Bevölkerung mit agitatorischen Reden und entsprechender

Musik, während Propagandaplakate zu größeren Arbeitsleistungen aufforderten oder den baldigen Sieg des Sozialismus verkündeten. An den Straßenrändern erhoben sich überlebensgroße Bildnisse von Marx, Stalin oder Ulbricht, Sportstadien, Großbetriebe und sogar ganze Städte wurden nach kommunistischen Führern benannt. Zeitungen, Radio und Fernsehen, die sich allesamt in Staats- oder Parteibesitz befanden, dienten vor allem der politischen Manipulation der Bevölkerung. Die Forderung von Linksparteichef Lafontaine, die privaten Medien zu verstaatlichen und damit ihrer Unabhängigkeit zu berauben, ist vor diesem Hintergrund mit größtem Argwohn zu betrachten.

Ausgerechnet die Arbeiter, für die der Sozialismus gemacht war, brachten ihn 1953 beinahe zu Fall. Um die Kosten für die Aufrüstung und den Ausbau der Schwerindustrie aufbringen zu können, hatte die SED beschlossen, die Arbeitsnormen anzuheben. Einige Hundert Bauarbeiter zogen deshalb am 16. Juni von der Ost-Berliner Stalinallee zum Haus der Ministerien, um eine Rücknahme der Normenerhöhung zu fordern – und lösten damit einen unerwarteten Flächenbrand aus. Tausende Berliner schlossen sich ihnen an und verlangten den Rücktritt der Regierung und freie Wahlen. In der Folge kam es in über 650 Orten zu spontanen Protesten. 600 Betriebe wurden bestreikt, 140 Partei- oder Verwaltungsgebäude gestürmt, knapp 1400 Häftlinge aus Gefängnissen befreit. Das Regime schien am Ende, das Politbüro flüchtete sich ins sowjetische Hauptquartier. Doch die Besatzer verhängten den Ausnahmezustand, ließen Panzer auffahren und schlugen den Volksaufstand nieder. Über fünfzig Menschen wurden getötet, etwa 13 000 inhaftiert und mindestens 1600 abgeurteilt. Der 17. Juni, an dem der SED die Macht beinahe entglitten wäre, wurde zum Trauma der Funktionäre – und zu einer bitteren Lehre für das Volk.

Nach dem Aufstand verlangsamte die SED-Führung ihr

Umbauprogramm. Mit sozialen Maßnahmen versuchte sie, die Arbeiter ruhigzustellen. Doch schon Ende der 1950er Jahre unternahm sie einen zweiten Anlauf, den Sozialismus zu vollenden. Die Zwangskollektivierung der Landwirtschaft wurde zu Ende geführt, weitere Teile des privaten Handwerks und Handels wurden in Genossenschaften gezwungen. Die Folge war erneut ein starker Anstieg der Flüchtlingszahlen: Fast 200 000 kehrten 1960 der DDR den Rücken, 160 000 folgten bis Mitte August 1961 – dann errichtete die SED die Mauer und machte ihren Staat zu einem großen Gefängnis. Wer jetzt noch flüchten wollte, riskierte sein Leben. Mit Selbstschussanlagen und Tretminen, Panzersperren und Signalanlagen rüstete das Regime nach und nach die innerdeutsche Grenze auf, gegen »Grenzverletzer« wurde rücksichtslos von der Schusswaffe Gebrauch gemacht. Schon ein Jahr später konnte die SED den »Sieg der sozialistischen Produktionsverhältnisse« verkünden. Der Mauerbau stand nicht, wie die LINKE heute behauptet, im Widerspruch zum Sozialismus, sondern war die logische Konsequenz aus dem sozialistischen Umbau der Gesellschaft.

Eigentlich hätte die SED-Führung nun ungestört ihre Utopie verwirklichen können. Hinter dem »antifaschistischen Schutzwall«, wie die DDR die Mauer titulierte, konnte sie 28 Jahre lang ziemlich sicher schalten und walten, zumal ihr Halbstaat bald auch international anerkannt wurde. Eine ganze Generation wuchs ausschließlich unter sozialistischen Bedingungen heran, unbeeinflusst vom »bürgerlichen Klassengeist«. Doch statt das versprochene kommunistische Paradies zu errichten, stand das Regime weiter mit dem Rücken zur Wand. Weder gelang es der SED, das Land wirtschaftlich leistungsfähig zu machen, noch vermochte sie die Menschen so vom Sozialismus zu überzeugen, dass sie ihnen die demokratischen Freiheitsrechte risikolos hätte zurückgeben können.

1971 wurde Altkommunist Ulbricht von seinem Kronprinzen Erich Honecker abgesetzt. Der wollte die Menschen durch mehr Konsum und kleine kulturelle Freiräume zu verstärkten Leistungen motivieren; zugleich verstaatlichte er die Reste der Privatwirtschaft. Doch die »Einheit von Wirtschafts- und Sozialpolitik«, wie die SED ihre Strategie nun überschrieb, bewirkte nach einer kurzen Blüte, dass das Land laufend mehr konsumierte als produzierte. Wie der Leiter der ZK-Abteilung Planung und Finanzen Günter Ehrensperger 1989 konstatierte, lebte die DDR »mindestens seit 1973 Jahr für Jahr« über ihre Verhältnisse.[68] Vor allem die staatlich festgesetzten Preise – Kern jeder sozialistischen Wirtschaft – führten zu ungeheurer Verschwendung, da sie die tatsächlichen Kosten stark verzerrten. Die Subventionen, insbesondere für verbilligte Grundnahrungsmittel, verschlangen riesige Summen. Auch der aufgeblähte Staats- und Parteiapparat beanspruchte enorm viel Geld. Die Verschuldung im Westen nahm rapide zu, notwendige Investitionen blieben aus, die Betriebe lebten immer mehr von ihrer Substanz.

Nur zwei bundesdeutsche Milliardenkredite retteten die DDR Anfang der 1980er Jahre vor der Zahlungsunfähigkeit. Danach konnte sie sich noch eine Zeit lang über Wasser halten, indem sie billiges sowjetisches Rohöl weiterverarbeitete und gegen Devisen in den Westen verkaufte. Doch die ebenfalls krisengeschüttelte Sowjetunion reduzierte ihre Lieferungen und wollte sie schließlich in Valuta bezahlt haben. Gleichzeitig sanken auf dem Weltmarkt die Preise für Erdölprodukte. Ab Mitte der 1980er Jahre verschärften sich dadurch die wirtschaftlichen Probleme der DDR dramatisch. Obwohl die Stasi im Westen in großem Stil Technologien stahl, fiel das Land beim technischen Fortschritt immer weiter zurück.

Auch politisch geriet das System immer mehr unter Druck. Die internationale Anerkennung der DDR erwies sich als zweischneidiges Schwert. Statt auf der Flucht das eigene Leben zu riskieren, stellten nun immer mehr Menschen einen Ausreiseantrag. Sie beriefen sich dabei auf die UN-Menschenrechtskonvention und die KSZE-Schlussakte, zu deren Einhaltung sich die DDR verpflichtet hatte. Die SED reagierte darauf, indem sie einerseits den Überwachungsstaat ausbaute und zahlreiche Verhaftungen vornahm, andererseits Zehntausenden eine Ausreisegenehmigung erteilte – was nur dazu führte, dass noch mehr Menschen einen Antrag stellten.

Als 1985 in der Sowjetunion Michail Gorbatschow an die Macht kam, tat sich für die SED im Osten eine zweite, noch gefährlichere Front auf. Wer jetzt in der DDR mehr Freiheit forderte, konnte sich auf das Mutterland des Sozialismus berufen. Das Politbüro verlor zudem seine Lebensversicherung, weil es sich nicht mehr darauf verlassen konnte, dass im Ernstfall sowjetische Soldaten zu Hilfe kommen würden. Die Glaubwürdigkeit des Regimes litt weiter, als Bürgerinitiativen nachwiesen, dass die SED im Mai 1989 die Kommunalwahlen gefälscht hatte.

Wenig später kam es zur größten Fluchtwelle seit dem Mauerbau. In den Sommerferien 1989 schlugen sich Tausende in die bundesdeutschen Botschaften nach Warschau, Budapest und Prag durch und verlangten ihre Ausreise. Allein aus Prag gelang auf diese Weise etwa 17 000 Menschen die Flucht. Zur selben Zeit begann Ungarn mit dem Abbau seiner Grenzanlagen nach Österreich. Ab September ließ man DDR-Bürger ungehindert passieren; bereits in den ersten drei Tagen nutzten 18 000 Menschen die unverhoffte Gelegenheit. Die Gesamtzahl aller Flüchtlinge im September und Oktober 1989 belief sich auf über 75 000 – eine politische Abstimmung mit den Füßen, von Millionen DDR-Bürgern im Fernsehen hautnah mitverfolgt.

In dieser Situation formierte sich erstmals wieder seit dem 17. Juni 1953 massenhafter Protest. Im September 1989 gründeten Bürgerrechtler das Neue Forum und forderten einen »demokratischen Dialog«. Mit der Sozialdemokratischen Partei (SDP) entstand Anfang Oktober die erste unabhängige Partei. Am 2. Oktober demonstrierten etwa 8000 Menschen in Leipzig, bis sie von der Polizei mit Gummiknüppeln, Hunden und Wasserwerfern auseinandergetrieben wurden. Eine Woche später waren es bereits 70 000, obwohl ein Kampfgruppenkommandeur zuvor mit Waffeneinsatz gedroht hatte. Rückblickend ist es immer noch ein Wunder, dass die SED die Proteste nicht gewaltsam niederschlug. Die Planungen für den Ernstfall, einschließlich Isolierungslager für Regimegegner, lagen fertig bereit. Entscheidend für den Sieg der aufbegehrenden Bürger war der 9. Oktober in Leipzig, als die Staatsmacht vor der Überzahl der Demonstranten kapitulierte. Aus Furcht vor einer Eskalation entschied damals der amtierende SED-Bezirkschef in Leipzig – und nicht ZK-Sekretär Krenz, wie dieser später behauptete –, dass die Sicherheitskräfte in ihren Stellungen bleiben sollten. »Sollen wir dazwischengehen bei 20 000, 30 000, 40 000 Bürgern?«, rechtfertigte sich Innenminister Friedrich Dickel später vor den Polizeichefs der Bezirke. »Da können wir gleich SPW [Schützenpanzerwagen] oder Panzer einsetzen.«[69] Das Stillhalten der Diktatur beflügelte die Protestbewegung. Als Honecker, Mielke und Krenz im Lagezentrum des Innenministeriums am 16. Oktober 1989 den Aufmarsch von 120 000 Leipzigern per Übertragungskamera mitverfolgten, müssen ihnen die Ohren geklungen haben, als sie die machtvollen Rufe hörten »Wir sind das Volk«.

Proteste dieser Größenordnung konnte man nicht mehr mit Schlagstöcken zerstreuen. Doch die SED wagte es nicht, massivere Mittel einzusetzen oder den später von Stasi-Offizieren ins Spiel gebrachten Ausnahmezustand zu verhängen. Ohne Rückendeckung der Sowjetunion schreckte selbst Mielke vor derartigen Maßnahmen zurück, zumal die Sicherheitskräfte nicht mehr als hundertprozentig zuverlässig galten. »Wir können doch nicht anfangen, mit Panzern zu schießen«, mokierte sich der Stasi-Minister im Politbüro über Honecker, der vorgeschlagen hatte, ein Panzerregiment in Leipzig auffahren zu lassen.[70] In zahlreichen Städten kam es bald zu ähnlichen Demonstrationen, die Menschen verloren ihre Angst. Zwischen Massenprotest und Massenflucht zerbröselte der Sozialismus wie morsches Holz. Höhepunkt des Protestes war eine Kundgebung auf dem Berliner Alexanderplatz. Am 4. November 1989 kamen dort mehr als eine halbe Million Menschen zusammen. Die Stimmung war – so brachte es der Schriftsteller Stefan Heym auf den Punkt –, »als habe einer die Fenster aufgestoßen nach all den Jahren der Stagnation, der geistigen, wirtschaftlichen, politischen, den Jahren von Dumpfheit und Mief und bürokratischer Willkür, von amtlicher Blindheit und Taubheit«. Demokratie, so rief er unter dem Beifall der Demonstranten aus, bedeute Herrschaft des Volkes. »Freunde, Mitbürger, üben wir sie aus – diese Herrschaft!«[71]

Der Mauerfall am 9. November besiegelte den Untergang des Sozialismus, die Besetzung der Stasi-Dienststellen vollendete ihn. Hier zeigte sich noch einmal, wie sehr das System auf nackter Gewalt beruhte. Als die Zwangsmittel nicht mehr zur Verfügung standen, fiel es wie ein Kartenhaus zusammen. Anders, als sich mancher damals erhoffte, kam es auch nicht zu einer reformierten DDR – weil Demokratie und Sozialismus einander ausschließen.

Nach vierzig Jahren hinterließ die SED ein heruntergekommenes Land. Straßen und Schienenwege, Strom- und Telefonnetz, Wasserleitungen und Kanalisation befanden sich in erbarmungswürdigem Zustand, Fabriken und die Altbauten der Innenstädte waren völlig marode. Auch die Umwelt war schwer geschädigt. Die Lebenserwartung lag um drei Jahre niedriger als in der Bundesrepublik. Bei der Ausstattung der privaten Haushalte mit Autos, Konsumgütern oder modernen Sanitäranlagen hinkte die DDR meilenweit hinterher. Der Staat war hochverschuldet und stand unmittelbar vor der Zahlungsunfähigkeit.

Als Honeckers Nachfolger Egon Krenz den Chef der Plankommission, Gerhard Schürer, um einen Bericht zur wirtschaftlichen Lage bat, rechnete dieser vor, dass die Arbeitsproduktivität um 40 Prozent hinter derjenigen der Bundesrepublik zurückliege. Im Verkehrswesen seien 52 Prozent der Ausrüstungen verschlissen, in der Industrie 54 Prozent, im Bauwesen sogar 67 Prozent. Um die dennoch steigenden Staatsausgaben bestreiten zu können, müssten 1989 und 1990 zusätzliche Kredite in Höhe von 20 Milliarden Mark aufgenommen werden, wodurch die Gesamtverschuldung auf 140 Milliarden Mark ansteige. »Allein ein Stoppen der Verschuldung würde im Jahr 1990 eine Senkung des Lebensstandards um 25 bis 30 Prozent erfordern und die DDR unregierbar machen«, schrieb Schürer.[72]

Noch schlimmer, weil schwerer zu beheben, waren die gesellschaftlichen Folgen von vierzig Jahren Sozialismus: Der Mittelstand, Rückgrat einer vitalen Volkswirtschaft, war nahezu liquidiert. Traditionelle Sozialmilieus, christliche Bindungen und bürgerliche Wertvorstellungen hatten sich weitgehend aufgelöst. Leistungsorientierung, Verantwortungsgefühl und Bürgersinn waren verkümmert. Mancher Ostdeutsche wusste kaum noch etwas mit der zurückgewonnenen Freiheit anzufangen. Auch das individuelle Leid war kaum zu ermessen. Wenigstens 270 Menschen waren an den Westgrenzen der DDR durch Schüsse oder Minen getötet, etwa siebenhundert meist schwer verletzt worden. 52 politische Gefangene waren auf Beschluss von DDR-Gerichten hingerichtet worden, über 1100 durch Urteile sowjetischer Militärtribunale, die bis 1955 tätig waren. Bis zu 280 000

Personen waren aus politischen Gründen ins Gefängnis gekommen, wo sie vielfach physisch oder psychisch misshandelt wurden. Hunderttausende waren überwacht und verfolgt worden, hatten Berufsverbot erhalten oder ihr Eigentum verloren. Millionen waren in der Schule diskriminiert, am Arbeitsplatz benachteiligt oder im Alltag drangsaliert worden. Viele wurden für immer ihrer Lebenschancen beraubt, weil sie in der DDR kein Abitur machen, nicht studieren und keinen Beruf ihrer Wahl ergreifen durften. Über 3,6 Millionen Flüchtlinge und Ausreiseantragsteller hatten schließlich Heimat, Verwandte und Freunde verlassen müssen, um ein Leben in Freiheit führen zu können. Die Wunden, die all dies schlug, sind bis heute nicht verheilt.

Schöngefärbte DDR

Umso erstaunlicher ist es, dass die DDR in Deutschland vielfach als soziales Paradies verklärt wird – woran die SED-Nachfolger maßgeblichen Anteil haben. »Zur Geschichte der DDR«, so hieß es im Programm der Linkspartei, »gehören bemerkenswerte Ergebnisse und wertvolle Erfahrungen im Kampf um soziale Gerechtigkeit, um die Bestimmung der Ziele der Produktion im Interesse der Bevölkerung, um die Teilhabe breiter Bevölkerungsteile an Bildung und Kultur und um ein solidarisches und friedliches Gemeinwesen auf deutschem Boden.«[73] Und auf der Homepage der LINKEN kann man auf die Frage »Was sagt die LINKE zur DDR?« den Satz lesen: »Die Gründung der Deutschen Demokratischen Republik war der legitime Versuch, nach dem alliierten Sieg über Nazi-Deutschland ein Wiedererstarken sozialer Antriebskräfte des Nationalsozialismus zu verhindern – Stichworte hierfür sind die Bodenreform und die Zerschlagung des Großkapitals – und einen sozialistischen Staat auf deutschem Boden aufzubauen.«[74]

Wie keine andere Partei in Deutschland verharmlost und verklärt die LINKE die vierzigjährige SED-Diktatur. Die Rechtfertigung der DDR hat nicht nur ideologische, sondern auch biographische Gründe. Die meisten LINKEN-Mitglieder in Ostdeutschland gehörten nämlich schon der SED an und blieben der Partei auch dann noch treu, als ihr über neunzig Prozent den Rücken kehrten. Viele bekleideten in ihr politische Ämter oder waren auf andere Weise persönlich in das Regime verstrickt. Auch eine große Zahl aus dem Westen stammender Mitglieder und Funktionäre der LINKEN sympathisierte vor 1989 mit der DDR, deren Untergang sie als unverdienten Sieg des Kapitalismus empfanden. Ein erheblicher Teil der Parteibasis betrachtet den SED-Staat deshalb bis heute als positiven Gegenentwurf zur Bundesrepublik.

Die Parteistrategen haben freilich erkannt, dass ihnen ein offenes Bekenntnis zur DDR politisch schadet. Vor allem im Westen stößt die Verklärung der SED-Diktatur auf Ablehnung. Die skandalösen Äußerungen der niedersächsischen LINKEN-Abgeordneten Christel Wegner, dass man ein Organ wie die Stasi auch zukünftig brauche, um die »reaktionären Kräfte« niederzuhalten, bescherten der Partei 2008 ein massives Imageproblem. In der Öffentlichkeit tun die Funktionäre deshalb am liebsten so, als hätten sie mit dem SED-Regime gar nichts zu tun. Um die leidige Vergangenheit loszuwerden, hat sich die Partei sogar schon viermal umbenannt. Doch die wichtigste Schützenhilfe für die abgehalfterten DDR-Funktionäre war der Beitritt der westdeutschen WASG und ihres Vorsitzenden Lafontaine. »Das sind olle Kamellen, die im Westen kaum einen interessieren«, pariert der Parteichef aus dem Westen inzwischen Fragen nach dem

Ballast der alten SED.»Bitte nehmen Sie zur Kenntnis, dass die Mauer vor fast zwanzig Jahren gefallen ist.«[75] Wenn diese Taktik nicht verfängt, greifen die Funktionäre zu einem anderen Trick. In beleidigtem Tonfall erklären sie, dass die Partei doch längst mit der DDR gebrochen habe. Bereits auf ihrem Außerordentlichen Parteitag im Dezember 1989 hätte sie sich für das geschehene Unrecht entschuldigt. Da niemand Lust hat, in alten Protokollen nachzulesen, wird diese Behauptung meist widerspruchslos akzeptiert. In Wirklichkeit entschuldigte sich die Partei damals jedoch nicht für die SED-Diktatur, sondern für deren Untergang. Obendrein schob sie die Verantwortung einer kleinen Gruppe abgesetzter Spitzenfunktionäre in die Schuhe. Der Parteitag erklärte wörtlich:»Die Delegierten des Sonderparteitages sehen es als ihre Pflicht an, sich im Namen der Partei gegenüber dem Volk aufrichtig dafür zu entschuldigen, dass die ehemalige Führung der SED unser Land in diese existenzgefährdende Krise geführt hat.«

Ansonsten übten sich die Delegierten in politischer Selbst-Exkulpation. Sieben Wochen nach der Ablösung Erich Honeckers stellten sie die Behauptung auf, dass sie den Bruch mit der machtpolitischen Überhebung der Partei über das Volk und mit der Diktatur der Führung über die Parteibasis »vollzogen« hätten. Als vermeintlichen Beweis führten sie an:»Ausdruck der Abrechnung unserer Partei mit der diktatorisch geprägten Seite ihres bisherigen Daseins ist der Beschluss des Außerordentlichen Parteitages, den Namen SED abzulegen und sich mit dem Abschluss des Außerordentlichen Parteitages einen neuen Namen zu geben, der dem neuen Geist der Partei entspricht.«[76] Verfasser dieses Beschlusses, der Marx und Lenin als »historisches Vorbild« der Partei rühmt, war der LINKEN-Vorsitzende Lothar Bisky.

Altgediente Funktionäre weisen auch gerne auf Michael Schumann hin, der damals im Auftrag der Parteiführung eine Rede hielt. Seine Ausführungen, an denen auch der langjährige DDR-Spionagechef Markus Wolf mitgearbeitet hatte, wurden später zum »anti-stalinistischen Gründungskonsens« der PDS verklärt.[77] Der Professor an der Akademie für Staats- und Rechtswissenschaften – der Kaderschmiede des SED-Staates – distanzierte sich darin jedoch nicht von der DDR, sondern nur von der abgesetzten Führung. Das Regime selbst nahm er ausdrücklich in Schutz. So würdigte er gleich mehrfach die »Genossen, die sich selbstlos in jahrzehntelanger Arbeit für den Sozialismus auf deutschem Boden eingesetzt und Großes geleistet« hätten.[78] Sie bräuchten die Gewissheit, »dass sie eine gute Spur in der Geschichte gezogen haben«.[79] Schumann kritisierte weder die Gleichschaltung der Parteien noch das unmenschliche Grenzregime der DDR. Stattdessen behauptete er, die Mitglieder der Arbeiterparteien hätten nach dem Krieg »für eine neue, demokratische Republik [eingestanden], in der das Volk die Macht ausübt«.[80] Zur Niederschlagung des Volksaufstandes am 17. Juni 1953 sagte er nur, dass diese »Ereignisse« noch genauerer Überprüfung bedürften.[81] Zum Bau der Mauer, die er euphemistisch als »gesicherte Grenzen« bezeichnete, erklärte er: »Daraus erwuchsen hoffnungsvolle Ansätze für eine Erneuerung.«[82] Und die Beseitigung der jungen Demokratie in Russland im Oktober 1917 rechtfertigte er mit dem zynischen Satz: »Die Große Sozialistische Oktoberrevolution wurde durchgeführt und siegte im Zeichen des Völkerfriedens, der Freiheit, der Demokratie, der Menschenrechte und Menschenwürde.«[83]

Schumann war es auch, der einen alten Trick kommunistischer Parteifunktionäre aus der Versenkung holte und für die offenkundigen Mängel der DDR den »Stalinismus« verantwortlich machte. Mit dieser Methode hatte schon Stalins Nachfolger Nikita Chruschtschow die schlimmsten Auswüchse des Systems allein seinem verstorbenen Vorgänger angelastet. Auch später haben linke Theoretiker immer wieder versucht, den Sozialismus auf diese Weise trotz millionenfacher Verbrechen wieder hoffähig zu machen. Obwohl Stalin bereits 1953 gestorben war, behauptete Schumann, dass der »Sozialismus in den Farben der DDR« in Wahrheit ein »Stalinismus in den Farben der DDR« gewesen sei; dieser habe den Humanismus des Marxismus entstellt.[84] Als Ursachen »stalinistischer Herrschaft« nannte er in einer sich im Kreise drehenden Argumentation die »stalinistischen Deformationen« und den »Missbrauch der kommunistischen Bewegung durch Stalin nach Lenins Tod und eine bis in die zwanziger Jahre zurückreichende stalinistische Linie«.[85] Dabei relativierte er jedoch seine eigene Kritik sofort wieder, indem er auf äußere Faktoren wie die Rückständigkeit Russlands oder – im Falle der DDR – die offene Grenze zur Bundesrepublik verwies. Dass die Partei in Zukunft alles besser machen werde, fasste Schumann in dem von Linkspolitikern häufig zitierten Satz zusammen: »Wir brechen unwiderruflich mit dem Stalinismus als System.«[86]

Die Methode, den Stalinismus für die Misere des Sozialismus verantwortlich zu machen, hat bei der Linkspartei seitdem System. Der Begriff dient dabei als eine Art Abfalleimer, in den man alles hineinwerfen kann, was an der DDR Anstoß erregt. Unschuldige Opfer? Eine Folge des Stalinismus. Todesschüsse an der Mauer? Ein Ergebnis stalinistischer Sicherheitspolitik. Überwachungswahn der Stasi? Eine Konsequenz stalinistischen Denkens. Von allen negativen Zügen befreit, erscheint der »wahre« Sozialismus am Ende wieder sauber und rein. Die Konstruktion eines Sozialismus ohne Mauer und Staatssicherheit, dafür mit Wohlstand und westlichem Warenangebot ist unverzichtbar, um die Partei zusammenzuhalten. Sie gibt ihr eine – wenn auch nebulöse – Vision und hilft ihr, sich politisch von SPD und Grünen abzugrenzen. Mit der Kritik am Stalinismus lenkt DIE LINKE jedoch von den eigentlichen Ursachen kommunistischer Gewaltpolitik ab. Eine glaubwürdige Distanzierung von der DDR würde den unwiderruflichen Bruch mit dem »Sozialismus als System« verlangen.

Eine beliebte Methode der LINKEN ist es auch, andere für das SED-Unrecht verantwortlich zu machen. Mit Vorliebe wird dieses vor allem auf den Nationalsozialismus zurückgeführt. Mit fragwürdigen historischen Kausalketten – nur weil Deutschland die Sowjetunion angegriffen hat, wurde es von dieser besetzt und später geteilt – wird zum Beispiel suggeriert, nicht Ulbricht, sondern Hitler sei letzten Endes für den Bau der Mauer verantwortlich. Ebenso häufig wird die desaströse Politik der SED dem Westen in die Schuhe geschoben. Die DDR war demnach nur eine Antwort auf die Gründung der Bundesrepublik, mit dem Ausbau des Staatssicherheitsdienstes schützte sie sich lediglich vor westlichen Angriffen, und der Bau der Mauer war eine Folge des Kalten Krieges. Oft werden auch Faktoren wie die ungleiche Verteilung der Bodenschätze, die Last der Reparationen oder ungünstige äußere Wirtschaftsbedingungen bemüht. Auf diese Weise erweckt man den Eindruck, das »gute« politische System sei nur von seinen Gegnern oder durch bedauerliche Umstände zu seinen »schlechten« Maßnahmen gezwungen worden.

Immer wieder wird auch verlangt, dass man bei der Beurteilung der DDR »differenzieren« müsse. »Aufarbeitung«, wird Gysi auf der LINKEN-Homepage zitiert, »darf nicht falsch, nicht undifferenziert und nicht einseitig geschehen.« Das Unrecht, das sich in der DDR zugetragen habe, müsse klar verurteilt werden, ohne deren soziale und kulturelle Leistungen zu leugnen.[87] Da niemand ernsthaft etwas gegen Differenzierung einwenden kann, bleibt verborgen, dass es bei derartigen Äußerungen in Wahrheit um Relativierung geht. DIE LINKE unterstellt damit nämlich, dass die DDR auf verschiedenen Gebieten besonders vorbildlich gewesen sei. Zugleich neutralisiert sie das Unrecht, indem sie es mit den vermeintlichen Vorzügen verrechnet. Zum Dritten erweckt sie den Eindruck, als handele es sich bei der Unterdrückung nur um einige Schattenseiten und nicht um das Wesen des Systems. Wer »Vorteile« und »Nachteile« einer Diktatur gegeneinander abwägt, will das Unrecht in Wirklichkeit verharmlosen.

Die Relativierung dient vor allem dem Zweck, sich selbst reinzuwaschen. In seltener Offenheit hat dies Michael Schumann, der bereits zitierte Redner vom Dezember 1989, selber zugegeben. Der SED-Ideologe gehörte jahrelang dem PDS-Parteivorstand an und war bis zu seinem Tod im Jahr 2000 innenpolitischer Sprecher der Landtagsfraktion in Brandenburg. In einem Buch erinnerte er sich 1996 an jenen Parteitag, bei dem er wegen seines Verhaltens in der DDR selbst in die Kritik geraten war.[88] Die Delegierten, so Schumann, hätten sich damals entschieden dagegen gewandt, die Geschichte der DDR auf eine Geschichte von Repressionen zu reduzieren. Bei aller Bereitschaft, sich selbstkritisch mit der eigenen Vergangenheit auseinanderzusetzen, dürfe man sich nicht dem Verdikt unterwerfen, bei der DDR habe es sich um ein totalitäres Unrechtssystem gehandelt. Sonst sei nicht begreiflich zu machen, wieso Leute, die über Jahrzehnte hinweg einem solchen System verbunden gewesen seien, heute als Gewährsleute für Demokratie ernst genommen werden sollten. »Um unserer politischen Ziele und Selbstachtung und um der historischen Wahrheit willen werden wir deshalb auf eine Auseinandersetzung mit Versuchen, die DDR nachträglich zum Reich des Bösen zu erklären und das Engagement für sie zu kriminalisieren, nicht verzichten.«[89]

Aus diesem Grund lehnt es die Partei bis heute ab, die DDR als Unrechtsstaat zu bezeichnen. Ehemalige SED-Juristen, PDS-Parteitheoretiker und prominente Spitzenpolitiker haben sich jahrelang mit Händen und Füßen gegen diesen Begriff zur Wehr gesetzt.[90] Nicht weniger vehement kämpft die Partei dagegen, die DDR als Diktatur zu kennzeichnen, obwohl bekanntlich sogar die SED von der »Diktatur des Proletariats« sprach. Zur Begründung flüchtet man sich entweder in ausschweifende ideologische Rechtfertigungen oder greift auf die Schrecken des Nationalsozialismus zurück, die es verbieten würden, auch die DDR als Diktatur zu qualifizieren. Parteichef Bisky persönlich sprach sich 2004 gegenüber ehemaligen SED- und Stasi-Kadern dafür aus, Versuche, die DDR als »Unrechtsstaat« und »Folgediktatur« zu diskreditieren, gemeinsam entschieden zurückzuweisen.[91] Und als der langjährige Ehrenvorsitzende und vormalige SED-Spitzenfunktionär Modrow 2006 gefragt wurde, ob die DDR für ihn eine Diktatur oder eine Demokratie gewesen sei, lavierte er herum: »Sie ist für mich der Versuch einer sozialistischen Entwicklung, in der auch Demokratie mit Einschränkungen wirksam war.«[92] Der Sturz des SED-Regimes wird deshalb von der LINKEN auch nicht – wie beim Nationalsozialismus – »Befreiung«, sondern »Scheitern« genannt.

Bezeichnend ist auch die ständige Behauptung, die DDR sei »legitim« gewesen. Laut LINKEN-Homepage war ihre Gründung, wie erwähnt, der »legitime Versuch«, einen sozialistischen Staat auf deutschem Boden aufzubauen. Bei jeder Gelegenheit wendet man sich gegen Versuche einer »Delegitimierung«. Ein politisches System ist jedoch – für Demokraten eine Binsenweisheit – nur dann legitim, wenn es von der Bevölkerung durch freie Wahlen legitimiert wurde. DIE LINKE ersetzt diese entscheidende Voraussetzung durch politische Ideen und historische Erfahrungen, die den Sozialismus angeblich notwendig gemacht hätten. Diese Denkweise ist nicht nur mit Blick auf die DDR von Bedeutung. Sie wirft auch ein Schlaglicht auf das gegenwärtige

Politikverständnis der Partei. DIE LINKE stellt damit nämlich ihre »höheren« Ziele über das Prinzip der Volkssouveränität, hängt also letztlich einem totalitären Denken an. Der Grundgedanke kommunistischer Politik, dass der Zweck die Mittel heiligt, gilt immer noch. Auch die stereotype Rede vom »Versuch«, den Sozialismus aufzubauen, weist in diese Richtung. Menschliches Zusammenleben wird dabei nicht als ständiger gesellschaftlicher Aushandlungsprozess verstanden, sondern als eine Art politisches Großexperiment. Unter der Leitung einer Partei, die meint, ein besseres System zu kennen, wird dieses von oben durchgesetzt. Die Menschen fungieren dabei als Versuchsobjekte, an denen notfalls auch gegen ihren Willen herumgedoktert werden kann. Wenn der Versuch scheitert, so das Credo der LINKEN, muss er nur in anderer Anordnung wiederholt werden.

Die Wertschätzung der DDR ist sogar Parteiprogramm. Diejenigen, die das Regime aktiv betrieben haben, werden dort kollektiv verteidigt. »Unsere heutige Kritik am sozialistischen Versuch läuft weder auf Abwertung der vergangenen gesellschaftlichen Verhältnisse noch auf Ablehnung oder auf Nichtachtung des persönlichen Einsatzes von Frauen, Männern und Jugendlichen hinaus«, heißt es im PDS-Programm von 1993.[93] Und im Programm von 2003 kann man lesen: »Wir beurteilen die Geschichte der DDR nicht allein aus der Perspektive ihres Scheiterns und geben der vorherrschenden Totalkritik nicht nach. Diese Geschichte ist eine Quelle wichtiger Lehren und Erfahrungen, die im Ringen um Sozialismus gewonnen wurden und nicht in Vergessenheit geraten dürfen. Schon gar nicht darf der persönliche Einsatz vieler Menschen für ein anderes Deutschland missachtet werden.«[94]

Entsprechend positiv werden selbst schwer belastete Spitzenfunktionäre betrachtet. So huldigte 2006 fast die gesamte Parteispitze dem verstorbenen Spionagechef Markus Wolf, als dieser auf dem Friedhof Berlin-Friedrichsfelde beerdigt wurde. Parteichef Bisky persönlich hielt die Grabrede für den stellvertretenden Minister für Staatssicherheit, der nach der Wiedervereinigung wegen Körperverletzung, Nötigung und Freiheitsberaubung zu zwei Jahren Gefängnis verurteilt worden war. Wolf war nicht nur für schuldig befunden worden, mehrere Entführungen aus der Bundesrepublik organisiert zu haben, sondern seine Spitzel hatten auch Tausende DDR-Bürger über sogenannte Abwehrhinweise ans Messer geliefert. Auch Modrow, Bundesgeschäftsführer Bartsch, der Berliner Parteichef Klaus Lederer sowie der damalige WASG-Vorsitzende Klaus Ernst erwiesen dem Stasi-General die letzte Ehre. In einer Anzeige im einstigen SED-Zentralorgan *Neues Deutschland* schrieben Lederer und Pau:»Wir trauern um unseren Freund und Genossen, einen streitbaren Kämpfer, der aufrecht durch sein Leben ging.«[95]

Die DDR-Verklärung macht auch vor Ulbricht nicht halt. »Walter Ulbricht gab sich nie mit Bestehendem und Erreichtem zufrieden, stellte neue Aufgaben und mobilisierte zu ihrer Bewältigung«, wurde der SED-Chef in einem Beitrag auf der LINKEN-Homepage gefeiert.[96] Erst als der *Spiegel* 2008 darüber berichtete, verschwand der Artikel. Doch auch Parteichef Bisky würdigte Ulbricht 1998 zu seinem 25. Todestag in einer Erklärung. Darin stellte er den kommunistischen Diktator sogar auf eine Ebene mit Konrad Adenauer:»Wie dieser prägte er in entscheidendem Maße die von ihm beherrschte Partei und den von ihr regierten Staat, und er war so wenig Spalter und so viel Spalter wie Adenauer, er war so viel deutscher Patriot und so wenig deutscher Patriot wie Adenauer.« Ulbrichts Verantwortung für ein Vierteljahrhundert Gewaltherrschaft bagatellisierte Bisky mit der Bemerkung, dass mit seinem Namen unter anderem die II. Parteikonferenz der SED, die »Vorgänge« um den 17. Juni 1953 und der Mauerbau verbunden seien. Dem setzte er jedoch sofort entgegen, dass die DDR in seiner Amtszeit zunehmend an Souveränität gewonnen habe. Am ehesten kreidete er ihm noch an, dass die SED unter seiner Verantwortung zu einer stalinistischen Partei neuen Typs geworden sei. Dennoch kam der LINKEN-Vorsitzende zu dem Schluss: »Der Antifaschist Walter Ulbricht war einer der wenigen Staatsmänner von Format, die die DDR hervorgebracht hat.«[97]

In ähnlicher Weise würdigte die damalige PDS-Vorsitzende Gabi Zimmer 2001 den DDR-Präsidenten Pieck – der als Staatsoberhaupt in den 1950er Jahren oft Adressat vergeblicher Gnadengesuche von politischen Häftlingen war. In einer Erklärung zu seinem 125. Geburtstag hob Zimmer ausführlich seine angeblichen Verdienste hervor, während sie Kritikpunkte mit den »Widersprüchen« des vergangenen Jahrhunderts rechtfertigte oder auf »Illusionen« zurückführte, die dem Bestreben entsprungen seien, »der Ausbeutung des Menschen durch den Menschen und der Ausrottung des Menschen durch den Menschen ein Ende zu bereiten«. Laut Zimmer war Pieck der »unermüdliche Pionier des antifaschistisch-demokratischen Neuaufbaus« und der »von vielen DDR-Bürgern geachtete, bei seinem Ableben aufrichtig betrauerte Staatspräsident«. Er habe zwar die Bolschewisierung der KPD »mit« vorangetrieben, doch wenn die KPD und mit ihr Pieck in den 1920er Jahren zunehmend in den Sog der Sowjetunion geraten seien, dann sei dies »ein Reagieren auf den rechten Terror und antikommunistische Repressionen« gewesen. Dass er auch der Organisator der nach Stalins Muster geformten Partei neuen Typs gewesen sei und der auf den Machtgebrauch pochende DDR-Gründer, könne man ihm letztlich nicht vorhalten, denn die westlichen Alliierten hätten ebenfalls versucht, der deutschen Nachkriegsentwicklung den eigenen Stempel aufzudrücken, und sich dazu geeigneter deutscher Politiker bedient. »Nur bundesdeutsche Arroganz misst hier ständig mit zweierlei Maß.«[98]

Die Erklärung ging einigen Parteimitgliedern nicht weit genug, denn auf einem Kolloquium kritisierten sie wenig später Zimmers »eklektisches Einerseits/Andererseits«. Wie man auf der PDS-Website nachlesen kann, ist Pieck in ihren Augen schlichtweg ein »hervorragender deutscher Staatsmann«, dessen Antworten auf die von der Geschichte gestellten und bis heute ungelösten Fragen nach wie vor wichtig seien.[99] In den *Mitteilungen der kommunistischen Plattform* wurde Zimmers Erklärung noch fünf Jahre später kritisiert. Sie werde »nicht im Mindesten der Rolle des führenden sozialistischen Politikers, des seiner Verantwortung vor dem deutschen Volke bewussten deutschen Staatsmanns Wilhelm Pieck gerecht. Diese Betrachtungsweise ignoriert völlig die Übereinstimmung aller grundlegenden gesellschaftlichen Veränderungen im Osten Deutschlands mit der in den vorangegangenen 100 Jahren entwickelten demokratischen und sozialistischen Programmatik.«[100]

Vergleichbare Meinungen kann man auf der Internet-Seite der Linkspartei auch über Otto Grotewohl lesen – der als DDR-Ministerpräsident die Hauptverantwortung für die Umsetzung der SED-Politik trug. In einem Beitrag über eine Gedenkveranstaltung im März 2004, für die auch die PDS geworben hatte, heißt es: »Seine Ehre ist unsere Ehre, und erst recht gilt heute: Wer im Stich lässt seinesgleichen, lässt ja nur sich selbst im Stich.« Einwände, der ehemalige SPD-Chef habe die Sozialdemokratie verraten und der Bolschewisierung in Deutschland Tür und Tor geöffnet, werden als »Verleumdung« zurückgewiesen. Es sei richtig gewesen, der Bourgeoisie die Macht zu entreißen, auch wenn dies »nur« vierzig Jahre gewährt habe.[101] In einem anderen Text zu Grotewohls 110. Geburtstag wird er als Politiker gewürdigt, »dessen Handeln von Beginn seiner politischen Tätigkeit an durch drei Grundprinzipien gekennzeichnet ist: Antimilitarismus, humanistisches und soziales Denken«. Er habe nichts und niemanden verraten.« Als Funktionär der SED und als Ministerpräsident der DDR stimmten bei ihm Politik und Moral überein.«[102] Auf subtile Weise verteidigt die Partei auch die Niederschlagung des Volksaufstands am 17. Juni 1953. In einer Erklärung aus Anlass des fünfzigsten Jahrestages verkündete die Historische Kommission der PDS, dass nicht nur die Bürger zu respektieren seien, die damals gegen das SED-Regime demonstriert hätten, sondern »auch jene, die es verteidigten, weil sie Errungenschaften der antifaschistischdemokratischen Umwälzung gefährdet sahen«. Das brutale Vorgehen der Roten Armee und der Kasernierten Volkspolizei rechtfertigte die Kommission mit dem Satz: »Solange ihr Einsatz dem Schutz von Personen und öffentlichen Einrichtungen sowie der Wiederherstellung der Ordnung galt, war er legitim.«[103]

Selbst für den Bau der Mauer und die Todesschüsse an der Grenze findet die Partei Argumente. Vor allem schiebt sie die Schuld dafür beständig anderen zu. Als 1993 einer der Hauptverantwortlichen für das tödliche Grenzregime, DDR-Verteidigungsminister Heinz Keßler, wegen Totschlags verurteilt wurde, behauptete Bisky in einem Zeitungsbeitrag: »Die Schuldigen für das vier Jahrzehnte während Desaster saßen auch in Bonn.« Weil die Verantwortlichen im Westen den Versuch einer gesellschaftlichen Alternative auf deutschem Boden unter allen Umständen hätten verhindern wollen, sei die DDR »genötigt« gewesen, ein derartiges Grenzregime zu errichten. »Und darum wehren wir uns, wenn sie gleich den Pharisäern den Stein heben und nach uns werfen. Sie sind die Letzten, denen dieses Recht zustünde.« Bisky griff auch zum Lieblingsargument aller DDR-Nostalgiker und machte für die Grenztoten den Kalten Krieg verantwortlich, bei dem Ost und West seiner Ansicht nach »gleichermaßen aufeinander einschlugen«.[104]

In einer anderen Erklärung wird die unmenschliche Grenze als Folge des Nationalsozialismus hingestellt. Der Parteivorstand protestierte damit 1997 gegen die Verurteilung eines anderen Hauptverantwortlichen, des früheren ZK-Sekretärs für Sicherheit, Egon Krenz. Die PDS erklärte damals, »dass sie nicht gewillt ist, die nachträgliche historische und völkerrechtliche Delegitimierung der DDR und Negierung ihrer innerstaatlichen Rechtsordnung hinzunehmen«. Krenz' Verurteilung sei eine, so wörtlich, »Demütigung von Millionen Staatsbürgerinnen und Staatsbürgern« der DDR.[105]

Auch später hat es die PDS abgelehnt, sich mit einem Parteitagsbeschluss für die Opfer des Grenzregimes zu entschuldigen. Im April 2001 erklärte die damalige Parteichefin Zimmer zu entsprechenden Forderungen, die Debatte über diese Themen könne nicht »Anliegen von Beschlussgremien« sein. In Wirklichkeit fürchtete sie eine innerparteiliche Zerreißprobe, denn an der Basis glauben viele immer noch an das Märchen vom »antifaschistischen Schutzwall«. Unterstützung erhielt Zimmer auch vom PDS-Funktionär Helmut Holter, damals stellvertretender Ministerpräsident in Mecklenburg-Vorpommern. Er bekräftigte, dass der Mauerbau vor dem Hintergrund des Kalten Krieges beurteilt werden müsse.[106] Der sächsische PDS-Fraktionschef Peter Porsch verstieg sich sogar zu der Äußerung, die Mauer habe »1961 den Frieden in Europa und der Welt erhalten«.[107]

Erst unter dem Druck der Öffentlichkeit und weil die PDS in Berlin mit der SPD koalieren wollte, rang man sich zum vierzigsten Jahrestag des Mauerbaus dann doch noch eine Erklärung ab. Nicht der Parteitag, sondern der leichter zu handhabende Vorstand distanzierte sich darin von der Mauer, die man euphemistisch als »Symbol des Demokratiedefizits in der DDR« bezeichnete. Entgegen den sonstigen Beteuerungen, dass die SED versucht habe, den Sozialismus aufzubauen, hieß es jetzt auf einmal: »Ein Staat, der sein

Volk einsperrt, ist weder demokratisch noch sozialistisch.«[108] Eine Entschuldigung lehnte Parteivormann Gysi jedoch weiterhin ab.

Die Berliner Partei und einige Spitzengenossen haben sich seitdem bemüht, den leidigen Angriffspunkt »Mauerbau« aus der Welt zu schaffen. Die Funktionäre wissen, dass die offene Verherrlichung der SED-Diktatur Wählerstimmen kostet. Am Denkmal für die Maueropfer ließen sie deshalb am 13. August 2001 – unter dem Protest ehemaliger DDR-Häftlinge – sogar Kränze niederlegen. Und PDS-Kultursenator Thomas Flierl versuchte, die offene Flanke zu schließen, indem er für die Hauptstadt ein eigenes – ideologisch weichgespültes – Konzept zum Gedenken an die Maueropfer vorlegte. Um potentielle Sympathisanten, vor allem im Westen, nicht vor den Kopf zu stoßen, ist auf der LINKEN-Homepage das Lippenbekenntnis zu lesen, die Schüsse auf die eigenen Bürger stellten eine Verletzung elementarer Menschenrechte dar und seien durch nichts zu rechtfertigen. Gleichzeitig wird der Mauerbau als »deutliches Zeichen der Schwäche der DDR-Regierung« verharmlost.[109]

Viele Mitglieder sind freilich immer noch davon überzeugt, dass das Grenzregime der DDR notwendig war. Dies kommt jedoch nur dann zum Vorschein, wenn sich Funktionäre unbedacht in der Öffentlichkeit äußern. So erklärte der Berliner Landesgeschäftsführer Carsten Schatz 2005, die Mauer sei zur Stabilisierung der DDR »nicht irrational« gewesen.[110] Und der Ehrenvorsitzende Modrow gab der Bundesrepublik 2006 erneut eine »Mitschuld an der innerdeutschen Grenze«. Auf die Frage, ob die Führung der DDR die Mauertoten nicht billigend in Kauf genommen habe, antwortete er in einem Interview: »Die Verantwortung für die Toten tragen die Verantwortlichen auf beiden Seiten.« Die Prozesse gegen die Urheber des Grenzregimes und gegen die Todesschützen hielt er nach wie vor »nicht für völkerrechtlich gedeckt«.[111]

In seinen Memoiren gibt es auch keinen Schießbefehl, sondern nur eine »Schusswaffengebrauchsbestimmung«, die nichts Ungewöhnliches gewesen sei. »Vergleichbare Vorschriften gibt es auch in der Bundesrepublik.«[112] Parteichef Bisky stellte 2007 gar die Existenz des Befehls in Frage: »Für mich ist nicht belegt, dass es einen generellen Schießbefehl gab«, erklärte er kurz nach dem Jahrestag des Mauerbaus. Er kenne eine Reihe von jungen Männern, die an der Grenze Dienst getan und die nicht geschossen hätten. Er schlussfolgerte daraus: »Man musste nicht schießen.«[113] In Wirklichkeit wurden die Soldaten täglich dazu angehalten, »Grenzverletzer« festzunehmen oder zu »vernichten«.

Der beschönigende Umgang mit der DDR-Vergangenheit zeigt sich auch beim Thema Staatssicherheitsdienst. Die Tätigkeit für die ostdeutsche Geheimpolizei hat die Linkspartei von Anfang an bagatellisiert. Damit spiegelt sie die Einstellung vieler ihrer Mitglieder im Osten wider, für die der Kontakt zum Ministerium für Staatssicherheit eine Selbstverständlichkeit war. Schon auf dem Außerordentlichen Parteitag im Dezember 1989 erklärte Gysi, »dass viele Genossen dieses Ministeriums stets pflichtbewusst und ehrlich die ihnen erteilten Aufträge, die sie sich nicht aussuchen konnten, erfüllt haben. Wir wenden uns deshalb entschieden gegen pauschale Abqualifizierungen und vor allem gegen Repressalien, die jetzt beginnen, um sich zu greifen.«[114] Seitdem hat sich an dieser Einstellung wenig geändert. Solange die ehemaligen Stasi-Mitarbeiter und ihr Umfeld ein wichtiges Wählerpotential bilden und viele sogar Mitglied sind, versteht sich die Partei als deren politische Interessenvertretung. So kämpft sie im Bundestag nicht nur für höhere Stasi-Renten, sondern auch für eine Rehabilitierung der (wenigen) verurteilten MfS-Spione. 1991 hat man hierzu – im Gegensatz zum Mauerbau – sogar einen Parteitagsbeschluss gefasst. Darin wandte sich die PDS gegen die »durch nichts gerechtfertigte Strafverfolgung« der Stasi-Informanten und beauftragte den Parteivorstand, »im Interesse der Aufarbeitung« geeignete politische Initiativen für eine Amnestie zu ergreifen.[115] Seit Beginn kämpfte die Linkspartei auch gegen die Möglichkeit von Stasi-Überprüfungen. Dem entsprechenden Gesetz, das 1991 fraktionsübergreifend beschlossen wurde, stimmte sie als einzige Partei nicht zu. Als der Bundestag fünfzehn Jahre später entschied, dass in Zukunft nur noch Abgeordnete, Regierungsmitglieder und hohe Beamte überprüft werden dürfen, lehnte die Linksfraktion selbst das noch ab. Wo sie an der Macht war, wurde möglichst wenig geprüft und kaum entlassen. Im PDS-dominierten Stadtteil Berlin-Hellersdorf wurden zum Beispiel die meisten Lehrer, die für die Stasi gespitzelt hatten, einfach weiterbeschäftigt. Und im Sozialministerium von Mecklenburg-Vorpommern überprüfte man unter Leitung der heutigen Bundestagsabgeordneten Martina Bunge in fünf Jahren lediglich zwei Beschäftigte. Die rot-rote Koalition des Landes beschloss 1999 zudem, die Überprüfungen im Landesdienst stark einzuschränken. In Sachsen kündigte DIE LINKE 2007 sogar an, gegen den Stasi-Check bei Friedensrichtern – eine Art Schiedsamt – gerichtlich vorzugehen.

Bei den eigenen Leuten hat sich die Partei einer Stasi-Überprüfung ohnehin fast immer verweigert – und tut dies nach wie vor. So beschloss die Fraktion im Landtag von Sachsen-Anhalt im Juli 2007, dass ihre sechsundzwanzig Abgeordneten als Einzige nicht überprüft werden sollen. Im Januar 2008 erklärte auch DIE LINKE in Mecklenburg-Vorpommern, dass sie sich nicht durchleuchten lässt. Welchen Umgang mit der Stasi man für richtig hält, kann man auch daran erkennen, dass sich unter den Spitzenfunktionären zahlreiche ehemalige Stasi-Mitarbeiter befinden (siehe Teil 3: Personal).

Um öffentlicher Kritik vorzubeugen, betreibt DIE LINKE dabei ein doppeltes Spiel: Während sie sich formal vom Unrecht der Stasi distanziert, nimmt sie die dafür Verantwortlichen bei jeder Gelegenheit in Schutz. So behauptet sie auf ihrer Homepage: »An der Tätigkeit des nach innen gerichteten Spitzelwesens und Repressionsapparats des MfS gab es für die PDS nie etwas zu beschönigen, aber Menschen hat sie immer für einsichts- und veränderungsfähig gehalten.« Sodann wendet sie das Thema ins Nebulöse und erklärt ihre »generelle Skepsis gegenüber einer Vereinbarkeit von geheimdienstlicher Tätigkeit und demokratischer Transparenz und Kontrolle«.[116]

In Wahrheit trat die Gysi-Partei 1989 vehement für den Fortbestand des DDR-Geheimdienstes ein. Noch heute trägt sie aktiv dazu bei, die Arbeit der Stasi zu verharmlosen. Aus taktischen Gründen tritt sie dabei allerdings meist nicht selbst in Erscheinung, sondern lässt führende Stasi-Obristen ihre Tätigkeit rechtfertigen. So durfte sich der Sprecher des »MfS-Insiderkomitees« Wolfgang Schmidt auf der LINKEN-Homepage auslassen: »Für die Bekämpfung feindlicher, krimineller und subversiver Elemente muss sich das MfS jedoch nicht entschuldigen.«[117] Erst nach öffentlicher Kritik wurden dieser und andere Texte eines »Marxistischen Arbeitskreises zur Geschichte der deutschen Arbeiterklasse« – früher Bestandteil der Historischen Kommission der Partei – aus dem Internet entfernt.

Notorische Geschichtsklitterer haben bei der Linkspartei schon seit Jahren ein Forum. Vor allem die parteinahe Rosa-Luxemburg-Stiftung lädt regelmäßig einschlägig bekannte MfS-Mitarbeiter zu Vorträgen oder Lesungen ein. Auf Kosten des Steuerzahlers reden sie dabei die Stasi schön. Auch Ortsgruppen, Kreisverbände und sogar Landtagsfraktionen beteiligen sich an diesen Aktivitäten. Im April 2006 lud etwa die Linkspartei im Sächsischen Landtag zu einer Veranstaltung ein, auf der die Stasi-Offiziere Gotthold Schramm und Herbert Kierstein über »Geheimdienste und Demokratie« berichteten; Moderator des Abends war der damalige Fraktionschef Peter Porsch. Ein ähnlicher Auftritt fand im Oktober 2008 statt, als der Bezirksverband der LINKEN in Berlin-Lichtenberg den Mielke-Stellvertreter Werner Großmann zu einem »Sonntagsgespräch« einlud. Schon im Vorjahr hatte der ranghöchste lebende Stasi-Mann auf einem Stadtteilfest des PDS-dominierten Bezirks eine »Signierstunde« abhalten sollen; nach öffentlichen Protesten wurde diese jedoch abgesagt. Diesmal zeigte sich die Bezirksvorsitzende Gesine Lötzsch, Vizefraktionschefin im Bundestag, jedoch entschlossen, die Veranstaltung durchzuführen. Zur Begründung sagte sie, dass sie sich neunzehn Jahre nach dem Fall der Mauer eine »neue Sachlichkeit im Umgang mit der DDR-Geschichte« wünsche. Die »Aufregung einiger Journalisten und Lokalpolitiker« könne DIE LINKE nicht daran hindern, »sich mit ihrer eigenen Geschichte auseinanderzusetzen«.[118] Als der General aus »gesundheitlichen Gründen« am Ende doch noch absagte, traten der erwähnte Schramm und sein Kollege Klaus Eichner auf, der sich brüstete, eine Statue des berüchtigten Begründers der sowjetischen Geheimpolizei, Felix Dserschinski, auf seinem Schreibtisch stehen zu haben.[119] Der Vorgang wirbelte so viel Staub auf, dass der Berliner Landeschef Lederer seinen Genossen beim nächsten Parteitag einschärfte: »Wir haben nachzuweisen, dass wir es mit unserer kritischen Geschichtsauseinandersetzung ernst meinen.«[120]

Im Berliner Stadtbezirk Lichtenberg-Hohenschönhausen, bis 1989 Dienst- und Wohnsitz Tausender MfS-Mitarbeiter, kann man hautnah beobachten, wie sich die Partei zwischen Stasi-Verbundenheit und kritischer Öffentlichkeit windet. Als die Gedenkstätte im ehemaligen zentralen Stasi-Gefängnis eine Genehmigung beantragte, vier Informationstafeln aufzustellen, luden die PDS-Bezirksbürgermeisterin und der PDS-Kultursenator im März 2006 zu einer öffentlichen »Bürgerversammlung« ein. Dabei erschienen rund 200 Stasi-

Mitarbeiter und beschimpften die Opfer und ihre Gedenkstätte. Der Ex-Gefängnischef persönlich beschwerte sich über die ehemaligen Häftlinge, die heute Besuchergruppen durch das Gefängnis führen und »immer wieder, immer wieder, und das ist leider so, immer wieder sich als Opfer darstellen und wir als ehemalige Mitarbeiter des Ministeriums für Staatssicherheit als Täter deklariert werden«.[121] Der Vorgang machte bundesweit Schlagzeilen, weil Bürgermeisterin Christina Emmrich und Kultursenator Flierl zu den Ausfällen schwiegen. Später erklärte einer der Obristen, die Bürgermeisterin habe ihn und seine Genossen persönlich zu der Versammlung eingeladen. Im benachbarten Stadtbezirk Marzahn-Hellersdorf hatte die Zeitung des PDS-Kreisverbandes dem Berliner Senat sogar vorgeworfen, in den Umbau der Gedenkstätte in eine »›Geschichtsfälscherwerkstatt‹ zum Zwecke der Volksverhetzung rund 19 Mio. Euro« investiert zu haben, um dann zu fragen, warum die Staatsanwaltschaft gegen deren Leiter »noch kein Verfahren gemäß Grundgesetz wegen Volksverhetzung eingeleitet« habe.[122]

Gefragt, warum sich seine Partei nicht eindeutig davon distanziere, dass die Gedenkstätte von einstigen Stasi-Größen als »Gruselkabinett« verunglimpft werde, erwiderte Fraktionschef Gysi knapp: »Das tun wir.« Dann gab er zum Besten: »Es war so, dass die Stasi Unrecht begangen hat. Aber jetzt sage ich mal etwas Löbliches über sie. Sie hat sich friedlich auflösen lassen.«[123] Wenig später nahm er die ehemaligen Stasi-Mitarbeiter auch auf dem Bundesparteitag in Halle in Schutz. Mit Blick auf die Berliner Vorgänge erklärte er, dass er sowohl diejenigen verstehe, die heute »ihr Leben gern anders beurteilt sähen«, als auch die Opfer, die sich darüber ärgerten. Beide artikulierten lediglich ihre Sicht der Geschichte. Auch wenn jene der ehemaligen Stasi-Mitarbeiter falsch sei, sei dies »kein Verbrechen«. Die Linkspartei müsse »immer beide Gruppen im Gedächtnis haben«.[124]

Der Ehrenvorsitzende Modrow, der den Parteitag eröffnete, äußerte sich ebenfalls zum Staatssicherheitsdienst: »Was die vielen Millionen Blätter seiner Akten betrifft, halte ich nicht jedes für bedeutsam und rechtlich glaubhaft und meine, ein anderer Umgang damit steht wohl zur Prüfung an.«[125] Unverblümt forderte er ein Ende der Aufarbeitung: »Es kann nicht angehen, dass weiter Tausende damit beschäftigt sind, Abermillionen Blätter durchzuschauen.«[126] In ähnlicher Weise verharmloste er in dem erwähnten Interview die Stasi, der er vorhielt, viel »Mist« aufgeschrieben zu haben. »Die [Akten-]Berge, von denen uns Frau Birthler erzählt, sind eigentlich Harmlosigkeiten.«[127]

Zusammen mit Egon Krenz und dem letzten Stasi-Chef Wolfgang Schwanitz unterzeichnete Modrow 2008 ein Papier zum neuen Gedenkstättenkonzept der Bundesregierung. In der Erklärung wird die DDR als ein Land bezeichnet, »in dem es sich gut leben und schaffen ließ«, aufgebaut »dank der fleißigen, oft aufopfernden Arbeit seiner Bürger«. Die Wiedervereinigung hingegen sei eine »Kolonisierung« gewesen, mit »Deindustrialisierung und Vernichtung großer Teile der Landwirtschaft und ganzer Wirtschaftszweige.« »Wo bleibt«, fragten die Autoren die Bundesregierung, »das Gedenken an die Opfer der Kolonisierung Ostdeutschlands?«[128]

Ein offenes Plädoyer für Geschichtsklitterung legte im Juli 2008 auch der von Modrow geleitete Ältestenrat der LINKEN vor. In einer Erklärung verlangte er, dass die Partei beim Blick zurück der Benennung von Fehlern nicht den dominierenden Platz einräumen sollte. »Für kontraproduktiv halten wir daher realitätsfremde und bedenkliche Urteile über geschichtliche Vorgänge, wie sie gelegentlich leider auch von Mandatsträgern der Partei geäußert werden.« Diese Positionen würden von vielen Mitgliedern und Sympathisanten eindeutig missbilligt. »Mit Nachdruck wenden wir uns deshalb auch gegen Diffamierungen und Verleumdungen des untergegangenen zweiten deutschen Staates.« Die Mitglieder des Ältestenrats hielten es für »erforderlich, eine bisher oftmals noch vorherrschende Konzentration auf eine Distanzierung von der Politik sozialistischer Führungskräfte im 20. Jahrhundert, von damaligen Unzulässigkeiten, Fehlern, sonstigen negativen Handlungen und ihren nachwirkenden Folgen zu überwinden«.[129] Den Spagat zwischen DDR-Nostalgie und dem Umgang mit einer kritischen Öffentlichkeit hat die Partei inzwischen zu einer hohen Kunst entwickelt. Führende LINKEN-Politiker haben geradezu einen eigenen Sprachcode entwickelt, mit dem sie ein kritisches Verhältnis zur SED-Diktatur vortäuschen, ohne tatsächlich zu ihr auf Abstand zu gehen. Eine beliebte Formulierung ist zum Beispiel, sich zur eigenen Biographie, manchmal auch zu den Fehlern der SED zu »bekennen« – statt sich klar und deutlich davon zu distanzieren. So erklärte Modrow auf dem Parteitag in Halle: »Zu Fehlern, Entstellungen, Versäumnissen und Verstößen gegen das Recht habe ich mich bekannt.« Eine Verurteilung dieser »Fehler« und »Verstöße« ist dem nicht zu entnehmen, zumal Modrow gleich hinzufügte: »Aber genauso deutlich bekenne ich mich zu historischen Leistungen, die mit der Bewahrung des Friedens, mit sozialem Fortschritt und den Aufbauleistungen von vielen Millionen Menschen verbunden sind.«[130] Irreführend ist auch die ständige Behauptung der Funktionäre, die Partei habe sich mit ihrer Geschichte »offensiv auseinandergesetzt« und diese »aufgearbeitet« – mit welchem Ergebnis, bleibt dabei offen.

Mit ähnlichen Methoden versucht DIE LINKE auch, den Anschein zu erwecken, sie würdige die Opfer des SED-Regimes. Schon beim Außerordentlichen Parteitag 1989 sorgte Gysi dafür, dass der 1977 verhaftete SED-Kritiker Rudolf Bahro eine Rede halten konnte. Später versuchte man, auch andere ehemals inhaftierte Kommunisten wie Walter Janka oder Wolfgang Harich für sich einzuspannen. 2006 beteiligten sich einige Funktionäre sogar daran, auf der Gedenkstätte der Sozialisten in Berlin-Friedrichsfelde einen Stein »Für die Opfer des Stalinismus« zu errichten. Kennzeichnend für diese Aktivitäten ist freilich, dass sie stets solche Opfer in den Mittelpunkt rücken, die zu den Anhängern des Sozialismus zählten. Der größte Teil der Verfolgten bleibt ausgegrenzt. Bei dem Gedenkstein wurde die Erinnerung gleich doppelt eingeschränkt: Wie die zuständige PDS-Bürgermeisterin des Bezirks Lichtenberg erklärte, sollte der Stein ausschließlich für die unter Stalin verfolgten Kommunisten und Sozialisten bestimmt sein. Gleichwohl kam es selbst unter dieser Vorgabe zu heftigen innerparteilichen Protesten gegen die Initiative. Der Vorsitzende des Ältestenrats der LINKEN, Modrow, zum Beispiel weigerte sich öffentlich, einem Aufruf des Berliner Landesverbandes nachzukommen und bei der Luxemburg-Liebknecht-Demonstration 2008 auch an diesem Stein eine Nelke niederzulegen. Zur Begründung sagte er, es gebe keinen zweiten Begriff, der in gleichem Maße »antikommunistisch und antisozialistisch instrumentalisiert« werde wie das Wort Stalinismus.[131] Als einzelne Parteimitglieder dennoch eine Blume ablegten, kam es sogar zu tätlichen Angriffen. Bezeichnend ist auch ein Vorgang, der Ende 2008 aus Thüringen bekannt wurde: Dort nennt die Fraktion der LINKEN auf ihrem Briefkopf seit über sechs Jahren eine nicht mehr gültige Adresse. Die offizielle Parlamentsanschrift erinnert an den verstorbenen Schriftsteller und Bürgerrechtler Jürgen Fuchs, der 1977 nach neunmonatiger Stasi-Haft in den Westen abgeschoben worden war.[132]

Trotz mancher Distanzierungen hat DIE LINKE wie keine andere politische Kraft dazu beigetragen, die kommunistische Gewaltherrschaft in Deutschland zu verklären. Anders als bei der Verherrlichung des Nationalsozialismus durch Neonazis geschieht dies nicht in abgelegenen Internetforen und extremen Kameradschaften, sondern mitten in der Gesellschaft und mit erschreckend großer medialer Resonanz. Dass 31 Prozent der Ostdeutschen der Meinung sind, die DDR sei keine Diktatur gewesen, gehört zu den Folgen dieser Verharmlosung – und ist gleichzeitig der Nährboden für künftige Wahlerfolge der LINKEN. Für die Opfer der Gewaltherrschaft ist die Beschönigung des SED-Regimes eine Zumutung. Noch beunruhigender ist jedoch, dass die Deutschen auch nach vierzig Jahren SED-Sozialismus nicht davor gefeit sind, dieselben Fehler noch einmal zu begehen.

Eine saarländische Männerfreundschaft

Einen neuen Tonfall hat Parteichef Lafontaine in die Debatte gebracht. Als hemmungsloser Demagoge und beseelt von der Gnade der westdeutschen Geburt, geht er meist sofort zum Gegenangriff über, wenn die Sprache auf die SED-Vergangenheit der LINKEN kommt. CDU und FDP, so Lafontaine im ZDF, wollten nicht wahrhaben, »dass sie eine ganze Reihe von Leuten in ihren Reihen haben, die ebenso in das System der DDR involviert waren wie die SED«.[133] Und als ihn *Die Welt* auf die Stasi-Mitarbeiter unter LINKEN-Abgeordneten ansprach, schoss er zurück: »Eine ehemalige FDJ-Sekretärin für Agitation und Propaganda ist heute Kanzlerin. Hätten Sie das für möglich gehalten?«[134] Auch in der ARD-Sendung »Anne Will« kam er auf die Bundeskanzlerin zu sprechen und ging den CSU-Politiker Günter Beckstein vor einem Millionenpublikum an: »Sie haben eine überzeugte Jungkommunistin zur Kanzlerin gewählt. Ist Ihnen das überhaupt klar? Denn Frau Merkel war FDJ-Funktionärin für Propaganda und Agitation. Das konnte nur eine überzeugte Jungkommunistin. Und sie durfte in Moskau studieren. Das waren nur Linientreue.«¹³⁵ Lafontaines Behauptung war eine Lüge. Angela Merkel hat nie in Moskau, sondern in Leipzig studiert. Doch seit dem Auftritt des LINKEN-Chefs ist der Vorwurf in der Welt und geistert bis heute durchs Internet. In Wirklichkeit widersetzte sich die Pfarrerstochter als junges Mädchen dem Druck, an der üblichen sozialistischen Jugendweihe teilzunehmen; sie ließ sich stattdessen konfirmieren. Im Gegensatz zu vielen LINKEN-Politikern gehörte sie auch nicht der SED oder einer Blockpartei an, was für eine aufstrebende Wissenschaftlerin, die in der DDR promovieren wollte, eher ungewöhnlich war. Dafür, dass Merkel vom DDR-Sozialismus nicht viel hielt, spricht auch, dass sie sich im Dezember 1989 dem oppositionellen »Demokratischen Aufbruch« anschloss – zur selben Zeit, als Gysi und Bisky die SED vor dem Untergang retteten.

Auch Lafontaines Vorwurf, Merkel sei FDJ-Sekretärin für Agitation und Propaganda gewesen, ist zumindest irreführend. Er klingt, als sei sie hauptberuflich Funktionärin gewesen. Tatsächlich arbeitete sie als Physikerin am Zentralinstitut für Physikalische Chemie. In den 1980er Jahren gehörte sie dort als sogenannter Sekretär für Agitation und Propaganda der FDJ-Leitung an – eine bescheidene ehrenamtliche Funktion, wie es sie zehntausendfach gab. Die FDJ hatte 1985 etwa 2,3 Millionen Mitglieder, was rund achtzig Prozent aller Jugendlichen zwischen 14 und 25 Jahren entsprach. Wer sich weigerte, ihr beizutreten, musste mit erheblichen Nachteilen bei der Studien- und Berufswahl rechnen. Aufgabe der einzigen zugelassenen DDR-Jugendorganisation war nicht nur, die Jugendlichen ideologisch zu beeinflussen, sondern auch, ihnen Freizeitangebote zu machen. Ohne die Rolle der FDJ im SED-Regime beschönigen zu wollen – Bedeutung hatte Merkels Posten nicht.

Während Merkel, wie sie selber sagt, Kulturarbeit leistete oder allenfalls Wandzeitungen an ihrem Institut gestaltete, war Lafontaine auf ganz anderer Ebene unterwegs. Als junger, aufsteigender SPD-Politiker traf er sich zur selben Zeit regelmäßig mit SED-Chef Honecker. Wie kein anderer Sozialdemokrat biederte er sich damals bei dem Diktator an und half ihm, seine menschenverachtende Politik in der Bundesrepublik populär zu machen.

Zum ersten Mal empfing Honecker Lafontaine im März 1982. Der 38-jährige Saarländer war damals Oberbürgermeister von Saarbrücken, einer mittelgroßen Stadt mit 180 000 Einwohnern. Anlass für die ungewöhnliche Audienz war nicht etwa die Heimatverbundenheit des im Saarland geborenen SED-Chefs, sondern Lafontaines öffentliches Auftreten gegen die NATO. Auf Betreiben des sozialdemokratischen Bundeskanzlers Helmut Schmidt hatte diese 1979 den sogenannten Doppelbeschluss gefasst. Er sah vor, mit der Sowjetunion über einen Abbau ihrer neuen Mittelstreckenraketen zu verhandeln und im Falle eines Scheiterns zusätzliche amerikanische Atomraketen in Westeuropa zu stationieren. Lafontaine, damals Chef der Saar-SPD und Mitglied des Bundesvorstands, stellte sich nicht nur gegen diesen Beschluss, sondern forderte auch, im Falle einer Raketenstationierung aus dem westlichen Verteidigungsbündnis auszutreten. 1982 warf er Schmidt öffentlich vor, dass dieser von Pflichtgefühl, Berechenbarkeit und Standhaftigkeit spreche – »das sind Sekundärtugenden. Ganz präzis gesagt: Damit kann man auch ein KZ betreiben.«[136]

In der DDR waren Lafontaines Äußerungen nicht unbemerkt geblieben. Die SED versuchte damals im Auftrag Moskaus, die Raketenstationierung mit Hilfe westdeutscher Friedensaktivisten und abtrünniger Sozialdemokraten zu verhindern. Vor diesem Hintergrund suchte der Erste Sekretär der DDR-Vertretung in Bonn im August 1981 Lafontaine im Rathaus von Saarbrücken auf und sondierte Möglichkeiten einer Zusammenarbeit. Lafontaine erwies sich bei dieser Gelegenheit als schlechter Freund des Saarlands, denn er empfahl, bei einem etwaigen Besuch Honeckers den saarländischen CDU-Ministerpräsidenten nicht in das Programm einzubeziehen. Dieser sei »ein Antikommunist durch und durch« und würde »eine Visite des Staatsratsvorsitzenden als politisch nützlich empfinden« – so die Aufzeichnung des DDR-Diplomaten. Als sie Honecker später vorgelegt wurde, las er auch, dass Lafontaine den Wunsch hege, die DDR zu besuchen und Kontakt zum sowjetischen Botschafter zu bekommen. Der SED-Chef zeichnete persönlich ab mit »Einverstanden«.[137]

Ein halbes Jahr später fand die Reise statt. Lafontaine kam dabei nicht nur mit Honecker zusammen, sondern auch mit dem damaligen SED-Chef von Dresden, Modrow, zu dem er auch heute wieder demonstrative Herzlichkeit pflegt. Auf Einladung der Ost-Berliner Regierung verbrachte Lafontaine mehrere Tage in der DDR. Die Geste des ostdeutschen Staatschefs gegenüber dem ehrgeizigen Oberbürgermeister aus dem Saarland verfehlte ihre Wirkung nicht. Bei einem Gespräch mit einem DDR-Diplomaten erklärte Lafontaine zu den Eindrücken seines Aufenthaltes, »er könne nur jedem empfehlen, sich die DDR anzusehen. Es sei schon beeindruckend zu erfahren, was dort geschaffen worden ist. Von besonderer Bedeutung sei für ihn natürlich das Gespräch mit dem Staatsratsvorsitzenden der DDR, Erich Honecker, gewesen«, berichtete der Diplomat hinterher nach Ost-Berlin.[138]

Lafontaine strickte damals zielstrebig an seiner politischen Karriere. Im März 1985 erreichte die saarländische SPD unter seiner Führung die absolute Mehrheit. Lafontaine wurde zum Ministerpräsidenten gewählt. In dieser Funktion fuhr er im November 1985 erneut zu Honecker. In

einem Bericht an das SED-Politbüro hieß es unter anderem, Lafontaine habe die Stadtrundfahrten in Berlin und Dresden auch zu kurzen Gesprächen mit DDR-Bürgern genutzt. »Positiv beeindruckt habe ihn die optimistische Stimmung der Menschen. Er habe in ihre Gesichter gesehen und dabei klar erkennen können, dass die Bürger der DDR keine Angst vor ihrer Regierung und vor ihrer Zukunft hätten.«[139]
In der Bundesrepublik stieß die Reise allerdings auf heftige Kritik, da Lafontaine in Ost-Berlin erklärt hatte, wenn man einen normalen Reiseverkehr zwischen der Bundesrepublik und der DDR wolle, müsse man deren Staatsbürgerschaft anerkennen. Siebzehn Millionen Ostdeutsche wären damit – entgegen dem Grundgesetz – zu Ausländern erklärt worden. Nach seiner Rückkehr rechtfertigte sich Lafontaine vor dem Landtag. In einer Regierungserklärung mokierte er sich über »selbsternannte« Experten, die – anders als er – kaum den Nachweis erbracht hätten, sich gegenüber der DDR bei humanitären Fragen »Tag für Tag zu bemühen«.[140]

Nach Lafontaines Regierungsübernahme wurde das Saarland zum Lieblingsbundesland der SED. Während die Politbürokraten bis dahin alle westdeutschen Vorschläge, Städtepartnerschaften mit DDR-Orten einzugehen, abgelehnt hatten, sorgte Honecker persönlich dafür, dass ein entsprechender Wunsch Lafontaines sofort erfüllt wurde. Als erste Stadt der Bundesrepublik durfte Saarlouis 1986 einen Städtebund mit Eisenhüttenstadt, dem früheren Stalinstadt, eingehen. Auch der Saarbrücker Landtag nahm offizielle Beziehungen zum Bezirkstag Cottbus auf – obwohl derartige Parlamentskontakte jahrzehntelang abgelehnt worden waren, um die machtlosen Schein-Parlamente der DDR nicht aufzuwerten. Vorzugsbehandlung genoss das Saarland auch in wirtschaftlicher Hinsicht. 1985 zogen die Importe der DDR aus dem krisengeschüttelten Industrieland schlagartig an und verdreifachten sich fast; für 1986 vereinbarte man sogar eine Vervierfachung. Das Saarland stellte seinerseits als erstes Bundesland seine Zahlungen an die Erfassungsstelle Salzgitter ein, in der westdeutsche Staatsanwälte politische Gewalttaten in der DDR dokumentierten. Lafontaine machte sich damit eine der sogenannten Geraer Forderungen zu eigen, deren Erfüllung Honecker 1980 zur Voraussetzung für die Entwicklung »normaler Beziehungen« erklärt hatte.[141] In der Folgezeit wurde das Verhältnis immer inniger. Im Mai 1986 besuchte Lafontaine, zusammen mit dem damaligen NRW-Regierungschef Johannes Rau, erneut den SED-Chef in Ost-Berlin. Der Saarländer residierte im noblen Gästehaus der DDR-Regierung Unter den Linden. Im März 1987 weilte er ein weiteres Mal bei Honecker. Im August, kurz vor Honeckers Staatsbesuch in der Bundesrepublik, würdigte er den SED-Generalsekretär in einem siebenseitigen *Spiegel*-Artikel aus Anlass von dessen 75. Geburtstag. Darin verklärte ihn Lafontaine, inzwischen stellvertretender Parteivorsitzender der SPD, als mutigen Antifaschisten, als umgänglichen Realisten mit Idealen, als verlässlichen Verhandlungs- und Sicherheitspartner. Die DDR sei »unter Erich Honecker ein wirtschaftlich leistungsfähiger, innenpolitisch stabiler und außenpolitisch selbstbewusster Staat geworden, was der Sicherheit in Europa zugute kommt.« Der relative Wohlstand, den die DDR in der Ära Honecker erreicht habe, mache es ihren Bewohnern leichter, sich mit ihrem Staat zu arrangieren.[142]

Im September 1987 traf Honecker zu seinem heißersehnten Besuch in der Bundesrepublik ein. Vor dem Bonner Kanzleramt begrüßte ihn Bundeskanzler Helmut Kohl mit Handschlag, im Hintergrund wehte die DDR-Flagge. Anschließend schritten beide eine Ehrenformation der Bundeswehr ab, während ein Bundeswehrorchester erstmals die DDR-Hymne intonierte. Der ehemalige Dachdeckergehilfe besuchte damals auch das Saarland, wo sich das Grab seiner

Eltern in Wiebelskirchen und das bescheidene Haus, in dem er aufgewachsen war, befanden. Wichtiger war ihm jedoch das inzwischen fünfte Treffen mit dem saarländischen Ministerpräsidenten. »Fühle Se sich wie dehemm«, empfing ihn Lafontaine, als Honecker in Saarbrücken eintraf. Bei dem Gespräch in der Staatskanzlei erklärte der SED-Chef, »dass sich O. Lafontaine auch zukünftig der Unterstützung durch die DDR sicher sein könne«. Nur einen Monat später wurde Lafontaine von Honecker am Rande der Feierlichkeiten zum 750-jährigen Berlin-Jubiläum erneut empfangen. »Hätte die DDR zur BRD solche Beziehungen wie zum Saarland«, sagte Honecker dabei zu Lafontaine, »so könnten viele Fragen schon grundsätzlich gelöst sein oder sie wären besser lösbar.«[143]

Zu einer vorübergehenden Trübung des guten Verhältnisses kam es Ende 1987. Im November stürmte der DDR-Staatssicherheitsdienst die inoffizielle »Umweltbibliothek« in der Ost-Berliner Zionskirche und verhaftete mehrere Aktivisten. In der DDR protestierten Bürgerrechtler daraufhin mit Mahnwachen, und in der Bundesrepublik forderten zahlreiche Politiker die Freilassung der jungen Leute. Auch Lafontaine sah sich genötigt, in einer Presseerklärung das Vorgehen der DDR zu kritisieren. Honeckers Mann für die Westarbeit, Rettner, reiste daraufhin nach Saarbrücken und warnte den saarländischen Ministerpräsidenten, dass er mit derartigen Erklärungen Gefahr laufe, »in der DDR einen Glaubwürdigkeitsverlust zu erfahren«. Lafontaine erwiderte darauf laut Gesprächsprotokoll sichtlich betroffen, »dass es niemals seine Absicht gewesen sei, die Politik E. Honeckers zu diskreditieren. Zu E. Honecker habe er ein tiefes Vertrauen. Das habe er versucht, in seinem *Spiegel*-Artikel zum 75. Geburtstag E. Honeckers zum Ausdruck zu bringen.« Honecker sei zu ihm immer aufrichtig gewesen. Die Begegnung mit ihm anlässlich des Staatsaktes zur 750-Jahr-Feier habe ihn wiederum sehr beeindruckt, vor allem, was dieser über die Lehren aus der Geschichte der Arbeiterbewegung gesagt habe. »Was seine Presseerklärung im Hinblick auf die Vorgänge um die Zionskirche betreffe, so habe er sie in erster Linie aus innenpolitischer Sicht abgegeben. Die Wirkung in der DDR habe er dabei nicht im Auge gehabt.« Eine völlige Enthaltsamkeit bei kritikwürdigen Erscheinungen in der DDR könne er aus innenpolitischen Gründen nicht üben, allerdings müsse man in Zukunft sorgsamer abwägen, »wann und wozu man das tut. Ein rechtzeitiger Hinweis aus Berlin könne dabei sehr hilfreich sein«, so der SPD-Politiker. »O. Lafontaine sagte dann, er sei jederzeit bereit, nach Berlin zu kommen, um mit Erich Honecker darüber zu sprechen.« Schließlich erklärte er dem Abgesandten der SED, mit dem er schon per Du war: »Sage bitte Erich Honecker [...], dass alles gilt, was wir miteinander vereinbart haben.«[144]

Im Verlauf des Gesprächs kam man auch auf das DDR-Einreiseverbot für den SPD-Bundestagsabgeordneten Gert Weisskirchen zu sprechen. Der heutige außenpolitische Sprecher seiner Fraktion gehörte damals zu den wenigen SPD-Politikern, die persönliche Kontakte zu ostdeutschen Oppositionellen unterhielten. Laut Protokoll erklärte Lafontaine, er halte Weisskirchen für einen »Einzelgänger, der sich mit bestimmten Kontakten in der DDR interessant machen wolle. In einer Partei wie der SPD sei es nahezu unmöglich, alles unter Kontrolle zu bringen, schon gar nicht die Abgeordneten des Bundestages.« Auch die Kontakte führender SPD-Politiker zur evangelischen Kirche bedeuteten nicht, dass die SED nicht weiterhin Priorität genieße – jede andere Vorstellung sei »völlig absurd«. Es dürfe »nicht das Bild entstehen, als gebe die SPD der Evangelischen Kirche gegenüber der SED den Vorzug.«[145]

Im Mai 1988, als das sozialistische System in Polen, Ungarn und der Sowjetunion bereits bröckelte, kam der

Leiter der Westabteilung erneut nach Saarbrücken. Ein paar Wochen zuvor war es in der DDR wieder zu Verhaftungen gekommen, prominente Wortführer der Bürgerrechtler wie Bärbel Bohley, Freya Klier und Wolfgang Templin waren anschließend in den Westen abgeschoben worden. Vor diesem Hintergrund sprach Honeckers Abgesandter noch einmal über das heikle Thema, welche Position die SPD gegenüber der DDR-Opposition einnehmen solle. Wie der Funktionär anschließend dem SED-Chef berichtete, vertrat Lafontaine dabei die Auffassung, dass »die SPD in eine Schieflage komme, wenn sie den Konservativen das Eintreten für systemkritische Kräfte in den sozialistischen Staaten überlasse«. Die SPD-Führer seien sich jedoch einig, »dass Sozialdemokraten bei ihrem Auftreten in der DDR alles vermeiden müssten, was eine Stärkung dieser Kräfte bedeute«.[146]

Honecker zeigte Verständnis für das Dilemma der SPD. Im August 1988 lud er Lafontaine ein weiteres Mal in die DDR ein. Diesmal traf man sich im idyllischen Jagdschloss Hubertusstock am Werbellinsee, in dem einige Jahre zuvor auch Bundeskanzler Helmut Schmidt empfangen worden war. Der SED-Generalsekretär versicherte Lafontaine, von seiner Partei werde »kein Anstoß daran genommen, dass die SPD mit uns nicht in allem konform gehen könne, aber bei der Reaktion auf bestimmte Provokationen müsse sie auch nicht an der Spitze stehen«.[147] Im Anschluss an das Gespräch stärkte Lafontaine Honecker öffentlich den Rücken. Er verlangte, dass die schwarz-gelbe Bundesregierung nicht noch ein weiteres Jahr warten solle, um bei den Geraer Forderungen zu Lösungen zu kommen, die weitere Fortschritte in den Beziehungen befördern würden. Westdeutsche Zeitungen berichteten, Honecker habe Lafontaine fast wie einen »Enkel« empfangen, er scheine sich in der DDR wie zu Hause zu fühlen.[148]

Als sich im Sommer 1989 die Krise in der DDR zuspitzte, war dies für Lafontaine kein Grund, zu Honecker auf Distanz zu gehen. Statt dessen schickte er im August seinen Staatssekretär Hanspeter Weber nach Ost-Berlin, der in einem Gespräch mit dem ZK-Abteilungsleiter die »herzlichsten Grüße« an den SED-Chef übermittelte. Dem Protokoll zufolge ließ Lafontaine Verständnis dafür ausrichten, dass die DDR gegenüber den Ausreisewilligen einen konsequenten Standpunkt einnehme. Dass diese in der bundesdeutschen Botschaft aufgenommen worden seien, sei ebenso »unzumutbar« wie die Tatsache, dass in Polen und Ungarn »BRD-Pässe an DDR-Bürger ausgegeben werden«. Seine Regierung prüfe deshalb, ob sie ein Zeichen setzen könne, indem DDR-Bürgern, die sich im Saarland zu Besuch aufhielten, »in Zukunft keine Pässe für Ausflüge nach Frankreich und Luxemburg mehr« ausgehändigt würden – die Ostdeutschen wären damit wie Ausländer behandelt worden. Das war der letzte Kontakt zwischen Lafontaine und Honecker, zwei Monate später wurde der SED-Chef abgesetzt.

Als 1992 die Aufzeichnungen der Gespräche bekannt wurden, verweigerte Lafontaine die damals noch notwendige Zustimmung zur Akteneinsicht. Vom *Spiegel* verlangte er, die Recherchen auf die Entstehung des gemeinsamen SPD-SED-Papiers von 1987 zu beschränken – dann wären die Honecker-Gespräche außen vor geblieben. Später stritt er den Inhalt der Aufzeichnungen kurzerhand ab. Nicht nur die »mir über Gert Weisskirchen in den Mund gelegten Aussagen« seien falsch, sondern auch die Überlegung, DDR-Bürgern keine bundesdeutschen Pässe auszuhändigen. »Würde man Oskar Lafontaines Erwiderung folgen, hätten die für Westfragen zuständigen SED-Funktionäre ihre Berichte an die Vorgesetzten nach Belieben zusammengelogen«, schrieb damals der *Spiegel* und merkte süffisant an: »Es muss doch mehr mutige Menschen im Haus des ZK gegeben haben, als Kenner bislang annahmen.«[149]

Operation Überleben

Die Unterstützung durch westdeutsche Politiker wie Oskar Lafontaine konnte nicht verhindern, dass das SED-Regime im Herbst 1989 zusammenbrach. Der in den Jahren der Bevormundung angestaute Zorn entlud sich geradezu explosionsartig. Und er richtete sich gegen diejenigen, die die Misere in der DDR verursacht hatten. Wäre es nach der Mehrheit der Bevölkerung gegangen, dann wäre die SED damals mit Schimpf und Schande davongejagt worden. Nach vierzig Jahren Sozialismus stand die Partei vor einem Scherbenhaufen. Sogar die eintönigen DDR-Medien erwachten aus ihrem vierzigjährigen Dornröschenschlaf, Zeitungen und Fernsehen waren voller kritischer Berichte. So deckten Journalisten auf, wie sich die Politbüromitglieder in Wandlitz mit Westwaren versorgt hatten, von denen normale DDR-Bürger nur träumen konnten. Die SED-Funktionäre waren dadurch nicht nur bei der Bevölkerung, sondern auch bei den eigenen Genossen restlos kompromittiert. Die Stimmung wurde noch gereizter, als sich der oberste Devisenbeschaffer der DDR, Alexander Schalck-Golodkowski, am 2. Dezember 1989 in die Bundesrepublik absetzte. Die Vermutung lag nahe, dass er den Zugriff auf die geheimen Konten der Staatsführung gleich mitgenommen hatte. Die DDR-Generalstaatsanwaltschaft, die den Missbrauch der Macht jahrzehntelang geduldet hatte, trat jetzt die Flucht nach vorn an und nahm mit Harry Tisch und Günter Mittag zwei langjährige Politbüromitglieder in Untersuchungshaft. Die Partei, die sich als »Vorhut der Arbeiterklasse« ausgegeben hatte, entpuppte sich als korrupte Verbrecherbande.

Die Empörung richtete sich aber nicht nur gegen die Parteispitze, sondern auch gegen ihre Helfershelfer. In jedem

Bezirk, in jedem Kreis, in Tausenden DDR-Institutionen hatte die SED eine ebenso unerbittliche wie bürokratische Herrschaft ausgeübt. Überall schlug ihren Abgesandten jetzt offene Ablehnung ins Gesicht, so dass es die sonst so machtbewussten Funktionäre mit der Angst zu tun bekamen. Viele sorgten sich nicht nur um ihre Zukunft, sondern um Leib und Leben. Sie selbst wussten am besten, was sie auf dem Kerbholz hatten. In Bautzen, Köthen und Perleberg begingen die SED-Kreissekretäre Selbstmord.

Dass die SED nach ihrem Sturz nicht – wie 1945 die NSDAP und 1991 die KPdSU – verboten oder aufgelöst wurde, ist im Nachhinein immer noch erstaunlich. Kein anderer hat daran so großen Anteil wie Gregor Gysi. Er war, neben Modrow, die zentrale Figur, die die »Operation Überleben« organisierte. Mit Tricks, Demagogie und ausgeprägtem Machtbewusstsein sorgte er dafür, dass sich die Diktaturpartei in die Demokratie hinüberretten konnte.

Der Überlebenskampf durchlief verschiedene Etappen. Man kann daran studieren, wie sich Ziele und Taktik der Partei unter dem Druck der Proteste änderten. Am Anfang ging es noch darum, die Krise wieder in den Griff zu bekommen und das kommunistische Regime – gegebenenfalls mit einigen kosmetischen Korrekturen – zu retten. Später wollte man wenigstens die DDR erhalten, auch wenn man die Macht – zumindest eine Zeit lang – mit anderen teilen musste. Am Ende ging es nur noch um das blanke Überleben der Partei, anfangs in der DDR, dann im vereinigten Deutschland – in der Hoffnung, dass irgendwann bessere Zeiten kommen.

Um der SED die Macht zu entwinden, bedurfte es eines zähen Kampfes. Im Gegensatz zu klassischen Revolutionen wurde sie nicht mit einem Mal gestürzt, sondern Schritt für Schritt zurückgedrängt. Selbst nach den ersten freien Wahlen am 18. März 1990, als die SED aus der Regierung vertrieben wurde, dominierten ihre Kader weiterhin die DDR, weil die wichtigsten Posten in Politik, Wirtschaft und Gesellschaft fast immer von Genossen besetzt worden waren. Unkalkulierbar war insbesondere, wie sich die Sicherheitskräfte verhalten würden. Allein die NVA hielt 180 Hundertschaften für Einsätze im Innern bereit. Hinzu kamen 91 000 hauptamtliche Stasi-Mitarbeiter, 210 000 Kampfgruppenangehörige, 80 000 hauptamtliche Volkspolizisten. Die Angst war groß, dass das Regime oder Teile davon zum gewaltsamen Gegenschlag ausholen könnten. Die Revolutionäre waren deshalb zur Vorsicht gezwungen, und die Entmachtung der SED glich eher einem Verhandlungspoker als einem politischen Umsturz. Nicht zufällig wurde der »Runde Tisch« zum Symbol des Umbruchs, in dem Begriffe wie »Dialog«, »Erneuerung« oder »Sicherheitspartnerschaft« eine Schlüsselrolle spielten. Die Folge dieser so friedlichen Revolution war, dass die SED monatelang Zeit hatte, ihr Überleben zu organisieren.

Der Kampf der SED begann nach altem kommunistischem Muster: Durch einen Wechsel an der Spitze und ein verändertes Auftreten in der Öffentlichkeit wollte man die Lage beruhigen. Am 17. Oktober 1989 löste das Politbüro Honecker einstimmig als Generalsekretär der SED ab und sprach sich für dessen Kronprinzen Krenz als Nachfolger aus. In Geheimgesprächen hatte sich dieser zuvor vergewissert, dass die Mehrheit der Politbüromitglieder auf seiner Seite stand. Auch die Sowjetunion war eingeweiht worden und hatte keine Einwände erhoben. Zur Sicherheit hatten die Verschwörer den Chef der ZK-Abteilung für Sicherheitsfragen, Wolfgang Herger, in den Vorraum des Politbüros beordert. So wollte man verhindern, dass Honecker seinen Personenschutz rief und seine Gegner kurzerhand verhaften ließ. Als DDR-Ministerpräsident Willi Stoph zu Beginn der Sitzung Honeckers Abwahl beantragte, stellten sich jedoch nicht einmal seine engsten Getreuen hinter ihn. Honecker warnte zwar, dass der »Feind« seine Ablösung ausnutzen werde, doch als strammer Parteisoldat stimmte auch er dem Antrag auf seine Entmachtung zu. In einer vom Politbüro formulierten Erklärung teilte der SED-Chef dem Zentralkomitee am nächsten Tag mit, dass er aus »gesundheitlichen Gründen« um die Entbindung von seinen Funktionen bitte und Krenz als seinen Nachfolger vorschlage.

Der neue Generalsekretär kündigte in seiner ersten Ansprache eine »Wende« an – ein Begriff, mit dem heute oft das Ende der DDR bezeichnet wird, obwohl er eigentlich das Gegenteil meinte: einen Kurswechsel zur Stabilisierung der SED-Herrschaft. Durch taktische Zugeständnisse wollte die Partei wieder in die Offensive kommen, ohne die Strukturen des Systems zu ändern. Wie in der Sowjetunion sollten die Probleme des Landes nicht mehr totgeschwiegen, sondern mehr oder weniger offen diskutiert werden. Durch eine Serie von Foren wollte man einen innenpolitischen »Dialog« initiieren, dessen Rahmen allerdings die SED bestimmte. Die Zulassung des Neuen Forums war ebenso wenig vorgesehen wie die Infragestellung der führenden Rolle der SED. »Eine Partei wie unsere hat keine anderen Interessen als das Volk«, verkündete Krenz, sie habe immer an der Spitze der sozialistischen Revolution gestanden – »so wird und so soll es auch diesmal sein«.[150]

Für die Rolle eines »Gorbatschow der DDR« war Krenz jedoch gänzlich ungeeignet. Als ZK-Sekretär für Sicherheit war er verantwortlich für die Übergriffe der Polizei auf Demonstranten Anfang Oktober, als Leiter der Wahlkommission für die Fälschung der Kommunalwahlen im Mai. Auch seine demonstrative Unterstützung des Massakers auf dem Platz des himmlischen Friedens in Peking im Juni 1989 war nicht vergessen. Hinzu kamen sein beschränkter Intellekt, seine fehlende Ausstrahlung und sein plumper Habitus.

Schon mit seiner ersten Fernsehansprache, bei der er die Zuschauer mit »Liebe Genossen« ansprach und Erich Honecker ausführlich für seine Arbeit dankte, desavouierte er sich in den Augen der Öffentlichkeit. Der Rücktritt Honeckers – da hatte der alte SED-Chef recht gehabt – wurde vom Volk als Zurückweichen der Führung ausgelegt. Die Massenproteste verstärkten sich daraufhin. Die Hoffnung, man könnte die unzufriedenen Bürger durch ein paar kosmetische Korrekturen zurückgewinnen, erwies sich als Illusion. Auch der Plan, die Proteste auf der Straße zu neutralisieren, indem man die eigenen Genossen ebenfalls mobilisierte, ging schief. Als die SED in Schwerin am 23. Oktober versuchte, aus einer Demonstration des Neuen Forums eine offiziöse Kundgebung zu machen, endete dies im Desaster: Nicht nur die Zahl der Teilnehmer erhöhte sich beträchtlich, sondern viele SED-Mitglieder wurden von den Forderungen der Bürgerbewegung auch noch angesteckt. Ein regelrechtes Scherbengericht erlebte die neue Führung auf der Großdemonstration am 4. November auf dem Berliner Alexanderplatz. Als Günter Schabowski als »Sprecher der SED« das Wort ergriff, ging seine Rede in einem Sturm von Pfiffen und Pfui-Rufen unter.

Die Parteiführer traten nun die Flucht nach vorn an. Wie in einem sinkenden Ballon versuchten sie, Ballast abzuwerfen. Personelle Veränderungen sollten ihnen mehr Glaubwürdigkeit verschaffen. Außer Honecker waren bislang nur zwei seiner engsten Vertrauten – die ZK-Sekretäre Günter Mittag und Joachim Herrmann – abberufen worden. Am 7. November erklärten Politbüro und DDR-Regierung deshalb geschlossen ihren Rücktritt – was freilich nicht bedeutete, dass die alten Kader in den Ruhestand gehen wollten. Als das Zentralkomitee am nächsten Tag eine neue Parteiführung wählte, bestand diese vielmehr zur Hälfte wieder aus den bisherigen Politbüromitgliedern, inklusive Generalsekretär.

Neuer DDR-Ministerpräsident sollte der Dresdener SED-Chef Hans Modrow werden, dem im Westen der Ruf eines Reformers vorauseilte. Doch auch in dessen Kabinett fand sich kein einziger Vertreter der Opposition. Durch ein »Aktionsprogramm« wollte die SED das Ruder noch einmal herumreißen. Sie versprach freie Wahlen und die Bildung einer Koalitionsregierung mit den kompromittierten Blockparteien. Von politischem Pluralismus konnte keine Rede sein. Erstmals sollten zwar unabhängige Vereinigungen wie das Neue Forum zugelassen werden können, doch nur, wenn sie auf dem Boden der Verfassung standen. Das bedeutete, dass sie das sozialistische System und die Vorherrschaft der SED anerkennen mussten. Ziel dieser Maßnahme sollte es sein, »dem Sozialismus in der DDR mit mehr Demokratie eine neue Dynamik zu verleihen«.[151]

Auch dieser Anlauf scheiterte, kaum dass er begonnen hatte. Noch während das Zentralkomitee tagte, spielten sich historische Veränderungen ungeahnten Ausmaßes ab. Um den Flüchtlingsstrom nach Ungarn und in die ČSSR zu stoppen – die Grenzen beider Staaten standen inzwischen offen –, hatte die SED-Spitze eine neue Reiseverordnung beschlossen. Ausreisewillige DDR-Bürger sollten ihren Staat erstmals ohne Begründung verlassen können. Damit sich nicht alle Ostdeutschen, die nur einmal den Westen besuchen wollten, zu Ausreisern erklärten und die staatstreuen Bürger gegenüber den Ausreisewilligen nicht benachteiligt wurden, legte die Verordnung fest, dass man auch private Reisen ohne besonderen Anlass beantragen könne. Als Politbüromitglied Günter Schabowski am Abend des 9. November die Presse informierte und auf Nachfrage mitteilte, dass die Regelung »sofort, unverzüglich« in Kraft treten würde, löste er unversehens einen Massenansturm auf die Berliner Grenzübergänge aus. Wie ein Lauffeuer verbreitete sich nämlich die (falsche) Nachricht, dass man die DDR ab sofort jederzeit verlassen könnte. Aus Furcht vor einer Eskalation öffneten die Grenztruppenoffiziere am Übergang Bornholmer Straße gegen 23 Uhr die Schlagbäume. Kurz darauf folgten auch die anderen Grenzübergänge. Am Brandenburger Tor erklommen begeisterte West-Berliner die Grenzbefestigungen – die Mauer war gefallen.

Für die SED hatte die unbeabsichtigte Grenzöffnung zwar den positiven Nebeneffekt, dass die Zahl der Demonstrationen vorübergehend zurückging. Viele DDR-Bürger machten sich zunächst einmal auf den Weg, sich den Westen anzuschauen. Doch die Statik des SED-Staates, die darauf beruhte, die eigenen Bürger wie Geiseln gefangen zu halten, war durch die offenen Grenzen ins Wanken geraten. Schon aufgrund der enormen Unterschiede im Lebensstandard verstärkte sich die Massenabwanderung nach Westdeutschland. Zugleich radikalisierten sich die Zurückgebliebenen, weil sie nun ihre eigenen Lebensverhältnisse mit denen in der Bundesrepublik vergleichen konnten. Außerdem wuchs der Mut der Bürger, weil sie wussten, dass sie notfalls auch das Weite suchen konnten. Schon bald demonstrierten in der DDR wieder mehr als eine halbe Million Menschen pro Woche, Ende November waren es sogar mehr als eine Million.

Anders als nach dem Juniaufstand von 1953 gab es im Herbst 1989 keinen Spielraum für soziale Wohltaten, um die Unzufriedenheit zu kompensieren. Ende Oktober erfuhr das Politbüro vielmehr, dass die DDR vor der Zahlungsunfähigkeit stand. Am 9. und 10. November wurde auch das Zentralkomitee über die Lage unterrichtet. Nicht nur die Verschuldung wurde offenbar, sondern auch der desaströse Zustand der Industrieanlagen und die Verschwendung riesiger Summen durch politisch motivierte Investitionen und Subventionen. »Milliarden über Milliarden sind falsch eingesetzt worden«, erklärte das für Versorgung zuständige Politbüromitglied Werner Jarowinsky den entsetzten ZK-

Mitgliedern und beschrieb ihnen, wie von der Pkw-Produktion bis zum Möbelexport fast alles falsch gemacht worden war.[152] Als DDR-Devisenbeschaffer Schalck-Golodkowski in die Bundesrepublik verschwand, hinterließ er einen Abschiedsbrief, in dem er die Parteiführung über Auslandskonten der DDR informierte, die er als »letzte Einsatzreserve bei Eintritt der Zahlungsunfähigkeit des Staates« bezeichnete. Er erwartete den Staatsbankrott zum Jahresende, und das Geld sollte dazu dienen, »schwerwiegendste volkswirtschaftliche Konsequenzen mildern zu können«.[153] Wenn die Bundesrepublik der DDR nicht mit zwölf bis dreizehn Milliarden Mark unter die Arme greifen würde, so rechneten SED-Finanzexperten intern vor, käme es zu einer massiven ökonomischen und sozialen Krise.

Das wichtigste Tauschobjekt für neue West-Kredite – Reisefreiheit für alle Ostdeutschen – war durch die unbeabsichtigte Maueröffnung abhanden gekommen. Ein anderes – freie Wahlen und der Verzicht auf die Führungsrolle der SED – erledigte sich bald ebenfalls von selbst. Bereits am 22. November sah sich die DDR-Führung gezwungen, mit der Einberufung des Runden Tisches die Oppositionsgruppierungen anzuerkennen; freie Wahlen waren nur noch eine Frage der Zeit. Am 1. Dezember strich die Volkskammer auch noch die Führungsrolle der SED aus der Verfassung. Die DDR hatte nichts mehr zu bieten, mit dem sie der Bundesregierung schmackhaft machen konnte, für die Folgen ihrer Misswirtschaft aufzukommen.

Die mächtige Partei, die bis dahin jeden Winkel der Republik kontrolliert hatte, zerfiel in dieser Situation wie im Zeitraffer. 600 000 Mitglieder kehrten der SED bis Anfang Dezember den Rücken, 5000 Grundorganisationen lösten sich auf. »Die ganze Partei ist heute von den Auswirkungen der Krise betroffen«, jammerte die alte Führung in ihrem Rechenschaftsbericht vor dem Außerordentlichen Parteitag im Dezember.»Alle Genossen werden von der Öffentlichkeit dafür verantwortlich gemacht.«[154] Auch das Zentralkomitee geriet angesichts der desaströsen Lage in Auflösung. Auf tagelangen Sitzungen, die von Krenz geleitet wurden, spielten sich dramatische Szenen ab.»Wir sind belogen worden, die ganze Zeit über«, rief der Generalintendant des Leipziger Theaters, Karl Kayser, am 10. November aus.»In mir ist alles zerbrochen. Mein Leben ist zerstört.«[155] Und Politbüromitglied Jarowinsky erklärte voller Selbstmitleid:»Genossen, für mich ist das ein Martyrium, was wir hier erleben und was wir in den letzten Wochen erleben.«[156] Der 86-jährige Ex-SED-Chef von Schwerin, Bernhard Quandt, forderte am 3. Dezember sogar weinend, dass die Todesstrafe wieder eingeführt werde»und dass wir die alle standrechtlich erschießen, die unsere Partei in eine solche Schmach gebracht haben«.[157]

Selbst im Politbüro, das sich nach kommunistischer Überzeugung im Besitz der absoluten Wahrheit befindet, machte sich Kopflosigkeit breit.»Aber, Genossen, ich bitte doch um Verständnis«, stammelte Krenz auf der ZK-Sitzung am 10. November, als ein ZK-Mitglied nach der angekündigten Konzeption für einen modernen Sozialismus fragte.»Ich weiß ohnehin noch nicht genau, was wir auf der Parteikonferenz sagen, geschweige denn jetzt schon eine Konzeption des modernen Sozialismus zu haben.«[158] Am 1. Dezember forderte die Volkskammer die obersten tausend Nomenklaturkader auf, ihre Pistolen abzuliefern, die sie zur»Verteidigung der Revolution« bekommen hatten – ein deutliches Symbol, dass es mit ihrer Herrschaft zu Ende war.

In dieser Situation machte sich eine Gruppe von karrierebewussten Funktionären daran, die SED zu retten. Viele von ihnen spielen noch heute eine Schlüsselrolle in der LINKEN. Zu ihnen gehörten vor allem die neu gewählten Bezirkssekretäre der SED, die im November 1989 an die Stelle der bisherigen Apparatschiks getreten waren. Auch einige Altfunktionäre wie der ehemalige DDR-Spionagechef Wolf, der neue Ministerpräsident Modrow oder der langjährige stellvertretende Kulturminister Klaus Höpcke zählten dazu. Schließlich beteiligte sich eine Reihe von Wissenschaftlern wie der Rektor der Hochschule für Film und Fernsehen in Potsdam, Lothar Bisky, oder die Brüder Michael und André Brie aus dem sogenannten Sozialismus-Projekt an der Ost-Berliner Humboldt-Universität. Zu der Gruppe stieß auch Gregor Gysi, Sohn des früheren DDR-Kulturministers und Kirchenstaatssekretärs Klaus Gysi und Chef der DDR-Rechtsanwaltskollegien.

Allen war klar, dass die SED in einer pluralisierten Gesellschaft nur eine Überlebenschance hätte, wenn sie sich von der belasteten Führung unter Krenz trennen würde. Um dies zu erzwingen, brachten sie die Partei in einer Mischung aus Putsch, Nötigung und geordneter Machtübergabe innerhalb weniger Tage unter ihre Kontrolle. Das Ganze begann mit einem Tabubruch: Am 30. November 1989 trafen sich im Ost-Berliner Werk für Fernsehelektronik (WF) etwa 150 bis 170 Genossen und verabschiedeten die Plattform WF – die erste offene Fraktionsbildung in der Geschichte der SED. In der Erklärung konstatierten sie, dass »unsere Partei in ihrer gegenwärtigen Verfassung eine Gefahr für unser sozialistisches Heimatland geworden ist«. Die Parteibasis habe zwar für Mitte Dezember einen außerordentlichen Parteitag erzwungen, doch dessen Vorbereitung durch die Führung führe nicht zur moralischen Säuberung und politischen Konsolidierung der Partei. Deshalb entziehe man ihr das Vertrauen, wohingegen man die Regierung unter Modrow stütze.»Die Rettung der Partei liegt in ihrer kompromisslosen Erneuerung, die einer faktischen Neugründung gleichkäme.«[159]

Die Delegierten des geplanten Parteitages wurden für den

10. Dezember zu einer Beratung eingeladen. Durch entsprechende Vorbereitung wollte man den beabsichtigten Führungswechsel durchsetzen. Dem Aufruf schlossen sich bald weitere Mitglieder und ganze Organisationseinheiten der SED an. Die Parteispitze wurde in den folgenden Tagen zusätzlich durch mehrere Demonstrationen unter Druck gesetzt, die direkt vor dem »Großen Haus« – so nannte man ihr riesiges Domizil in Berlin parteiintern – stattfanden. Gysi verlangte dort den vollständigen Rücktritt von ZK und Politbüro als »Rettungstat für die Partei«, während Parteichef Krenz keine Redeerlaubnis erhielt.[160] Unter Berufung auf die Plattform WF kündigte die SED-Kreisleitung der Akademie der Wissenschaften an, so lange wiederzukommen, »bis Krenz und Co. gegangen« seien.[161]

Am 3. Dezember erklärte das Politbüro seinen Rücktritt. Es wolle damit »einer weiteren Gefährdung der Existenz der Partei« entgegenwirken.[162] An seine Stelle sollte bis zur Durchführung eines Parteitages ein Ausschuss treten, dem auch unbelastete Funktionäre angehören konnten. Doch in einer Art Coup d'état rissen nun die SED-Bezirkschefs die Macht an sich. Zunächst verpflichteten sie die verunsicherte SED-Spitze, nicht nur zurückzutreten, sondern auch die Berufung der Ausschussmitglieder ihnen zu überlassen. Als Auswahlkriterium wurde lediglich beschlossen, dass es sich um Genossen handeln sollte, die »konsequent für eine neue SED sind«.[163] Mit Hilfe der alten Führung wurde am frühen Nachmittag auch noch das Zentralkomitee ausgeschaltet. In einer kurzen Begrüßung schilderte Krenz den ZK-Mitgliedern zunächst den Ernst der Lage: »Die Existenz der Partei steht auf dem Spiel. Die Deutsche Demokratische Republik ist in Gefahr, und unser internationales Ansehen ist geschädigt wie nie zuvor.«[164] Danach schlug das Politbüro auch dem ZK vor, seinen Rücktritt zu erklären. Als einzelne Mitglieder sich zierten, machte der Geraer SED-

Chef Erich Postler den Funktionären damit Angst, dass vor dem Gebäude »Massen« von Parteimitgliedern die Einsetzung des Ausschusses forderten. Die chaotische Sitzung endete schließlich damit, dass sich das Zentralkomitee widerstandslos auflöste. Zuvor hatte es noch Honecker, Mielke, Schalck-Golodkowski und zehn weitere Spitzenfunktionäre aus der Partei ausgeschlossen. Die Geschicke der Partei nahmen nun die SED-Bezirkschefs in die Hand. Noch am selben Tag riefen sie einen Arbeitsausschuss zusammen. Vorsitzender wurde der Erfurter SED-Chef Herbert Kroker. Außer sich selbst nahmen sie nur noch elf handverlesene Funktionäre auf – alle »legitimiert durch die Sorge um die Zukunft des Sozialismus«, wie sie am nächsten Tag in einem Aufruf behaupteten.[165] Zu ihnen gehörten unter anderem Bisky, Gysi und Wolf. Auch der Dresdener Oberbürgermeister Wolfgang Berghofer, der ehemalige stellvertretende Kulturminister Höpcke und die Berliner SED-Kultursekretärin Ellen Brombacher zählten dazu.[166] Viele von ihnen wurden später Mitglied des Parteivorstands oder des Präsidiums der SED-PDS. Die meisten gehörten damals der mittleren Hierarchieebene an und wären, wenn die DDR nicht untergegangen wäre, über kurz oder lang in Führungspositionen aufgestiegen. Radikale Kritiker aus den eigenen Reihen blieben ausgeschlossen.

Machtbewusst nahm der Ausschuss sogleich die Zügel in die Hand. Noch in der Nacht ließ Gysi, der zum Chef eines Untersuchungsausschusses zur Aufdeckung von Machtmissbrauch und Privilegien ernannt wurde, die Büros der zurückgetretenen Politbüromitglieder versiegeln. Alle Verbindungen aus dem ZK nach draußen wurden gekappt. Zur Rettung der auseinanderfallenden SED beschloss der Ausschuss zudem, den geplanten Parteitag vorzuverlegen.

Als am 8. Dezember 1989 über 2700 Delegierte in der Berliner Dynamo-Sporthalle zusammenkamen, war völlig ungewiss, wie es mit der SED weitergehen sollte. Die Forderungen an der Basis, die Partei aufzulösen und ihr Vermögen abzugeben, waren in den Tagen zuvor immer lauter geworden. Schon im Vorfeld hatte sich der Arbeitsausschuss darauf verständigt, dass die Wahl einer neuen Führung deshalb die wichtigste Aufgabe sei. Mit Engelszungen redete man auf die Genossen ein, die Partei nicht aufzugeben. Der Ausschuss – so der Vorsitzende und SED-Chef im Bezirk Erfurt, Herbert Kroker, zur Eröffnung – sehe es als »lebensnotwendig« für die Partei an, noch am ersten Beratungstag handlungsfähige Leitungsgremien zu wählen.[167] Auch Ministerpräsident Modrow, der als Nächster sprach, appellierte eindringlich an die Delegierten, die SED zu erhalten. »Lasst diese Partei nicht zerbrechen, nicht untergehen, sondern macht sie sauber und stark«, rief er aus. Es gehe dabei nicht nur um das Schicksal der Partei, sondern »um unser Land, um diesen deutschen Staat, in dem wir leben«.

Bevor die Anwesenden über die tiefgreifenden Probleme diskutierten, sollten sie eine neue Leitung wählen – offenbar fürchtete man, dass die Partei sonst in den Debatten auseinanderbrechen könnte.[168] Nach der Wahl einer Tagungsleitung wurden die Tagesordnung und die Wahlordnung bestätigt, die der Ausschuss vorgeschlagen hatte. Der erste Schritt zur Rettung der Partei war getan.

Als Nächster sprach Gysi, den der Arbeitsausschuss bereits als künftigen Vorsitzenden auserkoren hatte. Auch er erklärte, dass die Partei wieder geleitet werden müsse, um den Auflösungserscheinungen entgegenzuwirken und Handlungsfähigkeit zu gewinnen. »Die Wahl einer Leitung ist heute das Wichtigste.« Eine Auflösung und Neugründung der SED sei eine »Katastrophe für die Partei«. In düsteren Farben malte er den Delegierten die rechtlichen Folgen eines solchen Schrittes aus. So würden die 44 000 hauptamtlichen Mitarbeiter des Parteiapparates mit einem Schlag arbeitslos.

Auch die Existenz der Mitarbeiter der parteieigenen Betriebe und Einrichtungen wäre erheblich gefährdet. Das gesamte Eigentum der Partei würde zum Gegenstand juristischer Auseinandersetzungen um die Rechtsnachfolge.»Bei Abwägung aller Folgen wäre eine solche Entscheidung in hohem Maße verantwortungslos«, redete Gysi den Delegierten ein. »Auflösung und Spaltung der Partei sollten deshalb für uns nicht in Frage kommen.«[169]
So einfach ließen sich die Delegierten aber nicht dazu überreden, eine Parteiführung zu wählen, bevor das Selbstverständnis der SED geklärt war. Es bedurfte eines weiteren Auftritts von Modrow tief in der Nacht, um sie gefügig zu machen. Unter dem Beifall der Delegierten forderte der Regierungschef, einen »Schlussstrich« unter die Vergangenheit zu ziehen.»Wir können das nicht ununterbrochen und ewig mit uns herumschleppen«, erklärte Modrow gerade mal sechs Wochen nach der Ablösung Honeckers. Um seine Auffassung zu untermauern, führte er diverse Kronzeugen an, die angeblich eine handlungsfähige SED für unverzichtbar hielten. Der SPD-Politiker Egon Bahr habe erklärt:»Eine Partei, die kein Haupt hat, wird nicht existieren können.« Auch die Koalitionspartner in der DDR-Regierung würden erwarten, dass die SED »wirksam sein muss, weil sie als Parteien ohne uns nicht existieren können«. Selbst der »Sprecher des Neuen Forums«, Friedrich Schorlemmer (der nie im Neuen Forum war), habe erklärt, er könne sich die DDR ohne die SED nicht vorstellen. Und KPdSU-Chef Michail Gorbatschow habe ihm persönlich gesagt, dass der Erfolg der Perestroika mit davon abhänge, ob die SED gerettet werde. Schließlich drohte Modrow den Delegierten mit dem Ende der DDR, wenn die SED auseinanderfiele:»Wenn bei der Schärfe des Angriffes auf unser Land dieses Land nicht mehr regierungsfähig bleibt, weil mir, dem Ministerpräsidenten der Deutschen Demokratischen Republik, keine

Partei mehr zur Seite steht, dann tragen wir alle die Verantwortung dafür, wenn dieses Land untergeht.«[170] Kurz danach, irgendwann zwischen ein und drei Uhr in der Nacht, rief der Versammlungsleiter dann zur Abstimmung auf: »Wer dafür ist, dass wir unsere Partei auflösen, den bitte ich um das Kartenzeichen. (Keine Meldung – Beifall).«[171] Nach einer chaotischen Nacht voller Diskussionen und Anträge konnte die neue Führung aufatmen. Mit überwältigender Mehrheit wählte der Parteitag am 9. Dezember 1989 Gysi zum neuen Vorsitzenden der SED. Zugleich bestimmte er einen 99-köpfigen Vorstand, der aus seinen Reihen später ein Präsidium als Ersatz für das frühere Politbüro benannte. Der Fortbestand der DDR-Staatspartei war damit gesichert. Eine Woche später trat der Parteitag erneut zusammen. Anders als früher konnten die Delegierten nur noch am Wochenende tagen, da sie nicht mehr einfach beurlaubt wurden. Jetzt ging es vor allem darum, die SED auf die ersten freien Wahlen vorzubereiten. Die neue Führung war der Meinung, dass es unbedingt eines anderen Namens bedürfe, fürchtete aber, dass auch bei einer Umbenennung das Milliardenvermögen verloren gehen könnte. Der Arbeitsausschuss schlug deshalb vor, dem Namen »Sozialistische Einheitspartei Deutschlands« nur die Ergänzung »Partei des demokratischen Sozialismus« (PDS) anzufügen. Da, wie Gysi den Delegierten erklärte, »sehr viele Kräfte an das Eigentum der Partei heran[wollten]«, scheue er jedes Risiko, das die SED in dieser Hinsicht im Bestand gefährde – das sei »eine Überlebensfrage«.[172] Erleichtert konnte der neue Parteichef wenig später vermelden, dass die Delegierten ihm auch in diesem Punkt folgten. Wunschgemäß beschlossen sie zudem ein neues Statut, das den »Demokratischen Zentralismus« beendete. Die Partei definierte sich aber weiterhin als »marxistische sozialistische Partei« und bezeichnete unter anderem die Traditionen Lenins als eine ihrer »Hauptwurzeln«.[173]

In einer Grundsatzrede beschrieb Gysi anschließend die Aufgaben im Überlebenskampf der Partei.[174] Die SED-PDS müsse sich jetzt zur Wahlkampfpartei formieren. Um den Auflösungsprozess zu stoppen, sollten »Instrukteurbrigaden« ausschwärmen und die Partei an der Basis konsolidieren – nicht nur in den Wohngebieten, sondern auch in Betrieben und Genossenschaften. Lediglich im Staatsapparat und in den Streitkräften hielt Gysi den immer lauter geforderten Rückzug der Partei für unausweichlich. In veränderter Form sollte auch das Schulungssystem der SED weitergeführt werden, um Abgeordnete und Wahlkampfleiter auf die kommenden politischen Auseinandersetzungen vorzubereiten. Vor allem aber sollte das Vermögen der Partei gerettet werden. Schließlich schärfte Gysi den Delegierten ein: »Es gibt keine andere Partei oder demokratische Bewegung in unserem Land, die auch nur annähernd so viel organisierte Kraft in sich vereinigt. Aber wir müssen uns überall zeigen, artikulieren, deutlich sagen, was wir wollen, wie wichtig diese Partei für unser Land ist und, Genossen, mit gesenktem Kopf hat man nur einen begrenzten Blickwinkel.« Von Scham oder Reue keine Spur.

In seiner Rede erklärte Gysi auch, wie er sich die Zukunft der DDR ausmalte. Die Ausführungen zeigen seine Vorstellungen vom »demokratischen Sozialismus« gleichsam am lebenden Objekt. Die Partei sollte weiterhin eine bestimmende Rolle spielen, einen Rückzug in die Opposition erwog er nicht einmal. Die Stützung der Koalitionsregierung unter dem SED-Funktionär Modrow sei »von lebenswichtiger Bedeutung für unser Land und unsere Bürger«. Eine neue sozialistische Verfassung sollte zwar die Grund- und Menschenrechte garantieren, aber »nationalistischen Anschlussbewegungen für ein Großdeutschland« – was immer damit gemeint war – und rechtsradikalen, faschistischen oder neonazistischen Bewegungen keinen Schlupfwinkel bieten.

Die kommunistische Pionierorganisation »Ernst Thälmann« sollte dagegen ebenso unverändert an den Schulen weiterwirken wie die SED-PDS in Betrieben, LPGs oder Universitäten. Auch der von niemandem gewählte Runde Tisch, an dem Diktaturkader und Oppositionsvertreter gleichberechtigt zusammensaßen, sollte fortbestehen, weil der dort erzielte Konsens »weitgehend dem Willen des Volkes« entspreche.

Auf wirtschaftlichem Gebiet präsentierte Gysi ein Wolkenkuckucksheim voller Widersprüche: Einerseits sollten die verzerrenden Subventionen gestrichen werden und die Betriebe und ihre Beschäftigten »uneingeschränkt« nach dem Leistungsprinzip arbeiten. Andererseits forderte er eine in der Verfassung festgeschriebene »Dominanz des Volkseigentums«, starke Gewerkschaften und »Demokratie in der Produktion«. Auf der einen Seite sollte die DDR in die internationale Arbeitsteilung eingebunden werden, auf der anderen Seite sollten ihre Währung und ihr Binnenmarkt geschützt sowie ein »Ausverkauf« verhindert werden. Einerseits verlangte er eine Senkung von Steuern und Abgaben, andererseits sollte der Staat allen Bürgern mit niedrigem Einkommen finanziell unter die Arme greifen und große Summen in Kultur und Gesundheitssystem stecken. Dass die DDR bankrott war und ihre Wirtschaft nicht einmal mehr die eigene Bevölkerung versorgen konnte, erwähnte Gysi mit keiner Silbe. Nur einmal blitzte die Tristesse des Sozialismus auf, als er forderte: »Nach vierzig Jahren DDR muss es uns einfach gelingen, Gemüseläden zu bekommen, in die man mit Freude hinein- und vor allem wieder hinausgeht. Dafür reicht der permanente Wechsel zwischen Kohl und Apfel nicht aus.«[175]

Der neuen Parteiführung ging es freilich nicht nur um die Rettung der SED. Genauso wichtig war ihr der Erhalt der DDR. Die Funktionäre wussten, dass ihnen keine rosige Zukunft blühte, wenn es zur Vereinigung der beiden deutschen

Staaten kommen würde. Zum Überleben benötigte die Partei die DDR, wie umgekehrt die DDR nur mit Hilfe der Partei gerettet werden konnte. Die SED-PDS wandte sich deshalb entschieden gegen jedes Bestreben, die Teilung Deutschlands zu überwinden. Mit allen Mitteln versuchte sie, den Menschen vor diesem Weg Angst zu machen. »Eine Vereinigung beider deutscher Staaten, das wäre die von keinem Politiker zu verantwortende Entscheidung, die DDR in ein unterentwickeltes Bundesland mit ungewisser sozialer Zukunft für seine Bürger zu verwandeln, das heißt sie zum Armenhaus der BRD zu machen«, erklärte Gysi in seiner Grundsatzrede auf dem Außerordentlichen Parteitag am 17. Dezember 1989. »Es wäre die unwürdige Verabschiedung von einem Land, das trotz alledem den geachteten Namen Deutsche Demokratische Republik trägt.«

Bedrohlich klangen auch seine Warnungen, dass es bei einer Vereinigung zu einem gefährlichen Rechtsruck in Deutschland sowie zu einer Destabilisierung der internationalen Lage kommen würde. »Großdeutschland«, wie er sich ausdrückte, »das wäre ein Sieg der Rechten in Deutschland und würde die Linken an den Rand der Gesellschaft drängen.« In einer nationalistischen Welle würden »die Rechten« sofort die ehemaligen deutschen Gebiete in Polen und anderen Ländern fordern. In ganz Europa begännen dann Diskussionen zur Grenzrevision, so dass der Frieden ernsthaft bedroht wäre. Im Interesse aller deutschen Demokraten, der europäischen Völker, des Friedens und der Stabilität in der Welt würde die DDR als »die linke deutsche Alternative« gebraucht. Gysis Fazit: »Indem wir für uns streiten, kämpfen wir für die DDR, für die soziale Sicherheit unserer Werktätigen, ja, für Stabilität und Frieden in ganz Europa!«[176]

Die Partei kämpfte auch um den Erhalt des DDR-Staatssicherheitsdienstes. Die Geheimpolizei mit ihrem gigantischen Spitzelapparat stand im Herbst 1989 – neben der SED – besonders am Pranger. Auch hier tauschte die Parteiführung zunächst nur die Köpfe aus. Nach Mielkes Rücktritt beauftragte sie Mitte November den stellvertretenden Stasi-Minister Wolfgang Schwanitz mit der Leitung des Dienstes. Zum Abschied erhielt Mielke noch einen Generalsdolch sowie einen Bewacher, eine Haushälterin und ein Auto mit Fahrer. Bei der Amtseinführung des neuen Stasi-Chefs dankte DDR-Ministerpräsident Modrow den Generälen ausdrücklich für die geleistete Arbeit. Im Gegenzug versicherte Schwanitz, dass es Aufgabe der Stasi sei, »die Regierung und die Parteiführung wirksam dabei zu unterstützen, die gefährlichen Entwicklungen in unserer Gesellschaft zunächst zu stoppen«. Seinen Leuten befahl er deshalb, die oppositionellen Bürgerbewegungen mit IM zu unterwandern. »Es steht auf dem Spiel unsere Macht, darüber darf man sich keine Illusionen machen.«[177] Weder Krenz noch Modrow dachten daran, die Stasi aufzulösen, geschweige denn die Verantwortlichen für das hunderttausendfache Unrecht zur Verantwortung zu ziehen.

Um die Öffentlichkeit zu beruhigen, versuchte es die SED-Führung zunächst mit einem Etikettenschwindel. Mitte November 1989 wurde der Staatssicherheitsdienst in Amt für Nationale Sicherheit umbenannt. Im Zuge der »Wende« sollten nicht mehr Andersdenkende, sondern »nur« noch Verfassungsfeinde ausspioniert werden. Da sowohl der Sozialismus als auch die Vormachtstellung der SED in der Verfassung festgeschrieben waren, machte dies freilich kaum einen Unterschied. Der Apparat sollte zwar (zum Teil durch schlichte Verschiebung der Aufgaben in andere Ministerien) um die Hälfte reduziert werden, doch an seiner Lizenz zum Spitzeln und Verhaften änderte sich nichts. Kein Inoffizieller Mitarbeiter (IM) sollte verloren gehen.

Unter den Augen von Partei und Regierung begann der

Staatssicherheitsdienst zugleich, im großen Stil belastende Akten zu beseitigen. Vor allem Spitzelberichte und die Ergebnisse der extensiven Post- und Telefonüberwachung sollten zerstört werden, wobei die von Demonstranten umlagerten Kreisdienststellen oberste Priorität hatten.»Was das Vernichten anbetrifft, Genossen«, befahl der neue Stasi-Chef Schwanitz auf einer Dienstbesprechung anlässlich seiner Amtseinführung durch Modrow am 21. November,»macht das wirklich sehr klug und sehr unauffällig. Wir werden stark kontrolliert.«[178] Vor den eigenen Genossen begründete man die – stark demoralisierende – Aktenvernichtung damit, dass das Material unter den veränderten politischen Umständen nicht mehr »benötigt« werde.

Trotz aller Vorsicht wurde jedoch bekannt, dass die Stasi ihre Spuren verwischte. Nach einem entsprechenden Rundfunkbericht drangen am 4. Dezember dreihundert Demonstranten in Begleitung von Staatsanwälten und Journalisten in die Erfurter Bezirksverwaltung ein. Zum Schutz der Akten richteten sie Bürgerwachen ein und ließen Türen versiegeln. Schwanitz befahl daraufhin, die Vernichtung sofort zu stoppen, aber niemanden mehr in die Dienstgebäude der Stasi zu lassen. Letzteres erwies sich freilich als undurchführbar, weil die örtlichen Sicherheitskräfte dem Staatssicherheitsdienst nicht mehr zu Hilfe eilen wollten. In den nächsten Tagen wurden auch in Leipzig, Rostock, Jena und weiteren Städten die Stasi-Dienststellen besetzt.

Die Regierung versuchte es deshalb mit einer neuen Strategie. In einem von Modrow abgezeichneten Telegramm vom 7. Dezember 1989 wurde befohlen, nicht mehr insgeheim, sondern unter der Aufsicht örtlicher Stellen »die unberechtigt angelegten Dokumente unverzüglich zu vernichten«.[179] Auch diese Anordnung stieß vor Ort jedoch auf heftigen Widerstand. Der Zentrale Runde Tisch forderte die Regierung einstimmig auf, die Akten zu sichern und »das

Amt für Nationale Sicherheit unter ziviler Kontrolle aufzulösen«.[180]

Wie Modrows einstiger Mitstreiter Wolfgang Berghofer berichtete, soll es in dieser Zeit zu einem Geheimtreffen im Arbeitszimmer des DDR-Regierungschefs gekommen sein. Daran hätten auch Gysi und Ex-Spionagechef Wolf teilgenommen. Dabei habe sich der folgende Wortwechsel zwischen Modrow, Wolf und Berghofer abgespielt:

Modrow sagte: »Genossen, wenn wir die Partei retten wollen, brauchen wir Schuldige!« Ich fragte: »Wie stellst du dir das vor? Die Schuldigen sind wir.« »Nein, das kann man so nicht sehen. Wir brauchen Verantwortliche, zu denen es in der Gesellschaft schnell einen Konsens gibt und die Massen sagen, jawohl, das sind die Schuldigen. Das kann nicht die SED sein.« »Wer soll das sein?« »Das Ministerium für Staatssicherheit«, sagte er. Daraufhin sprang Wolf in die Höhe und sagte: »Hans, wir – Schild und Schwert der Partei – haben doch nie etwas ohne Befehle von euch gemacht.« »Ja«, sagte er, »Mischa, bleib ruhig. Die Aufklärung des MfS halten wir selbstverständlich aus dieser Einschätzung heraus.« »Ach so.« Wolf setzte sich wieder hin und war einverstanden.[181]

Modrow und Gysi bestritten 2007, dass sie an einem solchen Treffen teilgenommen hätten. Der Fraktionschef der LINKEN drohte dem Aufbau Verlag sogar mit einer Klage und sorgte dafür, dass ein in Druck befindliches Buch nachträglich geschwärzt wurde. Bei der Vorstellung des Buches bekräftigte Berghofer jedoch, dass die neue Führung damals entschieden habe, den Staatssicherheitsdienst zum Sündenbock zu machen, um den Unmut der Bevölkerung von der Partei abzulenken. Indem man die »verfehlte Sicherheitspolitik« Honecker und Krenz in die Schuhe schob, habe man den Zorn der Bevölkerung auf die Stasi benutzen können, um die SED zu rehabilitieren.[182] Unbestritten ist, dass Modrow und Gysi damals eine neue Linie einschlugen. Dem Auflösungsbeschluss des Runden Tisches stimmten nicht nur die anderen Regierungsparteien zu, sondern auch Gysi als Vertreter der SED. Am nächsten Tag hob auch Modrow seinen Aktenvernichtungsbeschluss auf und teilte Schwanitz mit, dass der Staatssicherheitsdienst aufgelöst werde. Die aufgebrachten Bürger sollten beruhigt werden.

Die Stasi sollte jedoch nicht ganz verschwinden, sondern durch einen »Verfassungsschutz« und einen »Nachrichtendienst« ersetzt werden – der zweite Versuch, mit einem Etikettenschwindel wesentliche Strukturen zu erhalten. Am 14. Dezember fasste der DDR-Ministerrat einen entsprechenden Beschluss. Die beiden Geheimdienste sollten danach nicht mehr der Partei, sondern dem Regierungschef unterstellt und Führungskräfte der Stasi prinzipiell nicht übernommen werden. Mit 14 000 hauptamtlichen Mitarbeitern waren die Dienste jedoch nach wie vor stark überdimensioniert. Die übrigen Mitarbeiter sollten entweder in andere Behörden versetzt, in den Vorruhestand geschickt oder mit üppigen Abfindungen und »Übergangsbeihilfen« unterstützt werden. Modrow zufolge sollte der Verfassungsschutz die Aufgabe haben, »die verfassungsmäßige Ordnung der DDR zu sichern, Spionage und Angriffe auf die Volkswirtschaft abzuwehren, den Kampf gegen rechtsextremistische, neonazistische und antisemitische Handlungen sowie gegen den Terrorismus zu führen«.[183] Auch Gysi plädierte auf dem Außerordentlichen Parteitag »für den unverzüglichen Aufbau eines Nachrichtendienstes und des Verfassungsschutzes der DDR«.[184] Zugleich trat er entschieden gegen die Diskriminierung und Verfolgung bisheriger Stasi-Mitarbeiter und ihrer Familien auf. »Unsere Partei«, so Gysi, »wird sich stets auch für die Interessen der Staatsbürger in Uniform einsetzen.«[185]

Weder Gysi noch Modrow wollten den Stasi-Apparat aus der Hand geben. Unter dem Vorwand, den Verfassungsschutz aufzubauen, blieb er in seinen Grundstrukturen intakt. Entgegen dem Ministerratsbeschluss, keine Führungskader zu übernehmen, wurde der ehemalige Chef der Bezirksverwaltung Frankfurt/Oder, Heinz Engelhardt, zum neuen Leiter des Dienstes berufen. Andere hochrangige Offiziere wie der Stasi-Vizeminister Werner Großmann agierten als Stellvertreter. Auch die Vernichtung von Unterlagen ging weiter, vor allem in der riesigen Berliner Zentrale, die von Bürgerrechtlern noch nicht besetzt worden war. Anfang 1990 spitzte sich der Konflikt zwischen Opposition und Regierung deshalb erneut zu. Die Bürgerbewegungen und der Runde Tisch forderten, auf die Bildung eines Verfassungsschutzes zu verzichten, bis eine neue Regierung gewählt worden sei. Modrow verteidigte die Beschlüsse demgegenüber vor der Volkskammer mit dem Argument, dass die Bürger der DDR »einen Anspruch auf Rechtsstaatlichkeit und Rechtssicherheit« hätten.[186] Erst unter dem Eindruck Zehntausender Demonstranten, die vor der Zentrale in der Berliner Normannenstraße die vollständige Auflösung der Stasi forderten, lenkte er ein. Am 13. Januar hob der Ministerrat den Beschluss zur Bildung eines Verfassungsschutzes auf. Nach der Erstürmung der Stasi-Zentrale konstituierte sich zwei Tage später auch dort ein Bürgerkomitee. Zu diesem Zeitpunkt waren jedoch bereits mindestens zwanzig Prozent der Aktenbestände zerstört; die Verantwortung dafür tragen Modrow und seine Regierung. Nur den Protesten der Bürger ist es zu verdanken, dass der gefürchtete Staatssicherheitsdienst aufgelöst wurde und seine 91 000 hauptamtlichen Mitarbeiter bis zum 31. März 1990 entlassen wurden.

In der Partei, deren Vorsitz Gysi am 9. Dezember 1989 übernommen hatte, wurde die Spurenbeseitigung noch extensiver betrieben. Nach einem Bundestagsbericht wurden vor allem in der Parteizentrale, Gysis Dienstsitz, wo sich die brisantesten Unterlagen befanden, große Aktenmengen beseitigt.[187] So wurden von den ZK-Abteilungen, die für die Parteifinanzen und für geheime Zahlungen an die kommunistischen Parteien im Westen zuständig waren, etwa neunzig Prozent der Unterlagen geschreddert. Auch die zentrale Mitgliederkartei der SED und Akten der ZK-Abteilung Parteiorgane fielen dem Vernichtungsfeldzug zum Opfer. Von der Abteilung Sicherheitsfragen, die den Staatssicherheitsdienst und die anderen bewaffneten Organe lenkte, blieben lediglich 23 Meter Schriftgut übrig. Verloren ging auch ein großer Teil der Bestände aus den Büros der Politbüromitglieder Joachim Herrmann (Agitation und Propaganda), Günter Mittag (Wirtschaft) und Egon Krenz (Sicherheitsfragen). Das interne Archiv des Politbüros, in dem zahlreiche einschlägige Akten verwahrt wurden, war bis zu deren Übergabe an das Parteiarchiv Anfang Januar 1990 nicht einmal gesichert. Der Runde Tisch forderte deshalb die Staatsanwaltschaft dringend auf, die Räume gemeinsam mit den Bürgerkomitees und der Polizei zu versiegeln.

Doch auch danach waren die Akten nicht sicher – wie der folgende Vorfall belegt: Bei der Suche nach dem SED-Vermögen wurde bekannt, dass die PDS noch im März 1990, sechs Tage nach den Volkskammerwahlen, bei einer süddeutschen Maschinenfabrik »Aktenvernichter, Pressenkombinationen und Plastiksäcke« bestellte.[188] Gekauft wurden nicht irgendwelche Reißwölfe, sondern die größte Aktenvernichtungsmaschine Europas, an die eine Papierpresse gleich angeschlossen war. Die mitbestellten 2000 Plastiksäcke reichten aus, um 160 000 Kilo Aktenmaterial gepresst abzutransportieren, was etwa 80 000 gefüllten Aktenordnern entspricht. Der Käufer – vorgeblich ein Kfz-Instandhaltungsbetrieb im Berliner Bezirk Prenzlauer Berg –

hatte sich die Maschine auf der CeBIT-Messe in Hannover am 24. März 1990 vorführen lassen und den Kaufpreis von 80000 D-Mark gleich an Ort und Stelle aus einem Koffer bezahlt. Geliefert werden sollte bis zum 6. April 1990. Noch im März 1991 bemühte sich Gysi um die Beseitigung heikler Unterlagen. Nach einer Dienstreise nach Deutschland berichtete Gorbatschows außenpolitischer Berater, Nikolai Portugalow, dem stellvertretenden KPdSU-Generalsekretär Wladimir Iwaschko von einer dringenden Warnung des PDS-Chefs. Dieser befürchte eine »echte Katastrophe«, wenn bestimmte Dokumente aus dem SED-Parteiarchiv an die Öffentlichkeit gelangen würden. »Das Archiv enthält eine Menge geheimer Dokumente, deren Veröffentlichung nicht nur für die PDS, sondern auch für die KPdSU äußerst unerwünschte Folgen hätte«, notierte Portugalow aufgrund von Gysis Angaben. Neben den Protokollen praktisch aller Treffen der SED-Führer mit anderen kommunistischen Parteien lagerten dort auch solche »Dokumente, die mit der Tätigkeit illegaler kommunistischer Parteien zusammenhängen, die die SED (in Absprache mit uns) materiell unterstützt hat«. Ferner enthalte das Archiv »die Buchführung über die finanzielle Hilfe der SED an progressive Organisationen in der BRD bis zur Vereinigung Deutschlands«. Im vertraulichen Gespräch, so Portugalow, habe Gysi vorgeschlagen, dass die Sowjetunion Druck auf Bundeskanzler Helmut Kohl ausüben solle, die Akten entweder der PDS zu überlassen oder zu vernichten. Er regte deshalb an, »dieses Thema in das nächste Telefongespräch auf höchster Ebene zwischen Bonn und Moskau mit einzubeziehen«.[189]

Als die Sache 1994 öffentlich wurde, behauptete Gysi kurzerhand, nicht er, sondern die KPdSU habe den Vorschlag gemacht, die Akten zu vernichten; die PDS habe das jedoch abgelehnt. Außerdem sei es nur um die Akten verbotener kommunistischer Parteien gegangen, deren Mitglieder durch die Offenlegung hätten gefährdet werden können. Das Ganze sei jedoch gegenstandslos geworden, nachdem mit den Behörden abgesprochen worden sei, diese Unterlagen sicher zu verwahren. Tatsächlich wurden die Akten des Parteiarchivs jedoch erst Ende 1992 in eine Stiftung im Bundesarchiv überführt. Zuvor hatte das Bundesinnenministerium mit Gysi einen entsprechenden Vertrag abgeschlossen. Die Buchungsunterlagen über die SED-Finanzhilfe an befreundete Organisationen in der Bundesrepublik waren jedoch mittlerweile aus dem Archiv verschwunden. Als der Fraktionschef der LINKEN in Hessen, Willi van Ooyen, 2008 ins Gerede kam, weil er als Bundesgeschäftsführer der Deutschen Friedensunion (DFU) aus SED-Geldern bezahlt worden war, war nur noch ein einziges Dokument übrig geblieben.

Der Außerordentliche Parteitag im Dezember 1989 hatte die Partei zwar gerettet, doch ihr Gebaren führte dazu, dass bald erneut verlangt wurde, sie auf den Müllhaufen der Geschichte zu befördern. Reformorientierte Kräfte, die sich in verschiedenen Plattformen organisiert hatten, forderten Mitte Januar 1990 die Einberufung eines Parteitages, um »die SED-PDS unter öffentlicher Kontrolle kompromisslos aufzulösen«.[190] Ihrer Auffassung nach war es nicht gelungen, die Partei wirklich zu reformieren; auch der Parteiapparat sei nahezu unverändert geblieben. Der Parteivorstand trat deshalb zusammen, um über die Forderungen zu befinden. Erneut war es Gysi, der die Genossen von der Selbstauflösung abhielt. Er drohte mit seinem Rücktritt und erklärte, dass es mit dem bestehenden Präsidium »keine Kapitulation, keine Auflösung der Partei geben werde«.[191] Während sich der Vorstand mehrheitlich auf seine Seite stellte, verlor Gysi damals einen seiner prominentesten Mitstreiter. Zusammen mit anderen Reformern kehrte der stellvertretende Vorsitzende und frühere Dresdener Oberbürgermeister

Wolfgang Berghofer der Partei den Rücken. »Wir, die wir uns persönlich aktiv für die radikale Erneuerung der SED/PDS eingesetzt haben, sehen nicht die politische Kraft dieser Partei, sich grundsätzlich zu verändern und die tiefe Krise in unserem Land an der Seite der demokratischen Kräfte mit zu überwinden«, begründeten sie ihren Schritt.[192] Berghofer erinnerte sich später: »Ich plädierte für die Auflösung der Partei, um damit den Weg frei zu machen für einen tatsächlichen demokratischen Neubeginn zur Überwindung der tiefen Krise in unserem Land. Das passierte aber nicht. Deshalb sagte ich: Jetzt ist Schluss, ich trete aus.«[193] Bis zum Wahlparteitag Ende Februar legten 31 der 100 Vorstandsmitglieder ihre Ämter nieder.

Noch dramatischer war die Austrittswelle an der Basis. Allein von Mitte Dezember bis Anfang Januar verließen etwa eine Viertelmillion Mitglieder die Partei. Aus den Betrieben wurde die SED-PDS reihenweise herauskomplimentiert. Der Vorstand leitete deshalb eine Gegenoffensive ein. Die Genossen in den Betrieben wurden jetzt in ihren Wohngebieten erfasst. Sogenannte Initiativgruppen PDS versuchten, Auflösungsbeschlüsse an der Basis zu verhindern und bereits auseinandergefallene Parteiorganisationen wieder aufzubauen. Alle Mitglieder wurden aufgerufen, innerparteiliche Auseinandersetzungen bis zu den vorgezogenen Volkskammerwahlen am 18. März zurückzustellen. Gleichzeitig übte sich die Partei in Symbolpolitik. Ende Januar schloss sie weitere abgesetzte Spitzenfunktionäre wie Kurt Hager, Egon Krenz oder Günter Schabowski aus. Außerdem wurde das diskreditierte Symbol der »abgehackten Hände« – der Händedruck von Pieck und Grotewohl aus dem Jahr 1946 – abgeschafft und medienwirksam vom früheren ZK-Gebäude abmontiert. Der Parteivorstand beschloss, das Kürzel »SED« aus dem Parteinamen zu tilgen.

Die Anstrengungen der Genossen richteten sich nun ganz

auf die bevorstehenden Wahlen. Zum ersten Mal seit 1946 mussten sie sich in freier Abstimmung gegenüber anderen Parteien behaupten. Bereits im Januar 1990 waren die neuen Oppositionsgruppierungen in eine »Regierung der nationalen Verantwortung« aufgenommen worden. Unter Mitwirkung der SED-PDS legte die Volkskammer jedoch ein Wahlgesetz vor, das es den Parteien und Kandidaten verbieten sollte, Unterstützung aus der Bundesrepublik anzunehmen. Die milliardenschwere Staatspartei wollte ihre materielle Überlegenheit bewahren. In einer Regierungserklärung sagte Modrow Mitte Januar: »Kein Verständnis kann es für Einmischung von außen geben oder Versuche, eine Art Vorwahlkampf der BRD zu Lasten der DDR zu veranstalten.«[194] Wenig später ruderte der Parteivorstand jedoch zurück, um die lauter werdenden Forderungen nach Enteignung der SED-PDS zu entschärfen. Auch hinsichtlich der deutschen Einheit sah sich die Partei gezwungen, frühere Positionen zu räumen. Anfang Februar musste selbst Modrow zugeben, dass die Vereinigung der beiden deutschen Staaten auf die Tagesordnung rücke. Gysis Positionen vom Dezember 1989 ließen sich nicht mehr halten.

Ende Februar 1990 veranstaltete die PDS ihren ersten Wahlparteitag. Gysi wurde dabei als Vorsitzender bestätigt und Modrow zum Ehrenvorsitzenden gewählt. Bei der Volkskammerwahl am 18. März verlor die Partei dann nach mehr als vierzigjähriger Herrschaft endgültig ihr Machtmonopol; mit 16,4 Prozent landete sie abgeschlagen in der Opposition. Gysi, der letzte Chef der Staatspartei, wurde Vorsitzender einer bescheidenen Parlamentsfraktion. Symbolträchtig musste die Partei ihre riesige Zentrale in der Mitte Berlins räumen, die nun zum »Haus der Parlamentarier« wurde. Die friedliche Revolution hatte die SED überstanden – jetzt musste sie ihre Weiterexistenz unter den Bedingungen der Demokratie organisieren.

TEIL II

POLITIK

Es sollte eine Heerschau der Sieger werden: Als im Mai 2008 die 562 Delegierten der LINKEN in Cottbus zu ihrem ersten ordentlichen Bundesparteitag zusammenkamen, lagen erfolgreiche Monate hinter der Partei. Nach ihrer Umbenennung im Juni 2007 hatte sie im Westen Deutschlands sensationelle Wahlsiege eingefahren. Im Januar 2008 war sie in Hessen und Niedersachen mit 5,1 beziehungsweise 7,1 Prozent erstmals in westliche Landesparlamente eingezogen, im Februar gelang ihr in Hamburg mit 6,4 Prozent ein ähnlicher Erfolg. Die Zahl der Mitglieder war allein seit Jahresbeginn um fast dreitausend gestiegen. Sogar auf Helgoland konnte Parteichef Bisky die Existenz von vierzehn Genossen vermelden, was, wie er stolz vorrechnete, einem Anteil von über einem Prozent der Inselbevölkerung entspreche. »Morgen ein gutes Wahlergebnis in Schleswig-Holstein, und wir sind wieder ein Stück weiter im Parteiaufbau«, so Bisky zu den Delegierten.[1]

Nach ihm erklomm Oskar Lafontaine das Podium. Strotzend vor Selbstbewusstsein trat er an das Mikrophon, um den Delegierten und den anwesenden Journalisten die Welt zu erklären. »Nur wer eine Antwort auf den finanzmarktgetriebenen Kapitalismus hat, hat ein ernstzunehmendes, modernes Programm«, rief der Ko-Vorsitzende aus und bezog dies selbstverständlich auf sich und seine Partei. In seiner Rede, die mit Zitaten von Marx, Engels, Luxemburg und anderen Säulenheiligen der LINKEN gespickt war, behauptete er, in der DDR habe es »Gleichheit ohne Freiheit« gegeben –

das Luxusleben der Politbürokraten und die Privilegien der SED-Funktionäre hatte er offensichtlich vergessen. Heute dagegen müssten Hartz-IV-Empfänger, Leiharbeiter oder in Armut lebende Kinder »Freiheit ohne Gleichheit« erleben – was immer er damit sagen wollte, ist doch die Gleichheit von Individuen eine fromme Illusion. Freiheit und soziale Gerechtigkeit, so Lafontaine weiter, seien nur zusammen vorstellbar – womit er den uralten Denkfehler aller Revolutionäre wiederholte, dass man Gleichheit schaffen könne, ohne die Freiheit einzuschränken. Schließlich kam er auf die gegenwärtigen Aufgaben der LINKEN zu sprechen. Weil die »Gedanken der herrschenden Klasse« nach Marx und Engels die »herrschenden Gedanken« seien, müsse die Partei den Mut haben, ihre eigene Sprache zu sprechen. »Wir, DIE LINKE, haben Begriffe gesetzt: den Mindestlohn, Hartz IV muss weg, wir wollen eine armutsfeste Rente und die Bundeswehr muss raus aus Afghanistan«, rief Lafontaine selbstzufrieden. »Und wir haben den Wind der Geschichte in unseren Segeln. Das macht unseren Erfolg aus, liebe Freundinnen und Freunde.«[2] Die Delegierten dankten ihrem Einheizer mit stehenden Ovationen.

Tatsächlich ist die Lage der Partei keineswegs so rosig, wie es die Matadoren Bisky und Lafontaine der Öffentlichkeit weiszumachen versuchten. Hinter den Kulissen tun sich erhebliche Probleme auf, die sich durch den Aufwärtstrend nach der Umbenennung in DIE LINKE eher noch verschärft haben. Zwischen den Zeilen konnte man sogar aus den Reden der beiden Vorsitzenden einige davon herauslesen. Da sind zum einen die neuen Mitglieder aus dem Westen, die meist mit großen Erwartungen eintreten – und dann häufig schnell enttäuscht werden. In der Partei gibt es einen massiven Ost-West-Konflikt, den offen anzusprechen Gregor Gysi vorbehalten war. Die westdeutschen Mitglieder, berichtete er, hielten die aus dem Osten für »zu angepasst«, während die ostdeutschen meinten, dass es im Westen »Sektierer und Spinner« gebe. »Die zwei Parteien, die wir vor knapp einem Jahr vereinigt haben, haben sich zusammengefunden, aber vereint sind wir noch nicht.«³ Auch die Wahlerfolge haben der Partei nicht nur Vorteile gebracht, denn die Parlamentsneulinge sind vielfach unerfahren und machen entsprechende Fehler. »Aufbauhilfe ist in manch west- und auch ostdeutschen Rathäusern gefragt«, deutete Bisky die Schwierigkeiten an. »Da entstehen Überforderungssituationen, die wir nur gemeinsam packen.«⁴

Die innerparteilichen Spannungen sind auch dafür verantwortlich, dass DIE LINKE bis heute kein Programm hat. Zu Recht fürchtet die Parteispitze, dass sich die politischen Lager darüber hoffnungslos zerstreiten könnten – mit verheerenden Folgen für die öffentliche Wahrnehmung. Deshalb haben sie vor dem Beitritt der WASG nur einige »programmatische Eckpunkte« verabschiedet, die die heiklen Themen aussparen – eine Art kleinster gemeinsamer Nenner der Flügel und Strömungen. Um den Mangel zu überdecken, legte die Bundestagsfraktion in Cottbus einen Flyer aus, der hundert Einzelforderungen aus dem Parlamentsalltag auflistete, während Lafontaine in die rhetorische Trickkiste griff: »Wenn wir lesen, dass die anderen Parteien Programmpunkte von uns übernehmen, dann passt es nicht zusammen, wenn einige in der Vorberichterstattung immer noch sagen, wir hätten ja gar kein Programm. Also beides zusammen, verehrte Kolleginnen und Kollegen des Journalismus, geht nicht.«⁴ᵃ

Auseinandersetzen musste sich Lafontaine auch mit der im Vorfeld laut gewordenen Kritik an seinem autoritären Führungsstil. Er sprach in diesem Zusammenhang von einem altbekannten »Trick«, der dazu diene, Unmut unter den Delegierten zu schüren, indem man »einen Vorsitzenden zum Alleinherrscher, gar zum Stalinisten« stilisiere. DIE

LINKE jedoch sei eine demokratische Partei und – so räumte er großmütig ein – »auch« die von Lothar Bisky und Gregor Gysi.[5] Die Quittung für seinen Paternalismus erhielt er bei den anschließenden Vorstandswahlen: Der Neuzugang aus dem Westen bekam fast zehn Prozent weniger Stimmen als im Jahr zuvor.

Vor allem aber blieb in Cottbus die Schlüsselfrage unbeantwortet, als was sich die Partei eigentlich versteht: als radikale Protestpartei oder als politische Kraft, die in der Regierung etwas verändern will. Lafontaine, der Ersteres favorisiert, ging in seiner Rede bis zur Novemberrevolution von 1918 und zum angeblichen Verrat des Sozialdemokraten Friedrich Ebert zurück. Er warf die Frage auf, »warum Politikerinnen und Politiker der Linken in der Geschichte die Erwartungen ihrer Anhänger so schrecklich enttäuschten«. Seine Antwort lautete, dass DIE LINKE vor der Wirtschaft und den Medien nicht »einknicken« dürfe, auch wenn man »auf erhebliche Widerstände stoßen« werde; dass sie eine »Partei gegen den Zeitgeist« sein müsse und ein »eigenständiges Profil« brauche, um zu überleben.[6]

Die beiden anderen Führungsfiguren der LINKEN, Bisky und Gysi, halten hingegen wenig vom puren Fundamentalismus, sie drängt es an die Macht. »Unser politisches Profil ist auf Bodenhaftung angewiesen«, erklärte Bisky in Cottbus und fügte spitz hinzu, die Partei wolle »nicht alle linken Kinderkrankheiten noch einmal durchleben«. Es sei deshalb richtig, in Thüringen und Brandenburg mit einem Regierungsprogramm anzutreten.[7] Noch deutlicher wurde Gysi, der meinte, wenn die SPD mit der LINKEN regieren wolle, könne diese nicht antworten, sie solle dies bitte lieber mit der Union tun. »Das können wir einmal machen. Aber wenn wir das dreimal machen, dann sind wir nicht mehr im Landtag.« Im Übrigen, offenbarte er die Stimmungslage vieler Abgeordneter im Osten, machten die Fraktionen schon seit achtzehn Jahren Oppositionspolitik.»Da langweilen sie sich auch ein bisschen. Sie wollen mal in eine andere Rolle hineinkommen.«[8] Aufbruchstimmung herrschte jedenfalls nicht auf diesem Parteitag. Auch viele Delegierte zeigten sich hinterher enttäuscht. Die innerparteilichen Lager, so analysierte das Vorstandsmitglied Christine Buchholz später, hätten sich gegenseitig belauert und ihre Differenzen auf verdeckte Weise bei den Vorstandswahlen ausgetragen.[9] So kamen viele Kandidaten sogar im zweiten Wahlgang kaum über vierzig Prozent – und erreichten damit gerade einmal so viel, wie ihre Anhänger auf die Waagschale bringen konnten. Selbst bei der Wahl der stellvertretenden Vorsitzenden konnte nur Katja Kipping Stimmen aus allen Lagern für sich mobilisieren, während WASG-Begründer Klaus Ernst und die Trotzkistin Ulrike Zerhau sich mit weniger als sechzig Prozent zufriedengeben mussten.

Dennoch: Wohl kaum einer der alten Genossen hätte 1989 gedacht, dass die Partei es noch einmal so weit bringen würde. Seit dem Sturz der Diktatur vor fast zwei Jahrzehnten hatte sie einen weiten Weg zurückgelegt, mit Höhen und Tiefen, mit Krisen und Erfolgen. Gysi, der Retter von 1989, hatte schon bald das Handtuch geworfen und den Vorsitz niedergelegt. Ihm folgten die Parteichefs Lothar Bisky, Gabriele Zimmer, dann wieder Bisky und schließlich Lafontaine als Ko-Vorsitzender aus dem Westen. In drei Parteiprogrammen hatte man dargelegt, wie man die Bundesrepublik zum Sozialismus führen wollte – und dennoch hatten sich Marktwirtschaft und Demokratie als stärker erwiesen. Wie konnte sich die Partei, allen Unkenrufen zum Trotz, so lange behaupten? Was ist von der alten SED geblieben, und welche politischen Vorstellungen verfolgt die Partei heute? Es lohnt sich, noch einmal einen Blick zurück zu werfen.

Die Anfänge

So offen war Gregor Gysi noch nie gewesen. Auf dem letzten Parteitag der Linkspartei im Juni 2007 ergriff der Frontmann zu später Stunde noch einmal das Wort. Nicht nur ein anstrengender Parteitag ging zu Ende, sondern eine fast zwanzigjährige gemeinsame Geschichte. Begonnen hatte sie mit dem Außerordentlichen SED-Parteitag im Dezember 1989, enden sollte sie am kommenden Tag mit dem Beitritt der WASG-Mitglieder und der Umbenennung in DIE LINKE. Der Mann, der die SED nach dem Sturz der Diktatur vor dem Untergang bewahrt hatte, sollte auch das Schlusswort sprechen. Nicht ohne Sentimentalität erinnerte Gysi an das Jahr 1990, als nicht nur die Partei am Boden lag, sondern Heerscharen von Funktionären vor dem Aus standen. »Es gab Millionen, die zu den Eliten in der DDR gehörten«, rief er seinen Genossen ins Gedächtnis. Weder von CDU und SPD noch von FDP und Grünen seien sie akzeptiert worden. Deshalb sei auf die PDS die Aufgabe zugekommen, diese Menschen zu vertreten. »Es war nicht leicht für sie, einen Platz zu finden, aber mit unserer Hilfe, weil wir ihre Interessen artikuliert haben, kamen sie mit der Situation zurecht.«[10]

Tatsächlich war die PDS anfangs vor allem ein Interessenverband der entmachteten Funktionäre. Mit dem Ende der DDR war ein ganzer Staat beschäftigungslos geworden oder zumindest akut von Arbeitslosigkeit bedroht. Allein das aufgelöste Ministerium für Staatssicherheit hatte 91 000 hauptamtliche Mitarbeiter, die bis zum März 1990 entlassen wurden. In Verwaltung und Staatswirtschaft arbeiteten 150 000 zuverlässige SED-Kader, deren Zukunft ungewiss war. Auch in der Nationalen Volksarmee (NVA) und der Volkspolizei dienten etwa 40 000 der Partei treu ergebene Offiziere, die kaum Chancen hatten, weiterbeschäftigt zu werden. Bei der SED waren über 44 000 Menschen tätig, für deren Gehälter plötzlich kein Geld mehr da war. Hinzu kamen 88 000 nebenamtliche Parteisekretäre, 21 000 Mitglieder und Kandidaten der Bezirks- und Kreisleitungen und etwa 150 000 Kader in den sogenannten Massenorganisationen. Allein die oberste Funktionärsschicht umfasste etwa 300 000 bis 400 000 Personen.[11] »Ich hatte 44 000 Angestellte«, erinnerte sich Gysi rückblickend an seine Zeit als Parteivorsitzender, und die zahllosen Mitarbeiter der Parteibetriebe seien da noch nicht einmal mit eingerechnet. »Ich glaube, es gibt kaum jemanden, der so vielen gekündigt hat wie ich.«[12]

Doch nicht nur viele Funktionäre standen vor dem Aus. Hinzu kamen zahlreiche DDR-Bürger, die ihren beruflichen Aufstieg direkt der SED zu verdanken hatten: Professoren, die nur deshalb berufen worden waren, weil sie der Partei angehörten – und die nun um ihren Posten bangen mussten; Schriftsteller und Künstler, die, wenn sie die Richtlinien der SED beherzigt hatten, in der DDR ein bequemes Leben führten – und sich nun auf dem freien Markt behaupten sollten; Generaldirektoren, die jahrelang nur planwirtschaftliche Vorgaben exekutiert hatten – und plötzlich für die Rentabilität eines Großbetriebes verantwortlich wurden. Hunderttausende, ja Millionen wussten oder ahnten, dass die Zeit ihrer Privilegien zu Ende gehen könnte. Ihr Auskommen beruhte auf der Zugehörigkeit zu einer Staatsklasse, die über Nacht die Macht verloren hatte. Diese Eliten, wie Gysi sie nannte, waren die Basis, auf die sich die PDS in ihren Anfängen stützte.

Die Partei kämpfte zum einen für ihre materiellen Interessen: Welche Guthaben durfte man zu welchem Kurs in D-Mark umtauschen? Die PDS machte dafür mobil, dass die angehäuften Schätze der DDR-Oberschicht ungeschmälert in das neue System überführt werden konnten. Welche Studienabschlüsse, Berufszulassungen oder Dienstgrade sollten auch in Zukunft Gültigkeit haben? Die PDS predigte, dass die Biographien der Ostdeutschen nicht entwertet werden dürften und deshalb zum Beispiel ein Marxismus-Leninismus-Studium in der Bundesrepublik als Abschluss in Philosophie anerkannt werden müsse; viele hochrangige Funktionäre der LINKEN können sich deshalb heute großspurig als »Diplomphilosoph« bezeichnen. Wie sollte mit den üppigen Gehältern und Rentenansprüchen der ausrangierten Staatsklasse verfahren werden? Die PDS kämpfte dafür, dass sie im vereinigten Deutschland eins zu eins in D-Mark weiterbezahlt werden; die Zeiten, die ein Funktionär im Staatsapparat der DDR zugebracht hatte, sollten sogar als »Vordienstzeit« im öffentlichen Dienst der Bundesrepublik anerkannt werden. Was sollte mit Häusern, Grundstücken oder Feldern geschehen, die zu DDR-Zeiten enteignet worden waren? Auf keinen Fall sollten ihre Besitzer sie zurückerhalten, die im Westen gut gelebt hätten und nun den Ostdeutschen das Dach über dem Kopf stehlen wollten. Es gab viele Interessen der alten Eliten, für die sich die PDS starkmachen konnte.

Hinzu kam eine psychologische Aufgabe. Die PDS nahm der DDR-Staatsklasse ihre Schuldgefühle, die sich nach dem Zusammenbruch des SED-Regimes einstellten. Der offene Hass, der den Funktionären entgegenschlug, führte bei vielen zu einer tiefen Verunsicherung. Die PDS versicherte ihnen dagegen, dass es für Selbstzweifel keinen Anlass gebe. »Ich meine, kein ehrlicher Genosse hat Grund aufzustecken, sich in die Defensive drängen zu lassen«, erklärte Modrow den Delegierten schon beim Außerordentlichen Parteitag im Dezember 1989. »Bescheidenheit, gute Arbeit und das Selbstbewusstsein, für eine gute Sache einzutreten, gehört zur Haltung von Genossen, die unsere Partei erneuern wollen.«¹³ Die Idee des Sozialismus, verkündete auch das neue Parteiprogramm vom Februar 1990, sei »eine der größten humanistischen Ideen der Menschheitsgeschichte«, die lediglich durch das administrativ-zentralistische System in der DDR diskreditiert worden sei. »Der Sozialismus als Ausdruck uralter Menschheitsideale – soziale Gerechtigkeit, Solidarität, Freiheit für die Unterdrückten, Hilfe für die Schwachen – ist unvergänglich, mögen ihn seine Gegner auch hundertmal totsagen.«¹⁴ Wie ein Therapeut bescheinigte Gysi den Parteimitgliedern immer wieder »die eigene subjektive Ehrlichkeit« und bestätigte ihnen, welche Hoffnungen mit der Gründung der SED angeblich verbunden gewesen seien. »Der Traum vom Sozialismus auf deutschem Boden sollte Wirklichkeit werden. Und tatsächlich wurde ein nichtkapitalistischer Weg beschritten. [...] Die DDR galt für viele Mitglieder der SED immer als das bessere Deutschland.«¹⁵

Die Parteiagitatoren erfanden damals einen Slogan, der von den Genossen dankbar aufgegriffen wurde: »Nicht die Arme hoch, sondern den Kopf!« Mit Parolen wie diesen versuchte die Parteiführung, das geknickte Selbstbewusstsein der Mitglieder wieder aufzurichten. Die kollektive Suche nach seelischer Entlastung verlieh der PDS Züge einer Therapiegemeinschaft, die mit starker Abgrenzung nach außen verbunden waren. Parteiversammlungen erinnerten an Zusammenkünfte der »Hilfsgemeinschaft auf Gegenseitigkeit« (HIAG), in der sich nach dem Zweiten Weltkrieg in Westdeutschland Tausende ehemalige Angehörige der Waffen-SS zusammengefunden hatten. Man wusste, dass man »dazugehört« hatte, bestätigte sich, dass man »recht« gehabt hatte, verbarrikadierte sich gegenüber einer feindlichen Umwelt, die die eigene Lebensleistung in Zweifel zog. Nicht nur der typische »Stallgeruch« der Funktionäre wurde auf diese Weise konserviert, sondern auch ein Großteil der alten Auffassungen, die antiwestlichen Ressentiments ebenso wie die antikapitalistische, antiliberale und antiparlamentarische Einstellung. In der PDS lebte ein kulturelles Milieu weiter, das außerhalb der Partei zusehends ausstarb.

Dass die Partei vor allem als Interessenverband der entmachteten Eliten fungierte, hinderte sie nicht daran, nach außen große Menschheitsziele zu propagieren. Bereits im Februar 1990 beschloss die PDS ein neues Programm, das sich wie eine Mischung aus Bergpredigt und Kommunistischem Manifest liest. Die Menschheit, so heißt es da, stehe an der Schwelle zum dritten Jahrtausend, und es sei offen, wie sie diese Schwelle übertreten werde.»Werden Frieden und Wohlstand oder Zwietracht und Elend überwiegen? [...] Unsere Welt braucht eine neue Art von Fortschritt zur Bewältigung globaler Probleme, die auch immer unsere eigenen sind.« Gemeinsam mit anderen linken und demokratischen Kräften strebe die Partei deshalb einen demokratischen Sozialismus an.»Demokratischer Sozialismus, das heißt für uns Eintreten für eine friedliche, humane und solidarische Gesellschaft, in der sich jeder Mensch in Gemeinschaft mit anderen frei entfalten und gleichberechtigt am wirtschaftlichen, politischen und geistig-kulturellen Leben teilnehmen kann. Demokratischer Sozialismus ist für uns nichts Abgeschlossenes, kein Gesellschaftssystem, das wir in Kürze auf deutschem Boden haben werden, sondern ein Weg, eine ständige Aufgabe und Herausforderung.«[16]

Auch Gysi sprach 1990 nicht von den Interessen der entmachteten Eliten, sondern vom Traum einer sozial gerechten, solidarischen, friedlichen und demokratischen Gesellschaft. Die sozialistischen Parteien als Träger solcher Ideale dürften sich nicht auflösen, sondern seien verpflichtet, diese Ideen weiterzuentwickeln. 350000 Mitglieder der PDS wollten diese Partei, deren Existenz auch im geeinten Deutschland notwendig sei. Nicht wenige von ihnen, behauptete Gysi, hätten an der demokratischen Erhebung im Herbst 1989 teilgenommen, und diese Erfahrungen seien für ganz Deutschland wichtig. »Das geeinte Deutschland läuft Gefahr, rechtslastig zu werden und zum Abbau von demokratischen und sozialen Rechten zu tendieren«, ersann er ein weiteres Argument. »Deshalb ist eine möglichst starke linke sozialistische Partei wichtig, die fähig ist, parlamentarisch und außerparlamentarisch wirksam gegen solche Tendenzen zu kämpfen.«[17] Um wohlklingende Begründungen für die Fortexistenz der SED war der clevere Anwalt nie verlegen. Der Verklärung des Sozialismus entsprach die Verketzerung der deutschen Einheit. Gysi machte schon dagegen Stimmung, als sie noch gar nicht vollzogen war. »Wir erleben gerade eine Art Okkupation«, erklärte er im Sommer 1990, als die große Mehrheit der Volkskammer unter dem Druck der Bevölkerung auf einen raschen Beitritt zur Bundesrepublik drängte. »Es scheint, unsere führenden Politiker und die verantwortlichen Kräfte in der BRD haben sich voll damit abgefunden, dass wir jetzt hier ein deutsches Sizilien installieren.«[18] Die Wiedervereinigung stellte die Partei in ihrer Propaganda als ein einziges Horrorszenario dar. Auch bei der entscheidenden Abstimmung in der Volkskammer votierte sie dagegen – obwohl allein die Ostdeutschen die Leidtragenden gewesen wären, wenn es nicht dazu gekommen wäre.

Selbst nach der Vereinigung ging die Agitation weiter. Der vom Volk ertrotzte Beitritt zur Bundesrepublik wurde in Analogie zur nationalsozialistischen Annektierung Österreichs als »Anschluss« diskreditiert; die frei gewählte Bundesregierung, die riesige Summen in die neuen Länder transferierte, wurde als »Besatzungsmacht« verunglimpft, die strafrechtliche Ahndung des SED-Unrechts als »Siegerjustiz« denunziert – auch wenn ein Gericht in Dresden das Urteil verhängt hatte. Während Deutschland am 3. Oktober 1990 die neugewonnene Einheit in Freiheit feierte, veranstaltete die PDS am selben Tag einen »Einheizmarkt«, bei dem Spitzenfunktionäre wie Bisky die »Anschlusspolitik« geißelten.

Vor diesem Hintergrund erscheint es wie ein Treppenwitz, dass Bundesgeschäftsführer Dietmar Bartsch 2007 ausgerechnet die einstige SED-PDS-Spitze wegen ihres Beitrages zur Wiedervereinigung für den Friedensnobelpreis vorschlug. Anlass war ein Vorstoß von EU-Kommissionspräsident José Manuel Barroso, den früheren Bundeskanzler Helmut Kohl zu ehren, weil der mit seinem Eintreten für die Wiedervereinigung Deutschlands maßgeblich zum Frieden für den ganzen europäischen Kontinent beigetragen habe. Wenn schon die Wiedervereinigung als preiswürdig erachtet werde, so erklärte Bartsch der *Netzzeitung*, »dann gebührt der Friedensnobelpreis eher denjenigen, die dafür gesorgt haben, dass die deutsche Vereinigung friedlich verlaufen ist.« Dann wusch er die SED-Machthaber rein, indem er sie mit ihren entschiedensten Gegnern auf eine Stufe stellte: »Im Kern sind das sowohl Bürgerrechtler wie Werner Schulz, Gerd Poppe und Bärbel Bohley als auch die damalige Staats- und Parteiführung – vor allem Hans Modrow.« Zu Barrosos Vorschlag meinte er nur: »Ich kann mir überhaupt nicht vorstellen, wie man auf eine solche Idee kommen kann.«[19]

Im Überlebenskampf der Partei kam es vor allem darauf an, die Verantwortung für die Misere nach vierzig Jahren Sozialismus abzustreifen. Ausgerechnet diejenigen, die das Land heruntergewirtschaftet hatten, schoben diese Erblast nun anderen in die Schuhe. Mit obskuren Verschwörungstheorien und einer aggressiven Agitation machte die Partei die Bundesregierung und westliche Unternehmen für die ökonomischen Verwerfungen verantwortlich. So behauptete Gysi auf dem PDS-Parteitag im Januar 1993, die Bonner Regierung und die staatliche Treuhandanstalt, die die DDR-

Staatsbetriebe privatisieren sollte, hätten innerhalb von zweieinhalb Jahren ein Vermögen von einer Billion D-Mark vernichtet beziehungsweise an westdeutsche Konzerne verschleudert. »Im Grunde hat die Bundesregierung das Volkseigentum der DDR genutzt, um den Unternehmen der alten BRD großzügige Geschenke zu machen«, erklärte er. Während sich die Konzerne bereicherten, müssten die dadurch verursachten Schulden die Steuerzahler bezahlen. »Das ist die eigentliche Erblast, über die zu sprechen wäre, die Erblast von 30 Monaten Anschlusspolitik.«

In seiner Rede verstieg sich Gysi sogar zu der Theorie, die wirtschaftlichen Probleme Ostdeutschlands seien willentlich herbeigeführt worden, um die Bundesrepublik unsozialer und undemokratischer zu machen. »Es war nicht Unfähigkeit oder Unkenntnis der Bundesregierung, die zur Zerstörung des Wirtschafts- und Kulturstandortes Ostdeutschland geführt haben, sondern bewusste Strategie zur Durchsetzung eben dieser Ziele«, so Gysi.[20] Die damals in die Welt gesetzte Legende vom »Ausverkauf der DDR« wird in LINKEN-Kreisen bis heute gepflegt und durch pseudo-wissenschaftliche Ausarbeitungen untermauert.[21] In Wirklichkeit waren die meisten DDR-Betriebe so heruntergewirtschaftet, dass sie nicht einmal zum symbolischen Preis von einer Mark einen Käufer fanden, erst recht, wenn dieser noch Beschäftigungsgarantien abgeben sollte und für die Beseitigung der Umweltlasten verantwortlich gemacht wurde. Nach viereinhalbjähriger Tätigkeit schloss die Treuhandanstalt deshalb mit einem Minus von über 200 Milliarden D-Mark.

Die heftige Agitation konnte an der politischen Isolation der PDS freilich wenig ändern. Ihre Schwäche kompensierten die Honecker-Erben deshalb vor allem mit Aktionismus. »Die PDS wird unweigerlich zu einer Sekte werden«, schärfte Gysi den Mitgliedern des Parteivorstands im Mai 1990 ein, »wenn sie nicht schnell die Fähigkeit zu wirksamen und für die Medien attraktiven politischen Aktionen findet.« Aktivitäten, wie sie zum Beispiel Greenpeace betreibe, müsse es auf allen Ebenen der Partei geben.[22] Der gut organisierte Apparat machte sich daraufhin daran, die Politik auf die Straße zu verlegen, um der PDS den Anschein größerer Stärke zu verleihen; in speziellen Aktionswochen wurde der Protest koordiniert. Ob am 1. Mai oder zu Ostern bei den Friedensmärschen – wann immer sich die Gelegenheit bot, machte die Partei mobil. Am 2. Juni 1990 etwa demonstrierten 65 000 Genossen in Berlin gegen die Rückgabe des SED-Vermögens, am 8. August protestierten Zehntausende gegen die Fünf-Prozent-Klausel bei den Bundestagswahlen, am 30. September versammelten sich treue Parteigenossen in verschiedenen DDR-Städten unter dem Motto »Aufrecht in die deutsche Einheit«. Die, die jahrzehntelang jede Form von Opposition unterdrückt und verteufelt hatten, gefielen sich jetzt in der Rolle der Andersdenkenden. »Für eine starke linke Opposition in Deutschland«, verkündete ein überdimensionales Transparent auf dem Parteitag im Oktober 1990.

Um den Niedergang zu stoppen, biederte sich die Partei gleichzeitig bei allem und jedem an: bei den Gewerkschaften, der SPD, den Medien, den Kirchen oder wer sonst noch bereit war, mit ihr zu sprechen. Wenn in Ostdeutschland irgendjemand gegen irgendetwas protestierte, war die PDS mit Sicherheit dabei. Ob Mitarbeiter der Akademie der Wissenschaften gegen ihre »Abwicklung« mobilmachten, ob Wohnungsmieter gegen Mieterhöhungen aufmarschierten, ob Frauen gegen den Paragraphen 218 demonstrierten – die Partei schwang sich regelmäßig zum politischen Fürsprecher der Demonstranten auf. Als im Januar 1991 der erste Golfkrieg ausbrach, erklärte sich die PDS auch noch zur einzigen Antikriegspartei in Deutschland. Dieselben Funktionäre, die noch kurz zuvor keinerlei Probleme damit hatten, dass in der DDR Wehrdienstverweigerer ins Gefängnis kamen oder vierzehnjährige Schüler zum »Wehrunterricht« mussten, entdeckten plötzlich ihre pazifistische Gesinnung. Auch ausländische Gastarbeiter, die die SED wie Arbeitssklaven gehalten hatte, fanden bei der PDS mit einem Mal lautstarke Unterstützung. Auf der Suche nach Anerkennung lief die Partei den Bürgern regelrecht hinterher und bot ihnen sogar einen kostenlosen Wohngeldservice an oder kümmerte sich um ihre Rentenanträge. Um auf den diversen Aktionsfeldern Kompetenz zu erlangen, richtete der Parteivorstand sogenannte Arbeits- oder Interessengemeinschaften ein, von der »AG Agrarpolitik und ländlicher Raum« bis zur »AG Wirtschaftspolitik« – an ausgedienten SED-Experten herrschte ja kein Mangel.

Und dennoch: Die entmachtete Staatsklasse der DDR umfasste zwar Hunderttausende und die Mobilisierungsfähigkeit der Genossen war hoch, doch der Zerfall der Partei ging weiter. Trotz aller Stabilisierungsbemühungen verlor die PDS jeden Monat Zehntausende Mitglieder. Von den einst 2,3 Millionen Parteigenossen waren im Mai 1990 noch 450 000 geblieben, im Juni waren es 350 000, am Jahresende nur noch 285 000. Im Oktober wurden erneut Forderungen laut, die Partei aufzulösen, so dass Gysi große Mühe hatte, sie zusammenzuhalten. »Selbst wenn 52 Prozent für Auflösung wären«, fragte er in unnachahmlicher Demagogie, »haben sie das Recht, den übrigen 48 Prozent ihre Partei zu nehmen?«[23]

Auch bei den Wahlen befand sich die Partei auf Talfahrt: Bei den Volkskammerwahlen im März 1990 hatten nur 16,4 Prozent der Wähler und damit nicht einmal alle ehemaligen SED-Mitglieder für die PDS gestimmt. Den größten Stimmenanteil hatte sie mit 30,2 Prozent in Ost-Berlin erhalten, wo mit Abstand die meisten Funktionäre lebten. Bei den Kommunalwahlen im Mai, bei denen sich für viele Gemeinden keine Kandidaten fanden, verringerte sich der Anteil der PDS auf 14,6 Prozent. Bei den Landtagswahlen im Oktober sank die Zustimmung auf 11,6 Prozent. Und bei den gesamtdeutschen Bundestagswahlen im Dezember war man auf 11,1 Prozent im Osten zusammengeschmolzen, während man im Westen gerade einmal 0,3 Prozent erzielte. Von den 1,9 Millionen Wählerstimmen bei der Volkskammerwahl im März war etwa eine Million übrig geblieben – ein Ende des Abwärtstrends war nicht in Sicht.

Der Partei sagten damals viele ihr baldiges Ende voraus. Als Retter in der Not erwiesen sich ausgerechnet die obersten Hüter des Grundgesetzes, die mit Urteil vom 29. September 1990 die bundesweit geltende Fünf-Prozent-Klausel aufhoben. Das Bundesverfassungsgericht entschied, dass es bei den ersten gesamtdeutschen Wahlen für den Einzug in den Bundestag ausreiche, wenn eine Partei allein auf dem Gebiet der ehemaligen DDR (oder der früheren Bundesrepublik) auf fünf Prozent der Stimmen komme. Trotz ihrer klaren Wahlniederlage (2,4 Prozent) zog die PDS deshalb mit 17 Abgeordneten in den Bundestag ein.

Niemand kam damals auf den Gedanken, einen Verbotsantrag zu stellen, wie das regelmäßig für die NPD gefordert wird – obwohl die Partei aus ihrer Verklärung der kommunistischen Diktatur keinen Hehl machte. Wenn das Bundesverfassungsgericht die PDS für verfassungswidrig erklärt hätte, wären ihre Mandate verfallen. So aber hatte die Partei einen beträchtlichen Startvorteil: Obwohl sie deutschlandweit nur eine Splitterpartei war, konnte sie sich nun auf bundespolitischer Bühne präsentieren, was insbesondere ihr Vorsitzender Gysi zu nutzen wusste. Zudem erhielt die milliardenschwere Partei zusätzliche Ressourcen, die sie vor niemandem verstecken musste: Diäten, Mitarbeiter, Büros, Kopierer, Fahrer und andere geldwerte Vorteile. Schließlich bedeutete der Einzug in den Bundestag auch den Sprung in den Westen – nicht nur im geographischen Sinne (Parlament und Regierung befanden sich damals noch in Bonn), sondern auch durch eine Reihe westdeutscher Kommunisten, die in den alten Ländern eine sogenannte Linke Liste gegründet hatten und nun auf dem Ticket der PDS in den Bundestag einzogen.[24] Unter ihnen befand sich auch eine junge Rechtsanwältin namens Andrea Lederer, die Mitglied im Hamburger Kommunistischen Bund gewesen war – und 1996 Gysis Frau wurde.

Der Einzug in den Bundestag konnte die Talfahrt jedoch nicht beenden. Bei einer repräsentativen Umfrage vom Oktober 1991 meinten 62 Prozent der Ostdeutschen, dass die PDS bedeutungslos werde; 58 Prozent waren dafür, sie zu enteignen. Ein halbes Jahr später gaben lediglich acht Prozent an, sie wählen zu wollen.[25] Bei den Berliner Bezirkswahlen im Mai 1992 verlor sie im Ostteil der Stadt im Vergleich zu den Volkskammerwahlen über 100 000 Stimmen.[26] Nur der geringen Wahlbeteiligung war es zu verdanken, dass der Verlust bei den Prozenten kaum zu Buche schlug, so dass Gysi das Abschneiden als »Traumergebnis« verkaufte.

Hinzu kamen innerparteiliche Zerfallserscheinungen. Im Juni 1991 drohte Gysi – wieder einmal – mit Rücktritt. »Weil das Politikverständnis dieser Partei, weil das Verständnis der Programmatik, weil das Verständnis der Bewertung der Geschichte, weil das Verständnis des Umgangs miteinander sehr, sehr unterschiedlich und differenziert in dieser Partei geworden« seien, sagte er zur Begründung.[27] Im Oktober verließ der Abgeordnete Bernd Henn, ein ehemaliges SPD-Mitglied, die PDS-Gruppe im Bundestag, da die inhaltlichen Differenzen zu groß und durch einen oft gehässigen Diskussionsstil unerträglich geworden seien. Bezeichnenderweise hielt er eine eindeutige Absage an Gewalt als Mittel der politischen Auseinandersetzung für besonders dringlich.[28] Er kehrte zwar 1993 zurück, doch seinem Beispiel folgten noch zwei weitere Abgeordnete. Im Dezember 1992 warf auch Gysi das Handtuch und gab seinen Rückzug vom Vorsitz bekannt. Die Partei sei in vier Lager gespalten, die bislang keinen programmatischen Konsens zustande gebracht und die Politikfähigkeit blockiert hätten, lautete jetzt seine Erklärung.[29] Die PDS, auf 148 Mitarbeiter und 147 000 Mitglieder geschrumpft, war Ende 1992 auf dem Tiefpunkt ihrer Geschichte angelangt. Vor allem ihr Umgang mit dem Milliardenvermögen der SED hatte ihren Ruf weiter ruiniert – zeigte er doch, welche Abgründe sich hinter ihren großspurigen Parolen auftaten.

Der Milliardenschatz

So benehmen sich Politiker selten gegenüber Journalisten, schon gar nicht, wenn sie mit einer Frau sprechen. »Ich wundere mich, dass Sie solche Lügen noch weiter verbreiten«, fauchte LINKEN-Parteichef Lafontaine im März 2008 *Fakt*-Redakteurin Inga Klees an. Auf dem Höhepunkt der Steuerhinterziehungsaffäre um Ex-Postchef Klaus Zumwinkel hatte ihn die Journalistin darauf angesprochen, dass auch seine Partei früher Millionen ins Ausland verschoben hätte. Lafontaine wörtlich: »Sie sollten sich schämen für eine solche Lüge.«[30]

Die Gereiztheit des Parteivorsitzenden kam nicht von ungefähr. Kaum ein anderes Thema hängt der Partei so nach wie das Verschwinden der SED-Milliarden Anfang der 1990er Jahre. Bei vielen Menschen steht die Partei bis heute im Verdacht, ihre aufwendigen Kampagnen aus Geldern zu finanzieren, die damals beiseitegeschafft wurden. Mit allen Mitteln versucht DIE LINKE deshalb, den Eindruck zu zerstreuen, dass es seinerzeit nicht mit rechten Dingen zugegangen sein könnte. Sogar auf der eigenen Homepage nimmt man sich des Themas an – obgleich Lafontaine der Journalistin weismachen wollte, dass seine Partei mit der SED gar nichts zu tun habe. Unter dem Stichwort »Geschichte« kann man dort lesen: »Zum 31. August 1991 wurden auf der Grundlage eines Verwaltungsaktes der Treuhandanstalt die Geldbestände auf den Bankkonten der PDS eingezogen, so dass faktisch mit dem 1. September 1991 eine finanzielle Neugründung der PDS stattfand.«[31] Fraktionschef Gysi räumte im Fernsehen im Gegensatz zu Lafontaine zwar ein, dass es in der Anfangszeit einige Unsauberkeiten gegeben habe – die jedoch hätten ein paar Übereifrige der alten Partei zu verantworten: »Die haben eben gedacht, sie müssen die Partei retten, indem sie Gelder sichern. Das ist völlig schiefgegangen.«[32]

Gedacht haben das nicht »einige«, sondern der Parteichef selbst – und das war Gregor Gysi. Schon während des Außerordentlichen Parteitages der SED im Dezember 1989 hatte er erklärt, eine Auflösung der Partei wäre eine »Katastrophe«, weil ihr Eigentum dann herrenlos würde. Unverblümt beschwor er die Delegierten, dass man das riesige Parteivermögen zusammenhalten müsse. Wörtlich sagte er laut Protokoll:

»Es wollen sehr viele Kräfte an das Eigentum der Partei heran. Wir werden die Frage des Eigentums der Partei sehr gründlich prüfen, auch im Rahmen der Staatlichen Finanzrevision. Wir werden auch prüfen, was wir davon brauchen und was wir davon nicht brauchen. Genossen, aber ich sage das so deutlich, wir haben auch nichts zu verschenken, weil ... (*Beifall*) ihr müsst euch mal überlegen: Diese Tagung, die wir hier durchgeführt haben, seht euch doch selber an, wie eure Versorgung war, die war doch ausreichend, aber doch nicht irgendwie luxuriös. Das kostet uns alle zusammen eine Million [Mark]. Die müssen wir bezahlen. Wir bezahlen ja alles bis auf den letzten Pfennig, das lassen wir uns nie wieder vorwerfen, dass wir uns hier was schenken lassen. (*Beifall*). Aber deshalb können wir nicht einfach wegschmeißen. […] Sauberkeit brauchen wir in diesen Sachen, das ist richtig, aber von einer Wegwerfpolitik halte ich nichts. Natürlich müssen wir uns Gedanken machen, damit wir, sagen wir mal, ernst genommen werden, dass wir das ernst nehmen, dass die anderen keine Chance haben, politisch-organisatorisch tätig zu sein. Vielleicht stellen wir ihnen Gebäude zur Verfügung […]. Vielleicht sind wir großzügig und sagen, ein Jahr braucht ihr nicht zu bezahlen, aber danach. Ich sage das nur – wir sind ja bereit entgegenzukommen –, und wir können uns jetzt auch nicht auf so eine Mentalität einlassen, und deshalb scheue ich jedes Risiko, das muss ich sagen, ich scheue jedes Risiko, das uns in dieser Hinsicht im Bestand gefährdet. Denn das ist eine Überlebensfrage. Und es gibt ja jetzt schon die Forderung der SDP [Sozialdemokratische Partei], was wir alles rausrücken müssen usw. Wir werden uns auf all das nicht einlassen. Ich zumindest bin da ganz prinzipiell.«[33]

Die Geschichte, wie die PDS Anfang der 1990er Jahre ihren Milliardenschatz beiseiteschaffte, bietet Stoff für ein Dutzend Krimis. Mit unglaublicher Energie versuchten die Parteioberen damals, das gigantische SED-Vermögen vor dem Volk in Sicherheit zu bringen. Mit ihren Aktivitäten straften sie ihre öffentlichen Bekenntnisse zu sozialer Gerechtigkeit und zur Interessenvertretung der Ostdeutschen tausendfach Lügen. Die Unabhängige Kommission zur Überprüfung des Vermögens der Parteien und Massenorganisationen der DDR (UKVP) und der sogenannte KoKo-Untersuchungsausschuss des Deutschen Bundestages bemühten sich jahrelang, die Vorgänge aufzuklären und den Verbleib der Gelder ausfindig zu machen. Ihre detaillierten Untersuchungsberichte liegen indes unbeachtet in der Bundestagsbibliothek, während Gysi und Lafontaine auf das kurze Gedächtnis der Öffentlichkeit spekulieren. Wer das Wesen der Partei kennenlernen will, kommt jedoch nicht umhin, sich mit dem Milliardenklau zu beschäftigen.

Um das SED-Vermögen zu retten, schritt die Parteispitze unter Gysi sofort nach ihrem Amtsantritt zur Tat. Bereits am 15. Dezember 1989 legte die Notarin Sabine Herrmann eine interne Information über die verschiedenen parteieigenen Unternehmen vor, an deren Ende sie vermerkte: »Insgesamt erscheint mir das ›Verstecken des Parteivermögens‹ in vorstehende Betriebe legal.«[34] Fünf Tage später fasste das Präsidium des Parteivorstandes den Beschluss Nr. 4/89 über »Maßnahmen zur Sicherung des Parteivermögens der SED-PDS«. Er sah vor, das vorhandene Parteivermögen zu erhalten und »wirksame Schritte gegen Angriffe auf das Eigentum der SED-PDS einzuleiten«.[35] Zu diesem Zweck wurde eine eigene Arbeitsgruppe unter Vorsitz des damaligen Leiters der Abteilung Planung und Finanzen, Gerd Pelikan, eingesetzt. Auch Bisky sollte als Mitglied des Parteipräsidiums einen Vertreter entsenden.

Um welche Summen es ging, weiß bis heute niemand genau zu sagen. Die SED versteckte schon zu DDR-Zeiten ihr Vermögen, zum Beispiel durch geheime Nummernkonten und einen eigenen, abgeschirmten Bankbereich bei der Staatsbank der DDR. Entgegen den Bestimmungen, Belege fünf oder zehn Jahre lang aufzubewahren, wurden viele Unterlagen vorzeitig vernichtet. Auch in den parteieigenen Betrieben, zum Beispiel beim Berliner Verlag, fehlten später zahllose Dokumente für behauptete Geschäftsvorgänge. Namentlich Parteichef Gysi legte auf Geheimhaltung großen Wert, wie aus mehreren Schreiben an den damaligen

PDS-Bundesschatzmeister Bartsch 1991 hervorgeht, die bei einer Durchsuchung gefunden wurden. Am Ende der Briefe schrieb Gysi stereotyp: »Deshalb bitte ich, dieses Schreiben wieder zu vernichten.« Doch Bartsch vergaß den Auftrag. »Das verzeiht mir Gregor Gysi bis heute nicht«, erklärte er später.[36] Die PDS, so resümierte 1998 die Unabhängige Prüfungskommission, hat die ihr »obliegende gesetzliche Pflicht nicht erfüllt, vollständig und wahrheitsgemäß über die Entwicklung ihres Vermögens seit dem 8. Mai 1945 bzw. den Stand dieses Vermögens zum 7. Oktober 1989 sowie über die seitdem erfolgten Veränderungen zu berichten«. Die dem Kommissionsvorsitzenden bis Anfang 1991 vorgelegten Unterlagen hätten vielmehr »der von Anfang an von der Partei verfolgten Strategie [entsprochen], ihr Alt-Vermögen dauerhaft zu verschleiern und zu sichern«.[37]

Ihre Geldbestände bezifferte die PDS zum 1. Oktober 1989 auf die für DDR-Verhältnisse gigantische Summe von 6,3 Milliarden Mark (zum Vergleich: Die von Lafontaine und Gysi gescholtene Blockpartei LDPD besaß zum selben Stichtag mit 16,6 Millionen Mark nur ein viertel Prozent dieser Summe). Im Juli 1990 wurde das Geldvermögen im Zuge der Währungsunion zum Kurs von 2:1 auf D-Mark umgestellt. Diese Angaben machte die Parteiführung freilich erst mit großer Verspätung, nachdem die Volkskammer im Mai 1990 gesetzlich vorgeschrieben hatte, das gesamte Parteivermögen offenzulegen. Die Zahlen der PDS waren auch nicht vollständig. Unter anderem hatte sie ihr riesiges Auslandsvermögen – allein auf Schweizer Bankkonten lagen über elf Millionen D-Mark – komplett verschwiegen.

Außer Geld besaß die Partei aber auch zahllose Betriebe und Immobilien. Zu ihrem Firmenimperium – dessen Gewinne zu DDR-Zeiten nicht besteuert wurden – gehörten nicht nur die meisten Zeitungs- und Großdruckereien in Ostdeutschland mit allein 35 000 Beschäftigten, sondern auch die DEFA-Filmgesellschaft, diverse Buchverlage, die Genex Geschenkdienst GmbH oder das Außenhandelsunternehmen Novum. Hinzu kamen 1677 Grundstücke und Gebäude, die teilweise von Parteibetrieben genutzt wurden, teilweise als Büroräume, Schulungszentren oder Erholungsheime für Funktionäre dienten. Ihr Wert wurde nach der Währungsunion auf weitere zehn Milliarden D-Mark geschätzt, von der PDS jedoch nur mit 642 Millionen angegeben. Schließlich waren die Panzerschränke des Zentralkomitees 1989 mit Dollars, Silberbarren, Münzen, Uhren und einer Reserve an Zahngold für Plomben von Politbüro-Mitgliedern vollgestopft. Darüber hinaus besaß die Partei auch im Ausland diverse Firmen, die vom Bereich Kommerzielle Koordinierung (KoKo) des DDR-Devisenbeschaffers Schalck-Golodkowski verwaltet wurden und deren Wert 1993 mit 149 Millionen D-Mark angegeben wurde.

Den größten Teil ihres Milliardenschatzes hatte sich die SED widerrechtlich angeeignet. Nichts davon stammte, wie Gysi behauptete, aus freiwilligen Mitgliedsbeiträgen oder Spenden. Die Grundstücke und Betriebe waren in der Regel enteignet oder durch Zwangsverkäufe einverleibt worden. Die riesigen Geldsummen resultierten größtenteils aus steuerfreien Gewinnen der Parteibetriebe und aus staatlichen Zuweisungen. Allein der Geschenkdienst Genex, über den DDR-Bürger Lebensmittel, Autos oder Reisen gegen Devisen kaufen (oder sich von Westdeutschen schenken lassen) konnten, bescherte der Partei von 1968 bis 1988 einen Nettogewinn von 2,3 Milliarden Mark. Hinzu kamen Millionenbeträge in harter Währung. So führte die Genex GmbH allein von 1981 bis 1989 379 Millionen D-Mark an die SED ab.

Auch dem Staatshaushalt entnahm die SED riesige Mengen Westgeld – mehr als 50 Millionen D-Mark allein im Jahr 1989. Die Mitgliedsbeiträge reichten demgegenüber nicht einmal aus, um die laufenden Gehälter der Mitarbeiter zu bezahlen. Zudem waren sie keineswegs freiwillig entrichtet worden – nach dem Ende der Diktatur schrumpften sie schlagartig auf vier Prozent des vorherigen Niveaus.

Entsprechend groß war der Druck während der friedlichen Revolution, die SED-PDS solle ihr Vermögen zurückgeben. Die Partei war so diskreditiert, dass sogar die Belegschaften der Parteibetriebe verlangten, aus ihrem Eigentum entlassen zu werden. Anfang Januar 1990 versuchte Gysi deshalb erneut, die Forderungen abzuwehren. Einmal mehr erwies er sich dabei als Meister der Verdrehung. Niemand in der Parteiführung habe »zu sich selbst eine so anmaßende Grundeinstellung, dass er sich legitimiert fühlt, über das Eigentum von etwa 1,5 Millionen Mitgliedern selbstherrlich durch Verzicht zu entscheiden«, erklärte er im *Neuen Deutschland*. Die Partei habe dieses Eigentum durch sowjetische Befehle erhalten, die aufzuheben niemand befugt sei; ansonsten würde der »Unrechtszustand von 1933« wiederhergestellt. Aus dem anfänglichen Eigentum sei »natürlich im Laufe der Zeit durch Beiträge und Gewinne mehr geworden«. Eine erzwungene Rückgabe verglich Gysi sogar mit dem Nazi-Unrecht: »Und deutlich fügen wir hinzu: Das letzte Mal wurden wir 1933 enteignet.«[38]

In der Parteispitze herrschte damals die akute Sorge, die SED-PDS könnte enteignet oder verboten werden. Wie das Landgericht Berlin später feststellte, diskutierte sie in praktisch jeder Sitzung, wie das Vermögen gesichert werden könne. Besonders Modrow, Gysi, Pelikan sowie die Vorstandsmitglieder André Brie und Marlies Deneke hätten sich daran beteiligt. Um den Druck zu mindern, sah sich die Partei Mitte Januar 1990 gezwungen, erste Zugeständnisse zu machen. Das Präsidium beschloss, »im Interesse der Reinigung der Partei« auf einen Teil ihrer Betriebe zu verzichten.[39] Vor allem Zeitungsverlage, Druckereien, Erholungsheime sowie eine Reihe weiterer Firmen sollten dem Staat übereignet werden. Die Ankündigung war freilich nur ein Versuch, der Öffentlichkeit Sand in die Augen zu streuen. »Tatsächlich setzte die Partei alles daran, sich diese Parteiunternehmen dauerhaft zu sichern«, stellte die Unabhängige Prüfungskommission später fest.[40] Zu diesem Zweck wurden die Betriebe in GmbHs mit geringem Stammkapital umgewandelt und die bisherigen Generaldirektoren zu Gesellschaftern gemacht. Damit das beträchtliche Vermögen der Unternehmen in Parteibesitz blieb, wurde es in Darlehen verwandelt; zusätzlich waren die Gesellschafter oft noch treuhänderisch an die Partei gebunden. So »verkaufte« der PDS-Vorstand 1990 den parteieigenen Altberliner Verlag für 1,5 Millionen Mark an eine neu gegründete GmbH, vereinbarte aber gleichzeitig über denselben Betrag ein Darlehen – de facto gehörte er also weiter der PDS. Durch Zins und Tilgung sollte der Wert des Verlages später gewinnbringend an die Partei zurückfließen. Im *Neuen Deutschland* verkündete Gysi hingegen, die Firmen seien in »Volkseigentum« überführt worden.[41]

Um aus der Defensive zu kommen, erklärte sich der Parteivorstand Anfang Februar 1990 bereit, gut drei Milliarden Mark »Reserveguthaben« an den Staatshaushalt der DDR abzuführen. Hinter den Kulissen sorgte die PDS jedoch dafür, dass auch diese Gelder ihren Parteigängern zuflossen. Unmittelbar vor der Volkskammerwahl verfügte die Regierung Modrow schnell noch, wer das Geld erhalten sollte – »entsprechend den Empfehlungen des Parteivorstandes der PDS«, wie Gysi dem Vorstand später berichtete.[42] Fünf Millionen Mark bekam zum Beispiel der gerade scheinprivatisierte Altberliner Verlag geschenkt – ein klarer Verstoß gegen damaliges DDR-Recht. 19 Millionen Mark erhielt der Zentrale Ausschuss für Jugendweihe, der sich fest in der Hand alter SED-Genossen befand. Zur Pflege ihres Klienten machte die PDS in einem Schreiben an die Empfänger zusätzlich deutlich, dass die Zahlungen ihr zu verdanken seien. Noch im Juli, August und September übermittelte Gysis persönlicher Mitarbeiter dem DDR-Finanzministerium weitere Förderwünsche der Partei.

Um ihr riesiges Barvermögen zu sichern, begann die Partei Anfang 1990, massenweise GmbHs zu gründen. Wie das Berliner Landgericht später feststellte, hatte Gysi damals »die Idee entwickelt, sich zur Vermögenssicherung der Vergabe von Darlehen zu bedienen und diese mit Treuhandverhältnissen zu kombinieren«.[43] Die Methode bestand darin, zuverlässigen Genossen Geld zu leihen, die damit ein privates Unternehmen gründeten. Sie erhielten es aber nur als Treuhänder der Partei, worüber strikte Verschwiegenheit vereinbart wurde. Das so geparkte Geld sollte später an die SED-PDS zurückfließen. Am 1. Februar 1990 legte das Präsidium in seinem Beschluss Nr. 11/90 »zur Sicherung des Parteivermögens zentraler Einrichtungen des Parteivorstandes« fest: »Bei der Bildung von GmbH und privater Handwerksbetriebe ist das Parteieigentum durch unbefristete und unkündbare Darlehen sowie Pachtverträge zu sichern. Die Leistungen für die Partei sind vertraglich zu binden.«[44] Die Arbeitsgruppe Parteivermögen entwickelte daraufhin detaillierte Grundsätze über die Bildung und Finanzierung der Gesellschaften. »Die Sicherung des Einflusses der PDS erfolgt durch Beteiligung am Stammkapital durch natürliche und juristische Personen als Treuhänder der PDS«, hieß es darin. »Dazu sind Treuhandverträge abzuschließen, die die Eigentumsrechte der PDS und ihren Gewinnanspruch sichern.«[45] Auch Grundstücke, Gebäude und bewegliches Inventar sollten den Firmen nur scheinbar überlassen werden. Damit die Treuhand- und Darlehensverträge im Namen der Partei abgeschlossen werden konnten, erteilte Gysi dem Leiter der Arbeitsgruppe am 17. April 1990 eine notariell beurkundete Vollmacht.

Auf diese Weise kam es in der Noch-DDR zu einem dubiosen Gründungsboom. Frühere Parteischulen und Bildungseinrichtungen wurden in Kongresszentren und Tagungsheime umgewandelt, Gästehäuser und Ferienobjekte der SED in Hotelbetriebe. Die Fahrbereitschaften der Partei transformierten sich plötzlich in Autohandels- und Reparaturbetriebe, in Fahrschulen und Touristikunternehmen. Die Fernmeldeabteilungen mutierten zu Firmen der Kommunikations- und Sicherheitstechnik. Den Bezirks- und Kreisvorständen wurde außerdem empfohlen, zuverlässige Genossen bei der Übernahme von Gaststätten zu unterstützen, die als Treffpunkte der Partei genutzt werden konnten. Auch auf anderen Gebieten kam es zu Neugründungen. So riefen Funktionäre aus der Akademie für Gesellschaftswissenschaften beim ZK der SED ein – bis heute existierendes – Berliner Institut für sozialwissenschaftliche Studien (BISS) ins Leben. Studenten der Hochschule für Ökonomie, die einer Theatergruppe angehört hatten, schufen gar eine »Kabarettförderungs-GmbH« – beim Versuch, die Milliarden verschwinden zu lassen, waren der Phantasie kaum Grenzen gesetzt.

Mitte April informierte der Leiter der Arbeitsgruppe Parteivermögen die Parteispitze über die ersten Ergebnisse. »Zur Sicherung des Parteivermögens in Form von Betrieben, Ferienhäusern, Bildungsstätten sowie Dienstleistungseinrichtungen wurden bisher insgesamt 21 GmbH gebildet«, teilte er mit.[46] Wie die Unabhängige Kommission später herausfand, gründeten Funktionäre und Gewährsleute der Partei insgesamt über hundert Firmen. Die Liste reicht vom Altberliner Verlag (766 500 DM Darlehen) bis zum Zentrum für Bildung, Information und Touristik in Kleinmachnow (250 000 DM Treuhandeinlage). Auch 65 natürliche Personen wurden – nahezu ausschließlich im Mai und Juni 1990 – mit Darlehen von 3,6 Millionen DM bedacht. »Mit der Person des Genossen Hans-Peter R. ist die Gewähr gegeben, dass die Parteigelder im Sinne unserer Partei eingesetzt werden«, attestierte der PDS-Kreisvorstand Eisenach einem der Begünstigten.[47]

Anfang Mai berichtete Gysi dem Parteivorstand im umständlichen DDR-Bürokratenjargon: »Auf der Grundlage von Beschlüssen des Parteivorstandes und seines Präsidiums haben Genossen des Parteivorstandes im engen Zusammenwirken mit den Bezirks- und Kreisvorständen sowie anderen Einrichtungen der Partei umfangreiche Anstrengungen unternommen, damit das noch verbliebene Eigentum der PDS zuverlässig geschützt und mit hoher Effektivität für die materielle und finanzielle Sicherstellung der Parteiarbeit auf allen Ebenen genutzt wird.« In einigen Fällen hätten jedoch Eigentumsobjekte »infolge eines starken politischen Drucks, insbesondere im Dezember 1989 und Januar 1990, nicht gehalten werden« können.[48]

Die PDS verschob ihr Vermögen auf zwei Wegen in die Privatwirtschaft: Zum einen stellte sie das – oft geringe – Gründungskapital für die Unternehmen der Genossen. Zum zweiten gab sie riesige Darlehen zu ungewöhnlich günstigen Konditionen aus; erst später sollten diese verzinst und getilgt werden. Ein Beispiel dafür ist die Gründung der EMG-Mediengesellschaften, in die auch LINKEN-Chef Bisky verwickelt war. Die PDS wollte damit nicht nur ihr Vermögen, sondern auch ihre Einwirkung auf die Medien sichern. Nach einem Präsidiumsbeschluss vom 11. April 1990 sollte mit dem Firmenkonsortium ein »medienpolitischer Grundpfeiler der PDS« entstehen und zugleich ihr »Einfluß auf das kreative Potential von Regisseuren, Kameraleuten etc.« gesichert werden.[49] Bisky und Pelikan gründeten dazu im Mai in Berlin drei Mediengesellschaften mit einem Stammkapital von einer Million DM, das sie treuhänderisch für die PDS verwalteten. Vom Parteivorstand bekamen die Firmen zusätzlich 15 Millionen DM Darlehen und sechs Millionen aufgrund fingierter

Rechnungen. Später traten beide Funktionäre ihre Anteile an ein luxemburgisches Unternehmen ab, das Bisky und fünf weitere Personen im Juli 1990 mit einem Stammkapital von 260 000 DM gegründet hatten, um die Eigentumsverhältnisse der Berliner Mediengruppe zu verdecken. Dass die Parteioberen heute so tun, als hätten sie mit den Millionenverschiebungen nichts zu tun, ist angesichts dieser Vorgänge mehr als erstaunlich.

Gysis Idee fand in der ganzen DDR Anwendung. So schlug das Mitglied des Geraer PDS-Bezirksvorstands Wolfgang Engelmann 1990 vor, den parteieigenen Fuhrpark in eine GmbH einzubringen und daraus eine Autovermietung mit Fahrschule zu machen. Der Bezirksvorstand stimmte zu und setzte Engelmann als Geschäftsführer der Personen-Trans-Fahrschul-GmbH (PTF GmbH) ein. Im April erhielt er dazu Darlehen von über zwei Millionen DDR-Mark, mit denen er weitere GmbHs in Gera, Jena und Gotha gründete. Bei einem Prozess kam später heraus, dass der PDS-Mann die Gelder an ein Autohaus und eine Leihwagenfirma verschoben und sich mit Autorabatten und fingierten Rechnungen für Genossen revanchiert hatte. Als die Treuhand im September 1991 aufwachte, waren 1,5 Millionen D-Mark verloren. Auf ähnliche Weise kam das Bildungs- und Konsultationszentrum »Cafe-Treff-CT« in Magdeburg in den Genuss von 200 000 DDR-Mark, erhielt das Anglerparadies Chemnitz 600 000 Mark. Das erwähnte Berliner Institut BISS wurde mit einem Darlehen von fünf Millionen DM versorgt, das ehemalige SED-Zentralorgan *Neues Deutschland* sogar mit 15,5 Millionen DM.

Mit der Sicherung ihres Vermögens hatte es die PDS so eilig, dass sie bis Ende Juni 1990 bereits 418 Millionen DDR-Mark ausgegeben hatte. »Über die Darlehensnehmer liegen lückenlose listenmäßige Nachweise vor«, hieß es in einem parteiinternen Bericht.[50] In jahrelanger Suche fand die Unabhängige Prüfungskommission später mehr als 160 Firmen, die von der PDS umgerechnet fast 245 Millionen DM erhalten hatten. Dabei sollten eigentlich nur solche Firmen Geld bekommen, die auch Gewinne abwarfen, um diese spätestens ab 1991 über den Treuhänder an die Partei zurückfließen zu lassen. Doch da die eingesetzten Genossen meist wenig vom Wirtschaften verstanden, erwies sich die Mehrheit der Unternehmen als Flop. Etwa 100 Millionen DM, die nach dem Willen der Volkskammer eigentlich der ostdeutschen Bevölkerung hätten zugute kommen sollen, wurden auf diese Weise sinnlos verbrannt.

Eine andere Methode, das Geld verschwinden zu lassen, waren »Spenden« an befreundete Einrichtungen. So bekam die ehemalige Akademie für Gesellschaftswissenschaften beim ZK der SED rund 34 Millionen DDR-Mark einfach geschenkt. Geradezu panisch wurde das Geld dann verteilt, als die Volkskammer Transaktionen dieser Art am 31. Mai 1990 untersagte. So erhielt die (Ost-)Berliner Humboldt-Universität auf Bitten des damaligen Rektors und früheren Stasi-Mitarbeiters Heinrich Fink just an diesem Tag einen Verrechnungsscheck über 250 Millionen DDR-Mark übereignet, wobei nicht einmal mitgeteilt wurde, wofür die »Spende« dienen sollte; Fink hatte Parteichef Gysi zuvor lediglich um Unterstützung für eine Stiftung gebeten, »die wir noch näher formulieren müssten«.[51]

Auch der palästinensische Waffenhändler Abdel Majod Younes bekam einen auf den 31. Mai rückdatierten Scheck über 75 Millionen DDR-Mark. Das Geld war für eine angebliche »Islamische Religionsgemeinschaft« bestimmt, die er kurz zuvor gegründet hatte. Weitere 52 Millionen DDR-Mark erhielt er für den Betrieb von drei Erholungsheimen in Brandenburg, deren Einnahmen laut Vertrag zu 80 Prozent an die Landesgeschäftsstelle der PDS abgeführt werden sollten. 9,4 Millionen DDR-Mark zahlte ihm die Partei schließlich noch für 3000 Auslandsreisen, die niemals unternommen wurden. Selbst nach dem Volkskammerverbot schenkte der Parteivorstand im Juni einem in Gründung befindlichen Verein »Marx-Engels-Gesamtausgabe« 55 Millionen DDR-Mark. Ein sogenanntes Komitee der Antifaschistischen Widerstandskämpfer erhielt sogar noch im September 2,6 Millionen DM vermacht. Alles in allem verteilte die PDS allein im ersten Halbjahr 1990 mehr als 480 Millionen DDR-Mark an ihre Freunde – zusätzlich zu dem, was die Parteibetriebe erhalten hatten.

Auf verschiedenen Wegen versuchte die PDS darüber hinaus, Gelder ins Ausland zu verschieben – zum Beispiel nach Liechtenstein, wo auch Klaus Zumwinkel und andere Millionäre einen Teil ihres Vermögens parkten. Die SED besaß dort über einen Strohmann eine Firma namens Corefina Anstalt, die zwischen Dezember 1989 und Februar 1990 von einem geheimen SED-Devisenkonto 5,6 Millionen D-Mark überwiesen bekam. Weil den Beteiligten nach dem Zusammenbruch der SED-Diktatur unklar war, wie es mit der Firma weitergehen sollte, traf man sich im April 1990 in Berlin zu einem Gespräch, an dem auch Parteichef Gysi teilnahm. Kurz darauf schloss die PDS mit dem Strohmann einen neuen Treuhandvertrag. Um die Gelder zu sichern, gründete dieser im September eine Stiftung, auf die die Bankguthaben der Firma überschrieben werden sollten. Als die Unabhängige Kommission im November 1990 durch einen Zeitungsbericht auf die Liechtensteiner Firma aufmerksam wurde, log der heutige LINKEN-Geschäftsführer Bartsch, die Anteile seien auf Weisung von SED-Chef Honecker bereits 1989 verkauft und die Erlöse für Zwecke der internationalen Solidarität eingesetzt worden.[52] Auf den Konten der Stiftung fand die Kommission im Mai 1992 noch 2,3 Millionen DM.

Auch nach Luxemburg verschob die Partei Millionenbeträge. Im April und Mai 1990 hob der damalige Finanzchef der PDS, Wolfgang Langnitschke, vom geheimen Devisenkonto 644 »Rose« mehrere Millionen DM ab und übergab sie – ohne Quittung – dem erwähnten Strohmann. Dieser zahlte das Geld in Luxemburg auf verschiedene Konten ein, für die Langnitschke eine Vollmacht bekam. Für diesen Freundschaftsdienst sollte der Strohmann laut Treuhandvertrag mit der PDS vom Mai 1990 jährlich zwei Prozent der insgesamt 14,2 Millionen DM, also 284 000 DM, erhalten. Den Abfluss der Millionen verbuchte die Partei mit Hilfe fingierter Belege als Spenden zur »Unterstützung linker Bewegungen im Ausland«. Später betrog sie auch noch den Bundestag und deklarierte die Ausgaben in gleicher Weise in ihrem offiziellen Rechenschaftsbericht.[53] Gegenüber der Unabhängigen Kommission behaupteten die PDS-Verantwortlichen dagegen im Juli 1990, dass die Partei über keinerlei Geldbestände, Grundstücke, Aktien oder andere Vermögenswerte im Ausland verfüge.

Wie ein Krimi liest sich auch die Geschichte des sogenannten Putnik-Deals. Die PDS-Spitze war 1990 auf die Idee gekommen, Gelder auf Konten der sowjetischen Truppen in der DDR zu parken. In Absprache mit dem Präsidium reiste der stellvertretende Parteichef Pohl deshalb im Juni nach Moskau, um den Plan zu erörtern. Die KPdSU riet jedoch davon ab, da die Militärkonten den bundesdeutschen Behörden wegen der Vorbereitungen auf die Währungsunion bereits bekannt seien. Stattdessen schlug der Geschäftsführer des sowjetischen ZK vor, so zu tun, als hätte die PDS noch Altforderungen der KPdSU zu begleichen. Die Partei solle das Geld am besten an eine sowjetische Firma mit Auslandskonten überweisen, da die Lage auch in Moskau politisch unsicher sei. Den Zugang könne sie sich über einen zuverlässigen Genossen sichern, der dafür lediglich eine Vollmacht benötige.

Die PDS machte sich sofort daran, den Plan umzusetzen.

Das Präsidium erteilte, ohne mit der Wimper zu zucken, seine Zustimmung. Realisiert wurde die Aktion mit Hilfe des damaligen Kreisvorsitzenden der PDS in Halle, Karl-Heinz Kaufmann. Dieser ließ sich von der Moskauer Firma Putnik eine Generalvollmacht ausstellen und richtete im In- und Ausland diverse Konten ein. Zugleich verfasste er im Namen von Putnik mehrere Mahnschreiben, in denen er gegenüber der PDS Altforderungen in Höhe von 107 Millionen D-Mark geltend machte. Zwölf Millionen D-Mark sollte zum Beispiel die angebliche Behandlung von Augenkrankheiten von Dritte-Welt-Studenten gekostet haben, 25 Millionen die Errichtung eines »Zentrums der Internationalen Arbeiterbewegung«. Anschließend veranlassten Parteivize Pohl und PDS-Finanzchef Langnitschke, dass die Gelder über die Deutsche Handelsbank in Ost-Berlin nach Norwegen und in die Niederlande überwiesen wurden. Für seine Mühen erhielt Kaufmann in Absprache mit dem Parteipräsidium 3,2 Millionen D-Mark für Unkosten und Provisionen.

Doch die Empfängerbanken machten der PDS einen Strich durch die Rechnung. Sie schöpften Verdacht, sperrten die Beträge und informierten das Bundeskriminalamt. Noch am selben Tag, dem 18. Oktober 1990, wurde ein Ermittlungsverfahren eingeleitet. Polizisten durchsuchten die Berliner Parteizentrale und Kaufmanns Wohnung – unter heftigem Protest der Funktionäre, die das Vorgehen in bewährter Manier mit dem in der NS-Diktatur verglichen. Die Polizei fand bei Langnitschke einen vielsagenden Zettel für Parteivize Pohl, dem zufolge der Direktor der Ost-Berliner Handelsbank »dringend entweder mit Dir oder Gregor sprechen« müsse. »Er meint, es laufen Dinge, welche für die Partei eine äußerste Gefahr darstellen«, hieß es dort. Kurz darauf flog PDS-Chef Gysi nach Moskau – »entrüstet über den Dilettantismus«, wie das Berliner Landgericht später feststellte –, um dort die KPdSU »zur Aufrechterhaltung der Legende hinsichtlich bestehender Altforderungen zu bewegen«.[54] Die KPdSU-Führung lehnte jedoch ab, da sie größeren politischen Schaden befürchtete.

Als Gysi am Abend des 25. Oktober 1990 zurückkehrte, fand noch in derselben Nacht eine Krisensitzung in der Wohnung von Hans Modrow statt. Neben Gysi und Modrow nahm daran auch der spätere Europaabgeordnete Brie teil. Man vereinbarte, dass Pohl und Langnitschke am nächsten Tag die alleinige Verantwortung für den Putnik-Deal übernehmen sollten. Während Pohl sich umstandslos dazu bereit erklärte, lehnte Langnitschke ab, weil er überzeugt war, im Auftrag der Partei gehandelt zu haben. Tatsächlich sprach das Landgericht Berlin beide 1995 vom Vorwurf der Untreue frei, »da sie im Auftrag und mit Wissen der Verantwortlichen der PDS sowie ohne persönliche Bereicherungsabsicht mit dem Ziel gehandelt hätten, die entsprechenden Gelder für die PDS zu sichern«.[55]

Gysi deutet den Freispruch inzwischen so um, als wäre damals die PDS freigesprochen worden, obwohl das genaue Gegenteil der Fall war. »Gerade an diesem Fall wird deutlich, mit welcher Unverfrorenheit und Zielstrebigkeit die SED-PDS/PDS gegen die Vorschriften des Parteiengesetzes der DDR verstoßen hat«, resümierte 1998 der KoKo-Untersuchungsausschuss nach jahrelangen Ermittlungen. »Er verdeutlicht auch, daß die Parteispitze, insbesondere auch Dr. Gysi, diese Aktivitäten maßgeblich veranlaßt und gesteuert hat.«[56] Dass die Hintergründe überhaupt bekannt wurden, ist allein PDS-Finanzchef Langnitschke zu verdanken, der dem Ausschuss umfassend Auskunft gab – während Gysi, Bisky und Brie die Aussage verweigerten. Wenig später kam Langnitschke bei einem Verkehrsunfall ums Leben.

Alles in allem wurden 121 Millionen D-Mark ausfindig gemacht, die die PDS ins Ausland verschoben hatte. Hinzu kamen die geheimen Konten und Firmen, die die SED schon vorher eingerichtet hatte und deren Existenz die PDS beharrlich leugnete. In mühseligen Recherchen wurden schließlich 325 Millionen D-Mark gefunden, die die Partei im Ausland versteckt hatte. Um weitere 250 Millionen Euro wird immer noch prozessiert. Dabei handelt es sich um Gelder einer Firma namens Novum, die von der SED-Treuhänderin Rudolfine Steindling verwaltet wurde. Während diese steif und fest behauptete, die Firma hätte der Kommunistischen Partei Österreichs gehört, wurde 2004 nach jahrelangen Prozessen rechtskräftig festgestellt, dass es sich nicht nur um Gelder der SED gehandelt habe, sondern Steindling zur Vertuschung von deren Herkunft auch Notariatsakten manipuliert und Prozessbetrug begangen hatte. Ob das Geld jemals wieder zurückfließt, ist dennoch ungewiss. Die umtriebige Geschäftsfrau mit dem Spitznamen »die rote Fini« versteckte das SED-Vermögen bei mehr als sechzig Banken in aller Welt. Noch bevor die Treuhandanstalt 1992 die Kontrolle übernehmen konnte, leerte Steindling alle Konten in der Schweiz, wo allein umgerechnet mehr als 100 Millionen Euro lagen. Weitere 128 Millionen Euro legte sie in Österreich in anonymen Wertpapieren und Sparbüchern an.

Dreistellige Millionenbeträge versickerten auch direkt in der PDS. So stellte die Parteizentrale ihren Untergliederungen bis August 1991 insgesamt 228 Millionen D-Mark zur Verfügung, 5,8 Millionen davon den westlichen Landesverbänden. Der Verbleib des Geldes ist nicht bekannt, weil der PDS-Vorstand der Unabhängigen Kommission die Überprüfung verweigerte. Daneben erhielten aber auch Privatpersonen in Westdeutschland umfangreiche Zahlungen. So überwies der PDS-Vorstand im Juni 1990 einem Genossen in Dinslaken 1,9 Millionen D-Mark als Vorschuss für angebliche Wahlkampfkosten – obwohl er nie eine konkrete Leistung erbrachte; nur 800 000 D-Mark konnten davon später wieder eingetrieben werden. Ein Hamburger Mitstreiter erhielt sogar mehr als drei Millionen D-Mark. Obwohl er einen erheblichen Teil davon für private Zwecke ausgab, erstattete die PDS keine Strafanzeige. Ein Gericht verurteilte ihn später zwar zur Rückgabe des Geldes, doch da hatte sich der Mann schon abgesetzt. Weitere 130 Millionen D-Mark flossen in Abfindungen, die die PDS 1990 und 1991 ihren ehemaligen Mitarbeitern zukommen ließ.

Im Vergleich zu diesen Summen nehmen sich die Gelder, die sich die PDS aus dem Verkauf von Inventar aneignete, fast bescheiden aus. Die Treuhandanstalt hatte der Partei im Mai 1992 gestattet, bewegliche Gegenstände zu verkaufen. Bedingung war: »Die PDS hat stets die vorherige schriftliche Genehmigung der Treuhandanstalt einzuholen; der Käufer ist der Treuhandanstalt zu benennen; der Verkaufserlös ist stets auf ein noch zu benennendes Sonderkonto der Treuhandanstalt abzuführen.«[57] Diese Anordnungen wurden von der PDS ignoriert und Verkaufserlöse von mindestens 674000 D-Mark nicht abgeführt.

Um ihr Milliardenvermögen zu retten, entwickelte die PDS über Jahre hinweg ein hohes Maß an krimineller Energie. »Sie hat gezielt und systematisch versucht, riesige Millionenbeträge vor dem staatlichen Zugriff zu sichern«, erklärte der Vorsitzende der Untersuchungskommission, Christian von Hammerstein, im August 2006, als die jahrelange Suche nach den SED-Milliarden für beendet erklärt wurde.[58] Auch der KoKo-Untersuchungsausschuss kam 1998 zu dem Ergebnis, dass die Haltung der SED/PDS »von Anfang an darauf gerichtet [war], einen möglichst großen Teil der in der Zeit ihrer Herrschaft angeeigneten Vermögenswerte für sich zu sichern«.[59]

Viel zu lange sah die Untersuchungskommission diesem Treiben der PDS tatenlos zu. Erst im August 1991 beschlagnahmte die Treuhandanstalt sämtliche Parteikonten. Von den einst 6,2 Milliarden DDR-Mark waren nur noch 200

Millionen D-Mark übrig geblieben. In weniger als zwei Jahren hatte die Partei umgerechnet mehr als 1,7 Milliarden Euro ausgegeben – eine Summe, mit der DIE LINKE heute 75 Jahre lang Politik machen könnte. Die »finanzielle Neugründung der PDS«, von der DIE LINKE auf ihrer Homepage schreibt, kam, als es nichts mehr zu verteilen gab. Die Partei musste sich nun jede Einzelausgabe genehmigen lassen, freien Zugriff hatte sie nur noch auf ihr Neuvermögen. Auch den riesigen Immobilienbesitz verwaltete jetzt die Treuhandanstalt. Schon nach wenigen Tagen war die Partei pleite, so dass ihr die Treuhand einen Kredit von 5,45 Millionen DM bewilligen musste.

Die Suche nach den verschwundenen Milliarden wurde von der PDS systematisch boykottiert. Zu keinem Zeitpunkt hat die Partei ihr Altvermögen – wie gesetzlich vorgeschrieben – offengelegt. 1992 wurde deshalb ihre Berliner Parteizentrale von oben bis unten durchsucht und eine große Zahl von Papieren beschlagnahmt. Die geheimen Darlehensverträge flogen zum Teil erst nach Hausdurchsuchungen in PDS-nahen Notariatskanzleien auf. Insgesamt musste die Untersuchungskommission die Polizei zu mehr als fünfzig Orten anrücken lassen. Obwohl sich die PDS bereits 1992 dazu verpflichtete, in umfassender Weise an der Auffindung ihres Auslandsvermögens mitzuwirken, ist sie dem nie nachgekommen. Auch die Aufklärungsarbeit des KoKo-Untersuchungsausschusses wurde, wie es in dessen Abschlussbericht heißt, »durch die geschlossene Aussageverweigerung der im Jahre 1990 und größtenteils auch heute noch Verantwortlichen der PDS in geradezu konspirativer Weise behindert«. Als »besonders befremdlich« bezeichnete es der Ausschuss, dass Gysi interne Unterlagen, die er vom Ausschussmitglied der PDS erhalten hatte, an diejenigen weiterleitete, die als Zeugen vernommen werden sollten.[60]

Der Streit um das Parteivermögen zog sich noch über

Jahre hin. Die PDS blockierte nicht nur die Aufklärung, sondern beharrte auch darauf, dass der verschobene Besitz ihr Eigentum sei. Allein für ihre 14 Zeitungsverlage verlangte Gysi 1992 1,5 Milliarden D-Mark. Hatte die Unabhängige Kommission irgendetwas ausfindig gemacht und durch die Treuhand beschlagnahmen lassen, zog die PDS fast immer dagegen vor Gericht. Zugleich tat sie so, als dienten die eingeleiteten Maßnahmen nur dazu, sie mundtot zu machen. Als die Treuhand von der Partei im Juni 1993 70 Millionen D-Mark zurückforderte – die Differenz von Ausgaben und Einnahmen zwischen Oktober 1989 und September 1991 –, erklärte Schatzmeister Bartsch, die Forderung sei »abwegig und ausschließlich politisch motiviert«.[61]

Erst 1995 einigten sich PDS, Untersuchungskommission und die Bundesanstalt für vereinigungsbedingte Sonderausgaben (BvS) auf einen Vergleich: Die PDS verzichtete förmlich auf das Altvermögen der SED. Vier Gebäude, darunter die Berliner Parteizentrale, erhielt sie als rechtmäßig erworbenen Besitz zurück; zudem durfte sie die Ausstattung ihrer Geschäftsstellen behalten. Die Parteizeitung *Neues Deutschland* brauchte auch nicht den erwähnten Kredit von 15,5 Millionen D-Mark zurückzuzahlen. Im Gegenzug verzichtete die Bundesrepublik darauf, die PDS für den Milliardenklau haftbar zu machen und die verschobenen Gelder von ihr zurückzufordern. Der Vergleich war für die Partei ein gutes Geschäft. Das bekannt gewordene Altvermögen war ihr ohnehin bereits 1991 entzogen worden, und die Chance, es auf dem Rechtsweg zurückzubekommen, lag bei null. Das, was nach jahrelanger Suche immer noch nicht aufgetaucht war, würde hingegen wohl auch in Zukunft kaum mehr zu finden sein. Wenn LINKEN-Politiker heute verkünden, die Partei hätte schon vor Jahren auf das gesamte SED-Vermögen verzichtet, erinnert das an einen Bankräuber, der seine Beute erfolgreich vor der Polizei versteckt hat und dann erklärt, dass er keine Ansprüche mehr darauf erhebt.

Der Vergleich enthielt noch weitere Vereinbarungen. So verpflichtete sich die PDS, bei der Ermittlung ihres Altvermögens umfassend mitzuwirken – ein Versprechen, das sie niemals eingelöst hat. Zwar muss die Partei theoretisch, wenn verheimlichte Vermögenswerte gefunden werden, eine dreimal so hohe Strafe zahlen. Doch dazu ist es kein einziges Mal gekommen, da ein bewusster Verstoß gegen die Aufklärungspflicht kaum nachzuweisen ist. Der Vergleich berechtigte die Unabhängige Kommission darüber hinaus, die Bücher der PDS rückwirkend bis 1991 zu prüfen. Nach hinhaltendem Widerstand der Partei wurden bei Stichproben noch einmal rund 600000 D-Mark Altvermögen zutage gefördert.

Die Kommission wunderte sich zudem, warum sich trotz rückläufiger Mitgliederzahlen das Spendenaufkommen verdreifacht hatte. Überhaupt waren viele Ausgaben und Einnahmen nicht ordentlich belegt. Nach Angaben der Kommission hatte die PDS unter ihrem damaligen Schatzmeister Bartsch »auf sämtlichen Gliederungsebenen (Bundesvorstand, Landesverbände, Kreise) eigene Vermögensangaben in nennenswertem Umfang nicht nachgewiesen«. Trotz mehrfacher Aufforderung seien Originalbelege nicht vorgelegt und Auskünfte nicht erteilt worden. »Aufgrund dieser durchgehenden Verweigerungshaltung kann nicht ausgeschlossen werden, dass die PDS noch über Altvermögen verfügt, das ihr nicht zusteht.«[62] Wider besseres Wissen behauptete Gysi demgegenüber im März 2008, dass nach dem Putnik-Deal von 1990 alle Vermögensberichte der PDS gestimmt hätten und es »nie wieder die geringste Beanstandung« gegeben hätte.[63] Er selbst hatte Bartsch noch im August 1991 aufgefordert, Einnahmen aus Mitgliedsbeiträgen nicht offiziell zu verbuchen, sondern »wie bisher bar« zu verwenden.⁶⁴ Das Schreiben sollte Bartsch eigentlich vernichten – auch dieses Dokument wurde bei einer Durchsuchung der Parteizentrale gefunden.

Bis heute ist nicht bekannt, wie viel Geld die PDS insgesamt beiseiteschaffen konnte und wer davon heute profitiert. Allein zwischen Januar und Juli 1990 verringerte sich ihr Vermögen – nach Parteiangaben – von 9,5 auf 3,5 Milliarden DDR-Mark. Auch das bewegliche Anlagevermögen, also Autos, Geräte, Möbel usw., reduzierte sich zwischen Oktober 1989 und August 1991 von knapp einer halben Milliarde auf nur noch vier Millionen D-Mark. Immerhin konnte die Untersuchungskommission in sechzehnjähriger Arbeit mehr als eine Milliarde Euro an Immobilien, Geldbeständen und anderen Vermögenswerten aus dem Besitz der SED/PDS sicherstellen. Allein die Suche danach kostete den Steuerzahler mehr als 130 Millionen Euro.

Vielfach erfolglos blieben vor allem die Ermittlungen im Ausland. Zwar fand die Kommission ein Schwarzgeldkonto in Liechtenstein mit 2,6 Millionen Euro, doch ein dreistelliger Millionenbetrag wird immer noch vermisst. Bei Staaten wie Kuba hielt die Kommission Nachfragen von vornherein für zwecklos; dort wird zum Beispiel der Mielke-Anwalt Jürgen Wetzenstein-Ollenschläger vermutet, der sich allein mit 17 Millionen D-Mark absetzte. Trotz vieler Anhaltspunkte führten auch die Recherchen in Ungarn, wo der frühere DDR-Geschäftsmann und Stasi-Agent Günter Forgber diverse Transaktionen eingefädelt hatte, zu keinem Ergebnis. Im Frühjahr 2006 kam er – wie Langnitschke – bei einem Verkehrsunfall ums Leben.

Ohne Wertsteigerungen und Zinsen bleiben umgerechnet mehr als eine Milliarde Euro PDS-Vermögen verschwunden. Da das deutsche Parteiengesetz eine Veröffentlichung von Spendern erst ab 10 000 Euro vorschreibt, ist es möglich, zumindest einen Teil des Geldes der Partei unauffällig wieder zuzuführen. An dem hohen Spendenaufkommen, das der Überprüfungskommission in den frühen 1990er Jahren ins Auge fiel, hat sich jedenfalls bis heute nichts geändert. Allein im Jahr 2005 erhielt die Partei über vier Millionen Euro, deren Herkunft nur bei etwa zwanzig Prozent des Geldes namentlich angegeben wurde. Immerhin geht aus den veröffentlichten Namenslisten hervor, dass die Funktionäre, die den Kampf gegen Hartz IV beschwören, selbst offenbar sehr gut verdienen. Anders ist nicht zu erklären, dass ein Genosse wie Vizefraktionschef Bodo Ramelow in seiner Zeit als Fraktionsvorsitzender im thüringischen Landtag der PDS innerhalb von vier Jahren über 50 000 Euro gespendet hat. Bundestagsvizepräsidentin Petra Pau hat der Partei sogar fast 60 000 Euro vermacht, und Ex-DDR-Ministerpräsident Hans Modrow über 40 000 Euro.

Überall auf der Welt können zudem noch schwarze Kassen existieren. Weder Parteichef Gysi noch ein anderer PDS-Verantwortlicher wurden für die Vermögensverschiebungen jemals zur Rechenschaft gezogen. Denn bei der Abfassung des DDR-Parteiengesetzes hatte man versäumt, für Verstöße eine Strafe festzulegen. Nur ein einziges Mal mussten Gysi und Bisky ein Ordnungsgeld zahlen – 900 Euro, weil sie sich weigerten, vor dem KoKo-Untersuchungsausschuss auszusagen.

Unabhängig von den kontinuierlich zufließenden Spendengeldern kommt die Partei, die einen »Systemwechsel« propagiert, wie alle zugelassenen Parteien in den Genuss reichlich sprudelnder Steuermittel. Die Parlamentarier im Europaparlament und im Bundestag sind bekanntlich finanziell großzügig ausgestattet. Die sogenannte Abgeordnetenentschädigung (Diät) beträgt pro Person zur Zeit 7668 Euro monatlich. Hinzu kommt eine steuerfreie Kostenpauschale von derzeit 3690 Euro pro Monat, deren Verwendung nicht nachgewiesen werden muss. Ferner haben die Abgeordneten das Recht, bis zur Gesamthöhe von 13 660 Euro im Monat (Arbeitnehmerbrutto) auf Kosten des Bundestages Mitarbeiter einzustellen. Damit stehen jedem Parlamentarier pro Jahr gut 300 000 Euro zur Verfügung. Bei 53 Abgeordneten beschert dies der LINKEN – ohne Zuschläge für besondere Ämter wie zum Beispiel das des Fraktionsvorsitzenden – knapp 16 Millionen Euro. Dass die Abgeordneten über einen eigenen Fahrdienst verfügen und sämtliche staatlichen Verkehrsmittel frei benutzen können, fällt da kaum noch ins Gewicht. In den Landtagen erhalten die Parlamentarier derzeit zwischen 4399 Euro (Brandenburg) und 9633 Euro (Nordrhein-Westfalen). Legt man einen Mittelwert von 7000 Euro zugrunde, bekommen die 186 Landtagsabgeordneten der LINKEN pro Jahr weitere mehr als 15 Millionen Euro. Für die sieben Europaabgeordneten wird noch einmal eine knappe Million Euro pro Jahr fällig, zuzüglich 290 Euro für jeden Tag, den sie in Brüssel oder Straßburg verbringen. Alles in allem kassieren die Mandatsträger damit rund 32 Millionen Euro jährlich. Noch unberücksichtigt sind in dieser Rechnung die Bezüge der achtzig hauptamtlichen Landräte oder Bürgermeister.

Hinzu kommen die Gelder, die der Partei direkt zufließen. Laut Rechenschaftsbericht erhielt die Linkspartei allein 2007 knapp neun Millionen Euro staatliche Zuschüsse. Das Staatsbudget der parteinahen Rosa-Luxemburg-Stiftung machte 2005 zusätzlich knapp 12 Millionen Euro aus. Insgesamt kann DIE LINKE damit jedes Jahr mindestens 53 Millionen Euro Gelder aus den Kassen des Staates einstreichen – ohne Zuschüsse an die Fraktionen und Unterstützungsleistungen für ihr nahestehende politische Jugendorganisationen. Das System, das die Funktionäre so gern überwinden wollen, lässt sich seine Feinde einiges kosten. Und jede Wahl spült neues Geld in die Kassen. Für jede gültige Stimme erhält DIE LINKE 0,85 Euro Wahlkampfkostenerstattung, so dass allein die Bundestagswahl 2005 rund 3,5 Millionen Euro einspielte. Im Superwahljahr 2009 dürfte mehr als das Doppelte zusammenkommen. Während die DKP immer unter einem Prozent lag und damit von der Erstattung ausgeschlossen blieb, verdient DIE LINKE inzwischen auch im Westen bei jeder Wahl kräftig mit. Die Mitgliedsbeiträge betrugen demgegenüber 2007 nur gut neun Millionen Euro. Hinzu kamen Spenden und sogenannte Mandatsträgerbeiträge in Höhe von rund 3,5 Millionen Euro. Die Spenden werden vom Staat gleich doppelt bezuschusst: durch Steuernachlässe für die Spender und durch staatliche Komplementärzahlungen an die Partei. Für jeden eingenommenen Euro erhält DIE LINKE nämlich eine Zuwendung von 0,38 Euro. Alles in allem verzeichnete die Partei 2007 Einkünfte von gut 22 Millionen Euro. Ausgegeben wurden davon rund 20 Millionen Euro, acht Millionen allein für das Personal des gut organisierten Parteiapparates. Im Oktober 2008 beschäftigte dieser nach Parteiangaben 195 Mitarbeiter, davon 65 allein in der Zentrale. Auch ohne den Milliardenschatz betrug das Reinvermögen Ende 2007 rund 23 Millionen Euro, davon 10 Millionen Euro Bargeld.

Ostpartei

Das Vermögen der SED half der Partei, die schwierigste Zeit ihrer Geschichte zu überstehen. Während die neuen Parteien und Bürgerrechtsbewegungen in Ostdeutschland mit leeren Händen dastanden, konnte die PDS aus dem Vollen schöpfen. Dass sich die Partei ausgerechnet dort zuerst stabilisierte, wo sie am meisten Schaden angerichtet hatte, war vor allem auf zwei Gründe zurückzuführen: auf ihre personelle Stärke im Osten Deutschlands und auf die einsetzende Katerstimmung nach der Wiedervereinigung. Statt sozialistische Utopien zu propagieren, präsentierte sich die PDS mit wachsendem Erfolg als Sprachrohr unzufriedener Ostdeutscher. Der Wiederaufstieg der Partei hing eng mit dem riesigen Reservoir an Kadern zusammen, über das die entmachtete Staatspartei weiterhin verfügte. Zehntausende ehemalige Funktionäre klammerten sich an die PDS, die als einzige politische Kraft ihr Lebenswerk verteidigte. Sie verlor zwar beständig an Mitgliedern, doch die Anzahl der verbleibenden Genossen war immer noch enorm. 1993 gehörten der Partei noch mehr als 130 000 Mitglieder an, die sich in den darauffolgenden zehn Jahren auf knapp 66 000 halbierten. Die SPD stagnierte demgegenüber seit 1990 in den neuen Bundesländern bei gut 27 000 Mitgliedern. Selbst in den entlegensten Winkeln Ostdeutschlands konnte die PDS dadurch noch auf Aktivisten zurückgreifen. Sie hatten Zeit, waren politisch motiviert und verfügten meist über ein solides Bildungsniveau – ein Kapital, das es erlaubte, die diskreditierte Partei zunächst auf örtlicher Ebene wieder zu einem Faktor der Politik zu machen. Die Kommunalpolitik hatte den unschätzbaren Vorteil, dass es hier nicht um die großen Fragen von Diktatur und Demokratie ging, sondern um alltägliche Probleme wie die Ansiedlung eines Lebensmittelmarktes oder die Öffnungszeiten einer Kindertagesstätte. In den ostdeutschen Kommunen war es deshalb für die SED-Nachfolger am einfachsten, ihre politische Isolation zu durchbrechen.

Bei den Kommunalwahlen im Mai 1990 gewann die PDS rund 10 000 Abgeordnete und 350 Bürgermeister – ein beträchtliches Potential, das weiter ausgebaut werden sollte. Auf einer Klausurtagung des Parteivorstands analysierte Vizeparteichef André Brie damals die Defizite, die sich aus

Sicht der Führung bei den Wahlen gezeigt hatten. »In vielen Kreisen, Städten, Gemeinden und Wohnbezirken ist es immer noch nicht gelungen, die organisatorische Ordnung unserer Partei herzustellen«, beklagte er. »Das ist absolut unbefriedigend.« In zahlreichen Orten habe die PDS keine Kandidaten aufgestellt, und dort, wo es welche gegeben habe, seien nur selten Persönlichkeiten nominiert worden, die den Bürgern bekannt gewesen seien. Darüber hinaus habe es an Aktionen gemangelt, um in die Medien zu kommen. Die politischen Programme seien oft unkonkret und nicht bürgernah genug gewesen. »Sie waren vielfach, wir haben diese Beispiele en gros da, eher ein Abklatsch des zentralen kommunalpolitischen Programms der PDS.«[65] Brie kündigte an, dass die Parteiführung die Lage in den Kreisen genau analysieren und, wo nötig, Kader zur Unterstützung entsenden werde.

In der Folgezeit entfaltete die Partei große Anstrengungen, in den ostdeutschen Kommunen Fuß zu fassen. In einer Gesellschaft, in der den Bürgern abgewöhnt worden war, sich selbst um ihre Probleme zu kümmern, stießen die Mandatsträger der PDS dabei auf wenig Widerstand. Wer hatte schon Lust, an freien Abenden Bebauungspläne zu studieren oder sich mit dem bundesdeutschen Abwasserrecht vertraut zu machen? Die PDS nahm sich dieser Aufgabe eilfertig an – und erkannte bald, dass dies mit handfesten Vorteilen verbunden war. Während sie in den überregionalen Medien vielfach noch geschnitten wurde, konnte sie hier bei harmlosen Themen öffentlich Präsenz zeigen. Zudem eignete sich die Verteilung von Baugenehmigungen, Verwaltungsposten oder Gemeindeaufträgen hervorragend, um informelle Netzwerke zu knüpfen oder auszubauen. Schon im Januar 1993 konnte Bisky feststellen: »Die Stärke der PDS besteht darin, dass sie aus der Basis heraus lebt und in den Regionen präsent ist.«[66]

Tatsächlich ging es für die Partei als Erstes bei den Kommunalwahlen wieder bergauf – auch wenn ihr dabei die geringe Wahlbeteiligung und die hohe Wahldisziplin ihrer Anhänger zu Hilfe kamen. Konnte der Abwärtstrend bei den Abstimmungen zu den Berliner Bezirksverordnetenversammlungen im Mai 1992 bereits prozentual gestoppt werden, erreichte die PDS bei den Kommunalwahlen in Brandenburg im Dezember 1993 erstmals einen massiven Zugewinn: Mit 21,2 Prozent wurde sie zweitstärkste Partei hinter der SPD. Gegenüber der vorangegangenen Kommunalwahl war dies ein Plus von 4,5 Prozent, im Vergleich zur Bundestagswahl sogar von über zehn Prozent. Der Parteivorstand jubilierte: »Damit dürfte endgültig klar sein, dass das stereotype Gerede vom Auslaufmodell PDS nicht der Realität entspricht, sondern dem Wunschdenken der etablierten Parteien entspringt.«[67]

Der Wiederaufbau von unten wurde von einer entsprechenden politischen Strategie flankiert: Die PDS trat jetzt nicht mehr nur für die entmachteten Funktionäre ein, sondern präsentierte sich als Ostpartei, die vorgab, für die Interessen aller ehemaligen DDR-Bürger zu kämpfen. »Nur durch unsere Partei wurde die Benachteiligung Ostdeutscher immer wieder artikuliert und wurde auch die Forderung nach Gleichstellung artikuliert«, erinnerte sich Gysi später stolz. »Dieses Thema haben wir besetzt.«[68] Ausgerechnet die Unterdrücker von gestern gaben sich jetzt als Vorkämpfer der ehemals Unterdrückten aus. Dass sie damit Erfolg hatten, war vor allem dem kurzen historischen Gedächtnis der Menschen geschuldet, so dass die Schandtaten von gestern zunehmend von den drängenden Problemen der Gegenwart überlagert wurden.

Die PDS tat alles dafür, die aktuellen Probleme in den Mittelpunkt zu rücken und grotesk zu überzeichnen. Obwohl der Lebensstandard in keinem anderen ehemals kommunistischen Land Europas so rasant anstieg wie in der früheren

DDR, malte die Partei die Gegenwart in den schwärzesten Farben. Pausenlos wurde den Ostdeutschen der Eindruck vermittelt, sie seien nicht die Gewinner, sondern die Verlierer der deutschen Einheit. »Durch die Politik der Herrschenden wurden weite Regionen in den ostdeutschen Bundesländern deindustrialisiert, die Landwirtschaft wurde zum großen Teil zerstört«, hieß es etwa im neuen Parteiprogramm von 1993. »Soziale und menschliche Verarmung haben erschreckende Ausmaße angenommen.«[69] Geschickt machte man sich dabei die Enttäuschung vieler Ostdeutscher zunutze, die nach der Wiedervereinigung feststellen mussten, dass sie sich über das Leben in der Bundesrepublik erhebliche Illusionen gemacht hatten. Kein Wort wurde darüber verloren, dass der marode Zustand der ostdeutschen Industrie- und Landwirtschaftsbetriebe das Resultat von vierzig Jahren SED-Sozialismus war.

Auch die Lobbyarbeit für die entmachtete Staatsklasse kaschierte die PDS jetzt als Kampf für die Ostdeutschen – als säßen ehemalige Stasi-Häftlinge und ihre Vernehmer im selben Boot. So beklagte das Parteiprogramm von 1993, dass das wissenschaftliche, wirtschaftliche und kulturelle Potential der DDR abgewickelt worden sei. Gerichtsverfahren seien an die Stelle von Geschichtsdiskussion getreten, diskriminierende Fragebögen hätten eine würdige Auseinandersetzung mit der Vergangenheit verdrängt. »Durch die Politik der etablierten Parteien werden die ehemaligen Bürgerinnen und Bürger der DDR auf Jahre, wenn nicht auf Jahrzehnte zu Menschen mit eingeschränkten Grundrechten.« Als seien diese Grundrechte nicht vierzig Jahre lang von ebendieser Partei mit Füßen getreten worden. In Wirklichkeit ging es um die zaghaften Versuche nach der friedlichen Revolution, SED- und Stasi-Kader aus sensiblen Positionen zu entfernen und für ihre Verbrechen strafrechtlich zur Verantwortung zu ziehen.

Der anschließende Forderungskatalog des PDS-Programms verfuhr nach dem selben Muster: »Es darf den Bürgerinnen und Bürgern nicht verloren gehen, was sie in Jahrzehnten durch eigene Arbeit geschaffen und erhalten haben. [...] Die juristische und soziale Ausgrenzung von Hunderttausenden Menschen, der Mißbrauch des Arbeits-, Sozial- und Rentenrechts als ›politisches Strafrecht‹ und die Berufsverbotspraxis müssen beendet werden. [...] Der Grundsatz ›Rückgabe vor Entschädigung‹ muß aufgehoben werden.«[70] Im Klartext bedeutete dies: Die Rentenprivilegien der DDR-Funktionäre müssen erhalten bleiben, ehemalige Stasi-Mitarbeiter sollen weiterbeschäftigt werden, und unrechtmäßig enteignetes Eigentum darf nicht zurückgegeben werden.

Die PDS bemühte sich zudem, ein Wir-Gefühl ehemaliger DDR-Bürger zu erzeugen. Während sich die Mehrheit der Ostdeutschen zeitlebens fremd im eigenen Land gefühlt hatte und mit dem Regime und seinen Funktionären nichts zu tun haben wollte, behauptete die PDS bei jeder Gelegenheit eine gemeinsame DDR-Identität von Unterdrückten und Unterdrückern. Das Leben, so wurde litaneienhaft wiederholt, sei im Osten solidarischer, wärmer und sozialer gewesen. Ampelmännchen, Rotkäppchen-Sekt und andere unwichtige DDR-Besonderheiten wurden zum Kultobjekt erhoben. Dabei vermischte man systematisch harmlose nostalgische Erinnerungen mit einer Verklärung der politischen Verhältnisse. Selbst kommunistische Straßennamen und Denkmäler wurden zu einer Art DDR-Kulturgut erklärt, Versuche ihrer Beseitigung als »Bilderstürmerei« oder »Geschichtsfälschung« verdammt.

Gegenstück zu dieser behaupteten Ost-Identität war das Feindbild einer kalten und gnadenlosen Bundesrepublik. Mit grenzenloser Demagogie versuchte die PDS, den Ostdeutschen einzureden, nicht die SED, sondern das vom Westen übergestülpte politische und wirtschaftliche System sei für die ökonomischen und sozialen Probleme nach der Wiedervereinigung verantwortlich. Die Schuldverlagerung funktionierte umso besser, je länger der Untergang der DDR zurücklag. Geschickt machte sich die PDS dabei die Unsicherheit vieler Ostdeutscher zunutze, die sich von den einschneidenden Veränderungen nach der Wiedervereinigung teilweise überfordert fühlten. Mit ihrer aggressiven antiwestlichen Propaganda bediente sie nicht nur die alten Stereotypen vom gnadenlosen Kapitalismus, sondern bot auch eine Möglichkeit, aufkommende Minderwertigkeitsgefühle zu kompensieren. Während sie lautstark gegen Antisemitismus, Fremdenfeindlichkeit und Rassismus zu Felde zog, schürte sie vergleichbare Ressentiments gegenüber Westdeutschen.

Der Westen diente aber nicht nur als Sündenbock für Probleme aller Art. Er eignete sich auch hervorragend, um den politischen Erneuerungsprozess in Ostdeutschland zu torpedieren. Der notwendige Kampf gegen die Vorherrschaft der alten Kader wurde von der PDS in einen Ost-West-Konflikt umgedeutet. Wenn belastete oder unfähige Funktionäre nicht weiterbeschäftigt wurden, geißelte man das als »Angriff auf DDR-Biographien«. Überprüfungen auf eine frühere Stasi-Tätigkeit wurden als »Hexenjagd« verunglimpft; angeblich dienten sie nur dazu, die Ostdeutschen aus ihren Positionen zu verdrängen. Die Rückgabe enteigneter Häuser an ihre Besitzer wurde als Vertreibung unbescholtener DDR-Bürger durch gnadenlose Alteigentümer aus dem Westen dargestellt. Selbst die Beseitigung des asbestverseuchten Volkskammergebäudes »Palast der Republik« in Berlin deuteten die Parteioberen in einen westdeutschen Angriff auf die Identität des Ostens um. »Mit dem Abriss des Gebäudes bekommen die Beigetretenen wieder einen Tritt«, erklärte Parteichef Bisky bei einer der zahllosen Protestaktionen, an denen sich die PDS beteiligte, während Gysi kaltschnäuzig meinte, wenn sich Bundeskanzler Helmut Kohl schon nicht mit den Menschen in der früheren DDR abfinden könne, solle er es doch zumindest mit den Gebäuden versuchen.[71]

Dass sich ausgerechnet die Verursacher der Misere als Sachwalter ostdeutscher Interessen präsentieren konnten, war wohl nur deshalb möglich, weil es keine andere, unbelastete Partei gab, die diese Rolle hätte übernehmen können. Jetzt rächte sich, dass die wichtigsten DDR-Parteien 1990 allesamt mit starken Partnern im Westen fusioniert hatten. Hätte die CDU nicht verhindert, dass sich mit der Deutschen Sozialen Union (DSU) noch eine andere Regionalpartei im Osten etablierte, hätte sich das Parteiensystem in Deutschland möglicherweise anders entwickelt. So aber konnte die PDS ihre Schwäche im Westen zu einem strategischen Vorteil ummünzen – auf westdeutsche Befindlichkeiten oder gesamtdeutsche Interessen musste sie keine Rücksicht nehmen. Das Profil der Ostpartei war zwar nicht das, was sich Gysi in seinen Träumen von einer linkssozialistischen Partei in ganz Deutschland erhoffte, doch es sicherte die Existenz der PDS. Zum einen konnte sie damit von ihrer Verantwortung für die Misere nach vierzig Jahren Sozialismus ablenken. Zum anderen gelang es ihr, neben den ehemaligen Staatskadern auch andere vom Einigungsprozess Frustrierte hinter sich zu scharen. Zum Dritten gewann sie dadurch ein politisches Alleinstellungsmerkmal, das sie von allen anderen Parteien unterschied. Statt das Land zusammenzuführen, legte es die PDS darauf an, es zu spalten – denn sie wusste, dass sie nur dann eine Überlebenschance hatte.

Gelegenheiten, sich als Ostpartei zu profilieren, gab es Anfang der 1990er Jahre genug. Vor allem die Schließung vieler unrentabler Betriebe im Zuge der Privatisierung der DDR-Staatswirtschaft bescherte der Partei eine neue Zielgruppe, die weit über die alten Funktionäre hinausreichte. Im Sommer 1991 waren in Ostdeutschland 1,2 Millionen Arbeitslose registriert. Hinzu kamen Hunderttausende, die Kurzarbeit leisteten, im Vorruhestand waren oder an Umschulungs- oder Arbeitsbeschaffungsmaßnahmen teilnahmen. Auch die, die Arbeit hatten, fürchteten vielfach um ihre Jobs. Obwohl die Vorbehalte gegenüber der PDS unter Arbeitern besonders groß waren (beim Parteitag im Januar 1993 waren nur gut zwei Prozent der Delegierten Arbeitnehmer), versuchte die Partei, dieses riesige Wählerpotential für sich zu erschließen. Die drohenden Betriebsschließungen und das Lohngefälle zwischen Ost und West boten eine gute Gelegenheit, sich bei Betriebsräten und Gewerkschaften anzubiedern. Dabei blieb unbemerkt, dass die PDS den Beschäftigten eigentlich Unvereinbares versprach: Während sie einerseits den Erhalt der unrentablen Betriebe verlangte, forderte sie andererseits eine schnelle Angleichung der Löhne – wohl wissend, dass dies weitere Unternehmen in den Ruin treiben würde. Noch einfacher war es, auf dem Gebiet der Sozialpolitik zu punkten. Die Tatsache, dass Millionen Ostdeutsche plötzlich von finanziellen Transfers des Staates abhängig waren, ermöglichte es, im großen Stil mit Forderungen nach mehr Geld auf Wählerfang zu gehen. Unermüdlich kämpfte die Partei für höhere Sozialleistungen, so dass selbst Menschen, die nie etwas mit der SED zu tun haben wollten, sich plötzlich in gewissen Parolen ihrer Nachfolgerin wiederfanden.

Um ihren Forderungen mehr Gewicht zu verleihen, bemühte sich die PDS, im Osten Deutschlands eine außerparlamentarische Protestbewegung zu erzeugen – und sich selbst an deren Spitze zu setzen. Wann immer es zu Konflikten um Jobs, Mieten oder Renten kam, versuchte sie, die Auseinandersetzungen anzuheizen. »Es reicht, Widerstand ist nötig!«, lautete einer der Slogans, mit denen die PDS damals Stimmung machte. Ob die Forderungen sinnvoll waren oder Aussicht auf Erfolg hatten, spielte keine Rolle. So unterstützte die Partei im Frühjahr 1993 die Warnstreiks in der ostdeutschen Metallindustrie, mit denen die Gewerkschaften einen Lohnzuwachs von 26 Prozent erzwingen wollten – eine Forderung, die die Existenz der letzten Großbetriebe im Osten aufs Spiel setzte. Und aus den Protesten von 700 Kumpeln gegen die Schließung eines Kali-Bergwerks in Bischofferode machte die PDS ein monatelanges bundesweites Mediendrama, bei dem sie sich mit Mahnwachen, Aktionstagen und einem Hungerstreik ins rechte Licht rücken konnte. »Wenn man die wenigen fragt, die sich hin und wieder anschließen«, berichtete 1993 ein Journalist über einen Zug der Bergleute durch Deutschland, »kommt meistens raus, dass auch sie bei der PDS sind. Das darf nur nicht zu laut gesagt werden.«[72] In ähnlicher Weise versuchte die Partei, auch Arbeitslose, Sozialhilfeempfänger, Rentner oder Wohngeldbezieher zu mobilisieren. Mit einem »Ostdeutschen Aktionstag für soziale Gerechtigkeit« oder Demonstrationen unter dem Motto »Stoppt den Generalangriff auf den Sozialstaat« trug sie ihre Parolen auf die Straße.

Da die PDS überall in der Opposition war, brauchte sie weder auf finanzielle Handlungsspielräume noch auf wirtschaftliche Vernunft Rücksicht zu nehmen. Im Wettbewerb der Parteien konnte sie mit populistischen Forderungen punkten, die sie selbst nicht erfüllen musste. Der so erzeugte Druck auf die Regierungen, wenigstens einen Teil davon umzusetzen, führte dazu, dass sich die wirtschaftlichen Probleme in Ostdeutschland weiter verschärften. Da die Anhebung des Lebensstandards nicht durch ein entsprechendes Wachstum der Produktivität gedeckt war, wuchsen Arbeitslosigkeit und Haushaltsdefizite. Dadurch vergrößerte sich wiederum die Zahl derer, die ihre Situation nicht aus eigener Kraft verbessern konnten, sondern auf staatliche Alimentierung angewiesen waren – also jene Klientel, die die PDS brauchte, um sich als Sprachrohr der Unzufriedenen zu profilieren.

Mit großem Geschick machte sich die PDS daran, Kampfbegriffe zu prägen, die den Gegner in die Defensive drängen sollten. »Vereinigungsunrecht«, »Strafrenten«, »Berufsverbote« waren nur einige der Wortschöpfungen, deren sich die Partei bediente, um ihre Botschaften an den Mann zu bringen. Als besonders wirksam – und entsprechend langlebig – erwies sich die Vokabel der »sozialen Gerechtigkeit«. Die traditionell eher sozialdemokratische Forderung nach Unterstützung der Schwachen gewann in der Agitation der PDS eine aggressive Wendung. Ihr ging es nicht mehr um die Herstellung von Chancengleichheit, sondern um das Schüren von Sozialneid.

Zur Strategie der PDS gehörte es auch, sich mit zahllosen Vorfeldorganisationen zu umgeben. Die Kader und Sympathisanten der Partei gründeten dazu Dutzende Organisationen, die sich als überparteilich präsentierten, in Wahrheit aber als »Transmissionsriemen« in die Gesellschaft dienten. Meist handelte es sich dabei um Vereinigungen, die die Interessen bestimmter Bevölkerungsgruppen zum Ausdruck bringen sollten, ohne dass die PDS offen in Erscheinung trat. Auf diese Weise entstand der Eindruck einer vielfältigen Organisationslandschaft, die als politischer Resonanzboden diente. Eng mit der Partei verbunden war zum Beispiel der Unabhängige Frauenverband, der bei Protesten gegen die Einführung des Paragraphen 218 in Ostdeutschland eine wichtige Rolle spielte. Seine Mitbegründerin Petra Bläss, SED-Mitglied seit 1986, zog 1990 – offiziell parteilos – für die PDS in den Bundestag ein und übernahm dort 1998 sogar das Amt der Vizepräsidentin. Ähnliches galt für den Arbeitslosenverband Deutschland, dessen Mitbegründer und Präsident Klaus Grehn, ein langjähriges SED-Mitglied, später ebenfalls für die PDS im Bundestag saß.

Auch aus der DDR übernommene Organisationen spielten in den parteinahen Netzwerken naturgemäß eine wichtige Rolle. Der Wohlfahrtsverband Volkssolidarität, der von einem langgedienten SED-Funktionär geleitet wird, verbreitet zum Beispiel bis heute fast eins zu eins die Propaganda der LINKEN; mit seinen 320000 Mitgliedern und seiner starken Präsenz bei ostdeutschen Senioren ist er zugleich ein wichtiges Wählerreservoir. Auch die Gewerkschaften in Ostdeutschland wurden von PDS-Kadern Schritt für Schritt unterwandert.

Eine besondere Nähe pflegte – und pflegt – die Partei zu den Interessenverbänden ehemaliger DDR-Staatskader. In dem Buch *Die Täter sind unter uns* hat der Autor das Beziehungsgeflecht ausführlich untersucht.[73] Der zahlenmäßig größte ist die »Initiativgemeinschaft zum Schutz der sozialen Rechte ehemaliger Angehöriger bewaffneter Organe und der Zollverwaltung der DDR (ISOR)«. Den Verein, in dem über 24000 Mitglieder in 188 Ortsgruppen organisiert sind, gründeten 1991 frühere Angehörige von Armee, Polizei und Staatssicherheitsdienst, um die Fortzahlung ihrer üppigen Altersbezüge durchzusetzen. Seitdem dies so gut wie erreicht ist – nur Stasi-Mitarbeiter und einige SED-Spitzenkader bekommen weiterhin eine DDR-Durchschnittsrente –, agitiert der Verein gegen die »Verteufelung der DDR« und die »Entwertung ostdeutscher Biographien und Erfahrungen, vor allem mittels Diffamierung der DDR-Grenztruppen und des zur Inkarnation alles Bösen hochstilisierten MfS«.[74] Der Vorstand von ISOR besteht zur Hälfte aus hochrangigen Stasi-Offizieren; der LINKEN-Chef von Mecklenburg-Vorpommern, Peter Ritter, ist Mitglied des Vereins.

PDS und ISOR waren von Anfang an eng miteinander liiert. Die Partei machte sich nicht nur die Forderungen der Stasi-Veteranen zu eigen, sondern setzte auch durch, dass die rot-rote Landesregierung von Mecklenburg-Vorpommern 2002 eine entsprechende Bundesratsinitiative einbrachte. In »ausgewählten Musterfällen« sicherte sie den Obristen sogar ihre rechtliche Vertretung zu.[75] Im Mai 2005 behauptete die heutige LINKEN-Fraktionsvize Pau im Bundestag, mit der Begrenzung der Funktionärsrenten solle das Rentensystem als Strafsystem missbraucht werden. Ihre Partei habe deshalb alle Betroffenen ermutigt, dagegen zu klagen, denn »das Rentenstrafrecht [...] ist Unrecht«.[76]

Zur guten Zusammenarbeit zählt auch, dass die LINKE dem Funktionärsverein kostenlos Räume zur Verfügung stellt. Immer wieder treten zudem Spitzenpolitiker wie Pau, Bartsch, Jelpke oder Lötzsch bei dessen Zusammenkünften auf. »Großen Beifall erhielt die Bundestagsabgeordnete Dr. Gesine Lötzsch für ihre Aussage, dass die PDS den Kampf für die Beseitigung des noch bestehenden Rentenstrafrechts aktiv unterstützt«, heißt es zum Beispiel über eine Veranstaltung in Berlin im Mai 2005. »Die Teilnehmer dankten ihr und Petra Pau für die klare Haltung in der Bundestagssitzung am 12. Mai 2005.«[77] Als im August 2007 bekannt wurde, dass auch Gysi bei ISOR eine Rede gehalten hatte, dementierte dies DIE LINKE zunächst, musste sich dann aber korrigieren.[78]

Für die politische Unterstützung revanchiert sich der Funktionärsverband mit Wahlaufrufen und Spendenaktionen. So appellierte der Vereinsvorsitzende Horst Parton vor der Bundestagswahl 2005 an seine Mitglieder: »Wählt die Liste der Linkspartei/PDS, der Partei, die als einzige der im Bundestag vertretenen Parteien konsequent gegen das Rentenstrafrecht eintritt. [...] Es muss uns endlich gelingen, das Kräfteverhältnis im deutschen Bundestag zu verändern.«[79] Nach den Wahlen bedankte sich die frischgebackene Bundestagsabgeordnete Martina Bunge »für die erwiesene Unterstützung«, überbrachte »herzliche Grüße von der Linkspartei« und sprach sich »für die Stärkung der Arbeitsbeziehungen« zu dem Stasi-Verband aus.[80]

Eine wichtige Rolle spielte auch die 1991 gegründete Gesellschaft für Bürgerrecht und Menschenwürde e.V. (GBM). Laut Satzung wollte sich der Verein der »Feststellung, Erforschung und Dokumentation von Menschenrechtsverletzungen« widmen. Dabei ging es nicht etwa um die drastischen Menschenrechtsverletzungen aus vierzig Jahren DDR, sondern darum, dass SED- und Stasi-Kader unbeschadet auf ihren Posten bleiben konnten. Mit seinen Kampagnen gegen »einigungsbedingte Menschenrechtsverletzungen«, »einigungsvertragsbedingte Kündigungen« oder »Diskriminierung ostdeutscher Wissenschaft, Bildung und Kultur« bot der angeblich parteiunabhängige Verein den politischen Unterbau für die PDS-Propaganda gegen das »Vereinigungsunrecht«. Der Organisation schlossen sich etwa 3500 Mitglieder in vierzig Ortsgruppen sowie zwei Vereinigungen ehemaliger Stasi-Mitarbeiter an. Noch Ende 2007 protestierte die GBM in einer Erklärung, »dass die untergegangene DDR verunglimpft, ihre Geschichte verunstaltet oder totgeschwiegen wird«.[81] Wenig später wurde bekannt, dass Bezirkspolitiker der LINKEN in Berlin dem absonderlichen Verein kostenlos staatliche Räume zur Verfügung stellten. Als die Partei deshalb in die Kritik geriet, veröffentlichte die GBM eine Solidaritätserklärung, die auch auf die Homepage der LINKEN gestellt wurde.[82]

Eine weitere Gründung im Umfeld der PDS war das sogenannte Insiderkomitee zur kritischen Aufarbeitung der Geschichte des MfS. Ehemalige Stasi-Offiziere hoben den Verein 1992 aus der Taufe, um »konsequent in der Öffentlichkeit gegen Verleumdungen oder Entstellungen unserer Arbeit« aufzutreten.[83] Zu den Initiatoren gehörte der frühere Stasi-Offizier Jörg Seidel, damals Mitglied des Berliner PDS-Vorstandes und Pressesprecher des Komitees. In den frühen 1990er Jahren arbeitete es eng mit der sogenannten Alternativen Enquete-Kommission zusammen, die in mehreren Anhörungen die SED-Diktatur verklärte und in deren Vorstand auch die stellvertretende PDS-Vorsitzende Marlies Deneke saß. Das Insiderkomitee bereitete mehrere Anhörungen mit vor, in denen hochrangige MfS-Offiziere den Staatssicherheitsdienst schönredeten. Auf Einladung des PDS-Parteivorstands referierten zwei seiner Mitglieder 1995 auf der Konferenz »Fünf Jahre Partei des Demokratischen Sozialismus in der Bundesrepublik Deutschland«.[84] Maßgeblich beteiligt war das Komitee schließlich auch an einer Veranstaltung des PDS-dominierten Bezirksamtes Berlin-Lichtenberg im Januar 2005 zum Sturm der Stasi-Zentrale fünfzehn Jahre zuvor. Bis heute betreibt es eine eigene Homepage, auf der der Staatssicherheitsdienst verherrlicht und seine Opfer verhöhnt werden. Man stelle sich nur einen Augenblick lang vor, Vergleichbares hätte es in den 1950er Jahren seitens ausgedienter SS- oder Gestapo-Beamter gegeben.

Auch die 1993 gegründete Gesellschaft zur rechtlichen und humanitären Unterstützung e.V. (GRH) gehörte zu den Vorfeldorganisationen der PDS. Laut Satzung sollte der Verein »die Hilfe für politisch, rassisch oder religiös Verfolgte« fördern, »Hilfe für die Opfer von Straftaten« leisten und »das Andenken an Verfolgte« fördern.[85] Tatsächlich ging es auch hier nicht um die Opfer des DDR-Regimes, sondern darum, dessen Kader nach der Wiedervereinigung vor Bestrafung zu schützen. Zu den mehr als 1400 Vereinsmitgliedern gehörten unter anderem Honecker-Nachfolger Krenz, der frühere Präsident des Obersten DDR-Gerichts Günther Sarge, der letzte Stasi-Chef Wolfgang Schwanitz und der frühere Leiter des MfS-Gefängnisses in Berlin-Hohenschönhausen, Siegfried Rataizick.

Während der Verein anfangs vor allem Geld für Anwalts- und Prozesskosten sammelte, hat er sich später auf das Feld der Geschichtspolitik verlegt. So forderte sein Vorsitzender Hans Bauer im September 2005 die »Auflösung aller Einrichtungen und Institutionen, die noch vom Geiste des Kalten Krieges, von Hetze, Hass, Rache und Vergeltung geprägt sind und wirkliche Fortschritte bei der Herstellung der inneren Einheit verhindern. [...] Dies trifft insbesondere auf die ›Birthler-Behörde‹ und auf sogenannte Forschungs- und Gedenkstätten zu, die mit Steuergeldern künstlich am Leben erhalten werden.«[86]

Als sich im Frühjahr 2004 Hunderte ehemaliger Grenztruppenoffiziere in Berlin-Lichtenberg versammelten, wurden sie vom damaligen Fraktionsgeschäftsführer der PDS Jürgen Steinbrück persönlich begrüßt. Und als Petra Pau 2005 auf dem Wahlforum der GRH in Marzahn-Hellersdorf auftrat, bezog sie laut Vereinsblatt »die bekannten Positionen der PDS und versicherte als Einzige, dass sie sich im Falle der Wiederwahl in der Fraktion und im Bundestag für die von unseren Organisationen vertretenen Forderungen einsetzen werde«.[87] Bis heute stellt DIE LINKE der GRH kostenlos Räume zur Verfügung und wirbt auf ihrer Internetseite für deren Sprechstunden.

Im Sommer 1992 versuchte die PDS, ihre außerparlamentarische Unterstützung auf eine breitere Basis zu stellen. Parteichef Gysi initiierte damals zusammen mit dem ehemaligen DDR-Innenminister Peter-Michael Diestel die Bildung sogenannter Gerechtigkeitskomitees. In einem von 69 Personen unterzeichneten Gründungsmanifest vom Juli 1992 hieß es, die Bürger in den neuen Bundesländern fühlten sich als »Menschen zweiter Klasse«. Deindustrialisierung, Zerstörung der Landwirtschaft, Massenarbeitslosigkeit, sozial unverträgliche Mietsteigerungen und andere Negativerscheinungen hätten die »Hoffnungen zerstört, die mit der deutschen Einheit verknüpft waren«. Die Ostdeutschen müssten deshalb »ihre Interessen selber aussprechen und wahrnehmen«, wozu überparteiliche »Komitees für Gerechtigkeit« gebildet werden sollten.[88]

Um die Komitees und andere PDS-nahe Organisationen zu vereinen, fand im Oktober 1993 der 1. Ostdeutsche Bundeskongress der Verbände statt, bei dem das Ostdeutsche

Kuratorium von Verbänden (OKV) gegründet wurde. Die PDS, die in dieser »Volksfront« gegen die deutsche Einheit nicht offen in Erscheinung trat, wollte das Kuratorium sogar zu einer dritten Kammer (neben Bundestag und Bundesrat) machen, die das Recht bekommen sollte, Parlamente und Behörden zu kontrollieren, wie Gysi in einem sogenannten Ingolstädter Manifest im Februar 1994 verlangte.[89] Die Gerechtigkeitskomitees schliefen zwar nach einiger Zeit wieder ein, doch das OKV existiert bis heute. In einer Erklärung vom März 2007 erinnerten die DDR-Nostalgiker daran, dass die in ihm organisierten Verbände der PDS »ein zuverlässiges Wählerpotential« gesichert hätten, und verlangten von der LINKEN, diese Tradition fortzusetzen.[90]

Die Strategie, sich als Ostpartei zu profilieren, war für die PDS ein voller Erfolg. Dabei kam ihr zugute, dass sich die Öffentlichkeit immer wieder mit den Problemen des Einigungsprozesses beschäftigte, während Fragen der Außenpolitik oder der inneren Sicherheit eine eher untergeordnete Rolle spielten. Nur wenige Jahre nach dem Ende des SED-Regimes konnte die PDS im Osten Deutschlands jedenfalls erstaunliche Wahlerfolge einheimsen. Diese hingen eng damit zusammen, dass sich dort das DDR-Bild in den 1990er Jahren zunehmend positiv färbte. Während im Jahr der Wiedervereinigung knapp drei Viertel der Ostdeutschen die Verhältnisse in der DDR für unerträglich hielten, waren es 1994 nur noch 56 Prozent und 2001 sogar nur noch 44 Prozent. Demgegenüber stieg der Anteil derjenigen, die die Lebensverhältnisse in der DDR für erträglich hielten, im selben Zeitraum von 19 auf 42 Prozent. Mehr als jeder Zweite bejahte sogar den Satz: »Wir waren alle gleich und wir hatten Arbeit. Darum war es eine schöne Zeit in der DDR.«[91] Die PDS profitierte nicht nur von diesem rosa-roten DDR-Bild, sondern tat alles dafür, es zu bestärken.

Bei den Landtagswahlen 1994 erzielte die PDS im Osten

durchweg große Gewinne. In den neuen Ländern erhielt sie zwischen 16,6 (Thüringen) und 22,7 Prozent (Mecklenburg-Vorpommern). Das reichte zwar nicht, um bei den Bundestagswahlen im selben Jahr über die Fünf-Prozent-Hürde zu kommen. Doch da die Partei vier Direktmandate erobern konnte, durfte sie mit dreißig Abgeordneten ein zweites Mal in den Bundestag einziehen. Mit zwei Millionen Stimmen oder 4,4 Prozent hatte sie das Wahlergebnis von 1990 fast verdoppelt. Die PDS war damals als »Gysis bunte Truppe« in den Wahlkampf gezogen und hatte auf ihren Listen gezielt Prominente platziert, die nicht den Stempel eines DDR-Kaders trugen. Zugleich ließ sie ihre prominentesten Kandidaten in den Hochburgen antreten, um ihnen ein Direktmandat zu sichern. So stellte sie in Ost-Berlin den SED-kritischen Schriftsteller Stefan Heym auf, der nicht nur in den Bundestag kam (und sein Mandat nach einem Jahr entnervt niederlegte), sondern mit seinem Direktmandat dazu beitrug, dass die Partei die Fünf-Prozent-Klausel umgehen konnte. Nur wenn sich CDU und SPD in den entsprechenden Wahlbezirken auf gemeinsame Kandidaten geeinigt hätten, hätte das Konzept der PDS eventuell durchkreuzt werden können.

Die Wahlerfolge trugen dazu bei, dass die PDS ihre Position im Osten Deutschlands weiter ausbauen konnte. Sie erhielt nicht nur eine höhere Wahlkampfkostenerstattung, sondern konnte auch auf starke Landtagsfraktionen mit entsprechenden Ressourcen zurückgreifen. Unter ihrem neuen Vorsitzenden Lothar Bisky, der zwischen den Flügeln und Strömungen moderierte, konsolidierte sie sich rasch. In der Folgezeit legte sie in der Wählergunst beständig zu: In Brandenburg steigerte sie sich von 18,71 Prozent (1994) auf 27,96 Prozent (2004). In Sachsen nahm sie im selben Zeitraum von 16,5 auf 23,6 Prozent zu, in Thüringen von 16,6 auf 26,2 Prozent, in Sachsen-Anhalt von 19,9 Prozent (1994) auf 24,1 Prozent (2006).

Selbst bei den Bundestagswahlen 1994, 1998 und 2002, bei denen die PDS als Regionalpartei eher im Schatten stand, erzielte sie in den ostdeutschen Ländern in der Regel über fünfzehn, teilweise sogar über zwanzig Prozent. Das Konzept der Ostpartei hatte sie in den neuen Ländern zur Volkspartei gemacht, während sie im Westen mit Ergebnissen zwischen 0,5 Prozent (Bayern 1994) und 2,7 Prozent (Bremen 1994) eine Splitterpartei blieb. Nur in Mecklenburg-Vorpommern und Berlin gab es nach der Jahrtausendwende einen massiven Wählereinbruch – hier waren die SED-Nachfolger mittlerweile an die Macht gekommen.

An der Macht

Der Kampf um die Macht spielte für die Honecker-Erben frühzeitig eine zentrale Rolle. Den Parteioberen war klar, dass sie mit ihren bisherigen Strategien auf Dauer nicht überleben konnten. Als Interessenvertretung entmachteter DDR-Funktionäre, das hatte man bald einsehen müssen, hatte die PDS keine Zukunft. Auch das Konzept der Ostpartei würde nur so lange funktionieren, wie die in den Jahren der Teilung entstandene Entfremdung zwischen Ost und West noch spürbar war. Als linke Revoluzzerpartei hätte man erst recht keine Chance, da Extremisten in der Bundesrepublik bei Wahlen gemeinhin wenig Unterstützung finden. Auch Protestwähler, und seien sie noch so zahlreich, würden sich irgendwann frustriert abwenden, wenn sie merkten, dass sie mit ihrer Stimme nichts bewirken konnten.

Clevere Strategen an der Spitze der Partei suchten deshalb von Anfang an nach Wegen zu breiterer Anerkennung. Nur wenn es der PDS gelänge, als den anderen ebenbürtige

Partei akzeptiert zu werden, so ihre Analyse, könnte sie sich langfristig etablieren. Dazu musste sie ihre Fundamentalopposition überwinden und auch bereit sein, Einfluss auf das Regierungshandeln zu nehmen. Die Vordenker der Partei waren überzeugt, dass eine Regierungsbeteiligung »die Gestaltungs- und Handlungskompetenzen der Linkssozialisten erhöht, ihnen Wege zu neuen institutionellen und gesellschaftlichen Akteuren öffnet und insgesamt die Akzeptanz der linkssozialistischen Partei zu stärken vermag«. Das sei ein entscheidender Schritt »zur Etablierung eines linkssozialistischen Projekts als politische Normalität in Deutschland«.[92] Durch die Wahlerfolge im »Superwahljahr« 1994 rückte das Thema verstärkt auf die Tagesordnung. In drei ostdeutschen Ländern – Sachsen-Anhalt, Mecklenburg-Vorpommern und Thüringen – war die PDS so stark geworden, dass sie mit der SPD eine Regierung bilden konnte. Wäre sie in der Opposition geblieben, hätte es nur die Möglichkeit einer CDU-geführten Großen Koalition gegeben. Einzelne PDS-Politiker begannen deshalb, laut über eine Zusammenarbeit mit den Sozialdemokraten nachzudenken. Im Wahlkampf hatten sie noch die entgegengesetzte Parole ausgegeben: »Veränderung beginnt mit Opposition«.

Die SPD sollte nicht nur aus wahlarithmetischen Gründen das Einfallstor bilden. Mit den Sozialdemokraten fühlte man sich auch aufgrund der gemeinsamen politischen Wurzeln in der Arbeiterbewegung verbunden. Die PDS warf ihnen zwar vor, dass sie mit dem »Kapital« ihren Frieden gemacht hätten, doch zum »demokratischen Sozialismus« bekannte sich auch das SPD-Programm von 1989. Die bürgerlichen Parteien CDU und FDP kamen dagegen nicht als Bündnispartner in Frage, weil sie mit den SED-Nachfolgern nichts zu tun haben wollten und mit den linksradikalen Zielen der PDS nicht kompatibel waren.[93] Zu Bündnis 90/Die Grünen gab es zwar ebenfalls eine programmatische Affinität, doch fühlten sich deren Anhänger eher den DDR-Oppositionellen verbunden. Als kleine Partei sahen sich die Grünen zudem durch die Konkurrenz am linken Rand existenziell bedroht und reagierten entsprechend abweisend.

Die SPD wollte von den Avancen der PDS anfangs ebenfalls nichts wissen. Vor allem im Osten, wo die Partei noch zu SED-Zeiten von Bürgerrechtlern gegründet worden war, zeigte man ihr zunächst die kalte Schulter. Ehemalige DDR-Oppositionelle wie die Bundestagsabgeordneten Markus Meckel und Stephan Hilsberg machten aus ihrer Ablehnung keinen Hehl. Auf Initiative des damaligen Parteivorsitzenden Rudolf Scharping verabschiedeten die ostdeutschen SPD-Chefs im August 1994 eine »Dresdner Erklärung«, in der es klipp und klar hieß: »Es bleibt dabei: Die PDS ist ein politischer Konkurrent und Gegner der SPD. Eine Zusammenarbeit mit ihr kommt für uns nicht in Frage.«[94] Im Dezember 1994 bekräftigte auch der Bundesvorstand: »Die SPD schließt eine Bündnisstrategie gegenüber der PDS aus. [...] Koalitionen auf Landes- oder Bundesebene mit der PDS kommen nicht in Betracht.« Selbst in der Opposition wollte man nichts mit ihr zu tun haben: »Wo die SPD an der Regierung beteiligt ist, ist die PDS in der Opposition, wo die SPD selber in der Opposition ist, gibt es keine Koalition in der Opposition.«[95]

Die Erklärungen waren allerdings bereits bei ihrer Abfassung Makulatur. Nach den Erfolgen der PDS bei den Landtagswahlen bröckelte in der ostdeutschen SPD die Front der Ablehnung. Karrieristen hatten dort zunehmend das Heft in die Hand genommen, während die bürgerbewegten Gründerväter immer mehr an den Rand gedrängt wurden. Statt politischer Moral zählte jetzt vor allem der Wille zur Macht. Das Erstarken der PDS hatte dazu geführt, dass die Sozialdemokraten in den neuen Ländern – bis auf Brandenburg – überall deutlich schlechter als die CDU abschnitten. Solange die SPD eine Zusammenarbeit mit der PDS ausschloss, war sie dazu verdammt, in CDU-geführten Regierungen den Juniorpartner abzugeben. Dagegen stand die Verlockung, mit Hilfe der PDS selbst an die Fleischtöpfe zu gelangen.

Führende ostdeutsche Sozialdemokraten wie Wolfgang Thierse trieben damals die Aufweichung des Abgrenzungskurses voran. 1994 schrieb er an SPD-Chef Scharping, dass die PDS auf kommunaler Ebene als Partner »unvermeidbar« sei. »Sie agiert dabei sachlich, pragmatisch, bürgernah mit Dienstleistungscharakter«, lobte er die SED-Nachfolger.[96] In einem vertraulichen Brief an die thüringische SPD-Fraktion, der aus Versehen beim Bündnis 90 landete, meinte er gar, die Ausgrenzung der PDS »beleidige nahezu jeden ehemaligen DDR-Bürger«.[97] Thierse diskutierte nicht nur mit PDS-Mitgliedern im Berliner Kautsky/Bernstein-Kreis, sondern machte sich auch viele ihrer Positionen zu eigen. Mal forderte er, »den Kalten Krieg zu beenden«, mal schimpfte er auf das »Rentenstrafrecht«, mal verteidigte er die DDR gegen den Vorwurf des »Unrechtsstaates«. SPD-Begründer Meckel hielt ihm deshalb 1995 vor: »Thierse betreibt faktisch das Geschäft der PDS.«[98]

Ein Jahr später gab Thierse, immerhin einer der stellvertretenden SPD-Vorsitzenden, bei einem Treffen ostdeutscher Sozialdemokraten erstmals grünes Licht für rot-rote Koalitionen auf Landesebene. Die Partei, so schrieb er in einem internen Thesenpapier, könne »in Ostdeutschland einer Zusammenarbeit mit der PDS nicht ausweichen, wenn und insofern sie damit den politischen Auftrag ihrer Wählerinnen und Wähler erfüllt«. Um die Wähler nicht schon vorher zu vergraulen, sollten konkrete Aussagen dazu jedoch »möglichst erst dann erfolgen, wenn ein vorliegendes Wahlergebnis ein konkretes Verhalten der SPD erforderlich macht«.[99] Eine Anleitung zur Wählertäuschung, die SPD und Grüne auch bei der Hessen-Wahl 2009 befolgten.

Einen Kuschelkurs gegenüber der PDS betrieben auch andere ostdeutsche Sozialdemokraten. In Brandenburg sagte die damalige Arbeitsministerin Regine Hildebrandt über den PDS-Chef Bisky 1994: »Den würde ich mir in der SPD wünschen.«[100] In Mecklenburg-Vorpommern sah der dortige SPD-Vorsitzende Harald Ringstorff wenig später »Berührungspunkte mit der PDS« und kündigte nach den Landtagswahlen 1994 erstmals Sondierungsgespräche mit den Postkommunisten an.[101] Öffentlich spekulierte er bereits, sich von der PDS zum Ministerpräsidenten wählen zu lassen – bis ihm SPD-Chef Scharping mit Parteiausschluss drohte, um ihn zurückzupfeifen.[102] Den Tabubruch vollzogen SPD und Grüne in Sachsen-Anhalt, als ihnen die PDS nach den Landtagswahlen im Juni 1994 anbot, ohne Vorbedingungen eine Minderheitsregierung zu tolerieren. Jetzt gab es für die SPD kein Halten mehr.

Im Juli 1994 ließ sich SPD-Spitzenkandidat Reinhard Höppner mit den Stimmen der PDS zum Ministerpräsidenten wählen. Der Vorgang hatte weitreichende Folgen für das bundesdeutsche Parteiensystem, denn das sogenannte Magdeburger Modell – mit dem SPD und Grüne 2008 auch in Hessen an die Macht kommen wollten – bedeutete einen Dammbruch in der politischen Kultur der Bundesrepublik. Es trug entscheidend dazu bei, die PDS hoffähig zu machen, und leitete eine Auflösung des jahrzehntelangen anti-extremistischen Konsenses ein. Fünf Jahre nach dem Sturz der kommunistischen Diktatur erhielten die SED-Nachfolger die ersehnte Absolution und wurden zum Mitspieler im Kampf um politische Mehrheiten – Voraussetzung für ihr längerfristiges Überleben.

Für die SPD brachte die Öffnung zur PDS neue politische Möglichkeiten in einigen ostdeutschen Landtagen. Doch auf lange Sicht hatte sie verheerende Folgen für die Traditionspartei. Wie keine andere politische Kraft hätten die Sozialdemokraten darauf bedacht sein müssen, dass die PDS keine dauerhafte Erscheinung bleibt. »Die SPD kann nicht zulassen, dass ihre Mehrheitsfähigkeit durch die Existenz einer Partei beeinträchtigt wird, die sich links von ihr in den Parlamenten etabliert«, hatte der SPD-Parteivorstand im Dezember 1994 richtigerweise festgestellt.[103] Doch statt daraus die Konsequenzen zu ziehen und die PDS konsequent auszugrenzen (wie es die CDU mit Parteien am rechten Rand immer tat), betrieb die SPD das Gegenteil: Um eines kurzfristigen politischen Vorteils willen sorgte sie selbst dafür, dass sich die Konkurrenz am linken Rand etablieren konnte. Diese Politik war nicht nur deshalb ein gravierender strategischer Fehler, weil die PDS der SPD wertvolle Stimmen wegnahm. Schlimmer noch war, dass sie der SPD auf Dauer einen zermürbenden Zweifrontenkrieg bescherte: Eingezwängt zwischen konkurrierenden Parteien auf der Linken wie der Rechten, ist sie beständig zwischen verschiedenen Politikoptionen hin- und hergerissen. Rückt sie nach links, verschreckt sie die Wähler der Mitte, öffnet sie sich zur Mitte, verliert sie Sympathisanten an DIE LINKE. Die Wurzeln für den späteren Zickzackkurs unter Kurt Beck wurden 1994 in Magdeburg gelegt.

Höppner, der vor den Wahlen noch erklärt hatte, sich eine Tolerierung durch die PDS »nicht vorstellen« zu können, begründete damals seine Entscheidung damit, die PDS durch eine partielle Einbindung »entzaubern« zu wollen.[104] Dieses Argument wurde auch in der Folgezeit von sozialdemokratischer Seite immer wieder vorgebracht. Die Vorstellung, eine Partei schwächen zu können, indem man ihr Regierungsverantwortung überträgt, mutet freilich wenig überzeugend an. Gewöhnlich geht die Mitwirkung an einer Regierung mit politischer Aufwertung einher, für eine radikale Partei ist sie geradezu der Ritterschlag. Nur eine konsequente Ausgrenzung der PDS hätte bewirken können, dass sie sich nicht dauerhaft im Parteiensystem etabliert. Auf diese Weise wurden auch rechtsradikale Parteien erfolgreich eingedämmt. So war die NPD in der zweiten Hälfte der 1960er Jahre in sieben westdeutsche Landtage gewählt worden, 1969 verfehlte sie mit 4,3 Prozent nur knapp den Einzug in den Bundestag. Doch da sie außer Protest nichts bewirken konnte, verschwand sie bald wieder aus den Parlamenten und versank für Jahre in der Bedeutungslosigkeit.

Der Sündenfall von Sachsen-Anhalt weckte auch anderswo Begehrlichkeiten. Wie eine lockende Frucht stand nun überall die Möglichkeit vor Augen, mit Hilfe der PDS an die Macht zu kommen. Das Thema bestimmte zunehmend die politische Diskussion und wertete die PDS weiter auf. Nachdem Oskar Lafontaine im November 1995 Scharping aus dem Amt des SPD-Vorsitzenden vertrieben hatte, schmolzen auch in der Bundes-SPD die Hemmungen dahin, mit den SED-Nachfolgern zu kooperieren. In den ersten Jahren hatte die SPD in Sachsen-Anhalt noch ein schlechtes Gewissen und versuchte, die Unterstützung der PDS vor der Öffentlichkeit zu verbergen. Bei einem Misstrauensvotum gegen Höppner half diese ihm 1996 zwar erneut, im Amt zu bleiben. Doch als die CDU ein Organstreitverfahren über den Oppositionsstatus der PDS anstrengte, erklärte die SPD 1997 vor dem Landesverfassungsgericht, es hätte keinerlei Absprachen mit der PDS gegeben.

In Mecklenburg-Vorpommern wäre es bereits 1996 beinahe zu einer Koalition von SPD und PDS gekommen, weil SPD-Chef Ringstorff die Große Koalition beenden und selber Ministerpräsident werden wollte. Nur weil der nordrhein-westfälische Regierungschef Johannes Rau bei der SPD-Führung intervenierte, pfiff Bundesgeschäftsführer Franz Müntefering die Genossen noch einmal zurück. Ringstorff verließ damals das Kabinett und forderte eine »Enttabuisierung« der PDS.

Nach vier Jahren »Magdeburger Modell« hielten die ostdeutschen Sozialdemokraten die Zeit reif für eine offene Kooperation. Selbst die Furcht der Bundes-SPD vor negativen Auswirkungen auf die Bundestagswahl 1998 konnte sie nicht mehr zurückhalten. Nach den Landtagswahlen im April 1998 verlangte Höppner zwar, die neu in den Landtag eingezogene Rechtspartei Deutsche Volksunion (DVU) strikt auszugrenzen, doch den SED-Nachfolgern bescheinigte er: »Die PDS steht, das ist meine Überzeugung, auf dem Boden des Grundgesetzes.«[105] Wenig später bildete er mit ihrer Hilfe eine SPD-Minderheitsregierung.

In Mecklenburg-Vorpommern, wo die SPD mit der CDU eine Große Koalition bildete, gingen die Sozialdemokraten noch einen Schritt weiter. Noch während der gemeinsamen Regierungszeit stimmten sie immer häufiger mit der PDS gegen ihren eigenen Koalitionspartner. Nach den Wahlen im September vereinbarte Ringstorff mit dem PDS-Vorsitzenden Helmut Holter die erste rot-rote Koalition Deutschlands. Drei Jahre später ließ die SPD auch in Berlin die Große Koalition platzen und bildete mit den Grünen eine von der PDS tolerierte Minderheitsregierung. Nach vorgezogenen Neuwahlen vereinbarten SPD und PDS im Oktober 2001 in der ehemaligen Mauerstadt ein höchst umstrittenes Regierungsbündnis. Sogar Bundeskanzler Gerhard Schröder traf sich damals mit dem Spitzenkandidaten Gysi, um die PDS salonfähig zu machen. Deren Parteiobere hatten damit ihr wichtigstes strategisches Ziel erreicht: Die PDS regierte in drei Landesregierungen direkt oder indirekt mit – und war damit fester denn je im Parteiensystem verankert.

Die SED-Nachfolger hatten nun die Chance, ihre politischen Versprechungen in die Praxis umzusetzen. Anders als Grüne oder FDP waren sie kein Anhängsel einer großen Volkspartei, sondern beinahe ebenbürtige Partner. In Mecklenburg-Vorpommern konnte die PDS 1998 24,4 Prozent der

Stimmen auf sich vereinen (gegenüber 34,3 Prozent für die SPD), in Berlin erreichte sie drei Jahre später 22,6 Prozent (gegenüber 29,7 Prozent für die SPD). Die Machtverhältnisse glichen beinahe denen in einer Großen Koalition. Zum Erstaunen der SPD erwiesen sich ihre neuen Partner jedoch als ausgesprochen pflegeleicht. Da die PDS-Funktionäre unbedingt ihre Regierungsfähigkeit unter Beweis stellen wollten, übten sie sich in gnadenlosem Opportunismus. In Mecklenburg-Vorpommern begnügten sie sich mit drei von neun Ministerposten (Arbeit, Umwelt, Gesundheit und Soziales). In Berlin legte man zwar etwas mehr Wert auf Schlüsselressorts (Wirtschaft und Arbeit, Kultur und Wissenschaft, Gesundheit und Soziales), doch gerade deshalb unterschied sich die PDS-Politik kaum von der anderer Parteien. Die vollmundigen Ankündigungen im Parteiprogramm spielten in der Regierungsarbeit jedenfalls keine Rolle. Weder bemühte man sich, »das Bankensystem demokratisch zu kontrollieren«, noch eine »bedarfsorientierte Grundsicherung für Menschen aller Altersgruppen« zu gewährleisten. Auch von einer »gerechten Verteilung der bezahlten Arbeit« oder einer »Verkürzung der Wochen- und Lebensarbeitszeit« konnte keine Rede sein. Schon gar nicht begann man damit, die »von Profit und Kapitalverwertung bestimmte Entwicklung der Volkswirtschaften« zu überwinden und den Sozialismus als »notwendiges Ziel« in Angriff zu nehmen.[106]

In Mecklenburg-Vorpommern hatte die PDS immerhin acht Jahre Zeit, mit dem Aufbau des Sozialismus zu beginnen. Stattdessen machte man das, was man zuvor immer verurteilt hatte: Stellenabbau im öffentlichen Dienst, Steuergeschenke für Unternehmer und die widerspruchslose Umsetzung der verteufelten Agenda 2010 durch die PDS-Ministerin Martina Bunge. Im Juli 2000 stimmte die PDS auch der von der rot-grünen Bundesregierung beschlossenen Steuerreform zu, die eine Absenkung des Spitzensteuersatzes und eine drastische Reduzierung der Körperschaftsteuer für Unternehmen vorsah. Ein Gespräch bei Kanzler Schröder und zusätzliche Millionen für den Straßenbau hatten ausgereicht, um die PDS zum Einlenken zu bewegen. Als Ministerpräsident Ringstorff ein Jahr später gegen den Willen der PDS im Bundesrat auch der Rentenreform zustimmte (und damit gegen den Koalitionsvertrag verstieß), gab es nur einen kurzen Sturm im Wasserglas. Die rot-rote Regierung von Mecklenburg-Vorpommern hatte sich damit offiziell einverstanden erklärt, die gesetzlichen Altersbezüge abzusenken und eine private Zusatzrente ohne Arbeitgeberanteil einzuführen.

»Der ›große Politikwechsel‹, den vor allem die Anhänger der PDS mit mehr ›sozialer Gerechtigkeit‹ und Rückgang der Arbeitslosigkeit verbanden, ist nicht eingetreten«, resümierte selbst eine von der parteinahen Luxemburg-Stiftung geförderte Studie nach drei Jahren rot-roter Koalition.[107] Und vier Jahre später stellten innerparteiliche Kritiker der Regierung das vernichtende Zeugnis aus: »Die Arbeitslosigkeit ist konstant die höchste oder nächsthöchste im Bund, Niedriglohn, die zunehmende Unsicherheit der Beschäftigungsverhältnisse, Auflösung der Tarifgebundenheit und längste Arbeitszeiten im Bund kennzeichnen den höchsten Ausbeutungsgrad. Privatisierungen auch in der Daseinsvorsorge, im Bildungsbereich, von Wasserwerken und Krankenhäusern etc. sind an der Tagesordnung.«[108]

Die Schlussfolgerung der Rosa-Luxemburg-Studie lautete erstaunlicherweise nicht, nunmehr verstärkt das eigene Programm umzusetzen. Stattdessen brachte sie unverhohlen zum Ausdruck, dass dieses an den Realitäten ziemlich vorbeigehe. So wurde der Regierung ein »ergebnisorientierteres, konstruktiveres Prüfen und ggf. Aufgreifen der Forderungen der Wirtschaft« empfohlen. Die Forderung der Unternehmerverbände, bei der Wirtschaftsförderung sogenannte Cluster zu unterstützen, wurde als »richtige Erkenntnis« bezeichnet. Zu Vorstellungen in der PDS, statt Wirtschaftsförderung lieber Arbeitsförderung zu betreiben, hieß es dagegen, dass diese »für eine zukunftsfähige Entwicklung ungeeignet« sei und lediglich »kurzfristig wirksame konsumtive Ausgaben mit der Aussicht einer perspektivischen Verschlechterung der wirtschaftlichen Gesamtsituation« unterstützte. Im Klartext: Im von der PDS gehätschelten öffentlichen Beschäftigungssektor wird sinnlos Geld verbrannt. Schließlich wurde die rot-rote Regierung kritisiert, weil sie kein Konzept gegen die extrem hohen Personalausgaben im öffentlichen Dienst des Landes entwickelt habe. Erforderlich sei ein »Rückbau von Personalstellen, bei dem Aufgabenbereiche in neue, leistungsfähige Organisationsformen überführt werden«, wobei »Privatisierungen sachgerecht zu prüfen und ggf. schrittweise einzuleiten« seien. Schließlich hieß es, fast wie bei der FDP: »Nicht alle Aufgaben, die der Staat gewährleisten kann, muss er auch selbst mit seiner Verwaltung vollziehen.«[109]

Auch in Berlin ist man dem Sozialismus nach sieben Jahren Regierungsbeteiligung nicht näher gekommen. Statt die Banken unter Kontrolle zu nehmen, stand der Staat sogar für deren Verluste gerade. So übernahm die Stadt 2002 das Risiko für die windigen Immobiliengeschäfte der Bankgesellschaft Berlin (bis zu 21,6 Milliarden Euro). Auf Kosten des Steuerzahlers wurden die ungewöhnlich günstigen Konditionen der Fondsanleger von der Landesregierung garantiert. Um die Kapitalrendite privater Eigner zu garantieren, verzichtete man bei den Berliner Wasserbetrieben auf die Abführung staatlicher Gewinne und erhöhte zusätzlich die Wasserpreise. Stattdessen wurden die Bürger zur Kasse gebeten. So beschloss der rot-rote Senat 2003, dass Eltern die Schulbücher ihrer Kinder bis zu einem Höchstsatz von 100 Euro selbst kaufen müssen. An den Kindertagesstätten wurden nicht nur die Gebühren für mittlere und höhere Einkommen angehoben, sondern auch noch der Betreuungsschlüssel verschlechtert. Während in den Kita-Horten früher eine Erzieherin auf 16 Kinder kam, musste sie nun 21,5 Kinder betreuen. Die Folge: Besserverdienende wanderten in private Betreuungseinrichtungen ab. Im Wahlkampf hatte es Spitzenkandidat Gysi dagegen noch als unverantwortlich bezeichnet, in Schulen und Kitas zu kürzen. Darüber hinaus strich die Regierung das Blindengeld, das Pflegegeld und die Mittel für Jugendprojekte zusammen. Die von der PDS-Senatorin Heidi Knake-Werner kontrollierten Sozialämter machten schließlich Schlagzeilen, weil sie entgegen den Wahlkampfversprechen der Partei Sozialhilfeempfängern hinterherschnüffelten, ob diese unberechtigterweise ein Auto besitzen. Empfänger von Hartz-IV-Leistungen wurden massenhaft in Ein-Euro-Jobs gezwungen.

Doch damit nicht genug. Weil der Senat 17,4 Millionen Euro Landeszuschuss strich, schafften die Berliner Verkehrsbetriebe 2004 auch das sogenannte Sozialticket sowie das Arbeitslosen- und Seniorenticket ab. Allein von der Abschaffung des Sozialtickets, mit dem man für 20 Euro im Monat die öffentlichen Verkehrsmittel nutzen konnte, waren rund 80000 Sozialhilfeempfänger betroffen. (Es wurde dann 2005 für 32 Euro wieder eingeführt.) Auch die Mieter staatlicher Wohnungsbaugesellschaften sahen sich plötzlich dem Raubtierkapitalismus ausgeliefert, weil die Regierung Zehntausende Wohnungen privatisierte. Allein die 2004 verkaufte Gemeinnützige Siedlungs- und Wohnungsbaugesellschaft (GSW) verwaltete 65000 Wohnungen, deren Mieter durch unfreiwillige Modernisierungen oft bald erheblich mehr bezahlen mussten.

Massiv verschlechterte sich auch die Lage der Mitarbeiter im öffentlichen Dienst, da der rot-rote Senat 2003 aus dem Flächentarifvertrag ausstieg und einen eigenen Berliner Tarifvertrag durchsetzte – ein krasser Widerspruch zum gerade erarbeiteten PDS-Parteiprogramm. Der Tarifvertrag kürzte nicht nur Arbeitszeit und Gehalt um rund zehn Prozent, sondern fror die Bezüge auf diesem Level für die nächsten sechs Jahre ein. Beamte mussten dagegen zwei Stunden länger arbeiten, Lehrer bis zu vier Stunden mehr Unterricht erteilen. Der Senat gab zwar eine Beschäftigungsgarantie ab, strich jedoch reihenweise frei werdende Stellen und nahm praktisch keine Neueinstellungen mehr vor. Statt wie im Wahlkampf versprochen Forschung und Bildung zu fördern, sparte der rot-rote Senat auch in der Wissenschaftslandschaft 75 Millionen Euro ein. Nur weil sich die Parteibasis querlegte, scheiterte PDS-Wissenschaftssenator Thomas Flierl 2004 mit seinem Plan, sogenannte Studienkonten einzuführen – eine verkappte Studiengebühr für Langzeitstudenten, gegen die DIE LINKE bis heute überall zu Felde zieht.

Als die Parteiführung nach zweieinhalb Jahren Regierung zur »Halbzeitbilanz« aufrief, hagelte es selbst von den eigenen Genossen massive Kritik. Auf sieben Seiten listete zum Beispiel der PDS-Vorstand im Berliner Bezirk Tempelhof-Schöneberg auf, gegen welche Wahlkampfversprechungen die Koalition verstoßen hatte. »Im Berliner Alltag wird die PDS als politische Kraft wahrgenommen, die den rigorosen, unsozialen Sparkurs fortsetzt und mit umsetzt, den trotz Abfederungen wieder die Beschäftigten und sozial Schwachen zu tragen haben«, lautete die Bilanz.[110] Auch der Bezirksvorstand der PDS in Berlin-Lichtenberg wies auf den Widerspruch zwischen Worten und Taten hin: »Wir sind die Partei der sozialen Gerechtigkeit. Das Dilemma besteht darin, dass wir beim Sozialabbau in Berlin mithelfen, zumindest wird es so von vielen empfunden.«[111]

Der Bezirksverband Steglitz-Zehlendorf beklagte, dass die Arbeitslosigkeit unter dem rot-roten Senat auf ein »Rekordniveau« von 18,1 Prozent gestiegen und die wirtschaftliche Entwicklung Berlins »deutlich schlechter als im Bundesdurchschnitt« verlaufen sei. »Die wirtschaftliche Lage der Stadt verlangt dringend nach einer Korrektur der Wirtschafts- und Industriepolitik!«[112] Die Forderung richtete sich vor allem gegen die von der PDS gestellten Wirtschaftssenatoren Gregor Gysi und Harald Wolf. Der Parteivorstand im Bezirk Reinickendorf berichtete, dass die Mitglieder »mit großer Mehrheit die Regierungsbeteiligung von kritisch bis enttäuschend einstuften«, und erklärte, der Ansatz der Regierungsbeteiligung sei »völlig gescheitert«.[113] Andere Vertreter sprachen von einem Ansehensverlust der Partei, von einem Crashkurs, von Austritten und Apathie unter den Mitgliedern sowie von zunehmenden Forderungen nach einem Rückzug aus der Koalition.

Außerhalb der PDS war die Empörung noch viel größer. Aus Protest gegen die Hochschulpolitik des Senats besetzten Studenten im November 2003 die Büroräume von Wissenschaftssenator Flierl. Das sogenannte Sozialforum setzte zusammen mit der Gewerkschaft der Polizei (GdP) und der Gewerkschaft für Erziehung und Wissenschaft (GEW) 2004 sogar ein Abwahlverfahren gegen den Senat in Gang. Die PDS wurde auf einmal Zielscheibe der von ihr selbst mit herangezüchteten außerparlamentarischen Proteste. »Senat und PDS fällt es schwer, damit umzugehen«, hieß es in einer Studie des PDS-Beraters Rolf Reißig. »Vor allem für die PDS sind diese Formen gesellschaftlichen Protestes gegen eine von ihr mitgetragene Politik eine ungewohnte Situation, die neue Lernprozesse erfordert.«[114]

Die Folge dieser opportunistischen Regierungsbeteiligung war ein jäher Absturz in der Wählergunst: Als in Mecklenburg-Vorpommern 2002 erneut gewählt wurde, fiel die PDS von 24,4 auf 16,4 Prozent. Bei der nächsten Wahl im Jahr 2006 war ihr Ergebnis mit 16,8 Prozent nur wegen der geringen Wahlbeteiligung minimal besser, so dass die SPD, die ebenfalls massiv verlor, mit der CDU eine Koalition einging. In Berlin waren die Verluste sogar noch größer. Dort sank die PDS 2006 von 22,6 auf 13,4 Prozent. Die Partei wird seitdem von einer quälenden Debatte beherrscht, ob Regierungsbeteiligungen ihr mehr nutzen oder schaden. Während die Fundamentalisten darin einen Verrat an den sozialistischen Ideen sehen, möchten die Pragmatiker das Modell auch in anderen Ländern und im Bund zur Anwendung bringen. Wie der Streit ausgeht, ist bis heute nicht entschieden.

2002 wäre die Partei beinahe daran zerbrochen. Im Vorfeld der Bundestagswahlen im September hatte Parteichefin Gabi Zimmer angekündigt, dass die PDS bei der Kanzlerwahl Gerhard Schröder unterstützen würde – für die Fundamentalisten eine Provokation. Der Besuch des damaligen US-Präsidenten George W. Bush im Mai 2002 hatte zusätzlich für Zündstoff gesorgt, da die rot-rote Koalitionsregierung in Berlin beschloss, dass kein Senatsmitglied an der geplanten Anti-Bush-Demonstration teilnehmen dürfe. Zwei Tage später entschuldigte sich auch noch der Fraktionsvorsitzende im Bundestag, Roland Claus, bei Bush für eine Protestaktion von PDS-Abgeordneten. Im Juli verloren die Pragmatiker schließlich ihre wichtigste Galionsfigur: Angeblich wegen der sogenannten Bonusmeilen-Affäre trat Gregor Gysi von allen Ämtern zurück. Viele erinnerte der überraschende Schritt an Lafontaines Rücktritt 1999, und sie hatten eher den Eindruck, hier entziehe sich ein notorisch Oppositioneller der politischen Verantwortung.

Als die PDS bei den Wahlen im September 2002 an der Fünf-Prozent-Hürde scheiterte und nur noch mit den direkt gewählten Abgeordneten Gesine Lötzsch und Petra Pau im Bundestag vertreten war, brach der Machtkampf zwischen den Flügeln offen aus. Die Fundamentalisten machten die Regierungsbeteiligungen für die Niederlage verantwortlich und forderten personelle Konsequenzen. So verlangte der sächsische Landesvorstand den Rücktritt von Bundesgeschäftsführer und Wahlkampfleiter Dietmar Bartsch; Landesvorsitzende Cornelia Ernst verlautbarte, es sei ein großer Fehler gewesen, »die PDS de facto zur Westentaschenreserve der SPD zu erklären und sich zwecks Tolerierung bei Schröder anzubiedern«.[115] Auch die aus dem Bundestag geflogenen Abgeordneten Ulla Jelpke und Winfried Wolf erklärten, der entscheidende Grund für die Wahlniederlage sei die »Politik der Anbiederung an ›Rot-Grün‹« gewesen. Auf dem kommenden Parteitag in Gera müsse deutlich werden, dass »die Beteiligung an der neoliberalen Politik in drei Bundesländern in die Sackgasse« geführt habe.[116] Tatsächlich spitzten sich dort die Auseinandersetzungen im Oktober 2002 derart zu, dass Pau und Bartsch nicht mehr für den Vorstand kandidierten. Der Hardliner Wolf machte öffentlich »die Apparatfraktion um Dietmar Bartsch, Roland Claus und Petra Pau und ihre Stichwortgeber wie Gregor Gysi und André Brie« für die Niederlage bei den Bundestagswahlen verantwortlich.[117]

Die Pragmatiker hatten in Gera zwar eine Niederlage erlitten, wollten sich aber nicht geschlagen geben. Der parteiinterne Richtungsstreit schwelte deshalb weiter. Prominente Parteimitglieder wie Angela Marquardt und Gysis Frau Andrea kehrten der PDS den Rücken. An die Medien wurden Vorwürfe lanciert, dass der stellvertretende Parteivorsitzende Diether Dehm den abgewählten Bundesgeschäftsführer Bartsch überwachen lassen wolle. In den Umfragen lag die Partei jetzt nur noch zwischen zwei und vier Prozent.

Als eine Vorstandsmehrheit im April 2003 die Debatte über ein Papier der Pragmatiker von der Tagesordnung nahm, kam es zu einer überraschenden Wendung: Die Düpierten forderten einen Sonderparteitag, um die Krise zu beenden, was Winfried Wolf später als »innerparteilichen Putsch« bezeichnete.[118] Die Gefechte wurden so entschlossen ausgetragen, dass die glücklose Parteivorsitzende Zimmer warnte: »Wenn ein Flügel versucht, den anderen aus der Partei zu verdrängen, wird das ein Nullsummenspiel werden, das die Partei letztlich kaputtmacht.«[119] Schließlich setzten die Leute um Gysi sie so unter Druck, dass sie bekanntgab, nicht mehr für das Amt zur Verfügung zu stehen. Ihr Vorgänger Bisky sagte, er halte eine Spaltung der Partei nicht für ausgeschlossen – und erklärte sich bereit, noch einmal das Ruder zu übernehmen.[120]

Nach dem Sonderparteitag Ende Juni 2003, bei dem Bisky erneut zum Vorsitzenden gewählt wurde, bemühte er sich, die Flügelkämpfe wieder einzudämmen. Nach dem Rücktritt Gysis 1992 hatte er damit schon einmal Erfolg gehabt. Mit viel Mühe erreichte er, dass die PDS im Oktober 2003 in Chemnitz ein neues Parteiprogramm beschloss. Ex-Trotzkist Winfried Wolf, der bald darauf seinen Austritt erklärte, warf der PDS jetzt vor, keine sozialistische Partei mehr zu sein.[121]

Westausdehnung

In einem hatten die Hardcore-Linken recht gehabt: Die Regierungsbeteiligungen hatten die Partei im Osten Stimmen gekostet. Bei der Bundestagswahl 2002 kam die PDS nur noch auf vier Prozent der Zweitstimmen. Ein weiterer Grund für diesen Rückgang war, dass die rot-grüne Bundesregierung mit ihrem Nein zum Irakkrieg der PDS das Friedensthema streitig gemacht hatte. Zudem hatte sich das Wetter mit dem Klassenfeind verbündet, denn die Flutkatastrophe im Osten im August 2002 und die anschließende Welle gesamtdeutscher Solidarität hatte den Ost-West-Konflikt in den Hintergrund treten lassen. Die Ostpartei hatte dadurch einen

Teil ihres politischen Nährbodens verloren. Entscheidend für ihre Niederlage war jedoch, dass es ihr nicht gelungen war, im Westen Fuß zu fassen. Während sie auf dem Gebiet der ehemaligen DDR mit 16,9 Prozent in etwa das Ergebnis der Volkskammerwahl von 1990 erreicht hatte, kam sie im früheren Bundesgebiet, einschließlich West-Berlin, nur auf 1,1 Prozent der Stimmen. Allen Anstrengungen zum Trotz war die PDS zwölf Jahre nach der Wiedervereinigung im Westen immer noch eine Splitterpartei.

Den Parteioberen war klar, dass die PDS als ostdeutsche Regionalpartei kaum Überlebenschancen hatte. Um sicher in den Bundestag einzuziehen, braucht man mindestens 2,5 Millionen gültige Stimmen. Selbst wenn die Partei überall im Osten auf 20 Prozent käme, fehlten ihr immer noch rund eine halbe Million Wähler. Die Ausdehnung in den Westen war deshalb fast zwei Jahrzehnte lang das Kardinalproblem der PDS.

Nach dem Sturz der SED-Diktatur hatte man freilich zunächst andere Sorgen. Da Gysi und Modrow damals um das nackte Überleben kämpften, richteten sie den Blick kaum über den eigenen Tellerrand hinaus. Erst als feststand, dass die DDR der Bundesrepublik beitreten würde und im Dezember 1990 gesamtdeutsche Wahlen stattfanden, mussten sie sich auch mit den parteipolitischen Verhältnissen im Westen befassen. Dort planten Vertreter der auseinanderfallenden DKP, des Kommunistischen Bundes (KB) und einige Linksfundamentalisten aus SPD und Grünen, mit einer Sammlungsbewegung analog der früheren Friedensliste an den Wahlen teilzunehmen. In einem Aufruf schrieben sie – ein halbes Jahr nach dem Mauerfall – über die ehemalige DDR-Staatspartei: »Wir lehnen die Ausgrenzung ab. Wir wollen mit allen Oppositionellen einschließlich der PDS im Meinungsstreit nach Möglichkeiten der Kooperation suchen.«[122] Mit Zustimmung des PDS-Vorstands gründeten sie im August 1990 in Hamburg die Linke Liste/PDS, die eine Listenverbindung mit der ostdeutschen Schwesterpartei eingehen sollte. Zu den Gründungsmitgliedern gehörten unter anderem der ehemalige DKP-Funktionär Wolfgang Gehrcke (heute außenpolitischer Sprecher der LINKEN), die ehemalige Bürgerschaftsabgeordnete der Grün-Alternativen Liste Ulla Jelpke (inzwischen innenpolitische Sprecherin der Linksfraktion im Bundestag) und die Aktivistin aus dem Hamburger Kommunistischen Bund Andrea Lederer (heute Gysis Ehefrau). Nachdem das Bundesverfassungsgericht im September 1990 Listenverbindungen für verfassungswidrig erklärt hatte, machte die Parteigründung jedoch keinen Sinn mehr, und die PDS beschloss, allein zur Wahl anzutreten. Die Landesverbände der Linken Liste/PDS wurden in solche der PDS umgewandelt, wobei sie aus taktischen Gründen ihren alten Namen behielten.

Die Entscheidung, aus einer Bündnisorganisation einen Parteiverband zu machen, vergraulte viele der ohnehin nicht gerade zahlreichen Unterstützer im Westen. Die Skandale um das Milliardenvermögen der PDS und die zutage tretenden Stasi-Verstrickungen taten ein Übriges, um weitere Aktivisten abspringen zu lassen. Die West-PDS schmolz damals auf einige hartgesottene Alt-Linke zusammen und kam Ende 1990 auf genau 617 Mitglieder. Auch bei den Wahlen im Dezember erlitt die PDS im Westen eine katastrophale Niederlage. Mit 0,3 Prozent erreichte sie genauso wenig Zustimmung wie vormals die DKP bei ihrer letzten Bundestagskandidatur. Vier Westdeutsche – Ulrich Briefs, Ulla Jelpke (beide Ex-Grüne), Bernd Henn (Ex-SPD) und Andrea Lederer (KB) – konnten jedoch über ostdeutsche Landeslisten in den Bundestag einziehen.

Das Verhältnis zwischen Ost- und West-PDS war von Anfang an gespannt. Einerseits waren die Funktionäre im Osten auf Unterstützung in den alten Ländern angewiesen, so dass West-Linke oft schon kurz nach ihrem Beitritt in hohe Positionen gehievt wurden. Andererseits widersprach das sektiererische Gehabe vieler West-Mitglieder dem Konzept einer breiten Sammlungspartei. So schockierten die Westdeutschen auf dem PDS-Parteitag im Januar 1991 ihre ostdeutschen Genossen, als sie sich über die Nominierung eines westdeutschen Parteivizes heftige Gefechte lieferten. Auch im Bundestag ging es hoch her. Zwei der vier West-Abgeordneten überwarfen sich schon nach kurzer Zeit mit ihren Mitstreitern und traten aus der Bundestagsgruppe aus. Obwohl die Parteizentrale den westlichen Landesverbänden Millionenbeträge überwies, kam die Westausdehnung nicht voran. Im Juni 1991 erzielte die PDS bei den Bürgerschaftswahlen im Stadtstaat Hamburg nur 0,5 Prozent. Ein eigens einberufener West-Parteitag im Mai 1993 brachte ebenfalls keine Besserung. Die Angst, aus dem Bundestag zu fliegen, veranlasste die Parteiführung vor den zweiten gesamtdeutschen Wahlen im Oktober 1994, auch im Westen nach prominenten Zugpferden Ausschau zu halten. So gehörten zu »Gysis bunter Truppe« unter anderem der Berliner Landesvorsitzende der Gewerkschaft Handel, Banken und Versicherungen (HBV) Manfred Müller, der aus der DDR geflüchtete Schriftsteller Gerhard Zwerenz und der aus den Stahlarbeiterstreiks in Rheinhausen bekannt gewordene Pfarrer Dieter Kelp. Mit Heinrich Graf von Einsiedel trieb man sogar einen Urenkel Bismarcks auf, der allerdings beim ultralinken Landesverband Bayern auf wenig Gegenliebe stieß. Letztlich brachte jedoch auch dieser Etikettenschwindel keinen Erfolg. Die Prominenten beteiligten sich weder am Parteiaufbau, noch zogen sie in nennenswertem Umfang neue Mitglieder an. Bei den Bundestagswahlen blieb die PDS – ebenso wie bei den Europawahlen im Juni 1994 – unter fünf Prozent. Im »Zählgebiet West« erreichte sie gerade einmal ein Prozent.

Im Januar 1995 stellten die SED-Nachfolger ihren Parteitag unter das Motto »PDS '95: solidarisch, alternativ, bundesweit«. Der Slogan hatte freilich mit der Realität wenig zu tun. Noch ein Jahr später stellte Gysi fest: »Die meisten Vorstandsmitglieder bewegen sich im Westen wie auf einer Dienstreise im Ausland.«[123] Im Mai 1995 kandidierte die Partei erstmals bei den Landtagswahlen in Bremen. Mit einer aufwendigen Kampagne hoffte man in dem linksliberalen Stadtstaat mit gerade einmal 400 000 Wahlberechtigten, die Fünf-Prozent-Hürde zu knacken. Am Ende lag man bei 2,37 Prozent. Bei den Bürgerschaftswahlen in Hamburg im September 1997 erreichte die PDS sogar nur 0,7 Prozent. In einem »Brief aus Sachsen« forderten die PDS-Politiker Christine Ostrowski und Ronald Weckesser deshalb schon im Mai 1996: »Westarbeit wegen der Vergeudung von Menschen und Material einstellen und auf die Kernkompetenzen im Osten konzentrieren«.[124] Doch da die Wahlergebnisse in den neuen Ländern nicht ausreichten, um sich als Regionalpartei à la CSU zu behaupten, stießen sie mit ihrem Vorschlag auf wenig Gegenliebe. In einem anderen Aufruf, »Wir wollen PDS auch im Westen«, wehrten sich verzweifelte West-Mitglieder im November 1997 dagegen, unter dem Deckmantel der Eigenständigkeit der Landesverbände »ein sektiererisches Parteikonzept gegen die Parteitagsmehrheit zu installieren«.[125]

Bei den Bundestagswahlen im September 1998 versuchte es die PDS erneut mit einer Mogelpackung. »Mangelnde Präsenz und Bekanntheit, geringer Gebrauchswert, Stigmatisierung und Fremdheit sind sicher die Haupthindernisse, die die PDS im Westen überwinden muss«, stellte das zentrale Wahlkampfbüro selbstkritisch fest. Um dies zu überspielen und ideologische Ausrutscher der westdeutschen Landesverbände zu vermeiden, sollte der Wahlkampf mit zentralen Botschaften aus Berlin und über die Medien geführt werden, wobei Gregor Gysi die Hauptrolle zukam.»Die dazu gehörigen Formen können bereits als erprobt gelten: Fernsehauftritte, Artikel, Zitate, Redeausschnitte von Gregor in Zeitungen und auf Flugblättern, Teilnahmen an Fremdveranstaltungen«, hieß es in dem Wahlkampfkonzept. Darüber hinaus sollte die Vorzeige-Punkerin Angela Marquardt »als einzige weitere Talk-show-gefragte PDS-Politikerin im Medienwahlkampf eine wichtige Rolle spielen«. Auf diese Weise wollte man das Bild einer Organisation mit »einem gewinnenden und sympathischen Auftreten, Kämpfernatur und ausreichendem Zeitbudget« präsentieren.[126]

Tatsächlich kam die PDS bei den Wahlen mit 5,1 Prozent erstmals über die Fünf-Prozent-Hürde. Sie profitierte dabei von der Wechselstimmung am Ende der Ära Kohl und dem zunehmenden Verblassen des SED-Regimes. Doch selbst unter diesen günstigen Bedingungen dümpelten die Wahlergebnisse im Westen weiter im Keller. In den alten Ländern erreichte sie lediglich zwischen 0,7 Prozent in Bayern und 2,4 Prozent in Bremen, insgesamt lag sie bei 1,2 Prozent. Auch bei den Europawahlen 1999 kam die PDS im Westen auf keinen grünen Zweig. Wegen der niedrigen Wahlbeteiligung erreichte sie zwar bundesweit 5,8 Prozent, doch in den alten Ländern verharrte sie erneut zwischen 0,7 Prozent in Bayern und 3,3 Prozent in Hamburg. Bei den Landtagswahlen in Bremen eine Woche später erreichte sie 2,9 Prozent, bei denen in Schleswig-Holstein im Februar 2000 1,4 Prozent.»Wir sind keine Fünf-Prozent-Partei«, sagte Gysi damals resignierend.»Wir sind in Wirklichkeit einerseits eine Ein-Prozent-Partei, andererseits eine Zwanzig-Prozent-Partei, aber nirgends eine Fünf-Prozent-Partei.«[127]

Um diese Lage zu verändern, versuchte die PDS-Zentrale jahrelang, die dahinsiechenden Landesverbände im Westen hochzupäppeln. Ohne den parteiinternen Länderfinanzausgleich wären die meisten gar nicht existenzfähig gewesen.

Immerhin konnte es sich die PDS nach den Bundestagswahlen 1998 erstmals leisten, in allen Bundesländern Wahlkreisbüros der Abgeordneten beziehungsweise Regionalbüros der Fraktion einzurichten. Für die Parteiarbeit stellte dies eine wesentliche Verbesserung dar. Dadurch und durch den mobilisierenden Wahlkampf in den Wochen davor verdoppelte sich die Mitgliedschaft im Westen zwischen 1997 und dem Jahr 2000. Doch verglichen mit den mehr als 80 000 Mitgliedern im Osten waren die nunmehr knapp 4000 Genossen im Westen immer noch eine kleine Schar Unentwegter. Vor allem auf dem Lande und in den Kleinstädten, wo 1998/99 immerhin über 40 Prozent der wenigen Mitglieder lebten, waren sie meist vollkommen isoliert und politisch abgekapselt. Viele von ihnen waren vorher schon in anderen Parteien gescheitert. »Sie haben die PDS nie gefördert, sondern nur benutzt und eine dogmatische Unkultur in sie hineingetragen«, urteilte Gysi 2001 über einen Teil seiner westdeutschen Genossen. »Sie brachten ein Sektenbewusstsein mit und versuchten bis heute, ein solches als einzig wahre linke Ideologie auszugeben.«[128]

Der Versuch der Parteiführung, Mitglieder aus den alten Ländern überproportional in den Parteigremien zu berücksichtigen, um den bundesweiten Anspruch der Partei zu unterstreichen, ging deshalb meist nach hinten los. Die Genossen aus dem Westen erwiesen sich als obskure Truppe hochideologisierter Sektierer. Beim Parteitag in Münster im April 2000 eskalierten die Auseinandersetzungen, als die Parteiführung einen Leitantrag einbrachte, der Militäreinsätze unter UN-Mandat nicht mehr grundsätzlich ablehnte. Zum ersten Mal in der Parteigeschichte erlitten die Spitzenfunktionäre Schiffbruch. Was als Wahlkampfhilfe für die Landtagswahlen in Nordrhein-Westfalen im Mai 2000 gedacht war, wurde zum Mediendesaster. Die PDS kam auf gerade mal 1,1 Prozent der Stimmen. Als dann noch Bisky und Gysi sich aus ihren Ämtern zurückzogen und die farblosen Roland Claus und Gabi Zimmer den Fraktions- beziehungsweise Parteivorsitz übernahmen, sank die Attraktivität der Partei in Westdeutschland noch weiter. Mit ihrem anbiedernden Bekenntnis »Ich liebe Deutschland« brachte die frisch gewählte Parteivorsitzende auch noch die eigene Mitgliedschaft im Westen gegen sich auf.

Die innerparteilichen Querelen, die bis zum Sonderparteitag im Juni 2003 immer wieder an die Öffentlichkeit drangen, waren nicht geeignet, das Image der PDS im Westen aufzupolieren. Bei der Bundestagswahl 2002 erreichte sie nur noch vier Prozent, im Westen sank sie auf 1,1 Prozent. Während sie im Osten weiterhin durch starke Landtagsfraktionen präsent war, standen ihr in den alten Ländern jetzt nur noch die schwachen Parteistrukturen zur Verfügung, was sich auch in einem leichten Rückgang der Mitgliederzahl niederschlug. Lediglich auf kommunaler Ebene konnte sich die PDS in einigen Universitätsstädten wie Marburg, Tübingen, Köln, Duisburg und Frankfurt behaupten. Mitte 2004 konstatierte Gysi deshalb einmal mehr: »Das Hauptproblem ist unsere mangelnde Akzeptanz im Westen.« Wenn die Menschen im Westen unzufrieden mit der SPD seien, wechselten die allerwenigsten zur PDS. Diese Tatsache könne die Partei nicht ewig verdrängen. »Wir müssen uns darüber im Klaren sein, dass wir nicht in der Lage sind, dieses Defizit im Westen auszufüllen.«[129] Und im Mai 2005 erklärte er: »Ich mache mir keine Illusionen mehr: Absehbar werden wir im Westen keine ausreichende Bedeutung haben.«[130] Für den Retter der SED war die fünfzehn Jahre lang versuchte Westausdehnung gescheitert.

Ausgerechnet in dieser Situation erhielt die PDS unerwartet Hilfe von außen. Im Januar 2005 hatte sich in Göttingen eine neue Partei gegründet: Arbeit & soziale Gerechtigkeit – Die Wahlalternative (WASG) lautete ihr Name. Als die

Sozialdemokraten bei den Landtagswahlen in Nordrhein-Westfalen wenig später nach 39 Jahren Regierungszeit ihr Stammland an die CDU verloren, verkündete die SPD-Spitze überraschend, dass sie den Bundestag auflösen und vorgezogene Neuwahlen anberaumen wolle. Die WASG stand vor der unlösbaren Aufgabe, sich innerhalb weniger Monate zu einer deutschlandweit agierenden Partei zu mausern. Die PDS hingegen musste fürchten, erneut an der Fünf-Prozent-Hürde zu scheitern. Beide Parteien gerieten dadurch unter massiven Druck zu kooperieren. »Es gibt in Deutschland keinen Platz für zwei linke Parteien, die beide die Fünf-Prozent-Hürde überwinden können«, hatte PDS-Vordenker André Brie schon vorher diagnostiziert.[131] Fünfzehn Jahre nach dem Scheitern der Linken Liste bot sich für die PDS unerwartet die Chance, einen neuen Partner im Westen zu finden.

Die Gründung der WASG war eine Reaktion auf die Reform der sozialen Sicherungssysteme durch die rot-grüne Bundesregierung. Im März 2003 hatte Bundeskanzler Schröder in einer Regierungserklärung die Agenda 2010 verkündet, die die Rahmenbedingungen für Wachstum und Beschäftigung verbessern und die ausufernden Kosten für die sozialen Sicherungssysteme begrenzen sollte. In der Folge kam es zu wachsenden Protesten, die sich vor allem gegen das neu eingeführte Arbeitslosengeld II richteten. Im November demonstrierten in Berlin fast 100 000 Menschen gegen die Reformen, so dass einige westdeutsche Alt-Linke im Umfeld der Gewerkschaften die Zeit für gekommen hielten, dem Unmut eine politische Form zu geben. In einem Papier »Für eine wahlpolitische Alternative 2006« schlug Verdi-Bundessekretär Ralf Krämer im Februar 2004 vor, »eine neue politische Formation zu entwickeln, die bei der Bundestagswahl 2006 mit Aussicht auf Erfolg anzutreten in der Lage ist«.[132]

Wenig später trafen sich im Berliner DGB-Haus dreißig linke Gewerkschafter und beschlossen, ein bundesweites Netzwerk ins Leben zu rufen. »Um den Neoliberalismus im parteipolitischen Raum zurückzudrängen, müssen wir ihn auf dem eigenen Terrain angreifen«, hieß es in ihrem Aufruf. »Um politisch voranzukommen, ist eine ernst zu nehmende wahlpolitische Alternative nötig, die den außerparlamentarisch in der Gesellschaft entwickelten Druck ins politische System transformiert.«[133] Fast zeitgleich veröffentlichten mehrere IG-Metall-Bevollmächtigte aus Bayern einen Aufruf, in dem zur Gründung einer »Initiative Arbeit und Soziale Gerechtigkeit« aufgerufen wurde. Die Gruppe um den heutigen Parteivize Klaus Ernst wollte ein Bündnis »für die Erhaltung und den Ausbau des Sozialstaats und für ein sozial gerecht finanziertes Gemeinwesen« schmieden. Auch sie verkündete: »Aus diesem Bündnis könnte eine bei der nächsten Bundestagswahl wählbare soziale Alternative entstehen.«[134] Nachdem sich ihrem Aufruf innerhalb weniger Wochen mehr als 2000 Unterstützer angeschlossen hatten, gründeten beide Initiativen im Juni 2004 auf einem bundesweiten Kongress den Verein Wahlalternative Arbeit und soziale Gerechtigkeit e.V., aus dem im Januar 2005 die WASG-Partei hervorging.

Es spricht vieles dafür, dass die PDS bei der WASG-Gründung ihre Finger im Spiel hatte. Die Gewerkschaften IG Metall und Verdi, die eine maßgebliche Rolle beim Aufbau der neuen Partei spielten, waren – und sind – eng mit der Gysi-Partei verflochten (siehe Teil 3 – Personal). Verdi-Bundessekretär Krämer, der die Initiative zur Parteigründung ergriffen hatte, war 2001 der PDS beigetreten und gehörte dem Landesvorstand der parteinahen Rosa-Luxemburg-Stiftung in Nordrhein-Westfalen an. Sein Mitstreiter Uwe Hiksch war 1999 als SPD-Bundestagsabgeordneter zur PDS gewechselt und von 2002 bis 2003 deren Bundesgeschäftsführer gewesen. Ein weiterer Initiator, der Herausgeber der linken Gewerkschaftszeitschrift *Sozialismus*, Joachim Bischoff, hatte bereits 1990 die Linke Liste/PDS mitbegründet und gehörte später dem Vorstand beziehungsweise der Grundsatzkommission der Partei an – eine auffällige Zusammenballung von PDS-Funktionären. Aufschlussreich war auch die Reaktion der Parteispitze auf die Gründungsinitiative: Während die SPD Klaus Ernst und seine Mitstreiter bereits im Sommer 2004 ausschloss, überging die PDS mit Schweigen, dass drei ihrer Mitglieder öffentlich dazu aufriefen, eine »Wahlalternative« zur eigenen Partei zu gründen. WASG-Mitglieder, die das Zusammengehen mit der PDS ablehnten, verlangten deshalb im Sommer 2005 ultimativ von ihrem Vorstand, alle Verbindungen zur PDS offenzulegen.[135]

Die Gründung der neuen Partei entsprach exakt einem Szenario, das Michael Brie – wie WASG-Initiator Bischoff Mitglied der PDS-Grundsatzkommission – im Mai 2003 entworfen hatte. Die PDS, so schrieb der Parteitheoretiker nach der verlorenen Bundestagswahl, werde sich nur behaupten können, wenn sie sich grundlegend verändere und in ein umfassenderes parteipolitisches Projekt einbringe. Am chancenreichsten für den Aufbau einer starken linken politischen Formation sei eine »Doppelstrategie«: einerseits Ausbau als »linke Volkspartei im Osten«, andererseits »Einleitung von Schritten des Aufbaus einer übergreifenden bundesweiten parteipolitischen Formation (*PDS Plus*)«; die PDS in Ost und West sollte neben anderen Kräften deren organischer Teil sein. Um das neue politische Projekt zu entwickeln, sollte die PDS laut Brie als ersten Schritt »auf der Basis eines programmatischen und personellen Bündnisses eine gemeinsame Liste mit linken GewerkschaftlerInnen, der Friedensbewegung und der globalisierungskritischen Bewegung bei den Europa-Wahlen 2004 anstreben«.[136]

Ganz ähnlich argumentierte auch sein Bruder André Brie.

Im November 2004 meinte er, dass es die Aufgabe seiner Partei sei, »den Wahlkampf 2006 zur Formierungsphase einer neuen, weitaus stärkeren Linken in Deutschland zu machen«. Die PDS müsse sich öffnen, wenn sie die maßgebliche organisatorische Plattform für eine neue Linksbewegung sein wolle. »Zu diesen Fragen gibt es auch schon konkretere, praktische Überlegungen, die allerdings gegenwärtig nicht in die Öffentlichkeit gehören.«[137] Der Beschluss der WASG-Bundesdelegiertenkonferenz, eine Urabstimmung über die Parteigründung einzuleiten, stieß denn auch keineswegs auf Ablehnung. Trotz der drohenden Konkurrenz erklärte der damalige Bundesgeschäftsführer Rolf Kutzmutz: »Wenn sich Menschen zusammenfinden, um in Deutschland Parteipolitik für Arbeit und soziale Gerechtigkeit zu machen, ist das nur zu begrüßen.« Die PDS habe nie einen Alleinvertretungsanspruch für diese politischen Ziele reklamiert, sondern sei »offen für einen Dialog«.[138]

Verdeckte Parteigründungen hat es in der Geschichte des Kommunismus immer wieder gegeben, vor allem dann, wenn die Funktionäre unter einem Mangel an Akzeptanz litten. Bekanntestes Beispiel ist die Deutsche Friedens-Union (DFU), die 1960 auf Initiative der SED im Westen gegründet wurde. Im Fall der WASG war freilich unsicher, ob die neue Organisation nicht aus dem Ruder laufen würde. Denn die Einsicht der PDS-Strategen, dass es gelte, mit anderen Kräften »gleichberechtigt« zusammenzuarbeiten, bedeutete auch, dass sie selbst nicht mehr das alleinige Sagen hatten. So zögerten insbesondere die ehemaligen Sozialdemokraten um Klaus Ernst mehrere Monate, ob sie aus dem Verein wirklich eine Partei machen sollten. Manche Mitbegründer wie Thomas Händel hofften, ganz allein den Sprung in den Bundestag zu schaffen. Viele der Aktivisten pflegten zudem eine Anti-Parteien-Attitüde, die sich auch gegen die PDS richtete. Die Trotzkisten, die der WASG in großer Zahl beitraten, waren schließlich größtenteils ganz dagegen, mit der als reformistisch betrachteten PDS ein Bündnis einzugehen. Bei den nordrhein-westfälischen Landtagswahlen im Mai 2005 traten PDS und WASG dementsprechend gegeneinander an. Dem Projekt einer neuen »parteipolitischen Formation« waren diese Konflikte aber nur von Nutzen, denn nur so erschien die WASG nicht als »Trojanisches Pferd« der PDS.

Die WASG bemühte sich von Anfang an, ihre wahren politischen Absichten zu verbergen. Das zum Gründungskongress im Juni 2004 vorgelegte Positionspapier ließ noch offen, ob, wann und wie eine Mitgliederorganisation beziehungsweise Wahlformation gebildet werden sollte. Für die Formierung einer starken sozialen und politischen Kraft, so hieß es da, müssten viele Menschen in unterschiedlichen Arbeits- und Lebenszusammenhängen angesprochen und gewonnen werden. Deshalb müsse die Entfremdung der unterschiedlichen Bevölkerungsteile von SPD, CDU und Grünen aufgegriffen werden, »ohne die Leute mit verbalradikalen Parolen oder unpassenden Diskussionsbeiträgen über die (Un-)Reformierbarkeit des Kapitalismus abzuschrecken«. Gesellschaftliche Formierungs- und Lernprozesse müssten vielmehr am Bewusstseinsstand der Menschen ansetzen und brauchten Zeit. »Grundsätzliche Kritik des Kapitalismus und Diskussionen über Möglichkeiten seiner Überwindung haben ihren Platz, sollen aber nicht die gemeinsame politische Praxis behindern.«[139] Mit anderen Worten: Die revolutionären Absichten sollten überdeckt werden, um potentielle Unterstützer nicht vor den Kopf zu stoßen. Das im Januar 2005 verabschiedete Gründungsprogramm der WASG las sich denn auch wie ein gewerkschaftlicher Forderungskatalog, in dem das Wort »Sozialismus« keinmal vorkam.[140]

Die Landtagswahlen in NRW im Mai 2005 verliehen dem Vorhaben eine unerwartete Dynamik. Die WASG hatte mit 2,2 Prozent nur einen Achtungserfolg erzielt, die PDS war dagegen mit 0,9 Prozent noch hinter ihr miserables Ergebnis von 2000 zurückgefallen. Der von Kanzler Schröder und SPD-Chef Müntefering am Wahlabend verkündete Plan, durch Neuwahlen wieder in die Offensive zu kommen, erwies sich für die Sozialdemokraten indes als Eigentor: Sie verloren nicht nur die Kanzlerschaft, sondern bekamen eine linke Konkurrenzpartei. Denn die bislang getrennt auftretenden Linken aus Ost und West mussten nun gemeinsam agieren, wenn sie eine Chance haben wollten, in den Bundestag einzuziehen. Die sich dadurch abzeichnende Perspektive einer gesamtdeutschen Partei links von der SPD rief plötzlich auch den ehemaligen SPD-Chef Oskar Lafontaine auf den Plan. Zwei Tage nach den Landtagswahlen erklärte er sich bereit, ein Linksbündnis aus WASG und PDS bei der vorgezogenen Bundestagswahl zu unterstützen, und kehrte seiner Partei nach fast vierzigjähriger Mitgliedschaft den Rücken. Als klar war, dass die beiden Parteien zusammen kandidieren würden, trat er Mitte Juni der WASG bei und kündigte an, mit Gregor Gysi in den Wahlkampf zu ziehen. Wenn die Wahlen wie geplant erst 2006 stattgefunden hätten, wäre die Geschichte möglicherweise ganz anders verlaufen.

Wegen des großen Zeitdrucks trafen sich die Spitzen von WASG und PDS bereits eine Woche nach den NRW-Landtagswahlen, um die Möglichkeiten einer gemeinsamen Kandidatur zu sondieren. Die Sache war freilich leichter gesagt als getan. Die Neugründung einer gemeinsamen Linkspartei, wie sie WASG-Gründer Ernst wollte, schied für die PDS aus, weil sie dann auf Millionenzahlungen für Wahlkampfkostenerstattung und die parteinahe Rosa-Luxemburg-Stiftung hätte verzichten müssen. Eine kurzfristige Vereinigung unter dem Dach der PDS war wegen der komplizierten rechtlichen und politischen Fragen ebenfalls unrealistisch. Die dritte Möglichkeit, wie beim italienischen Olivenbaum-Bündnis eine Listenverbindung der beiden Parteien einzugehen, war in Deutschland verfassungswidrig. Die PDS schlug deshalb vor, WASG-Mitglieder könnten, wie bereits früher angeboten, auf offenen Listen der PDS kandidieren. Das stieß jedoch bei der WASG auf Ablehnung, da sie fürchtete, mit der im Westen stigmatisierten Ost-Partei in einen Topf geworfen zu werden. Am Ende einigte man sich auf einen Weg, der letztlich auf eine Täuschung der Wähler hinauslief: Weil die WASG nach dem NRW-Wahlkampf hoch verschuldet war und ihr das Geld für eine bundesweite Wahlschlacht fehlte, erklärte sie sich bereit, auf den Listen der PDS zu kandidieren. Im Gegenzug sollte sich die Partei jedoch einen neuen Namen zulegen, damit der Wähler dies nicht merkt.

Die Umbenennungspläne stießen bei der PDS auf massiven Widerstand. Spitzenfunktionäre wie Pau, Lötzsch, Ramelow oder Modrow wollten das Kürzel PDS auf keinen Fall aufgeben. Sie fürchteten nicht nur den Identitätsverlust, sondern auch, dass sich die Wählerschaft in Ostdeutschland von ihnen abwenden könnte. WASG-Chef Ernst wollte zwar ebenfalls die Bindung der Ostdeutschen an die PDS nicht durch eine Namensänderung aufs Spiel setzen. »Andererseits brauche man einen Namen, der nicht beim Wahlkampf im Westen stört.«[141] Mitte Juni 2005 verständigte man sich trotz aller Bedenken schließlich darauf, die PDS in Linkspartei umzubenennen, wobei es den Landesverbänden freistand, das Kürzel »PDS« anzufügen. Auf diese Weise fanden ostdeutsche Wähler später weiterhin die drei vertrauten Buchstaben auf den Wahlplakaten, während sie im Westen nicht zu sehen waren – ein Versteckspiel, das bezeichnend für die Partei war. Zugleich vereinbarte man, Verhandlungen über einen Zusammenschluss der beiden Parteien innerhalb von zwei Jahren aufzunehmen. Ein Außerordentlicher PDS-Parteitag segnete diese Vereinbarungen im Juli 2005 ab, die Mitglieder der WASG bestätigten den Wahlpakt in einer Urabstimmung. Ende Juli wählte die Landesmitgliederversammlung der Linkspartei in NRW Lafontaine zu ihrem Spitzenkandidaten.

Durch das Verfahren wurden nicht nur die Wähler getäuscht. Die gemeinsame Kandidatur beider Parteien umging auch die im Grundgesetz festgelegte Fünf-Prozent-Klausel. Die ehemaligen Verfassungsrichter Karin Graßhof und Hans Hugo Klein wiesen im August 2005 darauf hin, dass die Kandidatur von Mitgliedern einer Partei auf der Liste einer anderen Partei eine verbotene Listenverbindung darstelle. Beide hatten 1990 am Urteil über die ersten gesamtdeutschen Wahlen mitgewirkt, in dem derartige Verbindungen als grundgesetzwidrig bezeichnet worden waren. »Linkspartei/PDS und WASG haben sich bisher nicht zu einer Partei zusammengeschlossen«, schrieben die früheren Verfassungshüter in der *FAZ*. Sie hätten nicht einmal ein gemeinsames Programm. »Bei ihrem eingestandenermaßen allein wahltaktisch bedingten Zusammengehen handelt es sich um einen Trick.«[142]

Auch der Bonner Staatsrechtler Wolfgang Löwer hielt die gemeinsamen Listen für unzulässig. Es gehe nicht an, dass zwei Parteien, die allein kaum die Fünf-Prozent-Klausel überwinden könnten, mit Hilfe solcher »Umgehungsgeschäfte« in das Parlament einzögen.[143] Die PDS behauptete hingegen, es handele sich um Landeslisten, auf deren Zusammensetzung die WASG-Mitglieder keinen Einfluss genommen hätten. Dass sie damit durchkam, lag letztlich an einer Gesetzeslücke. Bundeswahlleiter Johann Hahlen hatte zwar immer wieder davon gesprochen, dass Nicht-PDS-Mitglieder nur in »homöopathischen Dosen« auf den Landeslisten der Partei auftauchen dürften.[144] Doch da niemand dazu verpflichtet war, die Parteizugehörigkeit anzuzeigen, waren die Wahlleiter machtlos. Hinzu kam, »dass das Problem, wie viele Parteifremde maximal auf einer Liste kandidieren dürfen, sich so noch nicht gestellt hatte und weder im Wahlgesetz noch durch richterliche Urteile geregelt war«.[145] Mitte August wurden die Listen deshalb alle zugelassen.

Die Trickserei wurde zu einem vollen Erfolg. Bei den Bundestagswahlen im September 2005 kam die Linkspartei auf 8,7 Prozent der Stimmen. Mit 54 Abgeordneten war sie so stark wie nie zuvor im Parlament vertreten. Durch den enormen Zeitdruck waren auch die innerparteilichen Konflikte weitgehend unter der Decke geblieben. Dies änderte sich jedoch nach den Wahlen, als es darum ging, bis zum Frühjahr 2007 den vereinbarten Zusammenschluss zu organisieren. Bereits bei der Konstituierung der Bundestagsfraktion kritisierten Gesine Lötzsch, Petra Pau und andere ostdeutsche Parlamentarier, dass nur 23 Abgeordnete aus dem Osten stammten. Zudem stünden mit Gysi und Lafontaine ausschließlich Männer an der Spitze der Fraktion.

Im Vorfeld der Landtagswahlen im März 2006 in Sachsen-Anhalt, Rheinland-Pfalz und Baden-Württemberg stritten sich dann die Landesverbände von WASG und Linkspartei wochenlang über die Aufstellung der Kandidatenlisten. In Rheinland-Pfalz kehrten deshalb der Landesvorsitzende Michael Plum und der Kreisverband Pirmasens der Linkspartei den Rücken. Das enttäuschende Abschneiden der WASG in Rheinland-Pfalz (2,6 Prozent) und Baden-Württemberg (3,1 Prozent) – die Linkspartei hatte auf eine Kandidatur verzichtet – schwächte die Verhandlungsposition des Westablegers.

Vor allem in der WASG formierte sich jetzt offener Widerstand gegen den Zusammenschluss. Zwar stimmten bei einer Urabstimmung im Frühjahr 2006 78,3 Prozent der Mitglieder dafür, doch die Landesverbände in Sachsen-Anhalt, Mecklenburg-Vorpommern und Berlin beharrten auf ihrer Eigenständigkeit. In den beiden letztgenannten Ländern wollten sie entgegen den zentralen Absprachen bei den für September 2006 geplanten Wahlen sogar gegen die Linkspartei.PDS antreten. Der Widerstand ging dabei maßgeblich von der trotzkistischen Gruppierung »Sozialistische Alternative – Voran« (SAV) aus, die die WASG systematisch unterwandert hatte und in Berlin mit Lucy Redler sogar die Spitzenkandidatin stellte. Nach monatelangem Hickhack erklärte der WASG-Bundesvorstand die Vorstände in den beiden Bundesländern auf Druck der Linkspartei schließlich für abgesetzt, wurde jedoch vom Berliner Landgericht zurückgepfiffen. So kam es, dass die Wähler in Berlin die Namen beider Parteien auf dem Stimmzettel fanden. Die massive Kritik der WASG an der rot-roten Landesregierung und das miserable öffentliche Erscheinungsbild trugen mit dazu bei, dass die Linkspartei.PDS auf 13,4 Prozent abrutschte, während die WASG mit 2,9 Prozent den Einzug in das Abgeordnetenhaus verfehlte. Die Streitigkeiten zwischen den Landesverbänden gefährdeten sogar den Fraktionsstatus im Bundestag, da konkurrierende Parteien keine Fraktionsgemeinschaft bilden dürfen.

Sich unter diesen Bedingungen auf ein gemeinsames Programm zu einigen bereitete einige Schwierigkeiten. Um einem Zerwürfnis vorzubeugen, verständigte man sich von vornherein darauf, zunächst nur sogenannte Programmatische Eckpunkte zu beschließen. Doch selbst das führte bald zu scharfen Kontroversen. Als die »Steuerungsgruppe« beider Parteien im Februar 2006 den ersten Entwurf vorlegte, war von der WASG-Programmatik – Erhalt und Ausbau des Sozialstaats – nicht mehr viel übrig geblieben. Stattdessen war vom »demokratischen Sozialismus« als »transformatorischer Prozess« die Rede, »der in der heutigen Gesellschaft beginnt und zugleich über diese hinausweist«.[146] In einer späteren Version verschwand der »demokratische Sozialismus« wieder als Ziel der Partei, woraufhin sich vor allem in der

Linkspartei heftiger Protest rührte. Nach einer Intervention von Bisky, Gysi und Lafontaine einigte man sich schließlich auf die Formulierung: »Die Ideen des ›demokratischen Sozialismus‹ stellen zentrale Leitvorstellungen für die Entwicklung der politischen Ziele der LINKEN dar.«[147] Ähnliche Auseinandersetzungen gab es auch um die gemeinsame Haltung zu Privatisierungen oder zu Auslandseinsätzen der Bundeswehr. Nach einem regelrechten Gefeilsche endeten sie stets mit Formelkompromissen. Nur der Versuch der Kommunistischen Plattform (KPF), wie im PDS-Programm auch noch der DDR etwas Gutes abzugewinnen, scheiterte am Widerstand der Westdeutschen.

Im März 2007 war es dann so weit. Auf einem Doppelparteitag in Dortmund beschlossen beide Parteien mit großer Mehrheit ihr Zusammengehen; Urabstimmungen bestätigten den Beschluss. Die neue Einigkeit wurde mit dem Einzug in das erste westdeutsche Landesparlament, die Hamburger Bürgerschaft, belohnt. Im Juni 2007 kam es dann beim eingangs beschriebenen »Gründungsparteitag« zur medienwirksamen Umbenennung in DIE LINKE und zum Übertritt der WASG-Mitglieder. Entsprechend den vereinbarten Übergangsbestimmungen wurden Lafontaine und Bisky zu gleichberechtigten Vorsitzenden gewählt, und auch der restliche Parteivorstand bestand aus Mitgliedern, die jeweils zur Hälfte von den Parteitagen der beiden Parteien vorgeschlagen worden waren. Damit war erreicht, was die SED-Nachfolger lange vergeblich erhofft hatten: Die Partei war im Westen angekommen.

An den Problemen in den West-Verbänden änderte sich freilich wenig. Zwar stieg die Zahl der Mitglieder erstmals kräftig an (vgl. Teil 3: Personal), doch die Zerstrittenheit nahm eher zu. Anders als früher interessierte sich jetzt auch die Öffentlichkeit dafür. So rief der Direktkandidat der LINKEN im Lahn-Dill-Kreis, Karl-Klaus Sieloff, kurz vor der

Hessen-Wahl im Januar 2008 im *Spiegel* zum Boykott der Partei auf. »Die Linkspartei darf es am 27. Januar nicht in das Parlament schaffen«, erklärte er dem Magazin, denn an ihrer Spitze stünden weder Sozialisten noch Demokraten. »Den Ton geben Anarchisten, Altkommunisten und Chaoten an«, so der ehemalige Bundeswehrsoldat. »Die Verbrechen der DDR anzusprechen oder von Aufarbeitung zu sprechen ist absolut tabu. Da wird man sofort als Rechter beschimpft«, berichtete das langjährige Gewerkschaftsmitglied weiter. »Die Parteiführung ist verlogen, undemokratisch und totalitär«.[148]

Im Sommer 2008 wurden auch aus dem Landesverband Rheinland-Pfalz heftige Auseinandersetzungen bekannt. Im mitgliederstärksten Kreisverband Ludwigshafen fanden zwei chaotische Mitgliederversammlungen statt, bei denen es nach Augenzeugenberichten sogar zu Tätlichkeiten kam. Die Landesschiedskommission sah sich daraufhin genötigt, Verhaltenshinweise zu geben, die ein bezeichnendes Licht auf die Umgangsformen unter den LINKEN werfen. »Es ist selbstverständlich, dass die Mitglieder dem Tagungspräsidium den vorgesehenen Platz freigeben müssen. Es ist nicht nur ein ungezogenes Verhalten, den Platz des Präsidiums einzunehmen und zu besetzen, es ist ein nicht akzeptabler Eingriff in die Rechte der Versammlungsleitung und ein Angriff auf den ordnungsgemäßen Ablauf einer Versammlung«, hieß es dort unter Punkt 1. »Rumbrüllen, lautstarkes Schreien, Reden über eine Mikrofonanlage – bevor das Wort hierzu erteilt wurde und nachdem das Wort entzogen wurde – ist unzulässig und verletzt die Rechte der übrigen Mitglieder«, lautete eine weitere Regel. Absolut tabu müsse es sein, das Tagungspräsidium zu bestürmen. »Selbstverständlich duldet die Landesschiedskommission (LSK) keine körperlichen Übergriffe und keine Anwendung von Gewalt!«[149]

Selbst durch diese klaren Vorgaben beruhigte sich die Lage nicht. Der ehemalige Kreisvorsitzende der PDS Ludwigshafen, Wolfram Sondermann, berichtete im Fernsehen, dass die Delegierten- und Kreisvorstandswahl von mehreren Mitgliedern angefochten worden sei. Sondermann wurde daraufhin aus der Partei ausgeschlossen, weshalb er im Oktober 2008 in den Hungerstreik trat. In einem Schreiben an die Parteivorsitzenden Bisky und Lafontaine erklärte er: »Eine linke Partei, in der demokratische und sozialistische Zielvorstellungen nicht unauflösbar miteinander verbunden blieben, bräuchte die Republik nicht nur nicht, sie stellte in der Tat jene Gefährdung unserer freiheitlich-demokratischen Grundordnung dar, die unsere politischen Gegner uns nachsagen.« In Rheinland-Pfalz habe ein massiver Rollback in vordemokratische Zustände eingesetzt, inklusive »politische Betätigungsverbote, Erpressungsstrategien, körperliche Übergriffe, Saalschützer auf Parteitagen und Parteiausschlüsse«. Eine LINKE, in der die Mitgliederrechte mit Füßen getreten würden, werde auch Bürgerrechte nur so lange einfordern, wie sie über sie nicht zu entscheiden habe. Namentlich den Landesvorsitzenden Alexander Ulrich beschuldigte Sondermann, aktiv dabei mitgewirkt zu haben, dass »Ewiggestrige« zu Mandaten gelangt seien, die »sich bis heute kein klares Wort zu den Verbrechen des Stalinismus abringen können«.[150]

Fast zeitgleich wurden aus dem Landesverband Schleswig-Holstein ähnliche Auseinandersetzungen bekannt. Dort liegen der Bundestagsabgeordnete Lutz Heilmann und der Lübecker Kreisvorsitzende Ragnar Lüttke im Dauerclinch. Im September 2008 warf Heilmann seinem Rivalen Lüttke Mobbing vor.[151] Wenig später wurden Fotos in Umlauf gebracht, die den Kreisvorsitzenden 2004 bei einer Party vor einem Stalin-Porträt und mit einer Stalin-Torte zeigten. Heilmann forderte Lüttke daraufhin auf, »Konsequenzen zu ziehen«. Dieser sprach jedoch von einer Parodie und vermutete eine Intrige aus Heilmanns Lager: »Die Veröffentlichung eines vier Jahre alten missverständlichen Fotos steht im unmittelbaren Zusammenhang mit dem Landesparteitag.« Heilmann wiederum erklärte, es sei satzungswidrig, dass kurz vor dem Parteitag in den Kreisen Kiel und Lübeck die Delegierten neu gewählt worden seien.[152] Schließlich musste das Bundesschiedsgericht eingeschaltet werden. Das ehemalige Kreisvorstandsmitglied Wiebke Missfeldt, wegen Heilmanns Stasi-Tätigkeit 2006 aus der PDS ausgetreten, berichtete im Fernsehen, dass sich die Partei in zwei Lager gespalten habe. »Eigentlich beschäftigt sie sich nur mit sich selber – mit ihren Posten, Pöstchen. Wir haben hier Landtagswahlen demnächst, Bundestagswahlen kommen. Es ist ein einziges Gerangel.«[153]

Ähnliches berichtete in derselben Sendung auch das frühere Landesvorstandsmitglied Ingrid Özkan aus Bayern. »Es ist nicht mehr so harmlos wie früher, dass man in Hinterzimmern seine Politik betreibt, wie es früher bei den Linken war, sondern da geht es jetzt massiv um Posten, um Ämter. Da gibt es was zu holen, da gibt es Sachen zu vergeben, und da werden die Ellenbogen ausgefahren.« In der Partei seien Leute nach oben gekommen, die unfähig seien, während die, die es wirklich ernst meinten und etwas verändern wollten, unten blieben. Als Mitarbeiterin einer bayerischen Bundestagsabgeordneten habe sie Psychoterror und ärztlich bestätigtes Mobbing erlebt. Am Ende sei ihr, wie anderen Mitarbeitern auch, überraschend gekündigt worden. »Es gibt totalitäre Strukturen, nicht überall in der Partei, aber es gibt bestimmte Gruppen, die sich sehr abschotten, die ihr eigenes System pflegen, die die anderen Gruppen innerhalb der Partei, nicht beim politischen Gegner, als Feinde bezeichnen. Wenn jemand von außerhalb kommt, ist er ein Spion, wird über den schlecht gesprochen. Es gibt ein Schwarz-Weiß-

Denken, Freund-Feind-Schema. Es gibt eigentlich alles das, was man eigentlich von Sekten her kennt.«[154]

Vor der Hessen-Wahl im Januar 2009 beschäftigten die parteiinternen Querelen erneut die Öffentlichkeit. Im Dezember 2008 klagten mehrere Dutzend Mitglieder, darunter Landesvorstandsmitglied Martina Walter, in einem internen Brief über Demokratiedefizite und Zentralismus in der LINKEN. Wegen »Stasi-Machenschaften« drohten sie mit ihrem Austritt. So würden Versammlungen des Landesverbands beeinflusst oder manipuliert, Mitgliederlisten geheim gehalten und Genossen bespitzelt. LINKEN-Landesvorsitzender Ulrich Wilken dementierte die Vorwürfe und erklärte, sie »verharmlosen in unerträglicher Art und Weise die Unrechtstaten der Staatssicherheit der DDR«.[155]

Viele der neu gewonnenen West-Genossen kehrten der Partei wegen dieser Querelen wieder den Rücken. Der Ortsverband Baunatal büßte auf einen Schlag dreißig Mitglieder ein, der Kreisverband Kassel-Land verlor vierzig Prozent der Mitglieder. Eineinhalb Wochen vor den Wahlen erklärte auch der frühere Spitzenkandidat Pit Metz seinen Austritt. Die innere Verfassung der hessischen LINKEN nehme er als »unheilbar desolat« wahr, schrieb das Landesvorstandsmitglied zur Begründung. Den persönlichen Umgang in der Partei bezeichnete er als »katastrophal« und in der politischen Auswirkung als »verheerend«. Er erhob schwere Vorwürfe und prangerte Missgunst, üble Nachreden, »Bewegungsprotokolle«, Lügen sowie »Fragenkataloge wie in einem Verhör eines Verbrechers« an. Die innerparteiliche Situation sei »ein Panorama des Elends«.[156] Kurz darauf trat auch Martina Walter, zusammen mit dreizehn weiteren Mitgliedern, aus der Partei aus und begründete dies mit fehlender Basisdemokratie. Unter ihnen befanden sich auch vier kommunale Mandatsträger, wodurch DIE LINKE nicht mehr in den Stadtparlamenten von Rosbach von der Höhe und Bad

Vilbel vertreten ist. Der Stadtverordnete Helge Welker aus Rosbach kritisierte, die Landespartei bemühe sich nicht ausreichend darum, die Interessen sozial Schwächerer zu vertreten. Arbeiter und Arbeitslose würden von der LINKEN »verraten und verkauft«.[157]

Kurz nach den Wahlen kündigte Fraktionschef Gysi an, dass seine Partei künftig härter gegen interne Kritiker vorgehen wolle. »Wir müssen nicht jeden Spinner akzeptieren«, sagte er zur Begründung. Wer der LINKEN bewusst schaden wolle, »der gehört nicht in die Partei«. Auch der Parlamentarische Geschäftsführer Ulrich Maurer, Beauftragter der Partei für den Aufbau West, forderte eine härtere Gangart: Viele Querelen habe er lange als »Kinderkrankheiten einer jungen Partei mit Humor« ertragen. Angesichts der gewachsenen Bedeutung der LINKEN werde man sich künftig aber wohl öfter »vor der Schiedskommission treffen«.[158]

Nur wenige Tage später gab es jedoch erneut Ärger an der Basis, diesmal in Baden-Württemberg. Der Ravensburger Kreisverband warf dem Biberacher Kandidaten Herbert Wilzek vor, er und sein Verband hätten dafür gesorgt, dass Oberschwaben keine Chance auf ein Mandat im Bundestag habe. Gegen den Willen dreier anderer Kreisverbände hätten sie ihn im Alleingang auf einen aussichtsreichen Platz auf der Landesliste hieven wollen, womit sie jedoch gescheitert seien. Der stellvertretende Kreisvorsitzende von Ravensburg, Jürgen Angelbeck, erklärte gegenüber der Presse: »Herbert Wilzek und die Biberacher wollten mit dem Kopf durch die Wand, starteten als Tiger und landeten als Bettvorleger.«[159]

Partei ohne Programm

Sollte den Medien etwas entgangen sein? Als ZDF-Moderator Peter Frey nach der Hessen-Wahl im Januar 2009 den Bundesgeschäftsführer der LINKEN in der *Berliner Runde* fragte, ob es nicht an der Zeit sei, dass sich seine Partei ein richtiges Programm zulege, antwortete Dietmar Bartsch: »Wir haben ein richtiges Programm. Sie sollten wissen, in der Bundesrepublik Deutschland sind Parteien nicht zugelassen, die kein Programm haben. Das steht so im Gesetz drin, dass man ein Grundsatzprogramm haben muss. Das haben wir selbstverständlich.«[160]
Die Behauptung war schlicht unwahr. Anders, als WASG und Linkspartei im August 2005 im »Kooperations- und Fairnessabkommen« vereinbart hatten, haben sie sich bislang auf kein gemeinsames Parteiprogramm einigen können. Stattdessen verabschiedeten sie im März 2007 nur die erwähnten »Eckpunkte«, in denen es gleich zu Anfang heißt: »Die ›Programmatischen Eckpunkte‹ sind noch kein geschlossenes Parteiprogramm der neuen LINKEN. An einem solchen Programm mitzuarbeiten – dazu laden wir ein.«[161] Auch Oskar Lafontaine sagte im April 2008 entschuldigend: »Wenn sich zwei Parteien vereinen, gibt es immer Abstimmungsbedarf. Das ist ganz normal. Aber in unseren Kernforderungen besteht hohe Einmütigkeit.«[162] Am Ende der »Eckpunkte« steht jedoch eine so lange Liste ungeklärter Grundsatzfragen, dass man sich fragt, wie überhaupt ein gemeinsamer Text zustande kam.
Von Einmütigkeit jedenfalls war bisher wenig zu spüren. Die Verabschiedung eines Parteiprogramms war schon zu PDS-Zeiten immer eine schwere Geburt. Soll man die DDR loben oder tadeln? Will man in die Regierung oder in die

Opposition? Muss die Marktwirtschaft beseitigt oder reformiert werden? Stets standen sich die unterschiedlichen Lager in zentralen Fragen unversöhnlich gegenüber. Und jedes Mal wurden die Differenzen durch sprachliche Formelkompromisse überdeckt. Am einfachsten war es noch im Februar 1990, als die umbenannte SED vor den Volkskammerwahlen händeringend ein neues Programm brauchte. Angesichts leerer DDR-Läden und maroder Staatsbetriebe wurde der Kapitalismus damals noch als »wirtschaftlich effizient« gelobt und konzediert, dass er »die Weltzivilisation bereichert« habe. Die Partei berief sich zwar weiterhin auf Karl Marx, Friedrich Engels und Wladimir Iljitsch Lenin, doch trat sie zugleich für die Marktwirtschaft ein, weil diese »einen raschen wissenschaftlich-technischen Fortschritt und eine hohe ökonomische Effektivität ermöglicht. Insofern ist sie das entscheidende Mittel, um hohe Leistungen zu stimulieren und auf effektive Weise Bedürfnisse der Produzenten und Konsumenten zu befriedigen und den wachsenden sozialen Ansprüchen zu genügen.«[163] Der »demokratische Sozialismus«, den man sich nun statt des Staatssozialismus der SED auf die Fahnen schrieb, wurde hingegen nur vage bestimmt als »Eintreten für eine friedliche, humane Gesellschaft, in der sich jeder Mensch in Gemeinschaft mit anderen frei entfalten und gleichberechtigt am wirtschaftlichen, politischen und geistig-kulturellen Leben teilnehmen kann«.[164]

Demgegenüber war das im Januar 1993 verabschiedete zweite Parteiprogramm ein Rückfall in finsterste kommunistische Zeiten. »Der wirtschaftliche und soziale Niedergang, die massenhafte politische Ausgrenzung in Ostdeutschland, Demokratie-, Sozial- und Rechtsstaatsabbau, großmachtpolitische, nationalistische und rechtsextremistische Tendenzen in ganz Deutschland nehmen bedrohliches Ausmaß an«, wurde die Lage diagnostiziert. Man sei der Überzeugung, »daß der kapitalistische Charakter der modernen Gesellschaften ursächlich verantwortlich ist für die Gefährdung der menschlichen Zivilisation und Kultur, den militaristischen Charakter der internationalen Beziehungen, die Krise der globalen Ökosphäre und das unbeschreibliche Elend vor allem auf der südlichen Hemisphäre. Wir sind uns daher einig, daß die Herrschaft des Kapitals überwunden werden muß.«[165] Wie das geschehen und was an seine Stelle treten sollte, ließ man – abgesehen von dem nebelhaften Bekenntnis »Sozialismus ist unser Ziel« – offen. Einen Hinweis boten allenfalls die Ausführungen zum »Sozialismusversuch in der DDR«, der dem Programm zufolge die Lebensgeschichte der Ostdeutschen entscheidend geprägt habe: »Zu ihren Erfahrungen zählen die Beseitigung von Arbeitslosigkeit, weitgehende Überwindung von Armut, ein umfassendes soziales Sicherungssystem, bedeutende Elemente sozialer Gerechtigkeit, insbesondere ein hohes Maß an sozialer Chancengleichheit im Bildungs- und Gesundheitswesen sowie in der Kultur, neue Rechte für Frauen und Jugendliche.« Das Programm schloss mit einem langen Forderungskatalog, der sich wie ein weihnachtlicher Wunschzettel las: kostenlose Kindergärten, elternunabhängiges Ausbildungsgeld, Vergütung von Kindererziehung, Zahlung eines Durchschnittseinkommens an jeden ohne Bedürftigkeitsprüfung, Verkürzung der Lebensarbeitszeit, 30-Stunden-Woche, Mietenstopp, volle Absicherung aller Rentner bei Pflegebedürftigkeit und so weiter und so fort. Wie das alles bezahlt werden sollte, darüber schwieg sich das Programm aus – sieht man vom vagen Hinweis ab, dass hohe Einkommen steuerlich stärker belastet werden sollten.

Selbst in der eigenen Partei stieß das grobschlächtige Programm von 1993 auf Kritik. Chefideologe André Brie kritisierte später, die PDS habe nicht vermocht, »in wesentlichen politischen Fragen« zu einer Entscheidung zwischen den Strömungen zu kommen. Das Programm habe Differenzen lediglich »mit verbalen Kompromissen« überdeckt.[166] Vor allem seit es die Pragmatiker darauf anlegten, an die Regierung zu gelangen, erschien es ihm und seinen Mitstreitern dringend überarbeitungsbedürftig. Anfang 1999 beschloss ein PDS-Parteitag deshalb, eine Debatte zu organisieren und eine Kommission damit zu beauftragen, ein neues Programm zu entwerfen. Seit diesem Zeitpunkt lieferten sich die verschiedenen Lager einen jahrelangen Streit um die ideologische Ausrichtung der Partei. Programmentwürfe wurden an der Kommission vorbei an die Öffentlichkeit lanciert, Minderheitenvoten dokumentierten die Zerstrittenheit. Während die einen immer wieder Vorstöße für ein geschmeidigeres Outfit unternahmen, kämpften die anderen verbissen gegen jede ideologische Aufweichung. Erst im Oktober 2003 stimmten die Delegierten auf dem Chemnitzer Parteitag nach zahlreichen Überarbeitungen dem neuen Programm mehrheitlich zu.

Das PDS-Programm von 2003 war deutlich raffinierter als das vorangegangene. Obwohl es in der Sache kaum Änderungen gab, waren die politischen Botschaften geschickter verpackt. Immer wieder berief man sich zum Beispiel auf das Grundgesetz. »Die gesellschaftliche Dominanz der Profitlogik ist daher mit der durch das Grundgesetz für die Bundesrepublik Deutschland gebotenen Sozialpflichtigkeit des Eigentums unvereinbar«, hieß es etwa. Zudem bekannte man sich zu »rückhaltloser Auseinandersetzung mit den Verbrechen, die im Namen des Sozialismus und Kommunismus begangen wurden« und zur »Ablehnung jedes Versuchs, mit Mitteln der Diktatur Fortschritt zu erreichen« – verteidigte allerdings weiter hinten im Programm die DDR als »berechtigtes« Gegenmodell zur Bundesrepublik.

Auch die antikapitalistische Attitüde wurde abgeschwächt. Unternehmerisches Handeln und Gewinninteressen seien »wichtige Voraussetzungen für Innovation und wirtschaftliche Leistungsfähigkeit«, wurde eingeräumt. Die Kritik richtete sich jetzt gegen die »neoliberale Politik der Verwandlung aller Lebensbereiche in profitbestimmte Märkte und die autoritäre, imperiale und kriegerische Durchsetzung dieser Politik«. Und der revolutionäre Impetus wurde mit der Formulierung verbrämt: »Die Politik der PDS soll dazu beitragen, die Vorherrschaft der Kapitalverwertungsinteressen abzuschwächen, schließlich zu überwinden und die ihr zu Grunde liegenden Macht- und Eigentumsverhältnisse zu verändern. Aus dieser Politik sollen sich Möglichkeiten für weitergehende Umgestaltungen ergeben.« Dass damit die Beseitigung der Marktwirtschaft gemeint war, könnte man fast überlesen. Auf welchem Weg man dieses neue System erreichen wollte, ließ auch dieses Programm offen. »Sozialismus entsteht in demokratischen Kämpfen« um die »Macht- und Eigentumsverhältnisse«, hieß es unbestimmt. Die Verfügungsgewalt über »hochkonzentriertes Kapitaleigentum« solle »schrittweise sozialen Kriterien« unterworfen werden. Umso ausführlicher war die seitenlange Agenda mit Forderungen im hinteren Teil des Programms, die sich nur unwesentlich von den früheren unterschieden.[167]

Im Vergleich zu dem glattgebügelten Programm von 2003 erscheinen die »Programmatischen Eckpunkte« von 2007 erneut wie ein ideologischer Rückfall. Das Papier erinnert in seinem Duktus an Verlautbarungen der SED, bei denen lediglich einige Versatzstücke ausgetauscht wurden. »Wir streiten für die Einheit von sozialer, ökologischer und ökonomischer Nachhaltigkeit«, heißt es dort, während man in der DDR stereotyp die »Einheit der Wirtschafts- und Sozialpolitik« beschworen hatte. Der Satz »Die Jugend ist die Zukunft unserer Gesellschaft« ähnelt dem Titel eines Honecker-Buches: *Mit der Jugend in die Zukunft*. Auf achtzehn Seiten werden diese und weitere Worthülsen in verschiedenen Kombinationen zu nichtssagenden Allgemeinplätzen zusammengerührt: »Mittels der öffentlichen Daseinsvorsorge müssen die Kommunen qualitativ hochwertige Leistungen erbringen und dabei sozialen und ökologischen Erfordernissen Rechnung tragen können«, wird zum Beispiel verlangt, um an anderer Stelle »eine neue Solidarität auf der Basis moderner öffentlicher Dienstleistungen, solidarischer Sicherungssysteme und des ökologischen Umbaus der Gesellschaft als Grundlage eines selbstbestimmten Lebens« zu fordern. DIE LINKE streitet auch »für eine Gesellschaft, die jede und jeden an den Bedingungen eines Lebens in Freiheit, sozialer Sicherheit und Solidarität beteiligt« und fordert, »dass die Lebensleistungen der älteren Generation geachtet und die Fähigkeiten, Kompetenzen und das Gestaltungspotenzial der älteren Mitbürgerinnen und Mitbürger gefördert und genutzt werden«. Sie leitet »ihr politisches Handeln aus dem Zusammenhang von Ziel, Weg und grundlegenden Wertorientierungen ab«.[168] Die »Eckpunkte« erinnern an Phrasendreschmaschinen, mit denen man sich im Internet die Zeit vertreiben kann.

Noch stärker als die früheren Programme zeichnen sich die »Eckpunkte« durch eine manichäische Weltsicht aus. Wie in der spätantiken Religion stehen sich Gut und Böse, Licht und Finsternis unversöhnlich gegenüber. »Zerstörerische Prozesse« als »Folge hochkonzentrierter Kapitalmacht« blockieren »ein Leben in Gerechtigkeit, Demokratie und Frieden«. Die »Herrschenden« sind zu einer »marktradikalen, neoliberalen Politik« übergegangen. Der »Neoliberalismus« unterwirft »alle Lebensbereiche der Kapitalverwertung und insbesondere der Steigerung der Aktienkurse«. »Neoliberale Kräfte« bauen den Sozialstaat zugunsten eines »repressiven Wettbewerbsstaats« ab. Sie »lösen neue imperiale Kriege aus und verschärfen die Terrorgefahren«. Mit dem Krieg gegen den Terrorismus wird eine »massive Einschränkung von Grund- und Freiheitsrechten gerechtfertigt. Es wird immer ungehemmter auch zu barbarischen Methoden der Herrschaft gegriffen.«

Die Alternative zu diesem »entfesselten Kapitalismus« leuchtet dagegen hell und klar am Horizont: die »solidarische Erneuerung und konsequent demokratische Gestaltung der Gesellschaft«; der »dauerhafte Schutz der Menschen in großen Lebensrisiken wie Krankheit, Arbeitslosigkeit und Armut«; ein »würdevolles Leben im Alter«; die »sozial gleiche Teilhabe der Einzelnen an den Entscheidungen in der Gesellschaft«; eine »existenzsichernde, sinnvolle Arbeit, Bildung und Kultur, hochwertige Gesundheitsleistungen und soziale Sicherungen«; eine »internationale Ordnung des Friedens, der kollektiven Sicherheit und solidarischen Entwicklung« – kurz: das Paradies auf Erden. Erreicht werden kann es nur, so heißt es in den »Eckpunkten«, durch »Überwindung aller Eigentums- und Herrschaftsverhältnisse, ›in denen der Mensch ein erniedrigtes, ein geknechtetes, ein verlassenes, ein verächtliches Wesen ist‹ (Karl Marx)«. Um ihren Extremismus zu kaschieren, beruft sich DIE LINKE jedoch auch in diesem Papier nicht nur auf den Urvater des Kommunismus, sondern ebenso auf das Grundgesetz, das »geradezu eine Aufforderung zum demokratischen Sozialismus« sei.[169]

Bevor der Sozialismus erreicht ist, möchte DIE LINKE aber vor allem Geld ausgeben: Kostenlose Kindergärten, gebührenfreie Bildung, Ausbildungsförderung auch bei Weiterbildung, Grundsicherung für jeden, Abschaffung des Arbeitslosengeldes II, umfangreiche Angebote staatlicher Volkshochschulen, Musikschulen, Bibliotheken, Jugendklubs und Sportstätten, steigende Renten bei einem Eintrittsalter von 60 Jahren, eine hochwertige Gesundheitsversorgung für alle, eine großzügige Förderung nationaler Minderheiten wie Sorben oder Roma, mehr Geld für Initiativen gegen Rechtsextremismus, eine Anhebung der Entwicklungshilfe. Es wirkt, als hätten die Autoren jahrelang Winterschlaf gehalten und noch nie etwas von Staatsverschuldung, Überalterung der Gesellschaft oder explodierenden Kosten im Gesundheits- und Sozialsystem gehört. Die Bundestagsfraktion der SPD hat ausgerechnet, dass DIE LINKE in nicht einmal zwei Jahren Anträge in den Bundestag eingebracht hat, die zusammen über 150 Milliarden Euro kosten würden – pro Jahr, versteht sich. Allein für die Anhebung der Sozialhilfe und des Arbeitslosengeldes II würden jährlich zehn Milliarden Euro fällig, für die Verlängerung des Arbeitslosengeldes I 2,5 Milliarden Euro, für die Rücknahme der Mehrwertsteuererhöhung 21 Milliarden Euro, für die Studienförderung für alle Studenten 17,2 Milliarden Euro, für die Abschaffung der Praxisgebühr zwei Milliarden Euro, für die Anhebung des Kindergeldes 19 Milliarden Euro. »Geld spielt bei der Linkspartei offensichtlich keine Rolle«, heißt es lakonisch am Ende der SPD-Expertise.[170] DIE LINKE plant aber noch mehr Staatsausgaben. In den »Eckpunkten« werden zusätzliche Investitionen in Bildung, Kultur und öffentliche Infrastruktur von mindestens 40 Milliarden Euro pro Jahr gefordert; beim Parteitag im Mai 2008 hat man noch einmal 10 Milliarden draufgelegt. Zusätzlich soll es ein europäisches Zukunftsinvestitionsprogramm geben, das den deutschen Beitrag zum EU-Haushalt von 20 auf 40 Milliarden Euro verdoppeln würde. Darüber hinaus fordert DIE LINKE, den öffentlichen Beschäftigungssektor um 500 000 neue, vom Staat bezahlte Jobs auszuweiten, was weitere 8,4 Milliarden Euro pro Jahr kosten würde. Kostenträchtig und nicht zu Ende gedacht ist auch die Forderung, dass Beamte künftig in die Rentenversicherung einzahlen sollen – dann nämlich müsste der Staat schlagartig für ihre Sozialabgaben aufkommen, um die er zur Zeit dank der späteren Pensionen herumkommt. Ähnliches gilt für die Parole, Staat und Kirche konsequent zu trennen und die

»privilegierte Sonderstellung« der Religionsgemeinschaften zu beseitigen – die Abschaffung der staatlich erhobenen Kirchensteuer würde die kirchliche Sozialarbeit zum Untergang verurteilen, für die dann der Staat einspringen müsste.

Selbst die Finanzpolitiker der ostdeutschen Landtagsfraktionen kritisierten die im Mai 2008 beschlossene Forderung nach einem 50-Milliarden-Programm als »zutiefst unseriös«. Für den LINKEN-Chef von Sachsen-Anhalt Matthias Höhn sind das »Luftschlösser, für die wir nicht gewählt werden«. Auch der Sozialismus müsse gegenfinanziert sein. Der Fraktionschef im Magdeburger Landtag Wulf Gallert warf Lafontaine vor, mit Konzepten aus den 1970er Jahren aufzuwarten.[171] Tatsächlich setzt die Partei seit dem Beitritt der WASG und ihres Spitzenmannes Lafontaine unverdrossener denn je auf die überholten Strategien der Vergangenheit, obwohl frühere Investitionsprogramme immer nur ein kurzes Strohfeuer ausgelöst und am Ende den Staat weiter in die Schuldenfalle getrieben hatten. Der LINKEN-Landesverband von Sachsen-Anhalt forderte dagegen bereits im September 2006 in einem mit großer Mehrheit angenommenen Leitantrag realistische, finanzierbare und funktionale Politikkonzepte und warnte vor einer Rückkehr zum Staatssozialismus.[172] Lafontaine ließ sich von den Einwänden jedoch nicht beeindrucken. »Ich habe im Vorstand gefragt, ob es Widerspruch gibt«, sagte er kühl, als er bei einem Pressefrühstück nach der Kritik am 50-Milliarden-Programm gefragt wurde. »Gab es nicht.«[173]

Die programmatische Rückkehr zum Staatssozialismus ist tatsächlich schon in vollem Gange. In den »Eckpunkten« wird zum Beispiel verlangt, Wohnungsgesellschaften sowie Betriebe im Energie-, Verkehrs- oder Abfallbereich nicht mehr zu privatisieren. Die Forderung wird sogar zur Bedingung von Regierungsbeteiligungen gemacht, als ob darin das Heil der Gesellschaft zu finden sei. Abgesehen davon, dass die Partei selber derartige Privatisierungen mitbeschlossen hat, sind Staatsunternehmen für die öffentliche Hand – und für die Bürger – fast immer ein Zuschussgeschäft. Sie arbeiten ineffektiv, produzieren Defizite und sind wegen ihrer Monopolstellung auch noch teuer. Selbst Parteichef Höhn aus Sachsen-Anhalt ist – wie viele seiner ostdeutschen Genossen – der Meinung, dass der Staat nicht jede Aufgabe in der öffentlichen Daseinsvorsorge selbst erbringen müsse.[174] Vor allem die West-LINKE um Lafontaine möchte den Staat dagegen auch noch auf anderen Gebieten zum Unternehmer machen. Private Telefongesellschaften, Post und Energieunternehmen wie E.on, RWE oder Vattenfall sollen (wieder) verstaatlicht werden. »Bahn, Telekom, Strom, Post – das muss alles wieder in Staatseigentum«, verlangte etwa die hessische LINKEN-Abgeordnete Marjana Schott 2008.[175]

Seit der Finanzkrise hat man einen regelrechten Verstaatlichungswahn entwickelt und will auch sämtliche Großbanken in Staatsbesitz überführen. Im Leitantrag für den Europaparteitag im Februar 2009 präsentierte der Parteivorstand sogar noch weitergehende Pläne: »Das europäische Banken- und Finanzsystem sowie Unternehmen und Industrien, die Politik und Wirtschaft beherrschen, gehören dauerhaft unter gesellschaftliche Kontrolle.«[176] Die markigen Parolen werden dabei hinausposaunt, ohne hinzuzufügen, welche Konsequenzen sie haben. Allein die geplante Überführung der Strom- und Gasnetze würde die öffentliche Hand nach Berechnungen der SPD-Fraktion 150 Milliarden Euro kosten. Der Börsenwert der Deutschen Bank betrug nach einem rasanten Kursverfall Anfang 2009 immer noch rund zehn Milliarden Euro, die der Staat bei einer Übernahme hinblättern müsste. Und wie ein Dienstleistungsbetrieb arbeitet, der von Staatsangestellten geführt wird, weiß jeder, der in Deutschland einmal ein Auto anmelden musste. Mit Schrecken erinnert sich mancher auch noch an die Zeiten, als es einen Telefonanschluss nur bei der Deutschen Bundespost gab. In der DDR hat staatlicher Schlendrian eine ganze Volkswirtschaft in den Bankrott geführt – an dieser Bilanz ändert auch die Finanzkrise nichts, die nicht durch zu wenig Staatsbesitz, sondern durch unzureichende Spielregeln und Kontrollen der Finanzmärkte ausgelöst wurde.

Konkrete Vorschläge, wie das Ausgabenfeuerwerk bezahlt werden soll, findet man nicht in den »Eckpunkten«. Weil der Staat höhere Einnahmen brauche, wird nur verkündet, dass Konzerne und andere profitable Unternehmen »wieder deutlich mehr Steuern zahlen« müssten. Außerdem solle es wieder eine Vermögensteuer geben und die Erbschaftsteuer erhöht werden. Der Spitzensteuersatz soll »auf mindestens 50 Prozent« angehoben werden. Nach den Vorstellungen der LINKEN soll er bereits bei einem Jahreseinkommen von 60 000 Euro – also ab einem Monatsgehalt von 4600 Euro – fällig werden, so dass vor allem die Mittelschicht getroffen würde.

Inzwischen beteuert Lafontaine, dass mit einer »Millionärssteuer«, einer Börsenumsatzsteuer und weiteren Abgaben der »Reichen« Mehreinnahmen von 120 Milliarden zu erzielen seien.[177] Wie das funktionieren soll, wenn man gleichzeitig Spitzenverdiener und Unternehmen aus dem Lande grault, bleibt sein Geheimnis. Gegenüber der Wirtschaft fordert DIE LINKE nämlich nicht nur höhere Reallöhne und einen gesetzlichen Mindestlohn, sondern auch kürzere Arbeitszeiten ohne Einkommensverlust, Ausbau von Kündigungsschutz und Mitbestimmung, einen höheren Arbeitgeberanteil bei der Krankenversicherung, eine Ausbildungsplatzabgabe sowie weitere nicht näher definierte Regularien und Schranken. Die Maßnahmen würden nicht nur die Wettbewerbsfähigkeit der deutschen Wirtschaft weiter verschlechtern (mit der Folge, dass Betriebe geschlossen und Arbeitsplätze abgebaut würden), sondern auch dazu führen, dass noch mehr Unternehmen ihre Produktionsstätten ins Ausland verlagern. Schon Churchill hatte demgegenüber empfohlen, dass man eine Kuh, die man weiter melken will, nicht schlachten sollte. Wer die Investitionsbedingungen verschlechtern und den ohnehin hochverschuldeten Staat mit zusätzlichen Milliardenausgaben belasten will, handelt nicht sozial, sondern treibt das ganze Land in die Armut.

Die eigentlichen Herausforderungen sind der LINKEN dagegen keine Silbe wert: Was muss man tun, damit deutsche Unternehmen gegenüber einer immer größer werdenden internationalen Konkurrenz bestehen können? Welcher Maßnahmen bedarf es, um der Verlagerung von Industriebetrieben an günstigere Standorte entgegenzuwirken? Womit kann Deutschland in einer Zeit knapper werdender Ressourcen seinen Mangel an Rohstoffen kompensieren? Wie kann die Kostenexplosion im Gesundheits- und Sozialsystems gestoppt und wie sollen in einer immer älter werdenden Gesellschaft die rasant steigenden Ausgaben für Renten aufgebracht werden? Wie kann man den Staat schlanker und effektiver machen, damit Arbeit und Konsum durch niedrigere Steuern billiger und damit attraktiver werden?

Wer nach Lösungen für die Probleme der Bundesrepublik Ausschau hält, sucht bei der LINKEN vergeblich. »Warum eigentlich soll es sozial sein, den Staat immer tiefer in die Verschuldung zu treiben?«, fragte selbst die links stehende *Frankfurter Rundschau* angesichts von Lafontaines Propagandareden im Sommer 2008. »Ist es wirklich gerecht, die Lasten einer alternden und schrumpfenden Gesellschaft allein der jungen Generation aufzubürden? Was helfen plakativ hohe Unternehmenssteuern, wenn noch mehr Nokias über die Grenze nach Tschechien oder Österreich abwandern? [...] Die Menschen sollten fit gemacht werden für die demographischen und wirtschaftlichen Veränderungen, statt ihnen vorzugaukeln, dass der rasante und manchmal beängstigende Wandel durch nationale Stopp-Schilder aufgehalten werden könnte.«[178]

Sicherheitsrisiko

Gefährlich für Deutschland sind aber auch die außenpolitischen Forderungen der LINKEN – nach Meinung der SPD der Grund, warum die Partei auf Bundesebene nicht regierungsfähig sei. So soll die NATO, die der Bundesrepublik über ein halbes Jahrhundert Freiheit und Frieden garantiert hat, den »Eckpunkten« zufolge »überwunden« werden. Was das konkret bedeutet, kann man einem Diskussionspapier entnehmen, das die Linksfraktion im Bundestag im November 2008 beschloss. »60 Jahre NATO sind für uns kein Grund zum Feiern«, heißt es darin, denn die NATO habe »allzu lange dazu beigetragen, die Ost-West-Gegensätze zu konservieren« und sei »zum Unsicherheitsfaktor Nr. 1 in der heutigen Welt« geworden. Aus diesem Grunde müsse die NATO aufgelöst werden; der Aufnahme neuer Mitglieder wird eine klare Absage erteilt. Dem Neutralismus – und den Ängsten der europäischen Nachbarn – leistet auch die Forderung Vorschub, sämtliche US-Stützpunkte in Deutschland zu schließen.[179] Der verteidigungspolitische Sprecher der Linksfraktion im Bundestag, Paul Schäfer, meinte zu dem Papier, es sei wichtig, »eine Strategie zu entwickeln, die das Ziel hat, dieses Militärbündnis von innen her aufzulösen«.[180]

Dem antikapitalistischen Flügel geht aber selbst das nicht weit genug. Er möchte, dass die Bundesrepublik sofort aus der NATO austritt – was politisch zweifellos einfacher zu bewerkstelligen wäre, als das Bündnis aufzulösen. Schon jetzt sollen den »Eckpunkten« zufolge die militärischen Potentiale

Deutschlands, die nach dem Niedergang des Kommunismus in Osteuropa massiv verringert wurden (die Zahl der Soldaten wurde trotz des größer gewordenen Territoriums halbiert), weiter reduziert »und in Richtung einer strukturellen Nichtangriffs- und Nichtinterventionsfähigkeit umgebaut« werden.[181] An Einsätzen, um ausländische Krisenherde zu entschärfen, soll die Bundeswehr grundsätzlich nicht mehr teilnehmen dürfen – auch wenn es um den Schutz von Menschenleben geht und sich Deutschland bei einer Verweigerung international isoliert.

Das außenpolitische Heil erwartet sich DIE LINKE demgegenüber von den Vereinten Nationen, obgleich diese in zahllosen internationalen Konflikten von Sarajevo bis Darfur politisch versagt haben. »DIE LINKE setzt sich dafür ein, der UNO als einzigem globalem System kollektiver Sicherheit endlich die zentrale Funktion einzuräumen, die sie laut UNO-Charta haben müsste: die materielle Ausübung des globalen Gewaltmonopols«, heißt es in dem Fraktionspapier. Diese Aussage rief allerdings sofort die Fundamentalisten auf den Plan, die darin eine verkappte Zustimmung zu Kampfeinsätzen unter UNO-Kommando sahen. Diesen hatten nicht nur die Delegierten auf dem Münsteraner PDS-Parteitag im Jahr 2000, sondern auch die »Eckpunkte« eine klare Absage erteilt. Wie sich das mit dem flammenden Bekenntnis der LINKEN zum Völkerrecht und zur Stärkung der UNO vereinbaren lässt, bleibt freilich ein Rätsel. Dafür möchte die Partei, dass die UN-Vollversammlung mehr Rechte bekommt, was euphemistisch als »Demokratisierung« bezeichnet wird, obwohl die Mehrheit der dort vertretenen Regierungen alles andere als demokratisch legitimiert ist.

In der Europapolitik will man nicht nur verhindern, dass »Europa immer mehr zu einer Festung gegenüber Menschen aus ärmeren Teilen der Welt ausgebaut wird«.[182] DIE LINKE möchte auch die Unabhängigkeit der Europäischen Zentralbank (EZB) abschaffen, sämtliche europäischen Militärverbände auflösen und auf gemeinsame Rüstungsprojekte in der EU verzichten. Verglichen mit der rüden Agitation gegen Europa, die DIE LINKE sonst an den Tag legt, fallen die »Eckpunkte« aber bei diesem Thema vergleichsweise zurückhaltend aus.

Geradezu hasserfüllt gegenüber der »herrschenden Politik der Europäischen Union« liest sich dagegen der Leitantrag an den Europaparteitag im Februar 2009, in dem der Parteivorstand stolz verkündet: »DIE LINKE hat als einzige der im Bundestag vertretenen Parteien gegen den Vertrag von Lissabon wie gegen den vorherigen Verfassungsentwurf gestimmt.«[183] Eine Passage, nach der der Vertrag von Lissabon auch Begrüßenswertes enthalte, etwa die Erweiterung der Mitspracherechte des Parlaments, strich man auf Druck der Fundamentalisten. Der Europaabgeordnete André Brie, der das »Bekenntnis zur europäischen Integration« in den Mittelpunkt des Programms stellen wollte, wurde vom Parteivorstand nicht wieder als Kandidat nominiert. In der deutschen Linken, erklärte er einer Zeitung, versuchten leider manche, aus Angst vor der Globalisierung die Sehnsucht nach dem Nationalstaat wieder zu wecken.[184]

Betrachtet man die außenpolitischen Vorstellungen der LINKEN, stößt man schnell auf ein simples Strickmuster: Alles, was irgendwie mit der westlichen Staatengemeinschaft zusammenhängt, wird verurteilt, während das, was gegen sie gerichtet ist, Unterstützung findet. In Umkehrung des »Reichs des Bösen« von Ronald Reagan erscheinen die westlichen Demokratien USA, Israel, die EU und ihre Verbündeten demnach als Hauptfeinde einer friedlichen, freien und gerechten Welt, während Diktaturen, totalitäre Bewegungen oder terroristische Organisationen mit reichlich Sympathien bedacht werden. So kommt es, dass Parteichef Lafontaine nicht nur vor einem Plakat des Guerillaführers

Che Guevara (der viele seiner politischen Gegner persönlich exekutierte) posiert. Auch die kommunistische Diktatur auf Kuba und die linksautoritären Regime in Bolivien und Venezuela genießen bei ihm und seinen Genossen Heldenstatus. So protestierte man zwar wie alle Parteien lautstark gegen das amerikanische Gefangenenlager Guantánamo auf Kuba, die sozialistischen Gefängnisse auf derselben Insel, in denen unzählige politische Gefangene festgehalten werden, lassen DIE LINKE jedoch bis heute kalt. »Eine faire Beurteilung müsste zu dem Schluss kommen, dass die Ablösung korrupter, verbrecherischer Regime ein Fortschritt ist und dass sich die soziale Lage in Südamerika durch die Politik der aktuellen linken Regierungen deutlich verbessert hat«, erklärte Lafontaine 2007 in einem Interview.[185]

Damals war er gerade von einer Reise nach Kuba zurückgekehrt, wo er, zusammen mit Parteivize Klaus Ernst, zu politischen Gesprächen weilte. Im Anschluss lobte er die Wirtschaft, das Gesundheits- sowie das Bildungssystem auf der maroden Karibikinsel; den Hinweis der Grünen auf Menschenrechtsverletzungen wies er dagegen als »wichtigtuerisch« zurück. Lafontaine stellte sich damit demonstrativ auf die Seite derer, die ein Jahr zuvor die Europaabgeordneten André Brie, Gabi Zimmer und Helmuth Markov heftig kritisiert hatten, weil sie einer Resolution des Europaparlamentes zugestimmt hatten, in der Kubas Umgang mit den Menschenrechten beklagt wurde. In einem offenen Brief hatten damals rund 1200 Genossen die »Kuba-feindliche« Resolution des EU-Parlamentes als »scheinheiliges Gezeter« verurteilt.[186] Der Parteivorstand beeilte sich daraufhin zu versichern, die Zustimmung zu der Erklärung »entspricht nicht der Position der Linkspartei.PDS«.[187] Diese Distanzierung, die unter der Überschrift »Solidarität mit Kuba« stand, erfolgte einstimmig, also mit den Stimmen der selbsternannten Reformer Bodo Ramelow, Katja Kipping, Dag-

mar Enkelmann und Dietmar Bartsch. Auch Lafontaine versicherte nach seiner Rückkehr aus Kuba: »Es mag die eine oder andere vereinzelte Stimme geben, die die Zusammenarbeit mit Kuba kritisiert. Aber die große Mehrheit der Partei, dies hat auch der letzte Bundesparteitag gezeigt, legt Wert auf eine gute Zusammenarbeit mit Kuba.«[188]
In ähnlicher Weise agiert die Partei auch gegenüber dem kommunistischen China. Während man im Nahost-Konflikt nicht müde wird, von der EU mehr Druck auf die israelische Regierung zu fordern, hielt der Parteivorstand nach dem brutalen Vorgehen der chinesischen Behörden in Tibet einen Boykott der Olympischen Spiele in Peking für »kein geeignetes Mittel der Auseinandersetzung«.[189] Stattdessen sorgte die LINKEN-Abgeordnete Christiane Schneider in der Hamburger Bürgerschaft für einen bundesweiten Eklat, weil sie den Dalai Lama mit dem früheren iranischen Revolutionsführer und Massenmörder Ayatollah Khomeini verglich. »Die Weltgesellschaft hat in den letzten Jahrzehnten keine guten Erfahrungen mit Religionsführern gemacht, die sich als Repräsentanten gesellschaftlicher Opposition in die Politik gedrängt haben. Ich erinnere zum Beispiel an Khomeini«, sagte sie dort in einer Aktuellen Stunde. Eine »Schwarz-Weiß-Zeichnung der schrecklichen Ereignisse in Tibet« und eine »einseitige Parteinahme«, so Schneider, seien weder angemessen noch hilfreich.[190] Die Parlamentarische Geschäftsführerin der Linksfraktion im Bundestag, Dagmar Enkelmann, distanzierte sich zwar von den Äußerungen, doch ihr Fraktionskollege, der außenpolitische Sprecher Norman Paech, setzte noch einmal nach und sagte, »bei aller Farbigkeit und allem schönen Traditionalismus« trage das System des tibetanischen Buddhismus »sehr starke feudale Elemente, die hinter dem freundlichen Lächeln des Dalai Lama verschwinden«. Im Buddhismus herrschten »in keiner Weise jene Freiheitsrechte, die man jetzt einfordert«. Den Chinesen

bescheinigte er dagegen, dass sie bei den Menschenrechten »einen großen Schritt weitergekommen sind«.[191]

Wie zu DDR-Zeiten wird das Recht auf Selbstbestimmung immer nur dann eingefordert, wenn es der richtigen Sache dient. Selbstverständlich haben die Palästinenser das Recht auf einen eigenen Staat, nicht aber die Tibeter im kommunistischen China. Natürlich ist die israelische Besetzung des Westjordanlandes 1967 zu verurteilen, keineswegs jedoch die chinesische Annexion Tibets 1950. »Die nationale Unabhängigkeit und die damit verbundene staatliche Einheit gehören zum Grundkonsens der Volksrepublik China«, verteidigte LINKEN-Abgeordnete Schneider den chinesischen Expansionismus.[192] Und Michael Leutert, Obmann für Menschenrechte in der Linksfraktion, verurteilte im Gleichklang mit Peking den Empfang des Dalai Lama bei Bundeskanzlerin Angela Merkel und verlangte in verbrämten Worten, dass sich die Tibeter mit ihrem Schicksal abfinden müssten: »Außer Frage steht, dass die kulturellen Traditionen der Menschen in der Region Tibet geschützt werden sowie eine dauerhafte Perspektive haben müssen. Über weitere Formen von Autonomie nachzudenken heißt aber zugleich, die territoriale Integrität Chinas – von innen wie von außen – nicht in Frage zu stellen.«[193] Als das Europaparlament im April 2008 mit überwältigender Mehrheit die »brutale Unterdrückung tibetischer Demonstranten durch die chinesischen Sicherheitskräfte« kritisierte und die »unverzügliche Freilassung« aller Inhaftierten verlangte, stimmte der LINKEN-Abgeordnete Tobias Pflüger als einziger Deutscher gegen die Resolution.[194]

Besonders befremdlich wird es, wenn sich führende Parteifunktionäre zu Israel äußern. Wie es scheint, sind der alte Antizionismus der SED, der die Ausbildung und Bewaffnung palästinensischer Terroristen einschloss, mit der Israelfeindlichkeit der neuen Linken in Westdeutschland

eine fruchtbare Symbiose eingegangen. Die Wortwahl vieler
Äußerungen erinnert an die alte Erkenntnis, dass Hasstiraden gegen den jüdischen Staat oftmals verkappter Antisemitismus sind. Zusammen mit Anhängern der Terrororganisationen Hamas und Hisbollah nahmen Parteimitglieder
und Spitzenfunktionäre der LINKEN zum Beispiel während
des Libanonkrieges im Frühjahr 2006 an Demonstrationen
teil, bei denen Parolen wie »Tod, Tod Israel« oder »Wir wollen keine Judenschweine« gerufen wurden.[195] Vor wehenden
Hisbollah-Fahnen prangerte die innenpolitische Sprecherin
Ulla Jelpke das israelische Vorgehen als »menschenverachtende Barbarei« an und erklärte: »Wer angesichts dieser
Massaker und angesichts dieser sinnlosen Zerstörungswut
noch einen Hauch von Verständnis für die israelische Politik aufbringt, macht sich zum Mittäter, zum Komplizen
von Mord und Terror.«[196] Dass die Hisbollah Israel zuvor
ständig mit Raketen beschossen hatte, war ihr keine Silbe
wert. Wenig später ging auch der außenpolitische Sprecher
der Linksfraktion Norman Paech mit Israel ins Gericht und
warf dem jüdischen Staat in Analogie zur deutschen Wehrmacht einen »unzulässigen Vernichtungskrieg« gegen Milizen und Bevölkerung im Libanon vor.[197]

Bei einer Rede zum Jahrestag der Pogrome am 9. November 2006 in der Frankfurter Paulskirche kritisierte der Vizepräsident des Zentralrats der Juden in Deutschland, Dieter
Graumann, das Verhalten der Linkspartei. Im Sommer 2007
legte er noch einmal nach und erklärte, dass die Linkspartei auch heute noch in der Tradition der Israelfeindschaft
der DDR-Führung stehe: »Das Gift hat eine neue Plattform.«[198] In einem Interview sprach er von einer »empörenden Feindseligkeit gegenüber dem jüdischen Staat« und
warf der Linkspartei vor, »extrem Israel-feindlich« zu sein.
Graumann machte das namentlich an Lafontaine fest, der
einen demokratischen Staat wie Israel mit einer berüchtig-

ten Terrororganisation wie der Hisbollah oder mit dem Iran gleichsetze, der die Judenfeindschaft zur Staatsräson gemacht habe. Mehrfach habe Lafontaine auch angekündigt, er wolle in den Iran reisen, »zu einem Regime, das offiziell erklärt: Wir wollen Israel vernichten«. Die Linkspartei habe zudem einen Minister der Israel-feindlichen Hamas nach Deutschland eingeladen, der nur deshalb nicht kommen konnte, weil er keine Einreiseerlaubnis bekommen habe.[199]

Selbst innerhalb der Partei regte sich Kritik. Anlässlich der verbalen Entgleisungen der Genossen während des Libanonkrieges forderte Vizevorsitzende Katja Kipping ihre Partei in einem Positionspapier auf, den Antizionismus aufzugeben. Auch Gregor Gysi betonte im April 2008 bei einer Veranstaltung der Rosa-Luxemburg-Stiftung, der Antizionismus könne für DIE LINKE »keine vertretbare Position sein, zumindest nicht mehr sein«.[200] Petra Pau blies ins selbe Horn und meinte, auf Demonstrationen, bei denen Israelfahnen verbrannt und antisemitische Parolen gerufen würden, habe kein LINKEN-Mitglied etwas zu suchen. Die Israel-Gegner ließen sich davon jedoch nicht beeindrucken. So kommentierte Ulla Jelpke die Gysi-Rede mit den Worten: »Ich halte es für legitim, gegen Zionismus zu sein.«[201] Auch die Kommunistische Plattform erhob sich zum moralischen Richter über Israel und erklärte: »Wer die Solidarisierung mit den von Besatzerwillkür geschundenen Palästinensern ablehnt, der sollte für sich nicht in Anspruch nehmen, Lehren aus dem Faschismus gezogen zu haben.« Weiter hieß es in der Stellungnahme zur Gysi-Rede, die neben der Europaabgeordneten Sahra Wagenknecht auch Jelpke unterschrieb: »Okkupationspolitik im Sonderfall Absolution zu erteilen, weil die heute in Israel Herrschenden vorgeben, ihre Politik diene den Interessen einer über Jahrhunderte verfolgten Minderheit, kann nicht die Sache von Linken sein.«[202]

Unterdessen gingen die Israel-Beschimpfungen munter

weiter. Bei einer Veranstaltung Ende April 2008 verglich Wolfgang Gehrcke, außenpolitischer Sprecher der Partei sowie Obmann im Auswärtigen Ausschuss des Bundestages, die Bilder palästinensischer Kinder vor israelischen Gewehrläufen mit dem bekannten Bild des jüdischen Jungen im Warschauer Ghetto vor den Gewehrläufen der SS. Und Norman Paech verharmloste bei einem Vortrag die Raketenangriffe der Hamas auf Israel nach Augenzeugenberichten als »Neujahrsraketen« und »Logik der Eskalation«.[203] Der Völkerrechtler profiliert sich schon seit Jahren mit scharfer Israel-Kritik und tritt dafür ein, mit der palästinensischen Terrororganisation zu verhandeln. Wegen seiner »ungehemmten Verbrüderung mit der terroristischen Hamas und antizionistischen Ressentiments« forderte der Bundesarbeitskreis *Shalom* der Linksjugend ['solid] deshalb im April 2008 seinen Rücktritt: »Norman Paech ist als außenpolitischer Sprecher der LINKEN untragbar geworden«, hieß es in der Erklärung, die freilich keine Konsequenzen nach sich zog.[204] Diese Vorgänge waren mit dafür verantwortlich, dass sich die CDU/CSU-Bundestagsfraktion im Oktober 2008 weigerte, gemeinsam mit der Linksfraktion eine Erklärung zum 70. Jahrestag der Reichspogromnacht zu entwerfen – was Gysi zu der Bemerkung veranlasste, der Hass der Unionsparteien auf DIE LINKE sei offensichtlich größer als das Anliegen des gemeinsamen Kampfes gegen den Antisemitismus.[205]

Dieselben Leute, die die Nähe zu palästinensischen Terrororganisationen suchen, pflegen auch gute Beziehungen zu anderen gewalttätigen Extremisten. Gehrcke setzte sich zum Beispiel dafür ein, die kolumbianische Guerillabewegung Farc von einer im Europaparlament geführten Liste terroristischer Organisationen zu streichen. Er verfasste nicht nur Solidaritätsappelle für verurteilte Drogenhändler, sondern fädelte auch die Herausgabe der Farc-Zeitung *Resistencia* in Deutschland ein. Die Linksfraktion brachte überdies einen Antrag in den Bundestag ein, der die Entführungen und Anschläge der marxistischen Rebellentruppe als friedensstiftende Maßnahmen verharmloste.

Eine ähnliche Rolle spielt Ulla Jelpke bei der kurdischen Terrororganisation PKK. Ihr wissenschaftlicher Mitarbeiter Nick Brauns ist Vorstandsmitglied der Deutsch-Kurdischen Gesellschaft e.V. und verteidigt die PKK-Aktivitäten, denen immer wieder unschuldige Menschen zum Opfer fallen, als »völkerrechtlich legitimen Kampf«. Für genauso legitim hält er »den Widerstand – auch den bewaffneten – gegen die imperialistische Besatzung in Afghanistan und Irak«. DIE LINKE verlangte wiederholt, auch die PKK von der EU-Terrorliste zu streichen. Ein von Jelpke, Bisky und Paech unterzeichneter Bundestagsantrag forderte zudem, die Einstufung der PKK als verbotene kriminelle Vereinigung in Deutschland aufzuheben. Da just in diesem Moment drei deutsche Bergsteiger in der Türkei entführt worden waren, zog man den Antrag jedoch zurück, und Fraktionsvize Ramelow erklärte: »Wir können uns nicht für die PKK in einer Phase einsetzen, in der sie Geiseln nimmt.«[206] In anderen Phasen offenbar sehr wohl. Ähnliche Verbindungen gibt es auch zur baskischen Separatistenpartei Batasuna in Spanien, dem politischen Arm der Terrororganisation ETA. Die Kontakte werden vor allem von Jelpke und dem Europaabgeordneten Helmuth Markov (früher SED) gehalten, der 2007 zum »Solidaritätsbesuch« ins Baskenland reiste und dabei den Batasuna-Chef Arnaldo Otegi im Gefängnis aufsuchte.

Mit seriöser Außenpolitik hat dies alles nichts zu tun, eher mit den nationalen Parolen der NPD. Auch diese fordert den Abzug der deutschen Soldaten aus Afghanistan und lehnt die NATO sowie bewaffnete UN-Einsätze ab. Als der Zentralrat der Juden DIE LINKE kritisierte, nahm NPD-Generalsekretär Peter Marx sie in Schutz und erklärte: »Lafontaine vertritt außenpolitisch lupenreine NPD-Positionen.«[207]

# TEIL III

PERSONAL

So also sieht DIE LINKE aus: Wer im Dezember 2008 im Internet die Buchstabenfolge »www.die-linke.de« eingab, dem lächelte eine rothaarige junge Frau mit braunen Augen entgegen. »Hilf mit!« war in großen Buchstaben über das freundlich strahlende Gesicht gerastert – ein Aufruf, mit dem die Partei um Spenden warb. Wenn man ihn anklickte, erschien ein bekannter deutscher Politiker und versprach: »Jede Stimme für DIE LINKE ist eine Stimme für den gesetzlichen Mindestlohn, für höhere Löhne, für höhere Renten, für ein besseres Gesundheitswesen, für gleiche Lebensverhältnisse in Ost und West, für mehr Umweltschutz und für den Frieden.« Anschließend tauchte die junge Frau in eng anliegender, leicht geöffneter Jacke wieder auf und warb: »Damit wir nicht mehr überhört werden können, müssen wir stärker werden. Damit DIE LINKE stärker wird, braucht es nicht zuletzt gute Wahlkämpfe und Geld. Deshalb bitten wir auch um Deinen Beitrag.«[1]

Der Politiker war Oskar Lafontaine, Inbegriff eines Westdeutschen. Geboren unweit der französischen Grenze, verbrachte er seine Jugend in einem katholischen Internat in der Eifel. Anschließend studierte er in Bonn und Saarbrücken Physik. Im Saarland begann er 1970 seine Karriere als Sozialdemokrat: Landtagsabgeordneter, Landesvorsitzender, Ministerpräsident, Kanzlerkandidat, Bundesvorsitzender, Finanzminister. Fast vier Jahrzehnte lang war er fester Bestandteil des westdeutschen Politikbetriebs.

Die junge Frau war Katja Kipping, geboren 1978 in Dresden. Beim Mauerfall war sie elf Jahre alt. Als Zwanzigjährige trat sie der PDS bei – und wurde in Riesenschritten nach oben getragen: mit einundzwanzig Stadträtin, dann jüngste sächsische Landtagsabgeordnete, mit fünfundzwanzig stellvertretende Bundesvorsitzende, mit sechsundzwanzig Mitglied des Bundestages. Nach dem Willen der Parteistrategen soll sie der LINKEN ein junges, weibliches und unbelastetes Gesicht geben. Auf die Internetplattform You Tube hat die Fraktion mehr Beiträge von ihr hochgeladen als von Parteichef Bisky. Das Prinzip des jungen, weiblichen Aushängeschilds hat bei der LINKEN Tradition. Früher spielte einmal Angela Marquardt diese Rolle. Gregor Gysi machte die Punkerin 1990 zur Vorzeigejugendlichen der PDS. Mit neunzehn wurde sie in den Parteivorstand gewählt, mit vierundzwanzig zur stellvertretenden Bundesvorsitzenden, mit siebenundzwanzig in den Bundestag. Die Hausbesetzerin mit den bunten Haaren sympathisierte offen mit der linksradikalen Antifa und sollte die autonome Linke einbinden. 2002 wurde jedoch bekannt, dass sie mit fünfzehn eine handschriftliche Verpflichtungserklärung bei der Stasi unterschrieben hatte, in der stand: »Ich, Angela Marquardt, verpflichte mich freiwillig, das MfS in seiner Arbeit zu unterstützen. [...] Ich möchte, dass Feinde unschädlich gemacht werden, und Menschen, die auf dem falschen Weg sind, geholfen wird. [...] Zur Wahrung der Konspiration wähle ich das Pseudonym ›Katrin Brandt‹.«[2] Wie viele erklärte sie daraufhin, sie sei »abgeschöpft« worden, der Führungsoffizier sei ein Freund gewesen.[3] Wenig später zog sie sich jedoch aus der Politik zurück – und wurde kürzlich von Andrea Nahles und Kurt Beck in die SPD geholt.

Weder Marquardt noch Kipping noch Lafontaine sind typisch für die Partei. Die Masse der Mitglieder ist alt und lebt im Osten. Nicht freundliche junge Frauen bestimmen dort das Bild, sondern grauhaarige betagte Männer. Doch schon seit Jahren versuchen die Postkommunisten, in der Öffentlichkeit ein anderes Bild von sich zu erzeugen. Systematisch werden junge, sympathisch wirkende Leute nach oben gehievt. Der Berliner Landeschef Klaus Lederer etwa ist Jahrgang 1974 und kommt als braver Strahlemann daher; einen Mann wie ihn könnten sich viele Mütter sofort als Schwiegersohn vorstellen. Die blonde Parlamentarische Geschäftsführerin Dagmar Enkelmann brachte es sogar bis zur »Miss Bundestag«. Auch auf Plakaten und in Broschüren präsentiert sich die Partei als jung, frech und unkonventionell. Westdeutsche, die früher einmal bei SPD oder Grünen waren, haben bei der LINKEN ebenfalls einen Bonus. Ob Ex-Sozialdemokrat Diether Dehm oder Ex-Grüne Ulla Jelpke – beide gelangten schon kurz nach ihrem Wechsel zur PDS in führende Positionen. Keine andere Partei in Deutschland betreibt ihre Personalpolitik so nach Marketing-Gesichtspunkten wie DIE LINKE.

Alte Kader

Dabei ist DIE LINKE vor allem eine Rentnerpartei. Sowohl Parteichef Bisky als auch der Ko-Vorsitzende Lafontaine haben bereits das 65. Lebensjahr überschritten – wollen aber unverdrossen weitermachen. Der eine bewirbt sich für ein Mandat im Europaparlament, der andere hat erklärt, dass er noch einmal saarländischer Ministerpräsident werden will. Mit ihrem vorgerückten Alter stehen beide nicht allein in der Partei. Bereits 2005 waren rund siebzig Prozent der PDS-Mitglieder älter als sechzig Jahre, nur drei Prozent waren dreißig oder jünger. Wegen der starken Überalterung litt die

Partei jahrelang unter massivem Mitgliederschwund: Gehörten der PDS 1991 noch 173 000 Mitglieder an, schrumpfte sie in den folgenden zehn Jahren um fast 100 000 Genossen. Erst 2004 stabilisierte sich die Zahl bei etwas mehr als 60 000. Durch den Beitritt der WASG verbesserte sich die demographische Situation nur unwesentlich, da auch bei ihr die Älteren dominieren. Der Anteil der über Sechzigjährigen lag 2007 noch immer bei fast sechzig Prozent.[4] Trotz Wahlerfolgen im Westen und einem Saarländer als Spitzenmann ist DIE LINKE nach wie vor eine Ost-Partei. Von den knapp 61 000 Mitgliedern, die der PDS 2005 angehörten, waren nur 4500 in Westdeutschland registriert. Die 11 000 Mitglieder, die der WASG nach eigenen Angaben bis Dezember 2005 beigetreten waren, fielen im Vergleich zur PDS kaum ins Gewicht; 1500 von ihnen waren zudem in Ostdeutschland gemeldet. Zusammengerechnet lebten damals rund 58 000 Genossen im Osten (einschließlich Berlin), während nur 14 000 im Westen aktiv waren. Auch nach dem Zusammenschluss zur LINKEN änderte sich daran zunächst wenig. 2007 kamen immer noch fast 55 000 Mitglieder aus dem Osten, während 17 000 im Westen lebten. Allein in Sachsen hatte die Partei über 14 000 Mitglieder, wohingegen ihr in Schleswig-Holstein nicht einmal 800 angehörten.[5] Die Unterschiede werden noch größer, wenn man die Zahlen ins Verhältnis zur Bevölkerung setzt: Auf 10 000 Ostdeutsche kamen 2007 etwa 33 Parteimitglieder, in Westdeutschland waren es nur zweieinhalb Mitglieder.

So wundert es nicht, dass in der Partei auch zwanzig Jahre nach der friedlichen Revolution noch immer die alten SED-Genossen dominieren. Zumindest im Osten Deutschlands waren die meisten schon zu DDR-Zeiten Mitglied. Laut einer parteiinternen Befragung gehörten im Berliner Bezirk Marzahn-Hellersdorf von den dort registrierten über 1000 Mitgliedern rund neunzig Prozent einst der SED an

(Stand: 2006).[6] Sechzig Prozent von ihnen waren sogar schon über vierzig Jahre lang Mitglied, also bereits unter Ulbricht eingetreten. Auch nach dem Beitritt der WASG-Mitglieder dürfte DIE LINKE deshalb immer noch zu mehr als fünfzig Prozent aus alten SED-Genossen bestehen.

Nach ihrer Umbenennung in DIE LINKE hat die Partei eine große Zahl von Neueintritten vermeldet. Sie verschwieg dabei, dass die Mitgliederzahlen im Osten zugleich drastisch zurückgingen. So stieg die Anzahl der Genossen im Westen nach Parteiangaben bis zur Jahresmitte 2008 zwar auf 24 000 (plus 7000 gegenüber 2007), fiel jedoch zur selben Zeit auf 50 000 im Osten (minus 5000 gegenüber 2007). Der Nettozuwachs betrug demnach nur etwa 2000 oder weniger als drei Prozent. Allerdings nimmt die Mitgliederzahl – auf niedrigem Niveau – im Westen weiter zu. Dass die ehemalige Staatspartei der DDR nicht langsam, aber sicher ausstirbt, hat sie den westdeutschen Linken und ihrem Zugpferd Lafontaine zu verdanken.

Noch aber geben die alten SED-Kader den Ton an. Sie waren es, die die Partei 1989 gerettet haben, entsprechend groß ist ihre Zahl in Führungspositionen. Von den 53 Bundestagsabgeordneten gehörten mehr als dreißig Prozent früher der SED an. Parteichef Bisky zum Beispiel ist der SED bereits 1963 beigetreten, Fraktionsvorsitzender Gysi wurde vier Jahre später Mitglied, die Parlamentarische Geschäftsführerin Dagmar Enkelmann 1977. Bundesgeschäftsführer Dietmar Bartsch war seit 1979 SED-Mitglied, was er freilich in seiner Bundestagsbiographie und auf seiner Homepage diskret verschweigt.[7] Immerhin erfährt man aber dort, dass er früher für das FDJ-Zentralorgan *Junge Welt* arbeitete und seinen Doktortitel in Moskau erwarb. Anders als bei den meisten Stasi-Mitarbeitern haben die Genossen jedoch dafür sorgen können, dass ihre Kaderakten vernichtet wurden.

Auch Gysis Stellvertreter sind, so sie aus dem Osten kommen, allesamt alte SED-Genossen. Die stellvertretende Fraktionsvorsitzende Barbara Höll, steuerpolitische Sprecherin der Linksfraktion, trat der Partei 1976 bei; anschließend studierte sie marxistische Philosophie in der Sowjetunion. Kirsten Tackmann, stellvertretende LINKEN-Vorsitzende in Brandenburg, wurde 1979 SED-Mitglied. Petra Sitte, früher hauptamtlicher Sekretär der FDJ-Kreisleitung an der Universität Halle, heute Mitglied im Ältestenrat des Bundestages, gehört der DDR-Staatspartei seit 1981 an. Petra Pau, Bundestagsvizepräsidentin, ist seit 1983 Genossin. Die Frau mit den orangenen Haaren ist studierte Pionierleiterin und arbeitete beim Zentralrat der FDJ. Gesine Lötzsch, Vorsitzende des mitgliederstarken Bezirksverbandes Berlin-Lichtenberg, trat der SED 1984 bei. Wenn die Wähler wüssten, wen sie 2005 in den Bundestag wählten, hätte manch einer das Kreuz vielleicht doch lieber woanders gemacht.

Die Liste ehemaliger SED-Mitglieder im Deutschen Bundestag ist damit noch nicht zu Ende. Roland Claus, Mitglied im Haushalts- und im Finanzausschuss, trat der Partei 1978 bei. In der DDR war er dreizehn Jahre lang hauptamtlicher FDJ-Funktionär, zuletzt als Erster Sekretär der Bezirksleitung Halle; dann wurde er der letzte SED-Chef von Halle. Auch die ehemalige Sozialministerin von Mecklenburg-Vorpommern, Martina Bunge, ist langgedientes SED-Mitglied; die Vorsitzende des Bundestagsgesundheitsausschusses gehört der Partei seit 1980 an. Dasselbe gilt für den Abgeordneten Ilja Seifert (SED-Mitglied seit 1974), die Vorsitzende des Petitionsausschusses Kersten Naumann (SED-Mitglied seit 1981) und den ehemaligen hauptamtlichen Stasi-Personenschützer Lutz Heilmann (SED-Mitglied seit 1986). DIE LINKE kann heilfroh sein, dass sich ihr Personal niemand genauer ansieht.

In der Partei ist die Lage kaum anders. Der zwölfköpfige geschäftsführende Parteivorstand der LINKEN besteht immerhin zu einem Viertel aus alten SED-Genossen. Außer Bisky und Naumann zählt auch Schatzmeister Karl Holluba dazu, ein altgedienter Parteikader, der bereits 1967 seinen Beitritt erklärte. Fünfzehn Jahre lang war er hauptamtlicher Mitarbeiter im Zentralrat der FDJ, dann besuchte er die Parteihochschule »Karl Marx«, um 1987 in die Abteilung Finanzverwaltung und Parteibetriebe im ZK der SED zu wechseln. Noch mehr altgediente Parteigenossen tummeln sich, jedenfalls im Osten, auf Landesebene. Ehemalige SED-Leute besetzen dort einen Großteil der Mandate und Funktionärsposten. In Brandenburg gehörten sowohl Parteichef Thomas Nord als auch Fraktionschefin Kerstin Kaiser der SED an. Kaiser arbeitete bis 1989 an der Parteischule »Karl Liebknecht« beim ZK der SED, Nord brachte es bis zum FDJ-Kreissekretär und Mitarbeiter der SED-Kreisleitung.[8] Auch in Sachsen sind die Landesvorsitzende Cornelia Ernst und Fraktionschef André Hahn ehemalige SED-Genossen. In Mecklenburg-Vorpommern steht mit Peter Ritter ein langjähriger Berufsoffizier der Nationalen Volksarmee an der Spitze der Partei. Obwohl er in seiner Landtagsbiographie den Eindruck erweckt, er sei erst 1991 politisch aktiv geworden, ist äußerst unwahrscheinlich, dass er seine berufliche Tätigkeit ohne SED-Parteibuch ausüben konnte, zumal er nebenbei ein Fernstudium der marxistischen Philosophie absolvieren durfte. Fraktionschef Wolfgang Methling gibt selber an, seit 1974 Funktionen in der FDJ, seit 1985 in der SED wahrgenommen zu haben.

Die Liste der Altkader ließe sich noch beliebig verlängern. Viele von ihnen waren in der DDR junge, aufstrebende FDJ- oder SED-Funktionäre, die durch die friedliche Revolution um ihre Karrieren gebracht wurden. Nach dem Untergang des Sozialismus klammerten sie sich an die Partei, weil sie vielfach keinen Brotberuf erlernt hatten. Die PDS bot ihnen die Möglichkeit, ihr Funktionärsdasein auch unter den neuen Bedingungen fortzusetzen. Als Abgeordnete, Verwaltungsangestellte oder Parteifunktionäre geht es ihnen heute meist besser als zu DDR-Zeiten.

Die LINKEN-Bürgermeisterin des Berliner Bezirks Lichtenberg-Hohenschönhausen, Christina Emmrich, hatte zum Beispiel eine mustergültige Karriere durchlaufen: Mit 23 Jahren trat sie der SED bei, mit 25 wurde sie hauptamtliche FDJ-Funktionärin, anschließend folgten Bezirksparteischule und SED-Kreisleitung. Mit dreißig begann sie ein Studium an der Parteihochschule des ZK, mit dreiunddreißig ging sie zu einer SED-Bezirksleitung. Mit achtunddreißig stieg sie als »Sekretär für Frauenfragen« in die Führungsspitze des Freien Deutschen Gewerkschaftsbundes (FDGB) auf – das war 1986. Der Posten war mit Macht und Privilegien verbunden, denn der FDGB war der verlängerte Arm der SED. Gewerkschaftschef Harry Tisch war einer der mächtigsten Männer in der DDR und führte auch privat das Leben eines Feudalherrn. Hätte die DDR noch zehn Jahre länger bestanden, wäre Emmrich vielleicht seine Nachfolgerin geworden.

So aber fiel sie nach dem Untergang der SED-Diktatur von sehr weit oben nach sehr weit unten. Kein eigener Fahrer mit westlicher Limousine holte sie mehr morgens in ihrer Neubauwohnung ab, stattdessen musste die Einundvierzigjährige 1990 den Gang zum Arbeitsamt antreten. Doch die stämmige, burschikose Frau mit dem hennagefärbten Kurzhaarschnitt arbeitete sich in kleinen Schritten wieder nach oben. Sie baute den Verein für ambulante Versorgung Hohenschönhausen auf, dessen Geschäftsführung sie bald übernahm. 1992 wurde sie stellvertretende Landesvorsitzende der PDS, 1995 Bezirksverordnete, 1999 Vorsteherin der Bezirksverordnetenversammlung, 2000 stellvertretende Fraktionsvorsitzende in Berlin-Lichtenberg, 2001 hauptamtliche Stadträtin und stellvertretende Bürgermeisterin. Seit 2002 ist sie – dank satter Mehrheiten der Linkspartei in dem ehemaligen Stasi-Quartier – Bürgermeisterin und damit gewähltes Oberhaupt von 258 000 Berlinern. Gleichwohl trauert Emmrich der DDR bis heute nach. »Es war mein Land, und ich habe dieses Land gemocht«, erklärte sie einem Journalisten 2006. Ob sie Frieden mit dem vereinigten Deutschland geschlossen hat? »Nein, so weit will ich für mich wirklich nicht gehen.« Wenn sie am 3. Oktober vor dem Lichtenberger Rathaus die schwarzrotgoldene Fahne aufziehen lassen muss, ist ihr das unangenehm, weil sie die Bundesrepublik noch immer als aufgezwungenes Staatswesen betrachtet. »Manchmal denke ich, lass es einfach laufen, lass es schleifen, dann sind die Leute vielleicht eher bereit, sich gegen die Gesetze aufzulehnen.«[9]

Kader wie sie gibt es viele bei der LINKEN. Eine steile DDR-Karriere hat auch der Chef der Rosa-Luxemburg-Stiftung Heinz Vietze hinter sich. Der letzte SED-Chef von Potsdam gilt als Strippenzieher der LINKEN, der auch Bisky an die Parteispitze brachte. Vietze hat praktisch sein Leben lang von der Politik gelebt. Nach einem Lehrgang an der FDJ-Jugendhochschule »Wilhelm Pieck« arbeitete er zunächst in der FDJ-Bezirksleitung Potsdam. 1970 wurde er Zweiter, dann Erster Sekretär der FDJ-Kreisleitung Potsdam. Zugleich berichtete er der Stasi unter dem Decknamen »Vietze« über Interna aus der Jugendorganisation. »Bei der Lösung der gestellten Aufgaben zeichnete sich Gen[osse] Vietze durch hohe Parteilichkeit aus und ließ sich bei allen Entscheidungen von seinem sozialistischen Standpunkt leiten«, schrieb die Stasi in einem Auskunftsbericht über ihn.[10] Nach seinem Studium an der Parteihochschule »Karl Marx« beim ZK der SED machte man ihn 1977 zum Chef der FDJ-Bezirksleitung Potsdam, wo er erneut regelmäßig mit der Stasi zusammentraf. Als Oberaufpasser über die Jugend zitierte er mehrfach den heutigen brandenburgischen Finanzminister Rainer Speer zu sich, der damals in einem

FDJ-Kulturhaus arbeitete. 1982 zwang er ihn, ein Friedensfest abzusagen, weil kirchliche Gruppen daran teilnehmen wollten. »Seine Bücher standen hinter Modellen von russischen Panzern und Raketen«, erinnerte sich Speer später an die Situation. »Er griff einen Lenin-Band heraus und las vor.« Dem uneinsichtigen Mitarbeiter drohte er, ihn »in die Produktion« zu schicken, wenn er sich nicht füge.[11] Mit der Stasi besprach Vietze damals den Umgang mit den kirchlichen Friedensgruppen und sagte zu, »dass alle Aktivitäten von Jugendpfarrern unverzüglich durch die 1. Kreissekretäre der FDJ der jeweiligen K[reis]D[ienststelle] zur Kenntnis gegeben werden«.[12]

1984 wurde der aufstrebende Funktionär Chef der SED-Kreisleitungen Oranienburg und Potsdam; mit 37 Jahren war er der jüngste Kreissekretär der DDR. Wäre das Regime nicht zusammengebrochen, säße er heute vermutlich im Politbüro. Als die Partei ihre Macht zu verlieren drohte, gehörte er offenkundig zu den Einpeitschern. Was er am 14. September 1989 auf der 7. Tagung der SED-Kreisleitung Potsdam sagte, zirkuliert in verschiedenen Versionen, er selbst kann sich nicht mehr daran erinnern. »Wenn der Gegner sich zum direkten Kampf in seinem Schützengraben gegen uns erhebt und scharf zielt und alles einsetzt, worüber er verfügt, dann muss in der Deutschen Demokratischen Republik in diesem Schützengraben die Diskussion über das letzte Flugblatt oder die Schützengrabenzeitung aufhören, sondern wir müssen darüber reden, wer zielt auf diesen Gegner, und zwar mit Kampfkraft, mit klassenmäßiger Position«, gab die *Berliner Zeitung* seine Rede wieder.[13] Im November 1989 wurde er Erster Sekretär der SED-Bezirksleitung Potsdam und damit mächtigster Mann in einem der wichtigsten DDR-Bezirke. Kurz darauf traf er Rainer Speer, der bis zum Ende der DDR als Möbelrestaurator überwinterte, am Runden Tisch wieder. »Am liebsten wäre ich sofort aufgestanden und wieder gegangen, als ausgerechnet Vietze auf ›Basisdemokratie‹ pochte«, erzählte Speer später.¹⁴ Und der brandenburgische Ministerpräsident Matthias Platzeck, der sich damals in einer Potsdamer Umweltgruppe engagierte, fand später seinen Namen auf einer Liste der zu internierenden DDR-Oppositionellen, die die Unterschrift des SED-Funktionärs getragen habe.¹⁵

Mit der Wiedervereinigung begann Vietzes zweite Politikerkarriere. 1990 wurde er Landesvorsitzender der PDS und Mitglied des brandenburgischen Landtags. Nicht einmal sein Arbeitsplatz änderte sich, denn das frei gewählte Parlament zog 1991 in die SED-Zentrale, den »Potsdamer Kreml« ein. Siebzehn Jahre war er anschließend stellvertretender Vorsitzender und Parlamentarischer Geschäftsführer der PDS-Fraktion, wo er maßgeblichen Einfluss ausübte. Im Wahlkampf 2004 machte er Dagmar Enkelmann, die erwähnte Miss Bundestag, zur Spitzenkandidatin. Die populistische Plakatparole »Hartz IV ist Armut per Gesetz. Weg damit!« stammt ebenfalls von ihm. Die Abgeordnete Esther Schröder, der er 1999 einen sicheren Listenplatz für die Landtagswahlen verschafft hatte und deren Ausschluss er später betrieb, nannte ihn »eine graue Eminenz« in der Partei. Als sie 2002 zur SPD wechselte, sagte sie, dass sie die PDS als »SED live« erlebt habe.¹⁶ Seit 2007 ist Vietze nur noch einfacher Abgeordneter – um sich ganz der Rosa-Luxemburg-Stiftung widmen zu können.

Ranghöchster SED-Kader bei der LINKEN ist freilich Hans Modrow, der dort bis heute hoch verehrt wird. Bundesgeschäftsführer Bartsch schlug ihn, wie erwähnt, 2007 sogar für den Friedensnobelpreis vor. Dabei weist er die klassische Biographie eines DDR-Apparatschiks auf: Volkssturm, sowjetische Kriegsgefangenschaft, Antifa-Schule, FDJ-Funktionär, SED-Sekretär. Der Maschinenschlosser muss nicht nur überaus ehrgeizig, sondern auch vielseitig einsetzbar gewesen sein. Bereits 1950, ein Jahr nach seiner Rückkehr aus der Sowjetunion, wurde er hauptamtlicher FDJ-Mann im Land Brandenburg, ein Jahr später Chef der Jugendorganisation in Mecklenburg. Es waren die schlimmsten Jahre der DDR, als der Terror noch allgegenwärtig war; der 23-jährige Modrow war ein echter Überzeugungstäter. In seiner Autobiographie rechtfertigt er zum Beispiel bis heute den provozierenden Marsch der FDJ nach West-Berlin, bei dem es 1951 zu zahlreichen Verletzten kam. Noch immer stehe er zu dem Zorn, den er damals auf die Bundesrepublik verspürt habe. »Klassenreaktion stand gegen Klassenreaktion«, so Modrow über die blutigen Ereignisse. Mit den stalinistischen Jugendweltfestspielen in Ost-Berlin sicherte sich die FDJ seiner Meinung nach damals »einen geachteten Platz in der demokratischen Weltjugendbewegung«.[17]

Der stromlinienförmige Funktionär war jedoch für höhere Aufgaben vorgesehen. Von 1952 bis 1953 besuchte Modrow die Komsomolhochschule in Moskau, mit 26 wurde er Mitglied der Berliner SED-Bezirksleitung, mit 30 Abgeordneter der DDR-Volkskammer (was er mehr als drei Jahrzehnte blieb), mit 33 SED-Kreischef in Berlin-Köpenick. Nebenbei absolvierte er ein Fernstudium an der Parteihochschule »Karl Marx«. In den 1960er Jahren war Modrow dann maßgeblich für die politische Agitation in der DDR verantwortlich, erst als Sekretär der SED-Bezirksleitung, dann als Abteilungsleiter im Zentralkomitee, dem er zugleich als Mitglied angehörte. 1973 wurde er schließlich SED-Chef im Bezirk Dresden – dann stockte die Karriere bis 1989, trotz mehrerer hoher Orden. Modrows Nachteil war, dass sich keiner von den Herrschaften im Politbüro aufs Altenteil zurückziehen wollte und dass er nach dem Machtantritt Gorbatschows in westdeutschen Zeitungen mehrfach als Reformer gehandelt wurde.

In Dresden war davon freilich wenig zu spüren. Bei den

Kommunalwahlen im Mai 1989 schickte Modrow zum Beispiel Abgesandte zu den Wahlkommissionen, damit diese die Ergebnisse manipulierten. Wegen Wahlfälschung und fahrlässigen Falscheides verurteilte ihn das Landgericht Dresden deshalb später zu zehn Monaten auf Bewährung. Die PDS agitierte gegen dieses Urteil genauso wie gegen alle anderen, die gegen frühere SED-Funktionäre verhängt wurden.»Juristisch schuldig ist Hans Modrow mit Sicherheit nicht«, nahm Gysi ihn in Schutz.»Ebenso wenig gab und gibt es eine Zuständigkeit der westdeutschen [sic!] Justiz über den im Prozess verhandelten Sachverhalt.«[18]

Von Glasnost und Perestroika merkten auch die Kritiker eines Reinst-Silizium-Werkes in Dresden-Gittersee nichts. Im August 1989 kam es zu einem massiven Polizeieinsatz, bei dem 23 Personen festgenommen wurden. Sie hatten sich nach einem Bittgottesdienst zum Standort des Werkes begeben, um vor den drohenden Umweltgefahren zu warnen. Zu schlimmen Prügelszenen kam es Anfang Oktober 1989 auch am Dresdener Hauptbahnhof. Als DDR-Bürger versuchten, zu den Zügen zu gelangen, mit denen die Prager Botschaftsflüchtlinge in die Bundesrepublik ausreisen durften, kam es zu zahlreichen Übergriffen und Festnahmen. Erst nach diesen bürgerkriegsähnlichen Auseinandersetzungen bemühten sich Modrow und Berghofer, die Lage durch einen Dialog mit kritischen Bürgern zu entschärfen. Ausgerechnet der langjährige ZK-Sekretär für Sicherheit, Egon Krenz, machte Modrow im November 1989 zum DDR-Ministerpräsidenten und Mitglied des SED-Politbüros. Als Krenz im Dezember seine Ämter niederlegte, wurde Modrow stellvertretender Vorsitzender der SED-PDS.

Seine kurze Amtszeit als Regierungschef bestand vor allem aus Rückzugsgefechten: Vergeblich versuchte Modrow, den Staatssicherheitsdienst vor der Auflösung zu retten, umsonst kämpfte er dafür, die DDR vor dem Untergang zu bewahren.

Immerhin verschaffte er aber vielen Funktionären noch einen guten Abgang: Stasi-Vernehmer erhielten nicht nur eine üppige Abfindung, sondern oft noch eine Anwaltslizenz. Verdiente Genossen, die mit Hilfe der Partei ein Seegrundstück oder eine Villa bekommen hatten, durften es dank des sogenannten Modrow-Gesetzes vom März 1990 zu einem Spottpreis in ihr Eigentum überführen. Auch nach der Wiedervereinigung machte Modrow weiter Politik: 1990 zog er in den Deutschen Bundestag ein, 1999 bis 2004 war er Mitglied des Europaparlaments, seit 2007 ist der langjährige Ehrenvorsitzende der PDS Chef des Ältestenrats der LINKEN. Als Wortführer der DDR-Nostalgiker erhebt der inzwischen über 80-Jährige immer noch regelmäßig die Stimme.

Um von den alten Kadern abzulenken, hat DIE LINKE inzwischen eine neue Taktik entwickelt. Statt sich zu verteidigen, behauptet sie, die anderen Parteien seien auch nicht besser. Als Lafontaine 2006 im ZDF-Sommerinterview gefragt wurde, ob die Linksfraktion nicht ihre Vergangenheit aufarbeiten müsse, blieb er die Antwort schuldig und erklärte, dass »auch andere Parteien Vergangenheitsbewältigung betreiben müssen – insbesondere CDU und FDP, die die Blockparteien geschluckt haben«. Diese seien praktisch eine Abteilung der SED gewesen. CDU und FDP wollten jedoch nicht wahrhaben, »dass sie eine ganze Reihe von Leuten in ihren Reihen haben, die ebenso in das System der DDR involviert waren wie die SED«.[19]

Die Behauptung ist eine plumpe Unterstellung. In der DDR gab es nur eine einzige Partei, die die Macht ausübte – und das war die SED. Schon in Artikel 1 ihrer Verfassung stand klipp und klar: Die DDR »ist die politische Organisation der Werktätigen in Stadt und Land unter der Führung der Arbeiterklasse und ihrer marxistisch-leninistischen Partei«. Einstige Mitglieder und Funktionäre dieser Partei gibt es im Deutschen Bundestag ausschließlich bei der LINKEN. CDU und FDP haben auch in den Ländern keine früheren SED-Genossen in Führungspositionen. Bei den Grünen kann man bestenfalls die ehemalige Fraktionsvorsitzende im Berliner Abgeordnetenhaus Sibyll-Anka Klotz dazurechnen, die von 1983 bis 1989 der SED angehörte – und dann austrat. Die SPD hat im Wesentlichen zwei Ex-SED-Leute befördert: die sächsische Wissenschaftsministerin Eva-Maria Stange und den Innenminister von Sachsen-Anhalt, Holger Hövelmann. Doch diese Fälle sind die Ausnahme und nicht die Regel. Die Blockparteien waren demgegenüber nur fünftes Rad am Wagen. Viele traten ihnen gerade bei, um *nicht* SED-Mitglied werden zu müssen. Denn wer sich ganz und gar verweigerte, landete beruflich fast immer auf dem Abstellgleis. Doch selbst wenn man die Blockparteien mit berücksichtigt, ergibt sich kaum ein anderes Bild. SPD und Grüne haben sich 1990 überhaupt nicht mit einer Blockpartei, sondern mit oppositionellen Gruppierungen vereinigt – wofür sie bis heute dadurch bestraft werden, dass sie im Osten organisatorisch besonders schlecht aufgestellt sind. Aus der FDP-Führungsspitze gehörte einer Blockpartei lediglich die stellvertretende Bundesvorsitzende Cornelia Pieper an, die seit 1987 in der Kulturabteilung des LDPD-Bezirksvorstands in Halle arbeitete. Darüber hinaus waren nur noch zwei der 61 FDP-Bundestagsabgeordneten Mitglied der DDR-Liberalen – ein Anteil von unter fünf Prozent. In der Bundestagsfraktion von CDU/CSU liegt die Quote sogar noch niedriger. Hier gehörten vier Prozent oder neun von 223 Abgeordneten einer ehemaligen DDR-Blockpartei an, wobei einige erst 1988 oder 1989 beigetreten waren. Auffällig viele CDU-Parlamentarier aus dem Osten waren in der DDR aber auch parteilos oder beteiligten sich aktiv am Sturz der SED-Herrschaft; der stellvertretende Fraktionschef Arnold Vaatz saß sogar im Gefängnis. Nur auf der Landesebene findet man in Führungspositionen einige frühere Parteifunktionäre wie den sächsischen Ministerpräsidenten Stanislaw Tillich oder den Ex-CDU-Chef in Brandenburg Ulrich Junghanns – doch sie alle wollen seit fast zwanzig Jahren mit dem Sozialismus nichts mehr zu tun haben. Deshalb bleibt es dabei: In keiner anderen Partei gibt es so viele alte DDR-Kader wie in der LINKEN.

Medienstar mit schwarzer Weste

Einer der ehemaligen SED-Funktionäre hat dabei besonderes Gewicht: LINKEN-Fraktionschef Gregor Gysi. Er hat die Partei nicht nur vor ihrem Untergang bewahrt, sondern auch wie kein anderer zu ihrem Fortbestand beigetragen. Ohne Gysi würde die Partei heute nur noch eine Schattenexistenz führen. Erst im Osten, dann im Westen hat der eloquente Anwalt der politisch diskreditierten PDS zu Akzeptanz verholfen und sie schrittweise wieder hoffähig gemacht. Die Parteistrategen waren sich dabei seiner Bedeutung stets bewusst. »Er ist nach wie vor die wichtigste Person im Westwahlkampf, und es ist für die Partei überlebenswichtig, dass Gregor Gysi wieder wie bereits 1994 schwerpunktmäßig den Westen beackert«, heißt es etwa in einem Strategiepapier zum Wahlkampf 1998.[20] Systematisch wurde er durch Plakate, Reden, Diskussionsveranstaltungen, Fernsehauftritte oder Artikel zum Aushängeschild der Partei aufgebaut. Als diskrete Helfer wirkten daran auch viele Journalisten mit, allen voran die ehemalige ARD-Moderatorin Sabine Christiansen, die den smarten Vielredner zweiundzwanzig Mal in ihre Talksendung einlud. Vom Werbeplakat zur Volkskammerwahl 1990 (»Ein Anwalt für die Demokratie«) über den Wahlkampfslogan 1994 (»Gysis bunte Truppe«) bis zu den Spitzenkandidaturen in

Berlin 2002 und im Bund 2005 – seit fast zwanzig Jahren dient Gysi der Partei als Allzweckwaffe.

Doch der Medienstar hat eine schwarze Weste. Ein Blick in seine Biographie ergibt das Bild eines ungewöhnlich ehrgeizigen, opportunistischen und skrupellosen SED-Genossen. Im Gegensatz zu den meist unbeholfen und hölzern wirkenden DDR-Funktionären zeichnete er sich allerdings durch Eigenschaften aus, die man eher einem Politiker aus dem Westen zuschreiben würde: Humor, Umgänglichkeit, Selbstbezogenheit und eine ungewöhnliche Sprachgewandtheit. Der 1948 geborene Gysi ist Kind hoher Funktionäre. Sein Vater Klaus war Botschafter, Kulturminister und Staatssekretär für Kirchenfragen, daneben auch Informant der Staatssicherheit (Deckname:»Kurt«). Seine Mutter, die nach der Scheidung das alleinige Sorgerecht erhielt, arbeitete als Abteilungsleiterin im DDR-Kulturministerium. Nach seinem Abitur, verbunden mit einer Ausbildung zum Rinderzüchter, studierte Gysi von 1966 bis 1970 Rechtswissenschaften an der Berliner Humboldt-Universität; den Studienplatz, den gewöhnlich nur besonders Systemtreue bekamen, hatte ihm laut einem Spitzelbericht sein Vater beschafft. Auch den obligatorischen, in der DDR besonders schikanösen Armeedienst musste er nicht ableisten. Bereits mit 19 trat der Funktionärssohn der SED bei, zwei Jahre später war er Mitglied der SED-Leitung der Fakultät.»Gregor bemühte sich während des Studiums, konsequent die Politik von Partei und Regierung zu vertreten«, heißt es in seiner Abschlussbeurteilung.»Er verstand es, diese Politik auch gegenüber den anderen Seminarmitgliedern überzeugend darzulegen.«[21]

Nach seinem Diplom wurde er Assistent beim Ost-Berliner Stadtgericht.»Genosse Gysi«, wurde er hier gelobt, »hat im gesamten Zeitraum unter Beweis gestellt, dass er über fundierte Kenntnisse des Marxismus-Leninismus verfügt und sich in seiner Arbeit stets von den Beschlüssen der Partei- und Staatsführung lenken läßt.«[22] Ab 1971 arbeitete er dann als Anwalt im sogenannten Rechtsanwaltskollegium Berlin, ein von SED und DDR-Justizministerium kontrolliertes Anwaltskollektiv, in das nur aufgenommen wurde, wer »seinem sozialistischen Staat eng verbunden« war.[23] Dazu muss man wissen, dass die weniger als 650 Anwälte in der DDR eine gänzlich andere Rolle als heute spielten. Da es keine Gewaltenteilung gab, waren sie keine unabhängigen Rechtsvertreter, sondern Teil der gleichgeschalteten SED-Justiz. Wie der Stasi-Experte Bernd Eisenfeld schreibt, sorgte das MfS dafür, »dass in allen Phasen des Kaderaufbaus die politisch unzuverlässigen Personen herausgefiltert und in ihrer beruflichen Entwicklung behindert, wenn nicht gar ausgeschaltet, die ›bewährten‹ und ›standhaften‹ Anwälte hingegen in Führungsgremien und politisch besonders relevante Vertrauensstellungen lanciert wurden«.[24]

Gysi gehörte zur zweiten Gruppe. Bereits 1974 wurde er Vorstandsmitglied des Rechtsanwaltskollegiums, drei Jahre später stellvertretender Vorsitzender. »Genosse Gysi«, bescheinigte man ihm seinerzeit, »wird von den Mitgliedern und Mitarbeitern des Kollegiums wegen seines verbindlichen Wesens, seiner Kollegialität und Hilfsbereitschaft und seines festen Klassenstandpunkts geschätzt.«[25] Herausgestellt wurde auch sein Fleiß, da er neben seiner Arbeit als Anwalt noch an der Humboldt-Universität über die »Vervollkommnung des sozialistischen Rechts im Rechtsverwirklichungsprozeß« promovierte. Wie nicht anders zu erwarten, feierte er in seiner Doktorarbeit »die sozialistische Gesetzlichkeit als Prinzip demokratischer Vervollkommnung des sozialistischen Rechts«, in dem die Macht der Arbeiterklasse und ihrer Partei zum Ausdruck käme. »Daher gilt in der sozialistischen Gesellschaft, unter Überwindung der bürgerlichen Gewaltenteilungstheorie, die Einheit von Beschlussfassung und Durchführung, die in der einheitlichen Staatsmacht zum Ausdruck kommt.«[26]

In dieser Zeit des Aufstiegs begann wahrscheinlich auch seine – von ihm hartnäckig bestrittene – Zusammenarbeit mit dem DDR-Staatssicherheitsdienst. Für den Autor jedenfalls besteht nach sorgfältiger Prüfung der MfS-Unterlagen und unter Berücksichtigung der Verteidigungserklärungen Gysis sowie der von ihm aufgebotenen Zeugen kein Zweifel an dieser Zusammenarbeit. Gysi hat sich jedoch gegen entsprechende Tatsachenbehauptungen durch unzählige Unterlassungsverfügungen und -klagen seit Jahren erfolgreich zur Wehr gesetzt. Im Folgenden, das sei vorsorglich betont, handelt es sich also um Überzeugungen und Schlussfolgerungen des Autors. Der Leser möge selbst urteilen.

»G. wurde 1975 in Zusammenhang mit der Überprüfung eines Vorgangs aus dem Operationsgebiet [= Bundesrepublik] für die Legende eines juristischen Beraters inoffiziell zur Zusammenarbeit gewonnen«, heißt es in einem Sachstandsbericht der Stasi-Spionageverwaltung HVA aus dem Jahre 1978. »Die ihm gestellten Aufgaben hat er umsichtig und parteilich gelöst.«[27] Worum es sich dabei handelte, ist bis heute nicht bekannt, da die entsprechende Akte nicht mehr auffindbar ist. Zeitweilig, so heißt es weiter, habe er auch »Abwehrinformationen« – also Spitzelberichte aus dem Innern der DDR – geliefert. Nach Abschluss des Vorgangs sei er dann »für eine Rechtsanwaltsanalyse im DDR-Maßstab genutzt« worden.[28] Als ein Stasi-Mitarbeiter im Februar 1978 in der Zentrale nachfragte, wer Gysi sei, erhielt er zur Antwort, dass dieser für die HVA »positiv erfaßt« sei. »Mit ihm wird eng gearbeitet.«[29]

Damals wurde eine andere Stasi-Abteilung auf den Anwalt aufmerksam – die für die Überwachung von Andersdenkenden zuständige Hauptabteilung XX. Da Gysis Schwester mit der Frau des verhafteten SED-Kritikers Rudolf Bahro befreundet war, übernahm er 1977 dessen Verteidigung. Im November fand im Gefängnis das erste Gespräch – im Stasi-Jargon: »Sprecher« – zwischen dem Inhaftierten und seinem Anwalt statt. In einem Vermerk hielt das MfS danach fest: »Im Anschluss an den Sprecher führte der Rechtsanwalt gegenüber dem Unterzeichnenden aus, dass er die Verteidigung Bahros nur ungern übernommen habe [...]. Er persönlich, so führte er weiter aus, halte Leute wie Bahro für unverbesserliche Feinde des Sozialismus, die man besser rechtzeitig versuchen sollte, in die Bundesrepublik abzuschieben, da eine ideologische Umerziehung unmöglich sei. In diesem Zusammenhang bot er sich an, Bahro gegebenenfalls, so ›staatlicherseits‹ ein Interesse daran bestünde, den Gedanken einer Übersiedlung in die BRD nahezulegen, um ›unnötigen Ärger nach der Haftentlassung in die DDR‹ zu ersparen.«[30] Drei Monate später teilte auch Gysis Vater dem MfS vertraulich mit, »dass sein Sohn G., Gregor, zu unserem Organ direkten Kontakt aufnehmen möchte. Er hat die Verteidigung von R. Bahro übernommen und möchte die Verteidigung gern in Abstimmung mit der Position der Staatsanwaltschaft durchführen.«[31] Schon bald kam es zur ersten Zusammenkunft mit der Stasi.

Im Juni 1978 wurde Bahro zu acht Jahren Haft verurteilt; anschließend kam er in die Strafvollzugsanstalt Bautzen, wo ihn Gysi wiederholt besuchte. In dieser Zeit dokumentieren Aktenvermerke diverse Zusammenkünfte zwischen Gysi und dem Stasi-Major Günter Lohr, einem langgedienten MfS-Mann, der das Referat für die Verfolgung von Regimekritikern leitete. Gysi informierte ihn ausweislich dieser Vermerke ausführlich über seine Gespräche mit Bahro und beging dabei pausenlos Mandantenverrat. »Er berichtete über die am 2.12.1978 erfolgte Aussprache mit Bahro in der Haftanstalt Bautzen, deren Inhalt er im Extrakt auf Tonband sprach (Tonbandabschrift siehe Anlage)«, heißt es zum Beispiel in einem Vermerk vom Dezember 1978. Und in der dazugehörigen Tonbandabschrift wird unter anderem rapportiert: »Aus Furcht, dass das Gespräch abgehört werden könnte, notierte er [Bahro] auf meinem Zettel, dass er bereits eine Meldung nach drüben lanciert habe, die eine Berichtigung der ADN-Nachricht über seine Verurteilung darstellen würde.«[32] Die DDR-Nachrichtenagentur ADN hatte kurz zuvor gemeldet, dass Bahro wegen »landesverräterischer Sammlung von Nachrichten« und »Geheimnisverrats« verurteilt worden sei, während er in Wirklichkeit nur ein kritisches Buch über die DDR im Westen veröffentlicht hatte. Dass er aus dem Gefängnis eine Erklärung dazu herausgeschmuggelt hatte, stellte nach SED-Recht eine neuerliche Straftat dar, die nun durch Gysi aktenkundig wurde. Dessen Berichte über die Gefängnisbesuche bei Bahro erstrecken sich bis zum September 1979 – dann wurde der prominente Dissident in die Bundesrepublik abgeschoben.

Auch über den Regimekritiker Robert Havemann, dessen Veröffentlichungen in der Bundesrepublik die SED-Justiz als »Devisenvergehen« verfolgte, finden sich in den Stasi-Akten zahlreiche Berichte Gysis. Nachdem Havemanns Vertrauensanwalt die Lizenz entzogen worden war, bot sich der heutige Fraktionschef der LINKEN dem Staatsfeind Nr. 1 als Ersatz an. »Am 27.6.1979 habe ich Prof. Havemann auf seinem Grundstück in Grünheide getroffen«, heißt es in einem Stasi-Dokument über das erste Gespräch zwischen Havemann und seinem neuen Verteidiger. »Er hat die Vollmacht unterzeichnet und war mit meiner Vertretung im Berufungsverfahren einverstanden.«[33] In den nachfolgenden Monaten geben die Stasi-Berichte – teilweise in Ich-Form – laufend die vertraulichen Gespräche wieder, die Gysi mit Havemann in dessen Haus führte. Den Unterlagen zufolge führte der Anwalt, der beim MfS inzwischen als Gesellschaftlicher Mitarbeiter für Sicherheit (GMS) firmierte, auch Aufträge der

Stasi aus. So besuchte er den Dissidenten mehrfach in seinem Haus am Stadtrand von Berlin, um ihn auszuhorchen oder zu beeinflussen. »Der GMS suchte auftragsgemäß nach telefonischer Voranmeldung über den Anschluß der Familie [Name geschwärzt] Havemann gegen 18.45 Uhr in seiner Wohnung in Grünheide auf«, heißt es beispielsweise in einer streng geheimen Information vom April 1980.[34] Doch auch mit juristischen Ratschlägen half Gysi der Stasi weiter. Auf eine Eingabe Havemanns entwarf der ehrgeizige Anwalt für den Staatssicherheitsdienst sogar das Antwortschreiben. Die Details dieser unappetitlichen Zusammenarbeit hat der Autor dieses Buches in seiner Veröffentlichung *Die Täter sind unter uns* beschrieben.[35]

Im Frühjahr 2008 wurden weitere Unterlagen öffentlich zugänglich, die den LINKEN-Politiker schwer belasten und gegen deren Herausgabe Gysi jahrelang juristisch kämpfte. Aufschlussreich ist insbesondere ein Dokument, in dem ein Inoffizieller Stasi-Mitarbeiter über ein Gespräch in Havemanns Haus berichtete, an dem außer Gysi und dem Ehepaar Havemann nur noch ein junger Mann namens Thomas Erwin teilnahm. Am Ende der MfS-internen Information hieß es nämlich: »Der IM nahm ›Erwin‹ mit in die Stadt und erfuhr zur Person folgendes: [...].«[36] Wie der Betroffene 2008 erklärte, war es Gysi, der ihn damals in seinem Auto nach Berlin chauffierte.

Als Thomas Erwin im Oktober 1980 verhaftet wurde, übernahm Gysi auch dessen Verteidigung. Auch ihn besuchte er im Untersuchungsgefängnis – und konspirierte sofort wieder mit der Stasi. Wie der zuständige MfS-Leutnant Groth festhielt, sprach Gysi nämlich zunächst mit ihm allein und berichtete ihm dabei Dinge, die eigentlich nur seinen Mandanten etwas angingen. »Gegenüber Unterzeichneten«, so notierte der Stasi-Mann, »hatte Gysi geäußert, dass zusätzlich noch ein Rechtsanwalt Schnur aus Binz/Rügen mit

Erwins Verteidigung beauftragt worden ist, er das seinem Mandanten gegenüber aber nicht erwähnen wolle, wenn ihm Schnurs Strafprozessvollmacht noch nicht vorlag. Ansonsten wolle er Erwin dahingehend beeinflussen, dass er Schnur später, sollte er ihm Vollmacht erteilen, wieder abschreibt.«[37] Offenbar wollte Gysi nicht, dass sich ein anderer Anwalt in den Fall einschaltete. Weil sich Günter Grass und andere Prominente für Erwin einsetzten, wurde der Havemann-Bekannte jedoch im Februar 1981 in die Bundesrepublik abgeschoben.

Während Gysi bis dahin bei der HVA registriert war, wollte das für Regimekritiker zuständige Stasi-Referat den kooperationswilligen Anwalt nunmehr auch offiziell für sich verpflichten. Zu diesem Zweck legte Major Lohr im Oktober 1980 unter dem Decknamen »Gregor« einen so genannten IM-Vorlauf an. In dem entsprechenden »Vorschlag zur Werbung« heißt es, der Kandidat sei der Abteilung 1978 bekannt geworden, als er den Rechtsbeistand für Bahro übernommen habe. Sowohl bei Bahro als auch im Verfahren gegen Havemann habe er in der Zusammenarbeit Zuverlässigkeit und hohe Einsatzbereitschaft bewiesen und unter strenger Einhaltung der Konspiration dem MfS berichtet. »Im Interesse der Einhaltung der Konspiration und der politisch operativen Notwendigkeit wurden dem Kandidaten bereits im Rahmen der Vorbereitung und Durchführung des Bahro-Prozesses die Aufgaben des MfS eingehend erläutert. Auf Grund der beruflichen Tätigkeit und der politischen Zuverlässigkeit erkannte der Kandidat schon damals die Notwendigkeit einer inoffiziellen Zusammenarbeit und Einhaltung der Konspiration. Dies bewies er durch die Übergabe operativ auswertbarer Informationen, seiner [sic!] Einsatzbereitschaft und der durchgeführten Aufgaben. Es ist deshalb vorgesehen, beim nächsten Treff und im Rahmen der ihm zu erteilenden Aufträge unter besonderer Berücksichtigung der sich verschärfenden Klassenkampfsituation, dem Kandidaten noch mals die Bedeutung der Zusammenarbeit aufzuzeigen. Der Kandidat soll mündlich, durch Handschlag, verpflichtet werden und den Decknamen ›Notar‹ erhalten.«[38] Zu diesem Zeitpunkt wurde der so gelobte Anwalt von der Hauptabteilung XX bereits wie ein Inoffizieller Mitarbeiter behandelt. In einer Liste der Besucher, die Havemann am 8. Oktober 1979 in seinem Haus aufsuchten, steht hinter Gysis Namen das Kürzel »IM«. Warum er von der Stasi weiterhin als IM-Vorlauf und nicht als IM-Vorgang geführt wurde, geht aus den Unterlagen nicht hervor. Vermutlich wurde die Akte gesäubert, denn sie enthält nicht einen einzigen Gysi-Bericht. Überliefert sind nur die Quittungen, denen zufolge die Stasi ihrem Informanten zum Geburtstag und zum Jahreswechsel regelmäßig Geschenke kaufte. Abschriften von Tonbandberichten über die Gespräche Gysis mit seinem Mandanten Havemann finden sich allerdings zuhauf in anderen Akten, vor allem denen des Regimekritikers. Als Quelle wurde nunmehr der Gesellschaftliche Mitarbeiter für Sicherheit (GMS) »Notar« angegeben. Einer dieser Treffberichte ist besonders aufschlussreich, denn es heißt darin: »Der GMS teilte anschließend zu seinen Mandanten Rathenow, Lutz und Matthies, Frank-Wolfgang folgendes mit: Im wesentlichen sind die Anwaltsaufgaben abgeschlossen.«[39] Da es in der DDR nur einen einzigen Anwalt gab, der sowohl Havemann als auch die Schriftsteller Rathenow und Matthies vertrat, muss es sich nach Meinung des Autors bei Gysi und dem Stasi-Mitarbeiter um ein und dieselbe Person handeln. Auch über einen anderen Bürgerrechtler, den Mitbegründer der Initiative Frieden und Menschenrechte Gerd Poppe, der Gysi zu seinem Rechtsvertreter machte, finden sich Berichte von »Notar«.

In die Reihe der belastenden Indizien gehört auch eine

Tonbandabschrift, in der der IM »Notar« über ein Gespräch zwischen Gysi und dem Ost-Berliner *Spiegel*-Korrespondenten Ulrich Schwarz im Mai 1986 berichtet. Da das etwa halbstündige Gespräch zufällig zustande kam und ausschließlich die Äußerungen des Korrespondenten wiedergeben werden, erscheint ausgeschlossen, dass das Gespräch abgehört oder von einem Dritten belauscht wurde. Kurz danach wurde Gysis IM-Vorlauf archiviert. Die Begründung der Stasi lautete knapp: »Die Möglichkeiten des Kandidaten zu einer inoffiziellen Zusammenarbeit sind auf Grund der beruflichen Tätigkeit begrenzt. Er ist daher zur Aufklärung und Bekämpfung politischer Untergrundtätigkeit nicht geeignet.«[40] Stattdessen wurde Gysi nun als sogenannte Operative Personenkontrolle »Sputnik« geführt, doch der Kontakt zu Stasi-Major Lohr ging offenbar weiter, denn dieser spendierte dem IM weiterhin großzügig Geschenke. Noch im Mai 1988 fertigte das MfS eine Tonbandabschrift über ein Gespräch, das der damalige Ehemann der Bürgerrechtlerin Vera Wollenberger (heute Lengsfeld) mit Gysi führte – Unterschrift: »gez. IM«. Bis Juli 1989 blieb Gysi den Unterlagen zufolge auch förderndes Mitglied des Stasi-Fußballclubs BFC Dynamo.

Unabhängig von seinen MfS-Kontakten ging Gysis offizielle Karriere weiter. 1983 wurde er SED-Parteisekretär in seinem Rechtsanwaltskollegium, fünf Jahre später dessen Vorsitzender. Nun zählte er zum handverlesenen Kreis der sogenannten Nomenklaturkader, die nur mit Zustimmung der SED-Spitze berufen werden durften. Kurz darauf wurde er auch noch Chef sämtlicher DDR-Rechtsanwältekollegien – eine Schlüsselfunktion der SED-Justiz, die direkt an das ZK angebunden war. Da die Stasi bei der Besetzung derartiger Positionen vorher gefragt wurde, ist ausgeschlossen, dass sie, wie Gysi heute gern suggeriert, ihm damals in irgendeiner Weise misstraute.

Mit den neuen Ämtern kamen auch neue Privilegien. So befreite ihn der Staatssicherheitsdienst im März 1989 dauerhaft von Kontrollen an der Grenze nach West-Berlin und am Flughafen Schönefeld. Während die Masse der DDR-Bürger eingesperrt blieb, durfte sich Gysi nicht nur auf internationalen Konferenzen, sondern auch in westlichen Medien als geschickter Verteidiger der SED-Diktatur profilieren. Als im Januar 1989 Bürgerrechtler in Leipzig wegen einer geplanten Demonstration verhaftet wurden, erklärte er in einem ZDF-Interview: »Soviel ich weiß, treten alle Staaten auf den Plan, wenn es um die Verhinderung der Störung der öffentlichen Ordnung geht.«[41] Wenig später redete er auch im *Spiegel* seitenlang das DDR-Rechtssystem schön und behauptete über die Justiz im SED-Staat: »Parteibeschlüsse, die ein Gericht binden, gibt es nicht und wird es auch nicht geben.«[42]

Dass Gysi den Sturz der Diktatur so unbeschadet überstand, ist immer noch erstaunlich. Mit seinem ausgeprägten Gespür für Realitäten hat er frühzeitig die Zeichen der Zeit erkannt. Im Herbst 1989 mutierte der aufstrebende Funktionär, der mit seinen einundvierzig Jahren in der DDR noch viel hätte werden können, binnen weniger Wochen zum Reformer. Gezielt machte er sich dabei zunutze, dass er jahrelang den Rechtsbeistand verfolgter Dissidenten gespielt hatte. In der Öffentlichkeit verlieh ihm das – zu Unrecht – einen quasi-oppositionellen Nimbus. Dieser Eindruck wurde noch verstärkt, als er für die Gründer des Neuen Forums dessen Zulassung beantragte. Auf der Großkundgebung am 4. November 1989 in Berlin profilierte er sich mit einer Rede, bei der er ein neues Wahlrecht und ein – im *Spiegel* noch für überflüssig erachtetes – Verfassungsgericht forderte. Wenig später beteiligte er sich am Sturz des Honecker-Nachfolgers Krenz, um am 9. Dezember der letzte Parteivorsitzende der SED zu werden.

Die Hintergründe von Gysis abruptem Rollenwechsel liegen bis heute im Dunkeln. Wie die Geschichte lehrt, haben auch beim Zusammenbruch anderer Diktaturen die intelligentesten Vertreter im letzten Moment die Fronten gewechselt – doch wenigen ist dies so gut gelungen wie ihm. Ob die Stasi, die Sowjets oder eine Fraktion im Parteiapparat den redegewandten Anwalt nach vorne geschoben hat, wird wohl nie mehr zu klären sein. Doch ohne die Unterstützung anderer ist sein kometenhafter Aufstieg kaum zu erklären. Beim Rückblick auf den Herbst 1989 bleibt auffällig, wie viele Inoffizielle Stasi-Mitarbeiter damals über Nacht in Führungspositionen gelangten. Besonders deutlich wird dies beim Zentralen Runden Tisch, bei dem das MfS mit knapp einem Dutzend Informanten vertreten war – und dem, für die SED-PDS, auch Gysi angehörte. Als in der DDR im März 1990 erstmals freie Wahlen stattfanden, wurde er Fraktionschef der PDS in der Volkskammer, bald darauf zog er auch in den Deutschen Bundestag ein.

Der eifrige Nomenklaturkader machte sich nun daran, das Überleben der Partei – und möglichst auch der DDR – zu organisieren. In der Rückschau hat man den Eindruck, dass er dabei weniger aus Überzeugung als im Auftrag anderer handelte – als wäre die SED plötzlich zu seinem Mandanten geworden. »Ich agierte wie ein Anwalt, ein Verteidiger der PDS«, schreibt Gysi in seinen Erinnerungen an diese Zeit, als der Partei angeblich die Berechtigung bestritten worden sei, ihre politischen Ziele zu verfolgen. »Deshalb blieb mir gar nichts anderes übrig, als den Selbstbehauptungswillen der PDS-Mitglieder zu verteidigen.«[43] In seiner langen Anwaltskarriere war es sein schwierigster, aber auch erfolgreichster Fall.

Schon bald jedoch holte Gysi seine Vergangenheit ein. Seit der Öffnung der Stasi-Akten wurden immer neue Details über seine Zusammenarbeit mit dem DDR-Staatssicherheitsdienst bekannt, der PDS-Chef sah sich bald massiver öffentlicher Kritik ausgesetzt. Am Jahresende 1992 kündigte er seinen Rücktritt an – angeblich, weil er sein Privatleben vernachlässigt habe und die Verantwortlichkeit in der Partei verteilt werden müsse.[44] In dieser Zeit begann das würdelose Schauspiel, das die Öffentlichkeit bis heute beschäftigt: Gysis stereotype Leugnung jedweder Stasi-Kooperation. Die Liste seiner Dementis ist ebenso lang wie unglaubwürdig. Zu seiner Standardbehauptung avancierte bald, dass er niemals mit Stasi-Mitarbeitern zusammengetroffen sei – höchstens mit Funktionären des SED-Zentralkomitees, die seine Aussagen an die Mielke-Behörde weitergeleitet hätten. Die Tonbandberichte über seine Mandanten, beteuerte Gysi weiter, stellten Auszüge seiner Anwaltsvermerke dar, die abgehört oder durch einen anderen Informanten in der Kanzlei zum Staatssicherheitsdienst gelangt seien. Seine Gespräche bei Havemann, so spekulierte er schließlich, seien vermutlich abgehört worden. Der IM »Notar«, so versuchte er der Öffentlichkeit weiszumachen, sei nichts als eine »Materialsammlung« gewesen, unter der die Stasi verschiedene Informationen abgelegt habe. Sein alter Bekannter Lohr sekundierte, er hätte sich Gysi gegenüber nicht als Stasi-Offizier, sondern als Vertreter des Generalstaatsanwaltes ausgegeben. »Ich brauchte keine Kontakte zur Staatssicherheit«, erklärte der Fraktionschef der LINKEN im Juni 2008 im Bundestag. »Sie waren gar nicht nötig, entsprachen weder meinem Stil noch meiner Würde.«[45]

Gysis Erklärungen wurden bereits 1998 vom Immunitätsausschuss des Bundestages als fadenscheinige Ausreden gewertet. Die Behauptung, keinen Kontakt zur Stasi gehabt zu haben, ist schon deshalb absurd, weil einige seiner Mandanten in Stasi-Gefängnissen saßen und dort von Gysi aufgesucht wurden. Ebenso unwahrscheinlich ist der Umweg der Gysi-Berichte über das ZK. Wären sie tatsächlich von dort gekommen, wäre dies vom MfS entsprechend vermerkt worden – so wie bei einem anderen Papier, das tatsächlich aus dem ZK kam und sich, als solches gut erkennbar, in Gysis Akte befindet. Seine Behauptung, die Stasi hätte nicht angeben dürfen, wenn sie Informationen aus dem ZK erhalten habe, ist schlichtweg frei erfunden. Sogar für Stasi-Verhältnisse ist zudem kaum vorstellbar, dass nach einem Besuch bei Havemann innerhalb von 24 Stunden ein Gespräch mit einem ZK-Mitarbeiter geführt, protokolliert, dem MfS übermittelt, dort zu einem fiktiven Treffbericht umformuliert und schließlich erneut abgeschrieben worden wäre. Doch selbst wenn es stimmen würde, dass Gysi nur mit ZK-Mitarbeitern über seine Mandanten gesprochen hätte, machte dies die Sache keineswegs besser, sondern eher noch schlimmer, denn die SED war bekanntermaßen der Auftraggeber der Stasi. An den Haaren herbeigezogen muten auch Gysis Spekulationen über die angebliche »Materialsammlung« und den geheimen Informanten in seiner Nähe an. Mit der grundlosen Aktenfälschung hätte der Führungsoffizier nicht nur gegen alle Regularien der Stasi verstoßen, sondern sogar riskiert, vor ein Militärgericht gestellt zu werden. Auch Gysis Behauptung, seine Anwaltsvermerke seien bei der Stasi gelandet, wirkt unglaubhaft, zumal er sie nie durch eigene Akten belegt hat. Die angeblichen Abhörmaßnahmen bei Havemann schließlich sind wohl ein reines Phantasieprodukt, da der Dissident zu dieser Zeit gar nicht abgehört wurde – abgesehen davon, dass sich ein Lächeln Havemanns, von dem der IM berichtete, nicht abhören lässt.

Für den Autor lassen deshalb alle diese Unterlagen keinen anderen Schluss zu, als dass der Anwalt führende DDR-Oppositionelle für die Stasi bespitzelt hat, während er nach außen als deren Rechtsbeistand auftrat. Obwohl Mandantenverrat auch in der DDR verboten war, ist Gysi niemals strafrechtlich dafür belangt worden; nicht einmal seine Anwaltslizenz wurde ihm entzogen. So kommt es, dass der ehemalige DDR-

Justizfunktionär in einer Seitenstraße des Berliner Kurfürstendamms bis heute eine florierende Kanzlei betreibt.

Zu Gysis Verteidigungsstrategie gehörte es bald, auch juristisch gegen Medien, Journalisten oder ehemalige DDR-Oppositionelle vorzugehen, wenn diese ihn als Stasi-Informanten bezeichneten. Der clevere Anwalt erkannte frühzeitig die Chancen, die ihm der einst verachtete bürgerliche Rechtsstaat dazu an die Hand gab. Unter Berufung auf seine Persönlichkeitsrechte – um die er sich bei seinen DDR-Mandanten nicht scherte – führt er bis heute einen gnadenlosen Feldzug gegen seine Kritiker. Allein dadurch werden seine politischen Bekenntnisse zu Freiheit und Demokratie Lügen gestraft. Mit Hilfe der Gerichte hat er es zahlreichen Zeitungen, Buchverlagen und Fernsehsendern verbieten lassen, ihn als Stasi-Mitarbeiter zu bezeichnen. Selbst Äußerungen der Bundesbeauftragten für die Stasi-Unterlagen – immerhin eine Bundesoberbehörde – dürfen nicht mehr nachgedruckt oder gesendet werden. Auch dieses Buch kann jederzeit auf den Index geraten, wenn Gysi dagegen vorgehen sollte. Seit seinen Klagen steht Artikel 5 des Grundgesetzes »Eine Zensur findet nicht statt« nur noch auf dem Papier. Sogar gegen den Bundestag strengte Gysi einen Prozess an, weil dieser sich an den Maulkorb nicht halten wollte und 1998, nach dreijährigen Untersuchungen, in einem ausführlichen Bericht »eine inoffizielle Tätigkeit des Abgeordneten Dr. Gregor Gysi für das Ministerium für Staatssicherheit der ehemaligen Deutschen Demokratischen Republik als erwiesen festgestellt« hatte.[46]

Durch seine Klagewut hat Gysi maßgeblich dazu beigetragen, auch in anderen Fällen eine offene Diskussion über Stasi-Verstrickungen zu verhindern. Vor allem die Pressekammern in Berlin und Hamburg haben dabei eine dubiose Rechtsprechung entwickelt, bei der Datenschutz zum Täterschutz wurde. Selbst solche Personen dürfen vielfach nicht mehr als Stasi-Mitarbeiter bezeichnet werden, die das MfS selber so tituliert hat. Dahinter verbirgt sich die merkwürdige Auffassung der Richter, dass Stasi-Akten so gut wie keine Beweiskraft zukäme – sie könnten ja frei erfunden sein –, während die Eidesstattlichen Versicherungen Gysis und anderer Kläger bis zum Beweis des Gegenteils als Beleg ihrer Unschuld gelten. Bei dieser Herangehensweise kann praktisch niemand mehr den verlangten Nachweis erbringen, dass Gysi und andere Kläger »wissentlich und willentlich« mit der Stasi zusammengearbeitet haben. Alle gegenteiligen Behauptungen werden deshalb verboten. Gysis Vergangenheit wird folglich in den Medien, wenn überhaupt, fast nur noch vage angedeutet; das regelmäßig angedrohte Ordnungsgeld von bis zu 250 000 Euro entfaltet schon im Vorfeld seine einschüchternde Wirkung.

Bei anderen Gerichten stieß der LINKEN-Fraktionschef allerdings auf weniger Verständnis. Sowohl der Bundesgerichtshof als auch das Bundesverfassungsgericht wiesen seine Klage gegen den erwähnten Untersuchungsbericht des Bundestages ab (wobei wegen einer Gysi-Klage an dieser Stelle hinzugefügt werden muss, dass Letzteres nicht über Wahrheit und Unwahrheit des Spitzelvorwurfs zu entscheiden hatte). Auch das Berliner Verwaltungsgericht bezeichnete es 2006 als »eine nicht glaubhafte Schutzbehauptung« Gysis, dass sich die Stasi innerhalb eines Tages sein Protokoll über ein Mandantengespräch mit Havemann illegal aus seiner Anwaltskanzlei beschafft haben soll. Es wies damit seine – ausgerechnet mit dem Mandantengeheimnis begründete – Klage gegen die Herausgabe des Stasi-Dokuments an den *Spiegel* ab.[47] Weil Gysi seine Berufung gegen das Urteil im Mai 2008 zurücknahm, ist es inzwischen rechtskräftig. Der LINKEN-Politiker fürchtete offenbar eine neue Niederlage, denn das Oberverwaltungsgericht hatte den erwähnten Thomas Erwin als Zeugen geladen. Auch gegen die Stasi-

Akten-Beauftragte Marianne Birthler ist Gysi niemals direkt vorgegangen. In ihrem Fall hätten nicht die Pressekammern in Berlin und Hamburg, sondern das Berliner Verwaltungsgericht zu entscheiden, wo Gysi schon einmal unterlag. Weder die Akten noch der Bundestagsbericht oder die Gerichtsurteile veranlassten die Linkspartei jemals, zu Gysi auf Distanz zu gehen. Aus nacktem Egoismus hat sie ihren Medienstar stets verteidigt. Nicht einmal untersuchen wollte die Partei, was Gysi mit der Stasi zu verhandeln hatte. Zehn Jahre lang, von 1990 bis zum Jahr 2000, war er Chef der PDS im Bundestag, seit 2005 ist er Vorsitzender der Linksfraktion. Keiner der Parteifunktionäre hat jemals seinen Abgang verlangt, obwohl er seine »politische Biographie« entgegen früheren Parteitagsbeschlüssen verheimlicht hatte. Selbst nach seinem Rückzieher vor dem Oberverwaltungsgericht erklärte Lafontaine auf dem Parteitag der LINKEN im Mai 2008 unter großem Beifall, DIE LINKE stehe zu Gysi. In einer Presseerklärung forderte er sogar die – gar nicht zuständige – Bundeskanzlerin auf, die Stasi-Akten-Beauftragte Marianne Birthler von ihrem Amt abzuziehen. Angeblich missbrauche sie es zur Bekämpfung der LINKEN, so Lafontaine. »Sie ist nicht in der Lage, ihr Amt objektiv und unparteiisch auszuüben.«[48] Auch sämtliche Landesvorsitzenden der LINKEN, einschließlich derer aus dem Westen, stellten sich in einer Erklärung hinter ihren Fraktionschef. Gysi selbst erwies sich einmal mehr als Meister der Verdrehung: Er erklärte, er könne 1979 gar kein IM gewesen sein, weil erst 1980 ein IM-Vorlauf angelegt worden sei. Die Stasi – mit der er angeblich nie gesprochen hat – habe zwar versucht, ihn anzuwerben, ihn dann aber als ungeeignet eingestuft.[49] Im Dezember 2008 bekräftigte der Immunitätsausschuss des Bundestages jedoch noch einmal seine frühere Feststellung, dass Gysis Stasi-Tätigkeit »erwiesen« sei. Der Sprecher der Linksfraktion, Hendrik Thalheim, erklärte dazu nur, dass

diese Behauptung »auch durch ständige Wiederholung nicht richtig« werde.⁵⁰
In der LINKEN ist die Position des inzwischen Einundsechzigjährigen bis heute unangefochten. Politisch zählt er eher zu den Pragmatikern und Vermittlern, der die Partei – und damit sich selbst – zum Erfolg führen will. Wegen seiner Bedeutung als Medienstar hat ihm auch seine Selbstbezogenheit und Sprunghaftigkeit nicht geschadet. So verzichtete er im Oktober 2000 unvermittelt auf den Vorsitz der Fraktion im Bundestag, weil er, wie er in seinen Erinnerungen schreibt, ansonsten noch bis zum Rentenalter Vorsitzender hätte bleiben müssen. »Mir war also klar: Entweder verzichte ich auf eine erneute Kandidatur für den Fraktionsvorsitz am 2. Oktober 2000, oder aber ich entscheide mich für den Versuch, bis zur Rente im Bundestag zu sitzen.«⁵¹ Inzwischen sitzt er wieder im Bundestag und ist erneut Fraktionsvorsitzender. Selbst sein Rücktritt vom Amt des Berliner Wirtschaftssenators 2002 nach nur sechsmonatiger Amtszeit hat ihm nichts anhaben können. Seinen überraschenden Schritt begründete er damals damit, dass er Bonusmeilen, die er als Abgeordneter erworben hatte, privat genutzt hätte. Beobachter vermuteten freilich, dass er schlicht des Aktenstudiums müde war. »Kärrnerarbeit abseits des Medienspektakels«, so der Chemnitzer Politikwissenschaftler Eckhard Jesse, »ist Gysis Sache nie gewesen.«⁵²

Stasi im Bundestag

Fraktionschef Gysi ist beileibe nicht der einzige Bundespolitiker, der – um es juristisch unangreifbar zu formulieren – Berührung mit dem DDR-Staatssicherheitsdienst hatte.

Der Immunitätsausschuss des Bundestages hat sich in den vergangenen Jahren immer wieder mit Abgeordneten der SED-Nachfolgepartei beschäftigen müssen. Auf Antrag eines Abgeordneten kann er eine Überprüfung einleiten, wenn Parlamentarier im Verdacht stehen, für die Stasi gearbeitet zu haben. Nach gründlicher Sichtung der Unterlagen und Anhörung des Betroffenen legt der Ausschuss am Ende einen Untersuchungsbericht vor. Nach diesem Verfahren stellte der Bundestag als erwiesen fest, dass auch die früheren Abgeordneten Heinrich Fink, Klaus Grehn, Rolf Kutzmutz und Christa Luft Stasi-Mitarbeiter waren.[53] Keiner der Genannten legte sein Mandat nieder, keiner wurde aus der Fraktion ausgeschlossen – in anderen Parteien ein undenkbarer Vorgang.

Das vorerst letzte Verfahren dieser Art wurde zum LINKEN-Abgeordneten Roland Claus durchgeführt. Im November 2006 stellte der Immunitätsausschuss nach eingehender Prüfung auch bei ihm eine inoffizielle Stasi-Tätigkeit als »erwiesen« fest.[54] Wie Gysi bestritt er jedoch jede heimliche Zusammenarbeit mit dem Staatssicherheitsdienst und griff dabei auf die Lieblingsformel Stasi-belasteter LINKEN-Politiker zurück: Er habe lediglich »dienstliche Kontakte« unterhalten.[55] Der ehemalige Parlamentarische Geschäftsführer und – nach Gysis Abgang – Fraktionschef der PDS im Bundestag war 1977 von der Stasi-Spionageverwaltung HVA als IM »Peter Arendt« registriert worden. Den Aktenresten zufolge – der eigentliche IM-Vorgang wurde vernichtet – sollte er dem sogenannten Sektor Wissenschaft und Technik mögliche Informanten zur Anwerbung vorschlagen. »C. leistete in der bisherigen inoffiziellen Zusammenarbeit eine zuverlässige Arbeit«, heißt es in einem Stasi-Schreiben von 1982. »Zum vorgesehenen Einsatz in der Kaderreserve des ZK der SED bestehen durch uns keine Einwände.«[56] 1985 wurde die Zusammenarbeit mit ihm eingestellt, weil hohe Funktionäre nicht gleichzeitig als Informanten genutzt werden durften.

Tatsächlich begann der studierte Diplomingenieurökonom in dieser Zeit eine steile Karriere als hauptamtlicher DDR-Funktionär. 1981 stieg er vom FDJ-Sekretär an der Technischen Hochschule in Merseburg in die Leitung des Jugendverbandes im Bezirk Halle auf. Zwei Jahre später wurde er FDJ-Chef dieses größten DDR-Bezirks und Mitglied der SED-Bezirksleitung. »Seine Arbeit wurde wiederholt mit hohen Verbands- und staatlichen Auszeichnungen anerkannt«, lobte ihn FDJ-Chef Eberhard Aurich in einer Beurteilung.[57] Nach einem einjährigen Studium an der SED-Parteihochschule rückte der als »vorwärtsdrängend« und »parteilich« beschriebene Funktionär 1988 zum Abteilungsleiter in der Ost-Berliner Zentrale des Jugendverbandes auf. Im November 1989 wurde er letzter SED-Chef des Bezirks Halle.

Auch Claus hat die friedliche Revolution ohne größere Blessuren überstanden. Zusammen mit Gysi war er 1989 maßgeblich daran beteiligt, die SED vor dem Untergang zu retten. Damals machte er dadurch von sich reden, dass er seinen Vorgänger mit einem Parteiverfahren überziehen wollte, ohne dass irgendwelche konkreten Vorwürfe gegen ihn vorlagen. 1990 wurde der eher blasse Politiker Landesvorsitzender der PDS in Sachsen-Anhalt, wo er acht Jahre lang Landtagsabgeordneter war. In dieser Zeit war er maßgeblich an der Entstehung des »Magdeburger Modells« beteiligt, bei dem die SPD mit Hilfe der PDS eine Minderheitsregierung bildete. Anschließend zog er in den Bundestag ein, war Koordinator der PDS-Fraktionsvorsitzenden und ist heute Beauftragter der Linksfraktion für die neuen Bundesländer.

Eine beeindruckende DDR-Karriere hat auch Parteichef Bisky durchlaufen. Wichtigste Voraussetzung dafür waren Anpassungsbereitschaft und bedingungslose Zustimmung zur Politik der SED. Der 1941 in Pommern Geborene wuchs als Flüchtlingskind in Schleswig-Holstein auf. Mit achtzehn Jahren siedelte er 1959 aus politischen Gründen in die DDR über – während im selben Jahr mehr als 140 000 DDR-Bürger in die umgekehrte Richtung flüchteten. An der Leipziger Karl-Marx-Universität studierte Bisky Kulturwissenschaften und trat mit 22 Jahren der SED bei. Drei Jahre später wurde die Stasi-Spionageverwaltung HVA auf ihn aufmerksam und registrierte ihn 1966 als Inoffiziellen Mitarbeiter »Bienert«. Was er im Einzelnen machte, ist nicht bekannt, da die IM-Akte verschwunden ist.

Nach Promotion (1969) und Habilitation (1975) arbeitete Bisky in Leipzig als Abteilungsleiter am Zentralinstitut für Jugendforschung. Für das ZK der SED schrieb er dort Studien über den »Einfluß imperialistischer Sender« auf die DDR-Jugend. Im Gleichklang mit der Stasi warnte er vor den Absichten der »Klassenmedien«, die jeden Abend in den Wohnzimmern der DDR-Bürger Einzug hielten: »Nicht mehr nur politische Sendungen und Nachrichten, sondern in wachsendem Maße auch Unterhaltungssendungen, Bildungssendungen, Filmesendungen werden eingesetzt, um die bürgerliche Ideologie und Lebensweise zu propagieren.«[58] Auf seiner Homepage umschreibt er diese Arbeit heute mit der koketten Formulierung, er habe sich »mit Jugendkulturen, mit den Chancen und Merkwürdigkeiten von Fernsehen, Rundfunk und neuen Medien« beschäftigt.[59] Auch außerhalb seiner wissenschaftlichen Arbeit war Bisky ein überzeugter Genosse. Als ihm der Regimekritiker Rudolf Bahro 1977 als vermeintlichem Vertrauensmann Kopien seines Buches *Die Alternative* übersandte, landeten diese samt Packpapier beim Staatssicherheitsdienst. Zwei Jahre später bot die Spionageverwaltung Bisky der Stasi-Überwachungsabteilung in Leipzig an, weil er, wie es in dem entsprechenden Schreiben heißt, »für die Lösung der spezifischen Aufgaben Ihrer Linie nützlich sein könnte«.[60]

Doch dazu kam es nicht. Die SED holte ihn 1980 als Dozenten an die Akademie für Gesellschaftswissenschaften beim Zentralkomitee in Berlin. Die Stasi empfahl ihn damals mit den Worten: »In der langjährigen erfolgreichen Zusammenarbeit mit dem Gen[ossen] B[isky] erwies sich dieser als ein zuverlässiger und einsatzbereiter Genosse. An die Erfüllung ihm übertragener Aufgaben geht er verantwortungsbewusst, parteilich und mit politischer Klarheit heran.«[61] Sechs Jahre später wurde er Rektor der Hochschule für Film und Fernsehen in Potsdam-Babelsberg – eine Schlüsselstellung im gleichgeschalteten Medienbetrieb der DDR, in die nur absolut zuverlässige Kader gelangen konnten. Die Stasi lobte ihn erneut: »Erkenntnissen der HVA zufolge ist B[isky] als zuverlässiger Genosse einzuschätzen, der sich strikt an die gegebenen Anweisungen hält und gegenüber dem MfS stets ehrlich war.« Auf Bitten der für die Überwachung von Andersdenkenden zuständigen Hauptabteilung XX gestattete die HVA damals ihren Kollegen »alle notwendigen Kontakte zu B., die sich aus seiner Tätigkeit an der HFF ergeben«.[62] Ganz anders das Bild, das Bisky nach dem Ende der DDR von sich entwarf. Danach war er der verständnisvolle, liberale Hochschulrektor, der sich schützend vor seine Studenten gestellt habe. Auf seiner Homepage bezeichnet er seine Rektorentätigkeit blumig als »aufregendste Phase wissenschaftlicher Entdeckungen und zugleich Ort künstlerischer Auseinandersetzungen mit jungen provokanten Filmemachern«.[63] Von seinen Gesprächen mit der Stasi kein Wort.

Im Herbst 1989 wechselte Bisky plötzlich die Fronten – und startete eine unerwartete Politikerkarriere. Der kaum bekannte Hochschulrektor aus Potsdam schloss sich dem Kreis um Modrow, Wolf und Gysi an, die angesichts der Massenproteste die Flucht nach vorne antraten und politische Reformen verlangten. Am 4. November sprach der damals 48-Jährige auf der Großkundgebung auf dem Berliner Alexanderplatz. Er plädierte für einen reformierten Sozialismus in einer weiterhin eigenständigen DDR. Wenig später wurde er Mitglied des Arbeitsausschusses der SED, dann Präsidiumsmitglied der SED-PDS und Abgeordneter der frei gewählten Volkskammer. Nach der Wiedervereinigung war er jahrelang Fraktionschef der PDS in Brandenburg, wo er Anfang der 1990er Jahre auch Parteivorsitzender war. Danach bekleidete er – bis auf ein kurzes Intermezzo von 2000 bis 2003 – das Amt des Bundesvorsitzenden. Dass die Partei trotz heftiger Grabenkämpfe nicht auseinanderbrach, ist vor allem sein Verdienst. Seit 2007 ist Bisky auch Vorsitzender der Europäischen Linken.

Als Anfang der 1990er Jahre bekannt wurde, dass die Stasi den damaligen brandenburgischen Ministerpräsidenten Manfred Stolpe (SPD) jahrelang als Informanten in der Spitze des ostdeutschen Kirchenbundes geführt hatte, übernahm ausgerechnet Bisky die Leitung eines Untersuchungsausschusses im Landtag. Mit der Mehrheit von PDS und SPD entlastete dieser Stolpe, so dass der umstrittene Politiker weiter im Amt bleiben konnte. Biskys eigene Stasi-Verstrickung wurde erst danach zum Thema. In den sogenannten Rosenholz-Unterlagen fanden sich Karteikarten, nach denen er von der HVA als IM »Bienert« geführt wurde. Aus dieser Quelle registrierte die Stasi laut ihrem Eingangsbuch SIRA mehrfach Informationen und Papiere. Die Führungsoffiziere stuften den IM als »zuverlässig« ein – die beste Kategorie für Informanten. Auch in der Stasi-Akte von Biskys Frau ist vermerkt, dass diese zur »Absicherung der inoffiziellen Zusammenarbeit« mit ihrem Ehemann erfasst wurde.[64] 1987 legte die HVA noch einen weiteren Vorgang an und registrierte Bisky zusätzlich als GMS »Klaus Heine«.

Als die belastenden Dokumente 2003 bekannt wurden, griff der biedere PDS-Chef zu der bewährten Ausrede, seine

Kontakte zur Stasi seien »dienstlicher« Natur gewesen. »Über Reisen ins westliche Ausland habe ich die üblichen Reiseberichte für meine zuständigen Leitungen angefertigt und an sie weitergeleitet«, teilte er in einer Presseerklärung mit.[65] Auf nähere Erklärungen, wann er sich wo mit welchen Stasi-Leuten zu welchem Zweck getroffen hat, verzichtete er. Auch seine Partei stellte ihn niemals zur Rede, obwohl Funktionäre, die ihre Stasi-Kontakte verschweigen, seit 1991 eigentlich die Vertrauensfrage stellen müssen. Statt Biskys Stasi-Beziehungen zu untersuchen, bemühte sich die Partei, die Sache möglichst schnell wieder in Vergessenheit geraten zu lassen – wie immer, wenn ein führender Genosse in Verdacht gerät. Nur der Deutsche Bundestag ließ sich nicht auf diese Weise abspeisen. Als der Chef der Linkspartei im November 2005 für das Amt des Vizepräsidenten kandidierte, ließ das Parlament ihn demonstrativ viermal hintereinander durchfallen.

Der behinderten- und tourismuspolitische Sprecher der LINKEN Ilja Seifert hat seine Arbeit für die Stasi offen zugegeben. Über den langjährigen Bundestagsabgeordneten, der seit einem Unfall im Rollstuhl sitzt, liegt auch eine umfangreiche Akte vor, die über alle Einzelheiten Auskunft gibt. Danach nahm die Stasi erstmals 1980 Kontakt zu ihm und seiner Ehefrau auf, um eine ausländische Botschaft in Ost-Berlin zu kontrollieren. Ohne Zögern unterschrieben beide eine Schweigeverpflichtung und wurden fortan als Kontaktperson (KP) »Ilja« geführt. Wie die Stasi später resümierte, erfüllten sie »die übertragenen Aufgaben bereitwillig, zuverlässig und mit Engagement, Schöpfertum und Initiative. Von der Notwendigkeit der Arbeit des MfS überzeugt, realisierten sie auch offensive Maßnahmen zur Kontaktentwicklung ohne Vorbehalte, mit Geschick und eigenen Ideen. Sie berichteten offen und ehrlich nicht nur über die Arbeitsergebnisse, sondern auch zu Strömungen/Meinungen in ihren Arbeitskollektiven, ihren verwandtschaftlichen Beziehungen in die BRD und ihren umfangreichen Kontakt- und Umgangskreis.«[66] Weil sich der Diplomat jedoch den Spitzeln entzog, verlor die Stasi das Interesse an ihnen und gab den Vorgang 1985 ins Archiv.

Ein Jahr später trat sie erneut an das Ehepaar heran; beide reagierten darauf, wie die Stasi notierte, »erwartungsgemäß zustimmend«.[67] Diesmal wollte die Spionageverwaltung HVA ihr Telefon benutzen, damit ein in Österreich eingesetzter IM unauffällig seine Führungsoffiziere informieren konnte. Die Seiferts wurden deshalb als IM »Robert« geführt. Wie die Stasi hervorhob, berichteten die Eheleute auch jetzt wieder offen über ihre westdeutschen Verwandten und hielten »die Konspiration« auch vor ihren Kindern ein. Doch in der Ehe gab es Schwierigkeiten, denn die beiden ließen sich scheiden und gaben ihre gemeinsame Wohnung auf – so dass der IM-Vorgang 1988 »aus Sicherheitsgründen« beendet wurde.

Mit Lutz Heilmann sitzt seit 2005 sogar erstmals ein ehemaliger hauptamtlicher Stasi-Mitarbeiter im Bundestag. Der Abgeordnete arbeitete seit 1985 in der Hauptabteilung Personenschutz, die für die Sicherheit der SED-Funktionäre zuständig war. In einer fünfseitigen handschriftlichen Erklärung verpflichtete er sich unter anderem, »alle meine Kräfte und Fähigkeiten einzusetzen, um die ehrenvollen Pflichten und Aufgaben eines Angehörigen des Ministeriums für Staatssicherheit zu erfüllen« und »mit aller Entschlossenheit den Kampf gegen die Feinde der Deutschen Demokratischen Republik und die sozialistische Staatengemeinschaft zu führen«.[68] Entsprechend den Gepflogenheiten beim MfS beteuerte er zugleich, »keine Verbindung zu einer Freundin« zu unterhalten, und verpflichtete sich, »auftretende Veränderungen« in dieser Beziehung mitzuteilen.[69] Ein Jahr später trat er auch der SED bei, regelmäßig lobten die Vorgesetzten seinen »gefestigten Klassenstandpunkt«.

Die Auflösung des Staatssicherheitsdienstes führte zu Heilmanns Entlassung. Danach war er von 1991 bis 2004 – also dreizehn Jahre lang – Student. Ende der 1990er Jahre zog er nach Schleswig-Holstein, wo er 2005 für die PDS in den Bundestag gewählt wurde. Bei seiner Kandidatur deklarierte er seine Stasi-Tätigkeit als »Wehrdienst« – was bald zu großem Ärger führte, weil er damit gegen die Beschlüsse seiner eigenen Partei verstoßen hatte. Gleichwohl sprach ihm die Bundestagsfraktion Ende 2005 das Vertrauen aus. Auch einen Misstrauensantrag in seinem Landesverband überstand er knapp. Auf der Homepage des Deutschen Bundestages beschönigt der LINKEN-Abgeordnete seine Arbeit bei der Stasi noch heute mit den Worten: »1985 bis 1990 verlängerter Wehrdienst (Personenschutz MfS)«.[70]

Als Abgeordneter machte er vor allem Negativschlagzeilen. Im September 2008 zog er auf einer Pressekonferenz über abwesende Parteigenossen her: »Kollegen aus der Lübecker Ecke wollen mich weg haben. Wenn man vom Willen des dortigen Vorsitzenden abweicht, wird man gemobbt«, enthüllte er. Einige Leute wollten sich Pfründe sichern, denn »je erfolgreicher DIE LINKE ist, desto mehr bezahlte Posten gibt es«.[71] Im Oktober wurde seine Immunität als Abgeordneter aufgehoben, weil die Staatsanwaltschaft gegen ihn ein Ermittlungsverfahren einleitete. Einem Bericht der *Bild*-Zeitung zufolge soll Heilmann seinem ehemaligen Lebensgefährten nach dessen Auszug aus der gemeinsamen Wohnung per SMS gedroht haben. Dieser, auf Bewährung aus dem Gefängnis entlassen, habe daraufhin Anzeige erstattet; was aus dem Verfahren wurde, ist nicht bekannt.[72] Im November geriet Heilmann erneut in die Schlagzeilen, weil er per Einstweiliger Verfügung das Internetlexikon Wikipedia sperren ließ. Ein Eintrag über ihn, so begründete er den auch von Parteigenossen kritisierten Schritt, habe falsche und ehrabschneidende Inhalte enthalten; angeblich ging es dabei unter anderem um Verstrickungen in einen Online-Sexshop.⁷³

Im Bundestag finden sich jedoch nicht nur ostdeutsche Stasi-Mitarbeiter. Nach dem Motto »Jetzt wächst zusammen, was zusammengehört« hat es seit 2005 auch ein ehemaliger West-IM ins deutsche Parlament geschafft. Der in Frankfurt am Main geborene europapolitische Sprecher der LINKEN, Diether Dehm, wurde beim MfS sieben Jahre lang als Informant geführt. Mit zwanzig hatte ihn bei einem Jugendlager in der DDR zum ersten Mal ein Stasi-Mitarbeiter angesprochen; ein Jahr später erklärte er den Akten zufolge »seine Bereitschaft zur Unterstützung«; im Dezember 1971 vermerkte der Staatssicherheitsdienst seine Werbung »auf der Basis der politischen Überzeugung«.⁷⁴

Dehm war damals ein junger, linksradikaler Liedermacher. Sein Künstlername Lerryn sollte eine Mischung aus seinem Spitznamen Larry und dem Namen des sowjetischen Diktators Lenin sein. Er gehörte zwar seit 1966 der SPD an, überlegte aber, der DKP beizutreten – zum Unwillen der Stasi, die ihn dann nicht mehr hätte gebrauchen können. Das MfS registrierte ihn zunächst als IM »Dieter« und dann, als er sich bewährt hatte, als IM »Willy«. Er erhielt regelmäßig Aufträge und beschaffte in den nachfolgenden Jahren, wie es in der Akte heißt, zahlreiche »operativ verwertbare Informationen«. So berichtete er unter anderem über die Jungsozialisten, den SPD-Bezirk Hessen-Süd, die Universität Frankfurt, das Bundesministerium für Forschung und Technologie, die Internationale Gesellschaft für Menschenrechte sowie verschiedene linke Künstler und politische Gruppierungen. Mengenweise übermittelte er auch nachrichtendienstlich relevante Personenhinweise, zum Teil mit »Bildmaterial«.

1976 wurde auch seine Lebensgefährtin und heutige Frau angeworben. Als IM »Christa« transportierte sie heimlich

Aufträge und Berichte zwischen Ost und West. Etwa alle sechs Wochen traf sie sich dazu mit ihrem Führungsoffizier in Ost-Berlin, die Flugkosten übernahm der Staatssicherheitsdienst. Auch sie lieferte zahllose Berichte und übergab sogar die Mitgliederlisten ihres SPD-Ortsvereins. Besonders wertvoll wurde das Agentenpaar, als es über Günter Walraff den aus der DDR ausgebürgerten Liedermacher Wolf Biermann kennenlernte. Gegen Zahlung einer Provision wurde Dehm 1977 sein Konzertmanager. Die Stasi erfuhr so nicht nur alles über Biermanns vorgesehene Auftritte im Westen, sondern auch zahllose Details über seine finanzielle Lage, seine politischen Auffassungen, seine künstlerische Krise und sein – leider nicht ausreichendes – Misstrauen gegenüber Stasi-Spitzeln. Auch eine Kopie von Biermanns Stempel besorgte »Willy« dem Staatssicherheitsdienst.[75] Selbst intimste Angelegenheiten wie das komplizierte Beziehungsgeflecht zu seiner Frau und seiner Freundin landeten mit Hilfe des Agentenduos in Ost-Berlin.[76]

Aus den Berichten fertigte Oberleutnant Notroff umgehend geheime Informationen für andere Diensteinheiten der Stasi. Biermanns Konzerte wurden darin schon in der Planungsphase angezeigt, verbunden mit der Bitte um »Unterstützung bei der weiteren Aufklärung, Kontrolle und Überwachung«.[77] Als Konzertmanager konnte Dehm aber auch beeinflussen, wo Biermann auftrat, denn beide hatten vereinbart, dass er den mit den bundesdeutschen Verhältnissen noch nicht vertrauten Liedermacher beriet. Ausgerechnet in der Bundesrepublik hing der wichtigste Staatsfeind der DDR dadurch auf unsichtbare Weise an den Strippen des MfS. »Es konnte durch diese Möglichkeit bisher verhindert werden, daß Biermann direkt durch die [trotzkistische – HK] Frankfurter Initiative ›Freiheit der Meinung, der Kunst und der Wissenschaft in West und Ost‹ für deren feindliche Tätigkeit genutzt wird«, frohlockte der Staatssicherheitsdienst im März 1977. »Mehrere Anträge [...] konnten dadurch abgeblockt werden.«[78] Wie zufrieden die Stasi mit Dehm war, geht aus einem »Vorschlag« vom November 1977 hervor, den IM »Willy« mit einer Geldprämie in Höhe von 500 DM auszuzeichnen. In der Begründung hieß es: »Der IM arbeitet zuverlässig auf der Basis der politischen Überzeugung mit dem MfS zusammen. Durch eine hohe Einsatzbereitschaft des IM ist es gelungen, Biermann nach dessen Ausbürgerung im Operationsgebiet [= Bundesrepublik] zeitweilig gut unter Kontrolle zu bekommen. Der IM erarbeitete wertvolle Informationen zur Person des Biermann, dessen Pläne und Absichten sowie der politischen Wirksamkeit. Durch den Einsatz des IM konnten einige geplante Veranstaltungen feindlicher Kräfte und damit die Ausnutzung Biermanns für deren Zwecke verhindert werden.«[79] Zum Leidwesen der Stasi kündigte der Liedermacher jedoch im Juli 1978 den Vertrag mit Dehm und organisierte seine Konzerte hinfort selbst. Bald danach versiegten die Quellen »Willy« und »Christa«, weil sie, wie ihr Führungsoffizier schrieb, trotz mehrfacher Mahnungen und telefonischer Zusagen nicht mehr zum Treff erschienen.[80]

Nach den Erfahrungen mit den Konzerten des prominenten Liedermachers wurde Dehm ein erfolgreicher Kulturmanager. 1983 gründete er sein eigenes Schallplattenlabel »Musikant«; fünf Jahre später stellte er zum 125-jährigen Bestehen der SPD zusammen mit Willy Brandt eine von ihm geschriebene Parteihymne vor; 1989 wurde er Manager und Medienberater der DDR-Eiskunstläuferin Katarina Witt. Wäre der SED-Staat nicht zusammengebrochen, hätte wohl niemand je etwas von Dehms geheimer Vergangenheit erfahren. Doch 1990 berichtete eine Zeitschrift von seinen Spitzeldiensten, so dass ihn die Frankfurter CDU-Politikerin Erika Steinbach als ehemaligen Inoffiziellen Stasi-Mitarbeiter bezeichnete. Dehm verklagte sie daraufhin und erklärte an

Eides Statt: »Ich war niemals ›Stasi-Mitarbeiter‹, Ostagent oder anderweitig nachrichtendienstlich bzw. geheimdienstlich tätig.« Da die Stasi-Akten damals noch nicht zugänglich waren, gab das Frankfurter Landgericht ihm zunächst recht. 1996 wurde der Fall jedoch erneut aufgerollt – diesmal *mit* dem umfangreichen IM-Vorgang. Sein einstiger Freund und Klient Biermann bezeugte zudem in einer eidesstattlichen Erklärung, dass ihm sein Manager in einer schwachen Stunde später selbst seine Stasi-Tätigkeit gestanden hätte. Das Gericht hob daraufhin das Urteil auf und entschied, dass man diesen getrost als Stasi-Spitzel bezeichnen kann.[81]

In der SPD tobte damals ein bizarrer Streit, ob man Dehm wegen seiner Stasi-Vergangenheit ausschließen solle. Er gehörte nicht nur dem Frankfurter Stadtparlament an, sondern war auch Bundesvorsitzender der Arbeitsgemeinschaft Selbständige und Unternehmer in der SPD und sogar Mitglied des Bundesvorstands. Der linke Flügel der SPD gründete damals eine Initiative »pro Dehm«, die ihn massiv verteidigte. Zu seinen Unterstützern gehörte unter anderem die heutige stellvertretende SPD-Vorsitzende Andrea Nahles, die die Auffassung vertrat: »Wenn Stasi-Akten zum Maulkorb für politische Linke werden, hat die Stasi zum zweiten Mal mit furchtbarer Wirkung gewonnen.«[82] Dehm selbst erstattete Strafanzeige gegen den Publizisten Henryk M. Broder, der ihn öffentlich zu den »linken Würstchen« der Bonner Republik gezählt hatte, die der Versuchung nicht hätten widerstehen können, »jenseits der Mauer die dicke Salami« zu spielen.[83] Am Ende einigte man sich auf einen Vergleich: Dehm gab seine Funktionen bei der SPD auf und erklärte sich bereit, bis Ende 1997 keine Parteiämter mehr zu übernehmen, im Gegenzug wurde das Parteiordnungsverfahren eingestellt.[84] In seinem selbst verfassten Lebenslauf im Internet ist von alldem nicht ein Sterbenswörtchen zu lesen.

Eine Funktion in der SPD hat der Kulturmanager nie wieder übernommen. 1998 kehrte er der Partei den Rücken und wechselte zur PDS. Dort wurde der betuchte Unternehmer aus dem Westen mit offenen Armen empfangen, weil sich in den alten Ländern so wenig andere Unterstützer fanden. Nur ein Jahr nach seinem Übertritt machte man ihn zum Vizevorsitzenden der PDS. Doch glücklich wurde man nicht mit ihm. Stirnrunzelnd wurde zum Beispiel zur Kenntnis genommen, dass er auf Flugblättern für die Freigabe von Marihuana warb und dabei ein Rezept für Haschischplätzchen gleich mitlieferte. Dann erschwerte er die Verhandlungen über die erste rot-rote Koalition in Berlin, indem er die Verstaatlichung der Banken forderte, während man gerade über eine Privatisierung der Berliner Bankgesellschaft sprach.

Am Ende brachten ihn aber erneut Schnüffelvorwürfe ins Straucheln. Nachdem der PDS-Funktionär Dietmar Bartsch im Oktober 2002 als Bundesgeschäftsführer abgewählt worden war, sickerte durch, dass Dehm die Wachmänner der Parteizentrale angewiesen habe, aufzupassen, dass er keine Akten mit nach Hause nehme; wochenlang beschäftigte die sogenannte Wachbuchaffäre die Öffentlichkeit. Während Dehm die Vorwürfe bestritt, bestätigte sie ein Wachmann per eidesstattlicher Versicherung. Auf Druck von Parteichefin Zimmer ließ Dehm schließlich sein Amt ruhen. Als Bisky 2003 wieder den Vorsitz der Partei übernahm, erklärte er, dass er Dehm nicht mehr im Vorstand sehen wolle – so dass dieser auf eine neuerliche Kandidatur verzichtete.

Das hinderte die PDS allerdings nicht, den exaltierten Politiker 2004 zum Landesvorsitzenden in Niedersachsen zu machen. Dort organisierte er 2007 den Zusammenschluss mit der WASG – und half mit, dass das langjährige DKP-Mitglied Christel Wegner 2008 in den niedersächsischen Landtag einziehen konnte. Sie machte bald bundesweit Schlagzeilen, weil sie sich für eine neue Stasi in Deutschland aussprach. Seine eigene Stasi-Tätigkeit hat Dehm bis

heute nicht eingestanden; angeblich sei er sieben Jahre lang
»abgeschöpft« worden. Während derartige Ausflüchte bei
der LINKEN schon normal sind, ist es selbst für ihre Verhältnisse ungewöhnlich, dass sich Dehm inzwischen gar als
Opfer der Stasi präsentiert. So behauptete er 2006, er sei in
die Einreisefahndung des Ministeriums für Staatssicherheit
gekommen, weil er »unbelehrbar« pro Biermann gewesen
sei; seinem einstigen Spitzelobjekt warf er »nekrophile Stasi-
jagd« als »einzig theatralisches Geschäft« vor.[85] 2008 setzte er noch eins drauf und erklärte, seine Akte sei mit dem
Stempel »Staatsfeind« geschlossen worden – weil er so für
den verfemten Liedermacher eingetreten sei.[86]

Partei der Spitzel

Die Abgeordneten des Bundestags sind freilich nur die Spitze
des Eisbergs. Nach Berechnungen der *Welt* steht etwa jeder
zehnte LINKEN-Abgeordnete im Bund und in den Landes-
parlamenten im Osten unter Stasi-Verdacht.[87] Einen Unver-
einbarkeitsbeschluss, wie ihn die anderen Parteien prakti-
zieren – dass ehemalige Stasi-Mitarbeiter als Volksvertreter
nicht geeignet sind –, gibt es bei der LINKEN nicht. Mit der
Floskel, man müsse das Thema »differenziert« betrachten,
hat sich die Partei vielmehr fast immer hinter die ausgemus-
terten Informanten in den eigenen Reihen gestellt. Fast noch
schlimmer als deren Spitzelei ist der heutige Umgang der
Partei damit.

Dass DIE LINKE immer wieder belastete Personen mit
herausgehobenen politischen Ämtern betraut, kann längst
nicht mehr als Zufall gelten. Mit dem ständigen Tabubruch
will die Partei die Öffentlichkeit daran gewöhnen, dass die

Arbeit für den Staatssicherheitsdienst im Prinzip nichts Ehrenrühriges war. So wie die Genossen der SED hätten auch die Mitarbeiter des MfS nur gute Absichten verfolgt. Bei vielen Mitgliedern gilt eine Stasi-Vergangenheit deshalb nicht als Makel, im Osten ist sie sogar karrierefördernd. Ein Schlaglicht auf diese Einstellung warfen 2005 die Vorgänge um den ehemaligen Stasi-IM Bernhard Walther, den Bisky als Schatzmeister der Linkspartei vorgeschlagen hatte. Obwohl er seine frühere Tätigkeit eingestand, sich aber weigerte, Näheres dazu zu sagen, wurde er mit 68 Prozent der Stimmen gewählt. Erst nachdem die damals noch selbständige WASG-Spitze erklärte, die Personalie sei im Westen nicht vermittelbar, wurde das Amt neu besetzt.

Die PDS und ihr schlechtes Beispiel haben entscheidend zum politischen Sittenverfall in Deutschland beigetragen. Die Einstellung zu ehemaligen Stasi-Mitarbeitern hat sich mittlerweile extrem gewandelt. Eine Mehrheit der Bevölkerung ist heute der Meinung, man solle nicht mehr fragen, ob jemand zu DDR-Zeiten für die Stasi gearbeitet habe. Der Anteil derjenigen, die dies so sehen, stieg zwischen 1991 und dem Jahr 2000 von 36 auf 65 Prozent; im Westen lag die Quote nur geringfügig darunter. Während man in Polen oder Rumänien darüber diskutiert, wie man belastete Kader aus Parlamenten oder Medien heraushalten kann, hat Deutschland die Stasi-Überprüfungen fast völlig abgeschafft.

Entgegen der vorherrschenden Meinung ist der laxe Umgang mit einstigen Stasi-Leuten aber auch zwanzig Jahre nach dem Mauerfall fehl am Platz. Wie ein schleichendes Gift zerfrisst er die Fundamente der Demokratie. Ein Volksvertreter oder Parteifunktionär, der jahrelang mit der Geheimpolizei einer Diktatur zusammengearbeitet hat, ist weder politisch noch charakterlich für diese Funktion geeignet. Menschen, die gewohnt sind, ein Doppelleben zu führen, die grundlegende Werte des menschlichen Zusammenlebens mit Füßen getreten haben, können, wenn sie an die Macht kommen, sehr gefährlich werden. Genauso wenig wie ein Mafiaboss oder ein Trickbetrüger taugen sie dazu, Macht zu übernehmen und verantwortungsvoll damit umzugehen. Die Nominierung ehemaliger MfS-Mitarbeiter für politische Ämter schadet zugleich dem Ansehen von Parteien und Parlamenten und damit der Demokratie insgesamt. Sie begünstigt aber auch, dass Seilschaften früherer Stasi-Kader weiterexistieren können. Die Gefahren einer solchen Entwicklung kann man in Russland studieren, wo Ex-Geheimdienstmitarbeiter einen ganzen Regierungsapparat unter ihre Kontrolle gebracht haben. Wenn frühere Stasi-Leute – wie in Brandenburg – im Parlament den Verfassungsschutz kontrollieren, wird der Bock zum Gärtner gemacht. Schließlich darf man nicht vergessen, dass es ein Signal an die Gesellschaft ist, wenn ehemalige MfS-Mitarbeiter in der Politik eine exponierte Rolle spielen. Ein hauptamtlicher Stasi-Offizier im Bundestag lässt die menschenverachtende Arbeit der DDR-Geheimpolizei zwangsläufig als Kavaliersdelikt erscheinen. Deshalb kommt es darauf an, die Maßstäbe von Freiheit und Demokratie gerade bei der Auswahl von Politikern zu verteidigen.

Für den unbefangenen Betrachter erweckt DIE LINKE auf ihrer Homepage den Eindruck, Stasi-Verstrickungen konsequent nachzugehen. Auf die Frage »Wie hält es DIE LINKE mit ehemaligen MfS-Mitarbeitern und IMs?« kann man dort lesen, dass die PDS bereits in ihrer Gründungsphase verbindliche Beschlüsse gefasst habe, wonach Kandidaten für politische Ämter ihre politischen Biographien offenlegen sollten. Dazu zähle ausdrücklich auch eine IM-Tätigkeit für das MfS.»Wo eine solche Tätigkeit zunächst verschwiegen, dann aber bekannt wurde, folgte in der Regel der Rücktritt von Amt und Mandat.«[88] Ein Blick in den Bundestag zeigt freilich, dass davon keine Rede sein kann. Weder Claus noch Heilmann noch Dehm sind von ihren Ämtern zurückgetreten. Trotz der zahllosen Fälle, die in den letzten zwanzig Jahren publik wurden, lässt sich die Zahl der Abgänge an einer Hand abzählen. Meist tauchten die Betroffenen zudem sehr bald in neuen Ämtern auf – jetzt haben sie ja nichts mehr zu verschweigen. Eine förmliche Abwahl eines LINKEN-Politikers wegen seiner Stasi-Vergangenheit hat es noch nie gegeben.

Dass die Partei überhaupt Beschlüsse zum Umgang mit ehemaligen Stasi-Mitarbeitern fasste, hatte ausschließlich mit dem Imageschaden zu tun, den die zahlreichen Presseenthüllungen zu Beginn der 1990er Jahre nach sich zogen. »Partei der Spitzel« lautete damals eine beliebte Auflösung des Parteikürzels PDS. Als der Berliner Parteichef Wolfram Adolphi 1991 nach seiner Enttarnung unter dem Druck der Öffentlichkeit zurücktreten musste, verabschiedete der Landesparteitag erstmals einen Beschluss »Zur konsequenten, offenen und öffentlichen Auseinandersetzung mit der Problematik ›Staatssicherheit‹«. Das Dokument nahm aber vor allem die ehemaligen Stasi-Mitarbeiter in Schutz. »Wir fördern und initiieren demokratischen Widerstand gegen alle Formen der pauschalen sozialen Ausgrenzung von offiziellen oder inoffiziellen MitarbeiterInnen des ehemaligen MfS durch generalisierende Ausschlüsse von beruflichen Laufbahnen«, hieß es darin. Dem Beschluss zufolge war eine Spitzeltätigkeit für den Staatssicherheitsdienst kein Hindernis, politische Funktionen zu übernehmen, und auch kein Grund für einen Parteiausschluss. Auch eine allgemeine Pflicht zur Offenlegung früherer Stasi-Kontakte gab es nicht. »Nur für Genossen, die sich anschicken, für die Partei in exponierter Stellung öffentlich zu wirken, ist die persönliche Biografie in dieser Frage keine reine Privatsache mehr«, beschloss die Partei. Diejenigen, die sich um ein hohes Parteiamt oder ein Mandat in einer Volksvertretung bewerben wollten, sollten deshalb vor dem Gremium, das sie zu wählen hatte, ihre Stasi-Tätigkeit vorher offenlegen. Taten sie das nicht, sollten sie bei einer späteren Enttarnung ihr Mandat niederlegen und notfalls auch aus der Fraktion ausgeschlossen werden können. Unehrliche Parteifunktionäre sollten ihrer Ämter entbunden werden, wobei man die letzte Entscheidung den jeweiligen Delegiertengremien überlassen wollte. Im Juni 1991 machte sich auch der Bundesparteitag diesen Beschluss zu eigen.[89] Doch er wurde niemals umgesetzt. In der Partei löste er vielmehr einen Sturm der Entrüstung aus. Parteichef Gysi erklärte ihn auf dem Berliner Landesparteitag ein Jahr später ausdrücklich für falsch. Schon bei der ersten Bewährungsprobe rückte man deshalb wieder davon ab: Als der neue Berliner Landesvorsitzende und Parteivize André Brie, SED-Mitglied seit 1969, nachträglich einräumen musste, fast zwanzig Jahre lang als IM gearbeitet zu haben, bat ihn der PDS-Vorstand 1992, im Amt zu bleiben. Dabei hatte er seit 1970 während seiner Armeezeit, seines Studiums und seiner Arbeit am Institut für Internationale Beziehungen hemmungslos über Freunde, Bekannte, Arbeitskollegen, Künstler, ausländische Wissenschaftler und SPD-Politiker berichtet. »Der IM ist bereit, alle Aufträge des MfS zu erfüllen, wenn die Gewährleistung seiner Konspiration gegeben ist«, bescheinigte ihm die Stasi 1988 erfreut.[90] Für seine Spitzeltätigkeit als IMS »Peter Scholz« bekam er von der sogenannten Spionageabwehr in Potsdam sogar die Verdienstmedaille der NVA. Obwohl Brie seine Stasi-Tätigkeit Gysi später unter vier Augen offenbarte, förderte dieser weiter seine Karriere und behielt sein Wissen für sich. Als diese und weitere Details bekannt wurden, trat Brie unter dem Druck der Öffentlichkeit schließlich doch noch zurück – doch der Gysi-Intimus fiel weich, da ihn die Partei zum Wahlkampfleiter machte und er seinen Posten als Chef der Grundsatzkommission behalten durfte. Bereits ein Jahr später kehrte der Vordenker der PDS in den Bundesvorstand zurück. 1999 zog er ins Europaparlament ein, wo er zehn Jahre lang die Partei vertrat. 1993 rückte die PDS auch offiziell von ihrem Stasi-Beschluss ab. Der Bundesparteitag stellte nun fest, dass er »nur von Teilen der Partei akzeptiert und umgesetzt« worden sei. Eine entscheidende Schwäche des Beschlusses habe darin bestanden, »dass die – ausschließlich politisch motivierte – gezielte, demagogische ›Stasi‹-Hetze nicht eingeschätzt und verurteilt wurde«, hieß es in einer Entschließung. »Die PDS hat aus Furcht, als ›Stasi-Partei‹ diffamiert zu werden, die staatsbürgerlichen Rechte und berechtigten sozialen Interessen ehemaliger Mitarbeiterinnen und Mitarbeiter des MfS – wie auch anderer bewaffneter Organe und Bereiche des öffentlichen Dienstes der DDR – nicht nachdrücklich genug artikuliert und verteidigt.« Das habe zu einer Schwächung der Partei und ihrer Politikfähigkeit geführt.[91] Die PDS lockerte damals auch die Sanktionen für den Fall, dass ein Funktionär seine Stasi-Kontakte der Partei verschwiegen hatte. Seitdem muss er nur noch vor dem zuständigen Gremium die Vertrauensfrage stellen. Entscheidet es sich gegen den Genossen, bedeutet dies noch immer nicht das Aus für ihn. Die Abstimmung muss vielmehr bei der nächsten Sitzung wiederholt werden. Erst wenn ihm zweimal das Misstrauen ausgesprochen wird, gilt er als abgewählt – wozu es noch nie gekommen ist. Vor diesem Hintergrund verließ Bundesvorstandsmitglied Karin Dörre im Januar 1995 die Partei und protestierte. »Machen wir uns nichts vor: Alles wurde verschwiegen, bis die Presse die Vergangenheit ans Licht zerrte«, ließ sie sich damals zitieren.[92]

Im Juni 2006 versuchte der Ehrenvorsitzende Modrow, auch diese letzten Festlegungen abzuschaffen. Im Bundesvorstand der Linkspartei forderte er, auf die Offenlegung früherer Stasi-Kontakte ganz zu verzichten. Nach zweistündiger Diskussion hinter verschlossenen Türen entschied die Mehrheit jedoch, an dem alten Beschluss festzuhalten – ein »Kniefall vor den Medien«, wie die Wortführerin der Kommunistischen Plattform der PDS, Sahra Wagenknecht, anschließend kritisierte.[93] In einer Entschließung bekräftigte der Parteivorstand damals, dass niemand wegen seiner politischen Biographie diskriminiert werden dürfe. Auch die Forderung, die Möglichkeit von Stasi-Überprüfungen in Deutschland zu verlängern, lehnte er ab. »Der Parteivorstand distanziert sich von der missbräuchlichen Verwendung und politischen Instrumentalisierung von Stasi-Unterlagen zur Diskreditierung von Personen, insbesondere auch von Politiker/innen der Linkspartei.PDS,« hieß es schließlich in dem Beschluss.[94]

So kommt es, dass vor allem im Osten Deutschlands ehemalige Stasi-Mitarbeiter bei der LINKEN überall in hohen Führungspositionen sitzen. Die Dokumente ihrer Zusammenarbeit mit dem Staatssicherheitsdienst füllen zahllose Aktenordner, doch weder die Partei noch die Öffentlichkeit stören sich daran. Bei den Landtagswahlen in Brandenburg im September 2009 tritt DIE LINKE sogar ganz offiziell mit einer früheren Stasi-Informantin als Spitzenkandidatin an. Das Bundesland, in dem DIE LINKE bei den letzten Kommunalwahlen fast ein Viertel der Stimmen erzielte, ist ein erschreckendes Beispiel für die lautlose Renaissance der Täter. Gleich vier ranghohe LINKEN-Politiker arbeiteten dort für die Stasi: Parteichef Thomas Nord, Fraktionschefin Kerstin Kaiser, der innenpolitische Sprecher Hans-Jürgen Scharfenberg und der langjährige Parlamentarische Geschäftsführer Heinz Vietze.

Nords Stasi-Akte offenbart den ganzen Schmutz eines DDR-Spitzellebens. Bereits während seiner vierjährigen Armeezeit bei der Volksmarine, wo er der Parteileitung eines Kriegsschiffes angehörte, lieferte er seine Kameraden skrupellos ans Messer.«Bedeutsam erscheint, dass er den [Name geschwärzt] so einschätzt, dass dieser seine Drohung, während der Wache zu schießen, wahr macht«, notierte sich die Stasi, als Nord über die Fluchtabsichten eines Matrosen berichtete.[95] Anschließend denunzierte er als Leiter eines Jugendklubs im Berliner Stadtbezirk Prenzlauer Berg reihenweise kritische Jugendliche und Kollegen.»Ein nicht geringer Teil der Mitarbeiter verfügt über keinen klaren Standpunkt zur Politik von Partei und Regierung bzw. zur Haltung kirchlicher Kreise zur Friedensfrage bzw. zu solchen Leuten wie Stefan Heym, Biermann u.ä.«, ließ er sich 1982 über seine Mitbeschäftigten aus,»ein Kollege [Name geschwärzt] vertritt offen eine pazifistische Haltung.«[96] Über einen Jugendlichen berichtete er seinem Führungsoffizier, dass der an seiner Jeansjacke einen Aufnäher»Frieden schaffen ohne Waffen« trug. Eine Elftklässlerin schwärzte er an:»Die [Name geschwärzt] tritt aktiv gegen die Wehrbereitschaft der Abiturienten auf.« Ein junger Mann wurde aktenkundig, weil er die damaligen Botschaftsbesetzungen von Ausreisewilligen begrüßt und dabei hinzugefügt hatte,»er würde jederzeit genauso handeln«.[97] Zu Recht bescheinigte ihm deshalb die Stasi:»Thomas Nord besitzt ein gefestigtes Feindbild und verhält sich gegenüber feindlichen Einflüssen konsequent abweisend.«[98] Er selbst schrieb in seiner Verpflichtungserklärung, dass die Tätigkeit für das MfS»auf der Grundlage meiner politischen Überzeugung« erfolge.[99] Außer in den Spitzeldiensten kam dies auch darin zum Ausdruck, dass er FDJ-Kreissekretär, Stadtbezirksabgeordneter und ab 1989 Mitarbeiter der SED-Kreisleitung im Prenzlauer Berg war. Für 1990 war der Nomenklaturkader für ein Studium an der Parteihochschule »Karl Marx« vorgesehen – doch die friedliche Revolution stoppte die angestrebte DDR-Karriere.

Auf der LINKEN-Homepage schweigt sich Nord über seine Zusammenarbeit mit der Stasi genauso aus wie über seine früheren SED-Funktionen. Zu seinem Werdegang findet sich nur der Halbsatz: »Beruf: Maschinen- und Anlagenmonteur, Kulturwissenschaftler«. Gleichzeitig bezeichnet er sich jedoch als »ehemaliges Mitglied der SED, das offen mit seiner Biografie umgeht«. Unfreiwillig zynisch wirkt der Satz: »Hauptaugenmerk unserer Politik sind dabei mehr soziale Gerechtigkeit, eine größere Bürgernähe, Transparenz und Ehrlichkeit.«[100]

Hauptamtliche Stasi-Offiziere, die die DDR verklären, finden im brandenburgischen Landesverband der LINKEN bis heute freundliche Aufnahme. So kam 2008 heraus, dass sich in der Cottbusser Geschäftsstelle regelmäßig die »Initiativgemeinschaft zum Schutz der sozialen Rechte ehemaliger Angehöriger bewaffneter Organe und der Zollverwaltung der DDR (ISOR)« trifft. Die Organisation besteht zum großen Teil aus ehemaligen Stasi-Mitarbeitern und rechtfertigt seit Jahren die SED-Diktatur. Auf die Frage, warum DIE LINKE die Ewiggestrigen bei sich aufnimmt, antwortete Nord der Presse: »Weil sie woanders ausgegrenzt werden. DIE LINKE vertritt die sozialen Interessen der früheren MfS-Mitarbeiter.«[101]

Kaum anders liegt der Fall bei der Fraktionsvorsitzenden im Potsdamer Landtag, Kerstin Kaiser – der Spitzen- oder besser: Spitzelkandidatin für 2009. Nach ihrer Anwerbung 1979 lieferte sie während ihres Slawistik-Studiums in Leningrad als IM »Kathrin« reihenweise »Einschätzungen« über ihre Kommilitonen. Der Staatssicherheitsdienst erfuhr nicht nur, wer Westsender hörte, Kontakte zu westlichen Studenten unterhielt, »keinen gefestigten Klassenstandpunkt« oder eine »fragwürdige Einstellung zur Partei« hatte, sondern auch, wer sich durch »Schwatzhaftigkeit« auszeichnete, »mehrmals in Klausuren« abschrieb, Nickis »auf bloßer Haut« trug oder »sexuell sehr stark bedürftig« sei.[102] Von der Stasi erhielt sie Dutzende Spitzelaufträge, die sie alle mit Elan ausführte. Auf der Basis eigens erstellter Notizen diktierte sie dem Führungsoffizier bei jedem Treffen mehrere Personenbeschreibungen aufs Tonband. »Der IM erschien zum Treff vorbereitet und erfüllte im wesentlichen die gegebenen Aufträge«, heißt es lapidar in ihrer Abschlussbeurteilung.[103] Sie selbst schrieb bei ihrer Verpflichtung: »Die Unterstützung des MfS bei der Lösung ihrer [sic!] operativen Aufgaben erfolgt meinerseits auf freiwilliger Basis.«[104] Wider besseren Wissens beschönigte sie ihre Denunziationen 2001 mit den Worten: »Ich habe nicht in einer Spitzelrolle gelebt und nur berichtet, was öffentlich war.«[105] Nur einmal war sie offenbar in Zweifel geraten, nachdem ihr frisch vermählter Mann von seinen schlechten Erfahrungen mit der Stasi erzählt hatte. Beim darauffolgenden Treff brach sie in Tränen aus und erklärte fast hellseherisch, »dass [ihr] später die Zusammenarbeit mit dem MfS zum Nachteil gereichen könne«. Doch schon im nächsten Satz bestand sie »auf einer weiteren Zusammenarbeit mit dem MfS in Leningrad und wünschte, dass sie auf Grund ihrer Schwangerschaft nicht auf ein totes Gleis gestellt wird«.[106] Zum Abschluss ihrer Spitzeltätigkeit bekam sie von ihrem Führungsoffizier noch eine »Schmuckdose« im Wert von 20 Rubeln – dann kehrte sie in die DDR zurück, wo sie Mitarbeiterin der Parteischule beim ZK der SED »Karl Liebknecht« wurde.

Auch nach dem Untergang der DDR hielt Kaiser der entmachteten Diktaturpartei die Stange. Statt sich im Hintergrund zu halten, drängte sie bald in die erste Reihe. 1991 wurde sie stellvertretende PDS-Bundesvorsitzende, drei Jahre später ließ sie sich in den Bundestag wählen. Dann wurde ihre Stasi-Vergangenheit bekannt, so dass sie sich gezwungen sah, auf ihr Mandat zu verzichten. »Es war noch nicht die Zeit für differenzierte öffentliche Diskussionen über dieses Thema«, sagt sie heute.[107] Trotzdem verschweigt sie den Beinahe-Einzug in den Bundestag auf ihrer Homepage. Die

Zeit des Rückzugs währte freilich nicht lange. Nachdem sie vorübergehend bei der brandenburgischen PDS-Fraktion als Mitarbeiterin Unterschlupf gefunden hatte, entsandte die Partei sie nach einer fünfjährigen Schamfrist 1998 in den Potsdamer Landtag. Gegen den Protest der CDU wurde sie dort 2001 mit den Stimmen der SPD in die Parlamentarische Kontrollkommission (PKK) gewählt, die die Aufsicht über den Verfassungsschutz führt. Nach der nächsten Wahl wurde sie auch Mitglied des Landtagspräsidiums, 2005, nach Biskys Wechsel in den Bundestag, zudem Fraktionsvorsitzende. Nun soll sie 2009 die Kandidatenliste der LINKEN anführen und, wenn es nach deren Willen geht, sogar Ministerpräsidentin werden. Ihre Kandidatur gab sie auf Bitten von Lafontaine beim Landesparteitag im Januar 2008 allerdings erst einen Tag später als geplant bekannt; der Parteichef fürchtete negative Auswirkungen auf die zeitgleich stattfindenden Landtagswahlen in Hessen und Niedersachsen. Es sei »gut beobachtet«, sagte Lafontaine am Tag nach dem Doppelsieg der LINKEN, dass man Gegnern nicht noch die Munition liefere. »Das werden wir auch weiterhin so tun.«[108]

Über eine dicke Akte verfügt auch der brandenburgische Landtagsabgeordnete Hans-Jürgen Scharfenberg. Der LINKEN-Politiker ist seit 1995 Fraktionschef in der Potsdamer Stadtverordnetenversammlung und zog 2004 auch in den Landtag ein. Der langjährige Stasi-Zuträger übernahm dort ausgerechnet den Vorsitz des Innenausschusses. Scharfenberg studierte von 1974 bis 1978 an der Akademie für Staat und Recht in Potsdam-Babelsberg, der zentralen Kaderschmiede der DDR, an der er anschließend auch als Wissenschaftler arbeitete. Während ihn die Stasi für seine »klare politische Einstellung zur gesellschaftspolitischen Entwicklung unserer Republik« lobte, bescheinigte ihm ein anderer Informant, »dass er nur dann bereit sei, gesellschaftlich tätig zu sein, wenn er Vorteile daraus ziehen kann«.[109] Nachdem er 1978 eine handschriftliche Verpflichtungserklärung unterschrieben hatte, berichtete er als IMS »Hans-Jürgen« regelmäßig über Kollegen, Dozenten, Vorgesetzte und Nachbarn. Überprüfungen bestätigten seine »Ehrlichkeit und Aufrichtigkeit« dem MfS gegenüber.[110] Zur wachsenden Zahl der Ausreiseantragsteller machte er der Stasi den Vorschlag, zwischen Verblendeten und politischen Gegnern zu unterscheiden. »Die zweitgenannten Antragsteller müssen mit Hilfe unserer Staatsmacht mit geeigneten Mitteln, auch gesetzlichen Möglichkeiten, bekämpft werden.«[111] Weil er 1986 stellvertretender Parteisekretär an der Akademie und damit hauptamtlicher SED-Kader wurde, beendete die Stasi die inoffizielle Zusammenarbeit.

Nach dem Zusammenbruch der DDR wurde Scharfenberg zunächst Mitarbeiter einer Bundestagsabgeordneten. Dann arbeitete er jahrelang bei der PDS-Fraktion im Brandenburger Landtag. Inzwischen selbst Abgeordneter, zeichnet er sich vor allem durch Attacken gegen eine kritische Beschäftigung mit der DDR-Vergangenheit aus. Als beispielsweise ein CDU-Abgeordneter 2006 im Landtag danach fragte, ob die Obere Denkmalbehörde daran arbeite, die fünftausend aus DDR-Zeiten übernommenen Denkmale auf eine möglicherweise notwendige Aberkennung des Denkmalschutzes zu sichten, warf ihm Scharfenberg den »Versuch der Geschichtsfälschung« vor.[112] Vehement kritisierte der LINKEN-Politiker wenig später den Beschluss der Potsdamer Stadtverordneten, eine Lenin-Statue nicht wieder in der Potsdamer Innenstadt aufzustellen; die PDS hatte unter Scharfenbergs Vorsitz dafür gestimmt. Das Denkmal, so die dubiose Begründung des Fraktionschefs, sei »Teil der Potsdamer Geschichte« und der Gründer der Sowjetunion müsse »aus seiner Zeit heraus« verstanden werden.[113] Ein Jahr später empörte er sich, dass sich der Potsdamer Oberbürgermeister Jann Jakobs dafür entschuldigte, versehentlich dem ehemaligen DDR-Oberrichter Hermann Wohlgethan zum hundertsten Geburtstag gratuliert zu haben. Dieser hatte zu DDR-Zeiten zahlreiche drakonische Urteile gegen politische Häftlinge gefällt, so dass nach der Wiedervereinigung ein – aus Altersgründen schließlich eingestelltes – Ermittlungsverfahren gegen ihn eingeleitet wurde. Die Sache flog auf, weil er sich beim Pressetermin mit seinen Todesurteilen und Orden aus der SED-Zeit brüstete. Der Journalist, der den Vorgang aufgedeckt hatte, wurde einem Zeitungsbericht zufolge von Scharfenberg »übelst beschimpft«.[114]

In anderen ostdeutschen Landtagen sieht es nicht viel besser aus. In Thüringen arbeitete zum Beispiel der kommunalpolitische Sprecher der LINKEN, Frank Kuschel, seit 1987 mit dem Staatssicherheitsdienst zusammen. Schon vor der Anwerbung hielt sein Führungsoffizier erfreut fest, dass sein Kandidat, ein ehemaliger Berufsoffizier der Nationalen Volksarmee der DDR, bereit sei, »Personen vorbehaltlos zu belasten«. Handschriftlich erklärte Kuschel 1988 bei seiner Verpflichtung, ihm sei bewusst, »dass der Gegner durch die Organisierung und Inspirierung von übersiedlungsersuchenden DDR-Bürgern ein[en] politischen Untergrund und eine innere Opposition schaffen will«.[115] Als IM »Fritz Kaiser« und stellvertretender Bürgermeister für innere Angelegenheiten im thüringischen Ilmenau wurde er vor allem zur »Zurückdrängung« von Ausreisewilligen eingesetzt. So gab er unter anderem Informationen über eine ausreisewillige Familie und ein Lehrer-Ehepaar weiter. Er denunzierte aber auch thüringische Karnevalisten, in deren Büttenrede er etliche »negative Passagen« bemängelte. Im Januar 1989 erhielt er für die »Erarbeitung« seiner Informationen eine Prämie von 200 Mark. Noch im Oktober 1989 berichtete er über Sympathisanten der Bürgerrechtsbewegung Neues Forum.

Auch Kuschel, SED-Mitglied seit 1983, fiel nach dem

Ende der DDR zunächst in die Arbeitslosigkeit und flüchtete sich in die freie Wirtschaft. Zugleich wurde er Stadtverordneter, dann Kreistagsabgeordneter und 2004 schließlich Stadtrat und Landtagsabgeordneter. Nach seinem Einzug in den Erfurter Landtag stellte die zuständige Stasi-Kommission nach eingehender Prüfung der Unterlagen fest, Kuschel sei »unwürdig, dem Parlament anzugehören«.[116] Die Linkspartei dachte aber nicht daran, ihn zur Rückgabe seines Mandats aufzufordern. Stattdessen erklärte ihr Landesvorsitzender, Knut Korschewsky, der Landtag sei erneut alten Denkstrukturen gefolgt und habe »keinen wirklichen Beitrag« zur Aufarbeitung der DDR-Vergangenheit geleistet.[117] Auch Kuschel geht inzwischen gerne zum Gegenangriff über. So beschwerte er sich beim Deutschen Presserat über die *Südthüringer Zeitung*, weil diese es als unglaubwürdig bezeichnet hatte, wenn man zusammen mit Linksextremisten gegen Rechtsextremisten demonstrieren würde. Weil das Blatt nicht darauf hingewiesen habe, dass der Autor des Artikels, der Politikwissenschaftler Harald Bergsdorf, bei der Landtagsfraktion der CDU in Nordrhein-Westfalen beschäftigt sei, würde die Glaubwürdigkeit der Presse unterlaufen, so der frühere Stasi-Spitzel.[118]

In Thüringen gibt es aber noch weitere Fälle. So erklärte die Landtagskommission auch die Abgeordnete Ina Leukefeld für parlamentsunwürdig, weil sie als IM »Sonja« für die politische Polizei (K1) in Suhl ebenfalls gegen Übersiedlungsersuchende eingesetzt war. Die LINKEN-Politikerin, SED-Mitglied seit 1975, studierte ebenfalls an der erwähnten Akademie für Staats- und Rechtswissenschaften der DDR. In ihrer Verpflichtungserklärung schrieb sie 1985: »Ich werde alle mir erteilten Aufträge diszipliniert, verantwortungsbewußt und unter Einhaltung der mir bekannt gegebenen Verhaltensregeln nach bestem Wissen und Gewissen erfüllen.«[119] Ein Jahr später wurde sie Mitarbeiterin der

SED-Kreisleitung in Suhl, was sie bis zum Mauerfall blieb. Anschließend war sie von 1991 bis 2004 Wahlkreismitarbeiterin der erfolglosen PDS-Vorsitzenden Zimmer. Seit dem Jahr 2000 ist sie Vizeparteichefin in Thüringen. Auch sie sah keinen Anlass, eines ihrer Ämter aufzugeben.

Eine dritte Abgeordnete, die frühere DDR-Athletin und zeitweilige Bundestagsabgeordnete Ruth Fuchs, war zwar nur als IM-Vorlauf erfasst worden, doch leistete sie bereits in dieser Eigenschaft nach Meinung der Stasi »vor allem auf dem Gebiet der Einschätzungen von Sportlern und Funktionären, bei Lageeinschätzungen und zur Sicherung des Informationsbedarfes gute Arbeit«.[120] So notierte der zuständige Offizier nach einem der Treffen: »Nach Ansicht der Quelle ist es nicht in Ordnung, wenn sich Mitglieder unserer Partei wie die [Name geschwärzt] oder der Cheftrainer F. mit den westdeutschen Sportlern oder Funktionären in Kontakte einlassen.«[121] Nur weil sie ihrem Trainer von den Zusammenkünften berichtet und sich damit »dekonspiriert« hatte, verzichtete die Stasi auf die geplante Werbung der langjährigen SED-Genossin. Ein vierter Abgeordneter, André Blechschmidt, wurde von der Spionageverwaltung als »Inoffizieller Mitarbeiter mit Arbeitsakte« (IMA) registriert, doch seine Akte ist verschwunden. Nach seinem Studium der marxistisch-leninistischen Philosophie war er Mitarbeiter für Kirchenfragen beim Rat des Bezirkes in Erfurt.

Im Sächsischen Landtag ist DIE LINKE ebenfalls mit mehreren Ex-Stasi-Mitarbeitern präsent. Volker Külow, kulturpolitischer Sprecher der Fraktion, hatte als IM »Ostap« bis zur friedlichen Revolution in handschriftlichen Berichten Angehörige der Universität Leipzig denunziert. In den 1980er Jahren hatte er dort Marxismus-Leninismus studiert und auf dem Gebiet der »Marx-Engels-Forschung« promoviert. Nachdem er bereits 1980 der SED beigetreten war, ließ er sich acht Jahre später auch als IM anwerben. Obwohl er eigentlich für einen Einsatz im Spionagebereich vorgesehen war, schwärzte er im Januar 1989 eine Studentin an, die einen Protestaufruf der DDR-Opposition mit ins Seminar gebracht hatte. Wenig später verriet er einen Studenten, der im kleinen Kreis bekannt hatte, bei den Kommunalwahlen gegen die vorgeschriebenen Kandidaten gestimmt zu haben. Auch einen Stuttgarter Unternehmer, der sich während der Leipziger Messe mit seiner ostdeutschen Freundin traf, verpfiff er an die Stasi. Sein letztes »Operativgeld« – mit 224 DDR-Mark in etwa das Monatsstipendium eines Studenten – erhielt Külow am 9. Januar 1990.

Bei seiner Landtagskandidatur 2004 hatte der Politiker mit dem roten Vollbart lediglich eingeräumt, »Kontakte« zum Staatssicherheitsdienst gehabt zu haben. Er sei »Reisekader« der Spionageverwaltung HVA gewesen und »perspektivisch« für die Anwerbung von Spionen vorgesehen. Erst als die vom MfS zerrissene Akte wieder zusammengesetzt und im Februar 2007 der Öffentlichkeit zugänglich gemacht worden war, räumte er ein, »die vom menschlichen Anstand gebotenen Grenzen in einigen Fällen ganz klar überschritten« zu haben. Zugleich rechtfertigte er aber seine Tätigkeit für den Staatssicherheitsdienst als »legitim« und erklärte: »Ich war ein engagierter DDR-Bürger und kann auch heute noch alles tragen und verteidigen, was die HVA gemacht hat.« Auf die Frage, ob er Studenten und Kollegen an der Universität ausspioniert habe, antwortete er: »Daran kann ich mich im Augenblick nicht erinnern.«[122]

Einen Anlass, sein Abgeordnetenmandat im Sächsischen Landtag und im Stadtrat von Leipzig niederzulegen, sah der LINKEN-Politiker nicht. Während er in beiden Parlamenten mit großer Mehrheit dazu aufgefordert wurde, stellte sich seine Partei demonstrativ hinter ihn. Die Landesvorsitzende der LINKEN, Cornelia Ernst, meinte sogar, in Külows »ehrlichem Umgang« mit seiner Vergangenheit sei eine neue Qualität der öffentlichen Diskussion erreicht.¹²³ Entgegen dessen Ankündigung, sich bei den Betroffenen zu entschuldigen, erklärte die von ihm denunzierte Studentin, heute Chirurgin in Leipzig, dass sie nie etwas von ihm gehört habe. Sarkastisch sagte sie in einem Interview: »Jemand, der in der DDR die Lehre des Kommunismus studiert hat, kann heute eigentlich nur noch Würstchen verkaufen. Ich kann verstehen, dass ein Leben als Abgeordneter angenehmer ist.«¹²⁴ Mit Zweidrittelmehrheit beschloss der Sächsische Landtag, Klage beim Verfassungsgericht zu erheben, um Külow das Mandat abzuerkennen. Doch wie bei allen vorangegangenen Versuchen, Stasi-Informanten aus dem Parlament zu entfernen, wiesen die Richter die Klage ab. Im November 2008 wurde Külow, zugleich LINKEN-Chef in Leipzig, in der Messestadt als Direktkandidat für die kommende Landtagswahl aufgestellt. Aus Protest gegen ihn waren zwar ein Jahr zuvor fünf Mitglieder des Leipziger LINKEN-Vorstands zurückgetreten – doch nicht wegen seiner Spitzeltätigkeit, sondern wegen seines autoritären Führungsstils.

Von ähnlichem Kaliber ist Klaus Bartl, verfassungs- und rechtspolitischer Sprecher der LINKEN im Landtag und Vorsitzender des Untersuchungsausschusses zur sächsischen Korruptionsaffäre. Als IM »Andreas Richter« verpflichtete er sich 1968 handschriftlich, »alle negativen Erscheinungen einer Feindtätigkeit« unverzüglich dem Staatssicherheitsdienst zu melden. Ausdrücklich versicherte er der Stasi: »Dabei werde ich auf keine Person Rücksicht nehmen.«¹²⁵ 1972 wurde der Vorgang eingestellt, weil Bartl, inzwischen Mitglied der SED, an der Ost-Berliner Humboldt-Universität Jura studieren durfte. Anschließend arbeitete er in der gleichgeschalteten DDR-Justiz als Staatsanwalt. Von 1979 bis 1989 war er Mitarbeiter, später Abteilungsleiter Staat und Recht der SED-Bezirksleitung Karl-Marx-Stadt, wo er auch dem Bezirkstag angehörte. Bartl leitete unter anderem eine Arbeitsgruppe, der auch die Bezirkschefs von Stasi und Polizei angehörten und die den Auftrag hatte, die wachsende Zahl von Ausreisewilligen »offensiv« zurückzudrängen. Während der friedlichen Revolution im Herbst 1989 wurden alle Akten aus Bartls Abteilung vernichtet. Er selbst besorgte sich eine Zulassung als Rechtsanwalt und wurde 1990 Partei- und Fraktionschef der PDS in Sachsen. Der Mann mit dem typischen DDR-Funktionärsgebaren ist Mitglied der Stasi-nahen Gesellschaft zur rechtlichen und humanitären Unterstützung (GRH) und Vorsitzender des Chemnitzer Vereins Rothaus, in dem regelmäßig Veranstaltungen zur Verklärung der SED-Diktatur stattfinden. Eine Aberkennung seines Landtagsmandats lehnte das sächsische Verfassungsgericht wie bei Külow aus formalen Gründen ab.

Schlagzeilen machte nicht zuletzt der LINKEN-Abgeordnete und langjährige PDS-Partei- und Fraktionschef in Sachsen Peter Porsch. Der gebürtige Österreicher war seit 1970 unter dem Decknamen »Christoph« als IM der Spionageverwaltung HVA registriert. Drei Jahre später übersiedelte er in die DDR, wo er an der Leipziger Karl-Marx-Universität arbeitete. 1982 wurde er Mitglied der SED. Obwohl der Aktenvorgang nicht mehr vorhanden ist, fanden sich diverse Berichte des IM »Christoph« in Opferakten wieder. Demzufolge lieferte Porsch sogar Informationen über seine spätere Ehefrau, als diese im März 1984 in ihrer Wohnung eine illegale Schriftstellerlesung organisierte. Den Vermerken zufolge »lieh« sich damals die Leipziger Stasi-Verwaltung Porsch von der HVA aus, um die Lesung zu überwachen. In einer Aktennotiz heißt es, dass er »positiv erfasst ist und zuverlässig arbeitet«.[126] Laut einem Treffbericht erhielt Porsch den Auftrag, die Teilnehmer zu identifizieren, den Verlauf der Lesung einzuschätzen und die Pläne der SED-kritischen Schriftstellerin Christa Moog zu ermitteln – was er wenig später auch tat. Der IM berichtete sogar, dass die

Autorin westdeutschen Journalisten ihre Beschwerdebriefe an DDR-Staatsorgane gezeigt hatte und ihnen unbedingt ein Manuskript hatte übergeben wollen – nach SED-Recht eine schwere Straftat, zumal einer der Journalisten anschließend darüber im Rundfunk berichtete. »Die vom IM erarbeiteten Informationen besitzen hohen operativen Wert«, lobte ihn die Stasi.[127]

Nach Bekanntwerden der ersten Unterlagen behauptete Porsch zunächst, dass er möglicherweise bei öffentlichen Äußerungen über die Lesung »abgeschöpft« worden sei. Später gestand er ein, dass ihn ein Mitarbeiter der »Kriminalpolizei« vor der Lesung befragt habe. Das Treffen hatte allerdings nicht in einer Polizeidienststelle, sondern in einem konspirativen Zimmer im Leipziger Interhotel stattgefunden. Als weitere Dokumente auftauchten, gab Porsch auch noch ein Treffen *nach* der Lesung zu, bestritt aber, Aufträge erfüllt oder den überlieferten Tonbandbericht diktiert zu haben. Zu seiner Unterstützung mobilisierte er den damals zuständigen Stasi-Offizier Friedheim Opelt, der Porsch in eidesstattlichen Versicherungen zu entlasten versuchte. Die beiden verheddertern sich jedoch in Widersprüche, denn Opelt erklärte, Porsch habe ihm, dem angeblichen Kriminalpolizisten, die verlangten Informationen sehr wohl geliefert. Die Leipziger Staatsanwaltschaft leitete daraufhin Ermittlungen wegen des Verdachts auf eidesstattliche Falschaussage ein, die später jedoch wieder eingestellt wurden. Die Personalkommission der Universität Leipzig stufte ihn dennoch einstimmig als »Stasi-vorbelastet« ein. 2006 erhob der Landtag eine Abgeordnetenklage, um die Aberkennung seines Mandates zu erreichen, doch das Verfassungsgericht wies sie zurück, weil sie angeblich zu spät eingereicht worden sei. Das Landgericht Hamburg verbot zwar, Porsch als IM zu bezeichnen, doch nach Meinung des Autors lassen die Unterlagen keinen Zweifel daran.

Auch im Landtag von Sachsen-Anhalt sitzt für DIE LINKE eine frühere Stasi-Informantin. Die rechtspolitische Sprecherin der Fraktion Gudrun Tiedge hatte als Abiturientin und während ihres Jurastudiums in den 1970er Jahren als IM »Rosemarie Lehmann« in kleiner sauberer Handschrift zahllose Berichte über Mitschüler und Kommilitonen verfasst. Eine Mitschülerin, die heimlich »Westfernsehen« guckte und »abfällig über den Staatsbürgerkundeunterricht« redete, denunzierte sie ebenso beim DDR-Staatssicherheitsdienst wie einen Schulkameraden, der oft »eine völlig falsche Meinung« vertrete.[128] Die Stasi lobte sie rückblickend: »Während dieser Zeit leistete der IMS eine gute operative Arbeit und war im Rahmen der inoffiziellen Tätigkeit ehrlich und zuverlässig.«[129] Weil Tiedge, wie das MfS schrieb, nach ihrer Heirat Schwierigkeiten hatte, die geheimen Treffs zu »legendieren«, wurde der Vorgang nach dem Ende ihres Studiums jedoch eingestellt. Dafür stellte sie ihre Loyalität auf andere Weise unter Beweis: Die SED-Genossin arbeitete nun als Jugendstaatsanwältin und sorgte dabei für die Verurteilung sogenannter Republikflüchtlinge.

Weil sie der Überprüfungskommission ihre Stasi-Tätigkeit verschwieg, wurde sie nach der Wiedervereinigung als Staatsanwältin sogar verbeamtet. Erst als der Schwindel aufflog, musste sie 1991 den Dienst in der Justiz quittieren. Tiedge betätigte sich hinfort vor allem in der PDS. Sie wurde Mitglied eines Stadtrates, eines Kreistages und schließlich auch des Landtags. Dort holte sie ihre Vergangenheit 1998 jedoch ein zweites Mal ein, als das Parlament sie zur Vorsitzenden des Rechtsausschusses wählte – und sie nach Bekanntwerden der Stasi-Vergangenheit mit Zweidrittelmehrheit wieder abberief. Sogar das ehemalige SED-Zentralorgan *Neues Deutschland* beschrieb damals indigniert ihre Spitzeleien und urteilte: »Sie war Gläubige einer Staatsreligion, die viele Opfer gekostet hat.«[130]

Die PDS sah darin jedoch keinen Hinderungsgrund, Tiedge 2003 zur stellvertretenden Landesvorsitzenden zu wählen. Drei Jahre später nominierte die Landtagsfraktion sie sogar für den Stiftungsrat der Gedenkstätten in Sachsen-Anhalt, die die Erinnerung an die Opfer von Nationalsozialismus und SED-Diktatur wach halten sollen. Weil die anderen Fraktionen ihre Vergangenheit schon wieder vergessen hatten, wurde sie 2006 auch in das Amt gewählt – erst als Opferverbände sich weigerten, in der Stiftung mitzuarbeiten, solange eine ehemalige Stasi-Mitarbeiterin dort Aufsicht führe, wachte der Landtag auf. Die Bürgerrechtlerin Heidi Bohley bezeichnete es als »völlig unglaublich«, dass »jemand, der als Staatsanwalt Leute ins Gefängnis gebracht hat, nun solche Schicksale aufarbeiten will«.[131] Die LINKEN-Politikerin lehnte es jedoch strikt ab, das Amt zurückzugeben. »Dass man mir abspricht, an der Aufarbeitung von stalinistischem Unrecht mitzuarbeiten, kann ich nicht nachvollziehen«, erklärte sie einer Zeitung. Bei der Verfolgung von Republikflüchtigen habe sie immer »nach dem in der DDR geltenden Gesetz« gearbeitet. Und im *Neuen Deutschland* erklärte sie: »Ich habe den Opferverbänden gesagt, dass zur Aufarbeitung der Geschichte auch diejenigen gehören, die Verantwortung hatten.« Als ehemalige Stasi-Vernehmer dagegen protestierten, dass die Gedenkstätte im berüchtigten Gefängnis »Roter Ochse« in Halle ihre Namen öffentlich machte, sprang Tiedge ihnen im Fernsehmagazin *Report München* bei: »Das ist eine Zurschaustellung von Menschen. Und da bin ich mir nicht sicher, ob das dazu beitragen wird, das Klima zu verbessern.«[132]

Die Linkspartei in Sachsen-Anhalt stellte sich ohne Abstriche hinter Tiedge. Ihr Engagement im Stiftungsrat könne einen wichtigen Beitrag zur Aufarbeitung der DDR-Vergangenheit leisten, wies Fraktionschef Wulf Gallert die Kritik zurück. Sie gehöre schon deshalb in das Gremium, weil sie dort den »Erfahrungshintergrund vieler DDR-Bürger« repräsentieren könne.[133] Er und der LINKEN-Vorsitzende Matthias Höhn kritisierten die Vorwürfe als »bodenlose Heuchelei« und erklärten, dass die Partei »auch weiterhin« für eine kritische Aufarbeitung der DDR-Geschichte stehe. »Sie wird aber in gleicher Art und Weise die Lebensleistung der vielen Menschen, die in der DDR gelebt haben und sich dort ehrlich und mit Überzeugung engagierten, verteidigen.«[134] Am Ende blieb dem Landtag nichts anderes übrig, als das Stiftungsgesetz zu ändern, damit ehemalige Stasi-Mitarbeiter nicht die Aufsicht über Stasiopfer-Gedenkstätten übernehmen können. Den Plan, 2009 eine Podiumsdiskussion mit dem Titel »Sechzig Jahre DDR – war die DDR ein Unrechtsstaat?« durchzuführen, zog Tiedge erst nach massivem Druck der Parteiführung zurück, die neue Negativschlagzeilen fürchtete.

Stasi-Verstrickte gibt es auch unter den Parlamentariern von Berlin und Mecklenburg-Vorpommern. Von der Berliner Abgeordneten Margrit Barth ist ihre Kooperation mit dem MfS durch eine Schweigeverpflichtung von 1981 belegt. Torsten Koplin, Mitglied des Schweriner Landtags, wurde seiner dicken Akte zufolge im Januar 1987 »auf der Grundlage der politischen Überzeugung« als IM »Martin« geworben. In wenigen Monaten lieferte er zahlreiche Berichte an die Staatssicherheit in Neubrandenburg und erhielt im Gegenzug regelmäßig Geldgeschenke. Als die Zusammenarbeit aufgrund seines Studiums an der SED-Parteihochschule im Oktober 1988 ausgesetzt wurde, schwärmte die Stasi von ihm: »Die inoffizielle Zusammenarbeit verlief effektiv und der IM berichtete in guter Qualität. Bei der Erarbeitung von Informationen, die vorrangig in handschriftlicher Form erfolgten, gab es keine Anzeichen auf Zurückhaltung und Verschleierung bzw. Verallgemeinerung bestehender Sachverhalte. Auch was Personen betraf, berichtete er offen und ehrlich.«[135]

Bei all den aufgezählten Fällen handelt es sich ausschließlich um Landespolitiker. Auf kommunaler Ebene sieht die Lage noch erheblich unerquicklicher aus. Niemand hat sich bisher die Mühe gemacht, die zahlreichen Fälle ehemaliger Stasi-Mitarbeiter in Gemeinde- und Stadtparlamenten zu untersuchen. In Frankfurt an der Oder, um nur ein Beispiel zu nennen, trat bei den Kommunalwahlen im September 2008 mit Axel Henschke erstmals ein ehemaliger hauptamtlicher Stasi-Mitarbeiter als Spitzenkandidat an – und holte für DIE LINKE 37,4 Prozent. Die Partei der Spitzel ist in der Stadt stärkste politische Kraft.

Betonkommunisten

Im politischen Alltag geben sich ehemalige Stasi-Mitarbeiter und alte SED-Kader eher pragmatisch. Das mag daran liegen, dass sie schon in der DDR gewohnt waren, mit Macht umzugehen und nicht nur auf eine ferne Weltrevolution zu hoffen. Da man Macht in der Demokratie nur dann ausüben kann, wenn man einen größeren Teil der Bevölkerung von der eigenen Politik überzeugt, verhalten sich diese Funktionäre meist entsprechend vorsichtig.

In der LINKEN gibt es jedoch viele, die diese Art Realpolitik entschieden ablehnen. Das gilt vor allem für die zahlreichen Betonkommunisten aus der einstigen DDR, denen die Integration der PDS in das Parteiensystem der Bundesrepublik von Anfang an ein Dorn im Auge war. Seit dem Beitritt der WASG haben sie Verstärkung aus dem Westen bekommen, da sich in den dortigen Landesverbänden unzählige linke Sektierer zusammengefunden haben, die am liebsten schon morgen die Revolution ausrufen würden. Zusammen ergeben sie ein pseudorevolutionäres Gemisch, das nicht nur in irgendwelchen Hinterzimmern anzutreffen ist, sondern, dank der Wahlerfolge der LINKEN, mittlerweile auch in viele Parlamente vorzudringen vermochte. Während die meisten Wähler nur die Spitzenpolitiker wie Gysi, Bisky oder Lafontaine kennen, tummeln sich hinter den Kulissen zahllose Extremisten, die das wirtschaftliche und politische System der Bundesrepublik beseitigen wollen. In Oskar Lafontaine haben sie neuerdings einen prominenten und gefährlichen Unterstützer gefunden.

Als Heuchelei muss man deshalb die regelmäßigen Proteste gegen eine Beobachtung der LINKEN durch den Verfassungsschutz werten. Die zur Schau getragene Empörung ist in den letzten Jahren immer heftiger geworden, obwohl der Anteil der Extremisten nicht kleiner, sondern größer geworden ist. Die Spitzenfunktionäre wissen, dass der Makel der Verfassungsfeindlichkeit eines der letzten Hindernisse auf dem Weg zu breiter gesellschaftlicher Akzeptanz ist. »Die Beobachtung der LINKEN durch den Verfassungsschutz ist eine Groteske«, echauffierte sich die stellvertretende Fraktionsvorsitzende Petra Pau im Mai 2008, als Bundesinnenminister Wolfgang Schäuble entschied, die LINKE weiterhin beobachten zu lassen. »Ich kann keine Extremisten in den eigenen Reihen entdecken.« Man müsse sich vielmehr Gedanken über die geistige Haltung der Verfassungsschützer machen.[136] Auch Bundesgeschäftsführer Bartsch warf Schäuble Amtsmissbrauch vor, denn laut Grundgesetz kontrolliere das Parlament den Verfassungsschutz und nicht umgekehrt. »Ich fordere Innenminister Schäuble auf, die Beobachtung und Erfassung von Mitgliedern der Partei DIE LINKE unverzüglich einzustellen.« Fraktionsvize Bodo Ramelow sprach sogar von einer »Hexenjagd« und urteilte: »Es ist rechtsstaatswidrig, was hier passiert.«[137]

In Wirklichkeit gibt es für eine Beobachtung durch den

Verfassungsschutz – die übrigens nur die Auswertung allgemein zugänglicher Quellen umfasst – genügend Anlass. Petra Pau bräuchte sich nur in der eigenen Fraktion umzuschauen, um Extremisten wie ihre Parlamentskollegin Ulla Jelpke zu entdecken. Auch Bartsch weiß als Bundesgeschäftsführer besser als alle anderen, welche innerparteilichen Kräfte das System der Bundesrepublik lieber heute als morgen abschaffen wollen. Ex-Gewerkschafter Bodo Ramelow, der in Thüringen Ministerpräsident werden wollte, müsste eigentlich ebenfalls wissen, dass der Verfassungsschutz gesetzlich dazu verpflichtet ist, verfassungsfeindliche Bestrebungen in Deutschland zu beobachten und zu analysieren. Dabei ist selbstverständlich nicht entscheidend, ob eine Partei im Parlament sitzt oder nicht, sondern welche politischen Ziele sie verfolgt. Das Verhalten der drei Spitzenfunktionäre erinnert an islamische Mullahs, in deren Hinterzimmern zum Heiligen Krieg aufgerufen wird und die sich dann darüber beklagen, in die Nähe von Terroristen gerückt zu werden.

Der Verfassungsschutzbericht 2008 machte sogar mehr als 2000 Verfassungsfeinde in der LINKEN aus. In der Partei sind sie in verschiedenen Organisationen zusammengeschlossen. Die sogenannte Kommunistische Plattform (KPF) zum Beispiel hat etwa 850 Mitglieder, die sich alle als »in der LINKEN organisierte Kommunistinnen und Kommunisten« verstehen.[138] Hinzu kommen rund 550 Genossen in der Sozialistischen Linken (SL), etwa 120 Anhänger des sogenannten Geraer Dialogs (GD) sowie rund 60 Mitglieder des Marxistischen Forums (MF). Sie alle werden nicht müde zu betonen, dass sie die wirtschaftlichen und politischen Verhältnisse in Deutschland grundlegend umstürzen wollen. Auch die rund 420 Mitglieder der Arbeitsgemeinschaft Cuba Sí sind Anhänger einer sozialistischen Diktatur. Nicht zuletzt der parteinahe Hochschulverband Die Linke.SDS kämpft laut Programm »für die Überwindung der kapitalistischen Gesellschaftsordnung«.[139] Wie viele Mitglieder außerhalb dieser Organisationen ähnlich denken, ist ungewiss, doch auch Bisky, Gysi und Lafontaine predigten auf dem Parteitag im Mai 2008 ungeniert den »Systemwechsel«.

Das Marxistische Forum (MF) wurde 1995 in Berlin gegründet. »In großer Sorge« warfen damals drei Dutzend ehemalige DDR-Funktionäre der PDS-Führung eine »Verabschiedung vom Klassenkampf« und eine Absage an SED und DDR in Gestalt eines sogenannten Stalinismusverdiktes vor. Für die politische Strategie der PDS dürfe »das, was wir bei Marx Wichtiges und Richtiges gelernt haben, nicht leichtfertig zugunsten neuer Moden über Bord« geworfen werden, hieß es in einem vom *Neuen Deutschland* veröffentlichten Aufruf.[140] Auf der Homepage der LINKEN erscheint das Forum bis heute als offizieller Zusammenschluss in der Partei. Sein Ziel ist es demnach, »den Rang der marxistischen Gesellschaftsanalyse innerhalb der Diskussion in der Partei durch die Verbreitung marxistischen Wissens« zu erhöhen. Durch Veröffentlichungen und Veranstaltungen sei man bestrebt, »mit marxistischer Gesellschaftsanalyse Vergangenheit und Gegenwart zu untersuchen und Strategien für die Überwindung der heutigen kapitalistischen Verhältnisse zu entwickeln«.[141] Zu diesem Zweck führt das MF nicht nur regelmäßig Veranstaltungen in der Parteizentrale durch, sondern gibt auch eine eigene Schriftenreihe heraus. Ansprechpartner ist unter anderem der frühere stellvertretende DDR-Kulturminister Klaus Höpcke, der als Zensurminister in die Geschichte einging, weil er bis 1989 darüber entschied, welche Bücher nicht erscheinen durften. Die PDS schickte ihn anschließend in den Thüringischen Landtag, dem er bis 1999 angehörte.

Auch der sogenannte Geraer Dialog/Sozialistischer Dialog (GD/SD) ist eine parteioffizielle Organisation der

LINKEN; eine ihrer früheren Sprecherinnen, die ehemalige PDS-Vorsitzende von Niedersachsen, Dorothée Menzner, gehört sogar dem Bundestag an. Im Januar 2008 wurde die Gruppierung als bundesweiter Zusammenschluss anerkannt, so dass sie auch Gelder der Parteizentrale erhält. Die Gründung des Geraer Dialogs geht auf den PDS-Parteitag im Oktober 2002 zurück, als die radikalen Kräfte überraschend die Oberhand gewannen. In einem der damals eingebrachten Leitanträge hieß es, dass sich die Partei in einer existentiellen Krise befände.»Die Delegierten des Geraer Parteitages erkennen als den gemeinsamen Nenner der begangenen Fehler eine Politik der Anpassung und Anbiederung«, lautete die Diagnose.[142] Diese Meinung vertritt der Geraer Dialog bis heute. Er ist ein Sammelbecken extremer Kräfte, die eine Radikalisierung der LINKEN anstreben.»Wir brauchen eine Partei, in der es keinen Antikommunismus gibt«, erklärte ihr Bundessprecherrat 2006. Sie solle sich kritisch, aber in Würde ihrer eigenen Geschichte und der der DDR stellen und die Verunglimpfung von Biographien,»besonders auch unserer eigenen Genossinnen und Genossen«, nicht zulassen.[143] Die Mitgliederversammlung beschloss im April 2007, ihre Arbeit auch nach dem Beitritt der WASG fortzusetzen, um, wie es hieß,»dazu beizutragen, dass DIE LINKE eine sozialistische Partei wird«. Die Gruppierung strebe eine »solidarische, sozialistische Gesellschaft an, in der die Dominanz des privatkapitalistischen Eigentums überwunden wird« und für deren Erreichung der außerparlamentarische Kampf entscheidend sei.[144]

Den Kapitalismus überwinden will auch die Kommunistische Plattform (KPF). Sie ist die bekannteste – und größte – extremistische Gruppierung in der Partei. Auf ihrer Homepage präsentiert sie sich als »offen tätiger Zusammenschluss von Kommunistinnen und Kommunisten in der Partei DIE LINKE, die auf der Grundlage von Programmatik und Satzung der Partei aktiv an der Basis und in Parteistrukturen wirken«. Wesentliches Anliegen sei »die Bewahrung und Weiterentwicklung marxistischen Gedankenguts«.[145] Die KPF stammt noch aus der Zeit der friedlichen Revolution. Damals wollten dogmatische Genossen eine neue kommunistische Partei in der DDR gründen. Um ein Auseinanderbrechen der SED zu verhindern, bot Gysi ihnen eine eigenständige Organisation innerhalb der Partei an, die eigene Finanzmittel und Vertretungen in den Gremien erhalten sollte. Die Hardliner ließen sich darauf ein und bildeten am 31. Dezember 1989 – 71 Jahre nach der KPD-Gründung – die KPF. In ihren Gründungsthesen bezeichnete sie es als ihre Aufgabe, »aufgrund der marxistisch-leninistischen Analyse der realen Gesellschaftsentwicklung Strategie und Taktik zu bestimmen und Politik zu organisieren«.[146] Auch laut ihrer Satzung will die KPF kommunistisches Gedankengut innerhalb der Partei stärker zum Wirken bringen. Angestrebt wird »ein breites Bündnis mit kommunistischen Parteien, Gruppen, Zusammenschlüssen und Kräften, vorrangig bundes- bzw. europaweit«.[147] Ihren Hauptverbündeten sieht sie deshalb in der ultraorthodoxen DKP, auf deren Parteitagen sie stets präsent ist.

Dementsprechend fallen auch ihre politischen Stellungnahmen aus. Nicht nur einzelne Wortführer wie die Europaabgeordnete Sahra Wagenknecht, sondern auch Bundessprecherrat, Bundeskoordinierungsrat und die sogenannte Bundeskonferenz melden sich immer wieder mit gespenstischen Erklärungen zu Wort. Das Spektrum reicht von massiver Kritik an der Parteiführung über Proteste gegen den erwähnten Gedenkstein für die Opfer des Stalinismus bis hin zu Solidaritätsbekundungen mit dem RAF-Terroristen Christian Klar. Im Mai 2001 kritisierte der Bundessprecherrat zum Beispiel unter dem Titel »Die PDS ist in Gefahr« den Entwurf für ein neues Parteiprogramm, den die Ex-SED-Genossen Dieter Klein sowie André und Michael Brie vorgelegt hatten. Er warf ihnen vor, »nicht nur das Ziel einer Überwindung kapitalistischer Verhältnisse aufgegeben«, sondern »selbst dem reformerischen Ringen um soziale Rechte [...] inakzeptable Grenzen gesetzt« zu haben.[148] Beim Chemnitzer Parteitag verweigerten die KPF-Vertreter deshalb dem Programm ihre Zustimmung.

2003 fiel die KPF in ähnlicher Weise über Parteichef Bisky her, weil er erklärt hatte, dass es in der Bundesrepublik neben vielen Fehlentwicklungen auch durchaus Bewahrenswertes gebe, darunter das Grundgesetz, das parlamentarische System und die Gewaltenteilung. In einem offenen Brief meldete der Bundessprecherrat daraufhin heftigen Protest an und drohte dem Parteivorstand: »Wir wissen um die Begrenztheit unserer Möglichkeiten. Aber was wir tun können, damit jene unsere Positionen und Aktivitäten zur Kenntnis nehmen müssen, die das am meisten in ihren Anpassungsbemühungen stört, werden wir tun.«[149] 2006 erregte unter anderem der Gedenkstein für die Opfer des Stalinismus auf dem Zentralfriedhof von Berlin-Friedrichsfelde die Gemüter der KPF. Sie sah darin »eine Provokation für viele Sozialisten und Kommunisten«.[150] 2007 erklärte man sich sogar mit dem RAF-Terroristen Christian Klar solidarisch, der im Januar aus dem Gefängnis verlautbart hatte, dass Europa jedes Land der Erde, das sich seiner »Zurichtung« widersetze, »in einen Trümmerhaufen verwandeln« würde.[151] Der Bundeskoordinierungsrat meinte dazu: »Seine im Grußschreiben an die Rosa-Luxemburg-Konferenz geäußerte Position – zu der auch wir uns bekennen – entspricht den grausamen Realitäten.«[152]

Am Extremismus der KPF hat sich auch nach dem Zusammenschluss der Partei mit der WASG nichts geändert. »Wir treten für einen Systemwechsel ein«, bekräftigte der Koordinierungsrat drei Wochen nach dem Parteitag im Juni

2007. »Der Kapitalismus entblößt sein asoziales, weil ausbeuterisches, aggressives und kulturfeindliches Wesen täglich mehr. Letztlich muss er überwunden werden.« Für die KPF sei die Solidarität mit Kuba ebenso »unverbrüchlich« wie die Sympathie für Länder wie Venezuela – dessen Regierung nach einer Studie der Menschenrechtsorganisation Human Rights Watch Demokratie und Rechtsstaatlichkeit immer mehr abgebaut hat.[153] Lautstark protestierte sie auch, als mehrere LINKEN-Politiker nach den skandalösen Äußerungen der niedersächsischen Landtagsabgeordneten Christel Wegner im Februar 2008 forderten, keine DKP-Vertreter mehr auf den Listen der Partei kandidieren zu lassen. Der Bundeskoordinierungsrat meinte dazu, es gebe »keinen Grund, daraus abzuleiten, dass bei zukünftigen Wahlen keine Mitglieder anderer Parteien (womit insbesondere die DKP gemeint ist) auf Listen der Partei DIE LINKE kandidieren sollten«.[154] Später verständigte man sich auf den Kompromiss, derartige Huckepack-Kandidaturen auf Kommunalparlamente zu beschränken.

Die KPF ist keine lockere Gruppierung kommunistischer Betonköpfe, sondern fester Bestandteil der Parteiorganisation. Als anerkannte Arbeitsgemeinschaft hatte sie schon zu PDS-Zeiten das Recht, zu den Parteitagen eigene Delegierte zu entsenden, denen ein Stimmenanteil von gut einem Prozent zustand. Daran hat sich auch nach der Umbenennung in DIE LINKE nichts geändert. Ihre Vorstellungen darf die KPF über die Internetseite der LINKEN propagieren, wo man seitenweise Beschlüsse und Erklärungen findet.[155] Darüber hinaus gibt sie die monatlich erscheinenden *Mitteilungen der Kommunistischen Plattform* heraus, in denen auch ehemalige SED-Größen wie der frühere Generalsekretär Egon Krenz schreiben – obwohl dieser 1990 ausgeschlossen wurde. Vertreter und Sympathisanten der KPF sitzen zudem auf allen Ebenen in Parteivorständen und Parlamenten. So ist Sahra

Wagenknecht, prominente Wortführerin der KPF, Mitglied des Europaparlaments und des Bundesvorstands. Matthias Bärwolff ist Landtagsabgeordneter in Thüringen. Die derzeitige Sprecherin Ellen Brombacher hat zwar kein Mandat, meldet sich aber innerparteilich bei jeder Gelegenheit mit langen Erklärungen zu Wort. Die 1947 geborene Funktionärin war zu DDR-Zeiten Mitglied der SED-Bezirksleitung in Ost-Berlin und gängelte als »Kultursekretär« die Autoren und Künstler der Hauptstadt. Noch im Herbst 1989 wollte sie beispielsweise verhindern, dass Stefan Heym auf der Großkundgebung auf dem Berliner Alexanderplatz eine Rede hielt – bei einem früheren Auftritt sei er »mit klarer Stoßrichtung gegen das MfS« hervorgetreten.[156]

Der Parteivorstand hat weder früher noch heute Anstalten gemacht, die KPF aus der Partei auszuschließen oder wenigstens stärker an die Kandare zu nehmen. Die linken Ewiggestrigen werden vielmehr bewusst dazu benutzt, extremistische Kräfte an die Partei zu binden. Die kruden Reden der KPF erlauben es den Spitzenfunktionären zudem, sich selbst als harmlose Pragmatiker darzustellen. Deshalb genießen die Extremisten trotz ihrer harschen Anwürfe gegenüber der Parteispitze durchaus deren Wohlwollen. Obwohl sogar der PDS-Vorstand 1992 die Positionen der KPF für unvereinbar mit denen der Partei erklärte, meinte der frisch gewählte Vorsitzende Bisky wenig später in der DKP-Zeitung *Unsere Zeit*, er sei »froh, dass es die Kommunistische Plattform gibt. [...] Ich habe überhaupt keine Lust, mich von der Kommunistischen Plattform in der PDS in irgendeiner Weise abzugrenzen.«[157] Auch später bekräftigte der Parteichef immer wieder: »Die Kommunistische Plattform gehört zur PDS, denn sie bekennt sich zum Statut und zur Programmatik der PDS.«[158] Bis heute hat sich daran nichts geändert. Mit Blick auf die bevorstehende Umbenennung in DIE LINKE meinte Bundesgeschäftsführer Bartsch 2006 im

Neuen Deutschland: »Ich freue mich, dass wir eine Kommunistische Plattform haben und dass es auch radikale Linke bei uns gibt.«[159] Im Januar 2008 erkannte der Vorstand die KPF auch offiziell als bundesweiten Zusammenschluss an, was, neben der Erstattung von Reisekosten, mit einem jährlichen Zuschuss von 6000 Euro verbunden ist. Dabei könnte die Partei jederzeit gegen die Betonkommunisten vorgehen, denn laut Satzung hat sie das Recht, parteiinterne Zusammenschlüsse aufzulösen, »die in ihrem Selbstverständnis, in ihren Beschlüssen oder in ihrem politischen Wirken erheblich und fortgesetzt gegen die Grundsätze des Programms, der Satzung oder Grundsatzbeschlüsse der Partei verstoßen«.[160]

Eine besondere Fähigkeit, den Extremismus zu vermarkten, hat das KPF-Mitglied Sahra Wagenknecht entwickelt, Mitglied im Bundeskoordinierungsrat der Extremisten. Die Frau mit der Rosa-Luxemburg-Frisur ist mit Hilfe sensationsgieriger Journalisten in Deutschland zu einer Art Medienstar geworden. Mit ihren kommunistischen Parolen hat sie es sogar bis in die Talkshows von Sabine Christiansen und Anne Will geschafft. Dabei sind ihre Bekenntnisse zu Marx, Lenin, Stalin, Ulbricht und Honecker ebenso dümmlich wie geschmacklos. So charakterisierte sie 1992 den sowjetischen Diktator, der Millionen Tote auf dem Gewissen hat, als legitimen Nachfolger Lenins, der in seinen theoretischen Fähigkeiten zu Unrecht unterschätzt werde. »Was immer man – berechtigt oder unberechtigt – gegen die Stalin-Zeit vorbringen mag, ihre Ergebnisse waren jedenfalls nicht Niedergang und Verwesung, sondern die Entwicklung eines um Jahrhunderte zurückgebliebenen Landes in eine moderne Großmacht während eines weltgeschichtlich einzigartigen Zeitraums.«[161] Zwei Jahre später bezeichnete sie die DDR als »das friedfertigste und menschenfreundlichste Gemeinwesen, das sich die Deutschen im Gesamt ihrer Geschichte bisher geschaffen haben«. Erich Honecker gebühre deshalb »unser bleibender Respekt«.[162] Den Mauerbau nannte sie eine Maßnahme »zur Grenzbefestigung [...], die dem lästigen Einwirken des feindlichen Nachbarn ein (längst überfälliges) Ende setzte«.[163] Dem *Spiegel* erklärte sie 1994, dass die friedliche Revolution, »im Kern eine Gegenrevolution« war. Damals sei ein Land zugrunde gegangen, in dem der Ansatz gegeben gewesen sei, eine Gesellschaft ohne Profitprinzip aufzubauen, während heute wieder das Kapital herrsche. »Das ist für mich ein klarer Rückschritt.«[164] Auf die Frage, ob die DDR demokratischer gewesen sei als die Bundesrepublik, sagte sie 2001: »Sie war jedenfalls nicht undemokratischer.«[165] Als einziges Mitglied verweigerte sie auch der Vorstandserklärung zum Mauerbau ihre Zustimmung. Noch im Mai 2008 bekräftigte sie im *Spiegel*, dass sie »den Begriff Diktatur für die DDR nicht für angemessen« halte.[166]

Wagenknechts Äußerungen haben niemals ein Ausschlussverfahren nach sich gezogen. Im Gegenteil: Sie gewann in der Partei in den letzten Jahren deutlich an Ansehen. Die 1969 geborene Kommunistin trat noch kurz vor dem Ende der Diktatur der SED bei. 1991 wurde sie Mitglied des Parteivorstands, dem sie seitdem fast ununterbrochen angehört. Nur 1995 musste sie für fünf Jahre ausscheiden, weil Gysi sie damals für untragbar erklärt und mit seinem eigenen Rückzug gedroht hatte. Doch das ist lange vorbei. Auf dem Cottbusser Parteitag der LINKEN im Mai 2008 wurde Wagenknecht mit 70,5 Prozent der Stimmen bestätigt, ein Spitzenergebnis, das weit über dem des WASG-Begründers Klaus Ernst lag. Eine Reihe hoher Funktionäre – darunter die Bundestagsabgeordneten Wolfgang Gehrcke, Cornelia Hirsch und Dorothée Menzner – wollte sie sogar zur stellvertretenden Parteivorsitzenden machen. In einem offenen Brief an die Parteivorsitzenden Bisky und Lafontaine verfielen sie in wahre Lobeshymnen.»Sahra Wagenknecht vertritt in praktisch-philosophischen, historischen und wirtschaftspolitischen Fragen auf eine eigenständige Art marxistische Grundüberzeugungen, wie sie beileibe nicht nur im Osten und auch weit über alle Strömungen in und außerhalb der LINKEN und ihrer Wählerschaft vertreten werden«, hieß es in dem Brief.»Ihre Publikationen bestechen durch Präzision und Sachverstand. [...] Auf dieses große politische Talent sollte im geschäftsführenden Parteivorstand nicht verzichtet werden.«[167] Nur weil Bisky und Gysi strikt dagegen waren – während Lafontaine beredt schwieg – und Wagenknecht deshalb keine Chance hatte, verzichtete sie auf eine Kandidatur. Obwohl Gysi erklärte:»Sahra Wagenknecht vertritt eine Sicht, die ich nicht in Form einer Stellvertreterin in der Partei haben will«, sitzt sie weiterhin im Parteivorstand.[168]

Die Partei hält die bekennende Kommunistin auch als Volksvertreterin für geeignet. Schon 1998 stellte die PDS sie in Dortmund als Direktkandidatin für die Bundestagswahl auf. 2004 schickte sie sie dann ins Europaparlament, wo sie seit fünf Jahren Abgeordnete ist. 2009 will sie erneut für den Bundestag kandidieren – in Mettmann, wo Bundesfinanzminister Peer Steinbrück für die SPD ein Direktmandat holen soll. Durch den medialen Showdown verspricht sie sich ein Maximum an öffentlicher Aufmerksamkeit. Noch bevor die Partei darüber befunden hatte, erklärte der Sprecher des LINKEN-Landesverbandes in NRW, Wolfgang Zimmermann:»Ich würde es begrüßen, wenn Sahra Wagenknecht im Bundestag vertreten wäre, weil sie für dezidiert sozialistische Positionen steht.«[169]

Für sich selbst hat sie den Traum von einer besseren Gesellschaft schon jetzt verwirklicht. Als Europaparlamentarierin erhält sie jeden Monat 11 200 Euro, zuzüglich 290 Euro für jeden Tag, den sie in Brüssel oder Straßburg verbringt. Wie angenehm sie sich das Leben in der elsässischen

Metropole gestaltet, kam 2007 nur durch Zufall heraus, als sie Fotos, die eine andere LINKEN-Abgeordnete von ihr gemacht hatte, ohne deren Einverständnis löschen ließ. Zusammen mit Bisky hatte sie nämlich an einem opulenten Hummer-Essen teilgenommen und war dabei fotografiert worden. Am nächsten Tag borgte sie sich die Kamera unter einem Vorwand aus und beseitigte die Fotos. Später gestand sie: »Ich habe schon öfter mal Hummer gegessen.«[170]

Ihrem Image in der Partei hat dies ebenso wenig geschadet wie die umfangreiche Presseberichterstattung über das befremdliche Geschäftsgebaren ihres Ehemanns, mit dem sie sich 2001 auseinandersetzen musste: Damals durchsuchte die Polizei ihre Berliner Wohnung, weil ihr Mann einem getarnten *Stern*-Reporter für 35 Millionen Dollar ein gefälschtes Ölgemälde von Leonardo da Vinci angeboten hatte. Wegen Fluchtgefahr erließ das Gericht sogar Haftbefehl gegen Wagenknechts Gatten. Fünf Jahre zuvor, so berichtete die Presse über das Vorleben der erklärten Antikapitalistin, hatte sich der Geschäftsmann, der in einer irischen Steueroase in einem Cottage am Meer lebt, nämlich schon einmal einer Verurteilung entziehen wollen. Damals war er in der Türkei festgenommen worden – in Begleitung seiner Freundin Wagenknecht, die gerade ein neues Buch über »die verzweifelte Aktualität des Kommunismus« veröffentlicht hatte.[170a] Wegen Kapitalanlagebetrugs in 46 Fällen wurde er anschließend zu drei Jahren und vier Monaten Haft verurteilt. Kurz danach, am 5. Mai 1997, heiratete ihn die LINKEN-Politikerin – am Geburtstag von Karl Marx.

Sektierer aus dem Westen

Karl Marx, der Urvater des Kommunismus, steht nicht nur im Osten hoch im Kurs. Auch im Westen hat er viele Anhänger. Anders als oft angenommen hat die West-Ausdehnung der SED-Nachfolgepartei keineswegs dazu geführt, dass die Bedeutung radikaler Ideologen zurückgegangen ist. Seit dem Beitritt der WASG ist die Partei vielmehr spürbar nach links gerückt. Zahlreiche kommunistische Sektierer sind durch die Wahlerfolge im Westen sogar bis in die Parlamente gelangt.

Die ersten Revolutionäre aus der alten Bundesrepublik stießen bereits Anfang der 1990er Jahre zur PDS. Damals investierte die Partei viel Geld, um in den westdeutschen Ländern eigene Büros aufzubauen. Vor allem Kader der DKP, aber auch anderer kommunistischer Splittergruppen wurden angeheuert, um zwischen Flensburg und Berchtesgaden Fuß zu fassen. Wer sich in dieser Zeit mit der Partei einließ, war in der Regel ein hartgesottener Linker.

Einer der frühesten Neuzugänge war Wolfgang Gehrcke, ein Altkommunist aus Hamburg, der fast sein ganzes Leben lang für die Revolution gearbeitet hat. Bereits 1961 trat er im Alter von achtzehn Jahren der verbotenen KPD bei. Sieben Jahre später gründete er die SED-gesteuerte Sozialistische Deutsche Arbeiterjugend (SDAJ), deren Vorsitzender er bis 1979 war. Gleichzeitig war er Mitbegründer, Vorstandsmitglied und schließlich Hamburger Bezirkschef der moskautreuen DKP. Nach dem Zusammenbruch der DDR wechselte er zur PDS, wo er erneut Karriere machte: 1991 Bundesgeschäftsführer, zwei Jahre später stellvertretender Bundesvorsitzender. 1998 kam er dann in den Bundestag, wo er stellvertretender Fraktionschef wurde. Nach der

Wahlschlappe 2002 wurde er beim Geraer Parteitag in den Parteivorstand gewählt, zwei Jahre später zog er in den Landtag von Brandenburg ein. Dank des guten Ergebnisses bei den Bundestagswahlen 2005 konnte er diesen Posten bald mit einem neuerlichen Mandat im Bundestag eintauschen.

Als Obmann im Auswärtigen Ausschuss und außenpolitischer Sprecher der Partei ist Gehrcke vor allem als Gegner Israels aufgefallen. Gute Kontakte hat er hingegen zur kolumbianischen Farc, einer marxistischen Guerillabewegung, die in Kolumbien seit 1964 einen gnadenlosen Bürgerkrieg führt. International bekannt wurde sie vor allem durch die Entführung der grünen Präsidentschaftskandidatin Íngrid Betancourt, die erst nach sechsjähriger Gefangenschaft befreit werden konnte. Als die Staatsanwaltschaft in Bogotá 2008 Laptops eines Farc-Kommandeurs beschlagnahmte, stellte sie fest, dass Gehrcke, zusammen mit DKP-Vertretern, einen Farc-Boten getroffen hatte. Er hatte ihm vorgeschlagen, dass sich die PDS im Europaparlament dafür einsetzt, die Geiselnehmer- und Drogenhändlerbande von der Liste der terroristischen Organisationen zu streichen.[171]

Eine schillernde Biographie hat auch die Bundestagsabgeordnete Ulla Jelpke. Die gelernte Friseuse gehörte zu den Mitbegründern und Anführern des maoistisch geprägten Kommunistischen Bundes (KB). Nach Gründung der Grün-Alternativen Liste (GAL) in Hamburg saß sie für diese in den 1980er Jahren in der dortigen Bürgerschaft. Aus Protest gegen die Regierungspolitik der Grünen in Hessen wechselte sie 1990 zur PDS, ohne jedoch Mitglied zu werden. Die im Westen isolierten SED-Nachfolger zeigten sich dennoch dankbar für den unerwarteten Neuzugang aus dem grün-alternativen Lager und schickten sie seit 1990 ununterbrochen in den Bundestag. Nur von 2002 bis 2005, als die Partei an der Fünf-Prozent-Hürde gescheitert war, leitete sie das innenpolitische Ressort bei der linksextremen Tageszeitung *Junge Welt*. Dementsprechend sind auch ihre politischen Positionen. Die innenpolitische Sprecherin der Linksfraktion, die 2005 der Partei auch offiziell beitrat, sorgte immer wieder für Schlagzeilen. Die Mitherausgeberin der linksradikalen Zeitschrift *Ossietzky* setzt sich zum Beispiel dafür ein, dass die in Deutschland verbotene kurdische Terrorgruppe PKK wieder zugelassen wird. Dass sie diese Forderung ausgerechnet dann wieder hervorkramte, als diese im Juli 2008 drei deutsche Bergsteiger in der Türkei entführt hatte, irritierte selbst Parteifreunde. Wie ihr Genosse Gehrcke macht auch sie regelmäßig durch anti-israelische Attacken auf sich aufmerksam. Ohne Wenn und Aber verteidigt sie zudem das kommunistische Regime auf Kuba, wo die demokratischen Rechte der Bürger bekanntlich mit Füßen getreten werden. Als das Fernsehmagazin *Kontraste* sie 2006 fragte, ob es in dem Inselstaat Menschenrechtsverletzungen gebe, antwortete sie: »Ich würde sagen, dass es auf Kuba vor allem Menschenrechte gibt, die eingehalten werden.« Als die Redakteure darauf hinwiesen, dass es dort keine Meinungs- und Pressefreiheit, sondern politische Gefangene gebe, sagte sie: »Ja, aber ich finde das jetzt eine kleinkarierte Diskussion.«[172]

Im Bundestag wärmte Jelpke unter anderem die längst widerlegte Behauptung auf, der RAF-Terrorist Wolfgang Grams sei in Bad Kleinen »liquidiert« worden. Zu einem Eklat kam es im Juni 2008, als sie der Bundesregierung vorwarf, diese wolle mit dem neuen BKA-Gesetz nationalsozialistische Strukturen wieder aufbauen. »Was da geschaffen wird, ist eine geheim ermittelnde Staatspolizei«, erklärte sie in Anspielung auf die Geheime Staatspolizei (Gestapo) der NS-Zeit. »Das ist das Allerletzte, was wir brauchen können.«[173] Bezeichnenderweise hatte sie sich zwei Jahre zuvor noch entrüstet, dieselbe Parallele im Kontext der DDR zu ziehen.« Absolut fehl am Platz sind Vergleiche zwischen Staatssicherheit und Gestapo. Eine solche Rhetorik dient der Verharmlosung des Faschismus und der Dämonisierung der DDR«, erklärte sie damals. Seinerzeit war bekannt geworden, dass sie an einem Treffen ehemaliger Stasi-Offiziere in Strausberg teilgenommen und sich mit diesen solidarisiert hatte. Zur Forderung nach höheren Renten für Ex-MfS-Angehörige hatte sie dort versichert: »Ich stehe auf Eurer Seite und werde mit Euch dafür kämpfen, dass dieses Unrecht beseitigt wird.«[174] Ihren Auftritt bei den Obristen verteidigte sie anschließend in einer Erklärung, in der sie es als politisches Kalkül bezeichnete, »dass gerade jetzt wieder die Stasi-Platte aufgelegt wird«. Damit solle nur von den massiven Rechtsbrüchen der westdeutschen Geheimdienste abgelenkt werden. Sie könne im Übrigen nichts Verwerfliches daran finden, dass Stasi-Mitarbeiter im Westen Rüstungsindustrie, Verteidigungsministerien und NATO-Stäbe ausgekundschaftet hätten.[175]

Gehrcke und Jelpke sind nicht die einzigen Altkommunisten, die für die Partei im Bundestag sitzen. Auch die Abgeordnete Eva Bulling-Schröter war seit 1974 in der DKP in verschiedenen Funktionen aktiv. 1990 trat sie zur PDS über, deren bayerische Landessprecherin sie inzwischen ist. Dem Bundestag gehört sie – mit einer dreijährigen Unterbrechung, als die PDS nicht im Parlament war – seit 1994 an. Dort ist sie umweltpolitische Sprecherin der Linksfraktion und stellvertretende Vorsitzende des Umweltausschusses. Ihr Fraktionskollege Paul Schäfer, früher Vorsitzender des radikalen Landesverbandes Nordrhein-Westfalen, war bis 1988 ebenfalls DKP-Mitglied. Nach einem Zwischenspiel bei der SPD trat er im Jahr 2000 der PDS bei.

Nicht mehr Mitglied der Linksfraktion ist der Bundestagsabgeordnete Gert Winkelmeier. Er trat 1972 der SED-gelenkten Sozialistischen Deutschen Arbeiterjugend (SDAJ) und ein Jahr später der DKP bei. Dort brachte er es bis in den Bezirksvorstand, bei der SDAJ sogar bis in den Bundesvorstand. 1990 verließ er die DKP und schloss sich einige Jahre später der PDS an, deren Landesschatzmeister er in Rheinland-Pfalz wurde. Anfang 2006 machte er Schlagzeilen, weil in seinem Haus in Neuwied mehrere Prostituierte arbeiteten. Die Grünen-Politikerin Christine Scheel beklagte sich daraufhin, »dass ausgerechnet ein Abgeordneter der Linkspartei Wohnungen an Prostituierte vermietet – wo sich die Partei doch sonst gegen die sexuelle Ausbeutung von Frauen stark macht«.[176] Die Koblenzer Staatsanwaltschaft ermittelte gegen ihn wegen Steuerhinterziehung, das Verfahren endete mit einem Strafbefehl von 9000 Euro. Während die Linkspartei Winkelmeier aufforderte, sein Mandat niederzulegen, beschränkte er sich darauf, die Fraktion zu verlassen, die sich dadurch auf 53 Mitglieder verkleinerte. Das Logo der LINKEN prangt jedoch immer noch auf seiner Homepage, schließlich ist er bis heute Parteimitglied.[177]

Im Parteiapparat sieht es nicht besser aus. Ein erprobter Altkader ist zum Beispiel Harald Werner. Das Mitglied des LINKEN-Parteivorstandes arbeitete seit 1983 hauptamtlich für die DKP. 1990 gründete er die PDS in Bremen mit, deren Bundestagsmitarbeiter er später wurde. Insbesondere die Landesverbände im Westen fristeten jahrelang ein Dasein als kleines Häufchen versprengter, untereinander zerstrittener Linker. Während im Osten erfahrene SED-Funktionäre den Ton angaben, beherrschten hier Spontis, Sektierer, Kommunisten, orthodoxe Marxisten und radikale Autonome die Partei. In Hamburg entwickelten die Genossen derart parteischädigende Züge, dass die Parteispitze erwog, den fundamentalistischen Landesverband komplett auszuschließen. Beim Parteitag in Münster im Jahr 2000 legten PDS-Leute aus der Hansestadt Gysi sogar Bananen auf den Stuhl, um ihn als anpassungsgierigen Ossi zu desavouieren.

In Berlin, wo die PDS im Oktober 2001 mit Gysi als Spitzenkandidat auf 22,6 Prozent der Stimmen kam, wurde das ehemalige DKP-Mitglied Heidi Knake-Werner Gesundheits- und Sozialsenatorin. Die wissenschaftliche Mitarbeiterin an der Universität Oldenburg gehörte der kommunistischen Sekte von 1981 bis 1989 an; nach dem Sturz der SED-Diktatur schloss sie sich der PDS an. Dort arbeitete sie in der Bundestagsgruppe und war Mitglied des Parteipräsidiums beziehungsweise – nach dessen Abschaffung – des Parteivorstands. Von 1994 bis 2002 gehörte sie dem Bundestag an, wo sie stellvertretende Gruppen-, später Fraktionsvorsitzende, zuletzt Erste Parlamentarische Geschäftsführerin war. Ihr Senatskollege Harald Wolf, Berliner Wirtschaftssenator und Bürgermeister seit 2002, war Trotzkist, Mitbegründer der Partei Demokratische Sozialisten (DS) und Mitglied der Alternativen Liste (AL). 1990 wechselte er zur PDS, die ihn 1995 zum Fraktionsvorsitzenden im Berliner Abgeordnetenhaus machte.

Durch den Beitritt der WASG-Mitglieder ist die Zusammensetzung des politischen Personals noch problematischer geworden. Die westdeutsche Splitterpartei wurde schon kurz nach ihrer Gründung von Extremisten regelrecht unterwandert. Vor allem Anhänger Leo Trotzkis, des Mitstreiters Lenins und gnadenlosen Chefs der Roten Armee in Russland, suchten sich die WASG ab 2004 als Aktionsfeld aus. Aktivisten der Sozialistischen Alternative Voran (SAV), deutsche Sektion eines internationalen trotzkistischen Dachverbandes, nisteten sich damals in mehreren Landesverbänden ein. In der Aufbauphase hatten die rund 400 SAV-Mitglieder dabei ein verhältnismäßig leichtes Spiel. Vor allem in Berlin gelang es ihnen, die WASG weitgehend zu okkupieren. Aber auch in Bremen infiltrierten sie die Führung. In Mecklenburg-Vorpommern waren sie ebenfalls sehr aktiv; in Hamburg traten etwa zwanzig SAV-Aktivisten in die Partei ein.

Die SAV wurde vor allem dadurch bekannt, dass sie den Zusammenschluss mit der als reformistisch abgelehnten PDS zu verhindern suchte. In Berlin, wo die Trotzkistin Lucy Redler ihre Wortführerin war, und in Mecklenburg-Vorpommern leistete sie massiven Widerstand gegen die Fusionspläne der Parteiführung. In der Bundeshauptstadt trat die WASG, wie erwähnt, 2006 sogar gegen die Linkspartei an und raubte ihr mehr als 40 000 Stimmen oder 2,9 Prozent. Fraktionschef Lafontaine wetterte damals über »Splittergruppen« und »linke Sektierer«, Gysi sprach von »Spinnern« und Fraktionsvize Ramelow von »zerstörerischen Kräften« in der WASG.[178] Die so Etikettierten konnten sich zwar nicht durchsetzen, stellen aber heute einen wichtigen Teil des politischen Personals, zum Beispiel bei Parteitagen. Denn während anfangs nur in Westdeutschland die Mehrheit der SAV-Mitglieder der LINKEN beitrat, gab die Vereinigung im September 2008 auch den Eintritt ihrer ostdeutschen Mitglieder bekannt.

Eine weitere trotzkistische Organisation namens Linksruck (LR) rief ihre knapp 400 Mitglieder im Februar 2005 zum Eintritt in die WASG auf. Die Gruppierung, deren Ziel die Errichtung einer kommunistischen Gesellschaftsordnung war, ist mittlerweile ganz in der LINKEN aufgegangen. 2006 verkündete sie, dass sie nur noch »als politisches Netzwerk von Marxisten in der neuen Linken, nicht als selbständige parteiähnliche Organisation neben ihr« wirken wolle.[179] Ein Jahr später löste sie sich förmlich auf und gründete innerhalb der Linkspartei das Netzwerk »marx21«. In dessen politischen Leitsätzen heißt es: »Der Kapitalismus ist unfähig, die Probleme der Menschheit zu lösen. [...] Deshalb vertrauen wir nicht auf die ›Zähmbarkeit‹ des Kapitalismus, sondern wirken auf seine Überwindung hin.« Das Netzwerk lehnt Regierungsbeteiligungen auf der Grundlage der heutigen Kräfteverhältnisse ab und meint: »Die Linke kann das Kapital schlagen, wenn Massenbewegungen bereit und in der Lage sind, die herrschende Klasse zu enteignen und den bestehenden, undemokratischen Staatsapparat durch Organe der direkten Demokratie zu ersetzen.«[180] Ehemalige LR-Mitglieder verfügen in der LINKEN über erheblichen Einfluss. So gilt zum Beispiel die Parteiorganisation in Berlin-Neukölln als fest in ihren Händen. Diese gab im Oktober 2008 einem überraschenden Aufnahmeantrag der früheren Fusionsgegnerin Redler statt, gegen den der WASG-Gründer und stellvertretende LINKEN-Vorsitzende Ernst anschließend Einspruch einlegte – das Verfahren war beim Abschluss dieses Buches noch nicht beendet. Etwa ein Dutzend Ex-Mitglieder von Linksruck sind heute als wissenschaftliche Mitarbeiter in der Bundestagsfraktion der LINKEN beschäftigt. Mit Christine Buchholz und Janine Wissler – sie erhielt beim Parteitag in Cottbus fast 70 Prozent der Stimmen – sitzen zwei von ihnen auch im Bundesvorstand. Buchholz, die bereits 1994 Linksruck-Mitglied wurde, gehört sogar dem engsten Führungskreis an, dem zwölfköpfigen geschäftsführenden Parteivorstand. Im Mai 2008 wurde auch noch die Trotzkistin Ulrike Zerhau zur stellvertretenden Parteivorsitzenden gekürt.

Den Linksruck-Leuten gelang es auch, die Studentenvereinigung Die LINKE.SDS weitgehend unter ihre Kontrolle zu bringen. Der parteinahe Verband ist eine Arbeitsgemeinschaft des Jugendverbandes Linksjugend ['solid] und wird von der LINKEN mit 100000 Euro pro Jahr bezuschusst. Er tritt ein für »eine grundlegende Veränderung der Gesellschaft« mit dem Ziel der »Überwindung der kapitalistischen Gesellschaftsordnung« und der Errichtung einer »sozialistischen Gesellschaft«.[181] An seinem dritten Bundeskongress im Juni 2008 nahmen 46 Delegierte von 29 Hochschulgruppen teil. Im Wintersemester 2008/09 begann der Verband mit einer bundesweiten Reihe von Lesekreisen zum *Kapital* von Karl

Marx, die in Kooperation mit der Rosa-Luxemburg-Stiftung und dem Dietz Verlag organisiert wurden; zu den Auftaktveranstaltungen erschienen über 2000 Interessierte.

Die trotzkistischen Kader von »marx21«, die enge Kontakte zur SAV unterhalten, verständigten sich 2007 darauf, dem innerparteilichen Zusammenschluss Sozialistische Linke (SL) beizutreten. Die SL entstand 2006 innerhalb der WASG und hat mehr als 500 Mitglieder. Sechs Bundestagsabgeordnete der Linksfraktion und eine knappe Mehrheit des WASG-Bundesvorstandes gehörten damals zu den Gründungsmitgliedern. In einem Positionspapier, das die Gruppierung auf ihrer Mitgliederversammlung im Dezember 2007 beschloss, heißt es: »Wir stehen für eine Linke, die die Tradition der sozialistischen ArbeiterInnen-Bewegung in sich aufhebt und einen neuen Anlauf unternimmt, die Vorherrschaft des Kapitals zu überwinden. Die LINKE muss die Systemfrage stellen!«[182]

Die Gründer der SL, die früher dem WASG-Vorstand angehörten, sitzen heute alle in den Führungsetagen der LINKEN. Ulrike Zerhau ist, wie erwähnt, Parteivize, Christel Rajda ist Finanzbeauftragte der Partei. Jürgen Klute, Michael Schlecht und Heidi Scharf sind Mitglieder des Parteivorstands. Vorstandsmitglied Stefanie Graf gehört ebenfalls zur SL. Im zehnköpfigen Bundessprecherrat der linksradikalen Gruppierung sitzt mit Ulla Lötzer sogar eine Bundestagsabgeordnete. Die Gewerkschafterin aus Nordrhein-Westfalen trat der PDS bereits 1992 bei und war für sie von 1998 bis 2002 schon einmal im Parlament. Ein weiterer Sprecher ist Ralf Krämer, der bis Mai 2008 Mitglied des Parteivorstands war. Mit Lucia Schnell gehört ihm zudem eine Wortführerin des trotzkistischen Linksruck an. Unterstützt wird die SL auch vom niedersächsischen LINKEN-Chef und Bundestagsabgeordneten Diether Dehm. So wundert es nicht, dass die Parteispitze die Gruppe im Ja-

nuar 2008 offiziell anerkannte und jährlich mit 5000 Euro unterstützt.
 Ein dubioser Neuerwerb der Partei ist auch der Bundestagsabgeordnete Norman Paech, der der LINKEN erst 2007 beitrat. Obwohl er bis 2001 der SPD angehörte, stammt er ebenfalls aus dem Umfeld der DKP. Als Mitglied der »Freundschaftsgesellschaft Vietnam-BRD« und langjähriger Vorsitzender der Vereinigung demokratischer Juristen (VDJ) ist er ein typischer *fellow traveller*, der bis zum Zusammenbruch des Sozialismus als Bindeglied in nicht-kommunistische politische Kreise fungierte. Die VDJ war zu DDR-Zeiten eng mit DKP und SED verbunden und wurde teilweise von diesen finanziert. Auf Anhieb hat es Paech zum außenpolitischen Sprecher der Linksfraktion gebracht; er ist ein wesentlicher Grund, warum die SPD DIE LINKE auf Bundesebene nicht für regierungsfähig hält. Jahrelang kritisierte er zum Beispiel die Arbeit des UN-Kriegsverbrechertribunals in Den Haag als »Siegerjustiz« und warf ihm »schwerwiegende rechtsstaatliche Defizite« vor. Den Prozess gegen den ehemaligen serbischen Präsidenten Slobodan Milošević bezeichnete er sogar als »warnendes Beispiel für die Abwege einer Strafjustiz«.[183] Die Entsendung deutscher Truppen nach Afghanistan bewog ihn 2001 zum SPD-Austritt. Die Anerkennung des Kosovo monierte er ebenso wie die Bekämpfung der Piraten vor der Küste Somalias. Im April 2008 geriet er auch innerparteilich in die Kritik, weil er die palästinensischen Raketenangriffe auf Israel verharmlost hatte. Im August 2008 hielt er eine »Laudatio« auf fünf inhaftierte Geheimagenten, die aus Kuba in die USA eingeschleust worden waren, um exilkubanische Organisationen auszukundschaften – den Botschafter des Inselstaates begrüßte er bei dieser Gelegenheit als »lieber Gerardo«.
 Viele der hier Genannten gehören zu den Initiatoren eines Aufrufs »Für eine antikapitalistische Linke«, in dem extre-

mistische Funktionäre aus WASG und Linkspartei im März 2006 vor einer Anpassung an die SPD warnten. Wenn die LINKE als bundespolitischer Koalitionspartner akzeptabel würde, so hieß es da, würde sie sich von der Sozialdemokratie nicht mehr substantiell unterscheiden. »Für eine solche Partei gibt es keinen gesellschaftlichen Bedarf. Eine solche Partei wollen wir nicht und brauchen wir nicht.« Aufgabe sei es stattdessen, die Mobilisierungsfähigkeit der Partei durch soziale Protestbewegungen zu erhöhen und die gesellschaftliche Alternative zum Kapitalismus in die öffentliche Debatte zu bringen. »Zumindest längerfristig sind Identität und Identifizierung einer gesellschaftlichen Linken nur über eine an die Wurzeln gehende Kapitalismuskritik bzw. die Orientierung auf eine sozialistische Perspektive möglich.«[184] Die Liste der Erstunterzeichner des Aufrufs liest sich, als hätte jemand aus den unangenehmsten Zutaten der Partei – ehemalige Stasi-Mitarbeiter, orthodoxe Ost-Kommunisten und linke Sektierer – eine neue Mischung kreieren wollen. Zu ihnen zählten acht Bundestagsabgeordnete, zwei Europaabgeordnete und zehn Landtagsabgeordnete, darunter auch Sahra Wagenknecht und Ulla Jelpke; rund 1300 Genossen schlossen sich ihnen bis Ende 2008 an.[185] Zur Verbreitung seiner Auffassungen betreibt das Netzwerk Antikapitalistische Linke eine eigene Homepage und verschickt alle vierzehn Tage einen Newsletter.

Auf der Website des Bundestags verkünden zahlreiche LINKEN-Abgeordnete stolz, dass sie nicht nur der eigenen Partei, sondern auch noch diversen anderen linksradikalen Organisationen angehören. Insbesondere die Mitgliedschaft in der Vereinigung der Verfolgten des Naziregimes/Bund der Antifaschisten (VVN/BdA) und der Roten Hilfe gilt für viele offenbar als Muss. Die VVN wurde bis 1989 aus der DDR finanziert und von der DKP gesteuert, unter dem Deckmantel des Antifaschismus arbeitet sie heute eng mit ehemaligen

Stasi-Offizieren zusammen. Vorsitzender ist der ehemalige Stasi-Informant und PDS-Bundestagsabgeordnete Heinrich Fink. Das Bundesamt für Verfassungsschutz bezeichnete die VVN 2005 als »linksextremistisch beeinflusst« und als »Organisation im Umfeld der DKP«.[186] Ihr gehören mindestens sechs Bundestagsabgeordnete an, darunter der ehemalige Stasi-Personenschützer Lutz Heilmann und die erwähnte Dorothée Menzner vom Geraer Dialog.[187] Auch viele Landtagsabgeordnete wie die niedersächsischen Parlamentarier Marc Humke-Focks und Pia-Beate Zimmermann, die bis zu ihrem Einzug in den Landtag im Wahlkreisbüro von Menzner arbeitete, sind Mitglieder der Vereinigung.

Die Rote Hilfe wird laut Verfassungsschutz ebenfalls »von Linksextremisten unterschiedlicher politisch-ideologischer Ausrichtung« getragen.[188] Der Verein wurde 2007 kurzzeitig bekannt, als die neue Juso-Vorsitzende Franziska Drohsel nach massiver öffentlicher Kritik aus ihm austreten musste. Satzungsgemäß gibt er fast 50 Prozent seiner Mittel – annähernd 100000 Euro – für die Unterstützung von Linksextremisten aus, die angeblich aus politischen Gründen strafrechtlich verfolgt werden. Dazu zählen vor allem gewaltbereite Autonome, Hausbesetzer oder Teilnehmer an Blockaden wie beim G8-Gipfel in Heiligendamm sowie inhaftierte RAF-Terroristen. Auf der Internetseite des Vereins forderte ein Mitglied des Bundesvorstands 2006 »Freiheit für die Gefangenen aus der RAF!« und erklärte, diese seien »auch ein Teil unserer Bewegung«.[189] »Antirepressionsarbeit« und Rote Hilfe seien notwendig, um »Revolution zu machen« und die Losung »Antifa heißt Angriff« in die Praxis umzusetzen.[190] Mitglied in der Roten Hilfe sind unter anderem Parteivize Katja Kipping, die Bundestagsabgeordneten Cornelia Hirsch, Michael Leutert und Sevim Dağdelen sowie die sächsischen Landtagsabgeordneten Julia Bonk und Freya-Maria Klinger; auch Marc Humke-Focks,

PDS-Begründer in Niedersachsen und Mitglied des dortigen Landtags, gehört ihr an. Der hessische LINKEN-Vorsitzende Ulrich Wilken begründete im August 2008 im Wiesbadener Landtag, »warum für uns auch die Zusammenarbeit mit der Roten Hilfe so extrem wichtig ist«.[191] Anlass waren Proteste der CDU, dass die Fraktion die linksextreme Vereinigung zu einer offiziellen Anhörung hinzugezogen hatte. In Darmstadt unterhalten Kreisverband und Stadtverordnetenfraktion der LINKEN mit der Roten Hilfe und der DKP sogar ein gemeinsames Büro.

Revolutionäre im Landtag

Wie das Beispiel Hessen zeigt, sind die Revolutionäre aus dem Westen mittlerweile bis in die Landtage vorgedrungen. Auch in Hamburg, Bremen und Niedersachsen ist DIE LINKE inzwischen mit eigenen Fraktionen vertreten. Wenn ihre Vertreter das Wort ergreifen, fühlt man sich an westdeutsche Studentenversammlungen der frühen 1970er Jahre erinnert. Mit marxistischem Vokabular und klassenkämpferischen Parolen wird das aktuelle Geschehen kommentiert, als wäre seitdem die Zeit stehengeblieben. Im Superwahljahr 2009 sollen noch weitere Landtagsfraktionen dazukommen. Den wenigsten Wählern dürfte allerdings klar sein, wen sie da ins Parlament wählen.

In Hessen zum Beispiel machte die Partei 2007 – gegen den Willen der Parteiführung – den bekennenden Kommunisten Pit Metz zum Spitzenkandidaten. Dieser laut Gysi »nette, anständige Kerl« war erst 1996 aus der DKP ausgetreten und hatte sich bei seiner Nominierung öffentlich für einen »Systemwechsel« ausgesprochen.[192] Weil er den

Bundeswehreinsatz in Afghanistan mit dem Schießbefehl an der früheren innerdeutschen Grenze verglichen hatte, löste er jedoch einen öffentlichen Sturm der Entrüstung aus und musste auf den Listenplatz verzichten. Im Januar 2009 erklärte Metz seinen Austritt aus der LINKEN. Um den Einzug in den hessischen Landtag nicht zu gefährden, rückte damals an seine Stelle ein scheinbar unbelasteter Nachfolger: der 1947 geborene Willi van Ooyen, ein Friedensaktivist, der nach eigenen Angaben parteilos war und jahrelang nur die sogenannten Ostermärsche organisiert hatte. Nach den Wahlen im Januar 2008 wurde er Fraktionschef der LINKEN in Hessen. Ministerpräsident Roland Koch bezeichnete er bei einem Neujahrsempfang als »schießwütigen Gewalttäter« und »zentralen Kriegstreiber im Afghanistan-Krieg«.[193] Doch er war alles andere als ein harmloser Friedensaktivist. Bereits 1976 wurde er Landesgeschäftsführer der »Deutschen Friedens-Union« (DFU), zu deren Bundesgeschäftsführer er 1984 aufstieg. Ein Jahr später kandidierte er auf einer sogenannten Friedensliste für den Bundestag, die DKP und DFU ins Leben gerufen hatten. Die DFU war eine Art Trojanisches Pferd der DDR in der Bundesrepublik. Auf Betreiben von SED und Staatssicherheitsdienst war sie 1960 als Ersatz für die verbotene KPD gegründet worden. Als Tarnorganisation und Sammelbecken für Sympathisanten wollte die Ost-Berliner Führung damit Einfluss auf die westdeutsche Politik gewinnen. Unter dem Deckmantel des Friedensengagements sollte die Partei nicht nur die Verteidigungsanstrengungen der NATO bekämpfen und die Politik der DDR propagieren, sondern langfristig den Boden für den Sozialismus bereiten. Van Ooyen kann als das bezeichnet werden, was man in der Zeit des Kalten Krieges einen Einflussagenten nannte.

Angeleitet wurde die DFU aus dem SED-Zentralkomitee, weshalb das Kürzel DFU bald mit »Die Freunde Ulbrichts«

entschlüsselt wurde. Die Funktionäre waren keine Mitarbeiter des Staatssicherheitsdienstes, sondern Vorposten der SED. Trotz miserabler Wahlergebnisse hielten Ulbricht und Honecker an der Partei auch dann noch fest, als kommunistische Kader 1968 die DKP gründeten. Bis zum Sturz der SED-Diktatur wurde die DFU am Leben erhalten, um sie als vermeintlich unabhängige Einflussorganisation zu nutzen. Wie wirkungsvoll diese Strategie war, zeigt die Geschichte der Anti-Raketen-Proteste zu Beginn der 1980er Jahre, als über vier Millionen Menschen den von der DFU initiierten »Krefelder Appell« unterzeichneten. Wären der sozialdemokratische Bundeskanzler Helmut Schmidt und sein CDU-Nachfolger Helmut Kohl nicht so standhaft geblieben, hätte es die SED mit ihren Vorfeldorganisationen geschafft, die NATO-Nachrüstung in der Bundesrepublik zu Fall zu bringen und damit das militärische Erpressungspotential der Sowjetunion gegenüber Europa weiter zu erhöhen.

Die umfänglichen Geldmittel der winzigen Partei – die DFU hatte in den 1980er Jahren nur etwa eintausend Mitglieder – stammten zum überwiegenden Teil aus der DDR. Laut einer geheimen Information für das Politbüro erhielt die DFU von der SED Anfang der 1970er Jahre pro Monat 277 000 D-Mark. Die von der DFU herausgegebene *Deutsche Volkszeitung* (DVZ) bekam zusätzlich 125 000 D-Mark – aufs Jahr gerechnet zusammen knapp fünf Millionen. Gegenüber dem Bundestag gab die DFU ihre Einnahmen demgegenüber nur mit 2,2 Millionen D-Mark an. Noch am 15. Oktober 1989 – zwei Tage vor seiner Ablösung – genehmigte SED-Chef Honecker die Zahlung von rund 65 Millionen DM an die DKP und deren »befreundete Organisationen«. Laut einem internen Bericht sollten die DFU und ihre 31 Mitarbeiter 3,1 Millionen D-Mark an »Solidaritätsmitteln« bekommen. Zuständig war die »Abteilung Verkehr« des SED-Zentralkomitees, deren Unterlagen größtenteils vernichtet wurden, als Krenz und Gysi den Parteivorsitz innehatten. Als die Herrschaft der SED 1990 gestürzt wurde, ging auch die DFU unter. Wie die anderen hauptamtlichen DFU-Funktionäre musste van Ooyen auf Jobsuche gehen. Ab 1990 widmete er sich, wie er in seinem Lebenslauf angibt, der »Mitgestaltung des öffentlich geförderten Beschäftigungssektors in Frankfurt«.[194] 1992 bis 1996 war er Geschäftsführer der öffentlich finanzierten Werkstatt Frankfurt e.V., eines Betriebes mit 1100 Beschäftigten und einem Jahresetat von 45 Millionen D-Mark. Unter seiner Ägide kam es zu einer Flut von Arbeitsgerichtsprozessen, Fällen von Vetternwirtschaft und einer Razzia des Landeskriminalamtes, so dass van Ooyen nach vier Jahren entlassen wurde. Der ehemalige Betriebsratschef Gregor Kawetschanky erinnerte sich 2008 an den heutigen LINKEN-Politiker: »Unter dem Geschäftsführer van Ooyen ging es so autoritär zu wie im Zentralkomitee einer kommunistischen Partei.« Sein Kollege, SPD-Mitglied Helmut Janssen, erklärte: »Jeden Morgen, wenn ich in den Betrieb ging, hatte ich das Gefühl, dass ich den Boden der freiheitlich-demokratischen Grundordnung verlasse.« So habe man sich pro Jahr zu rund 200 Prozessterminen vor dem Arbeitsgericht getroffen, weil ständig gegen die Arbeitsstättenverordnung und das Arbeitszeitgesetz verstoßen worden sei. Ein Streitpunkt sei auch die Einführung eines Haustarifvertrages gewesen, der insbesondere qualifizierten Arbeitslosen herbe Gehaltseinbußen beschert habe. »Das hat van Ooyen durchgepaukt, heute spielt er im Landtag den Rächer der Enterbten und wettert gegen die Agenda 2010«, so Janssen. Gegenüber der Zeitung *Die Welt*, die diese Vorgänge aufdeckte, sprach van Ooyen demgegenüber von einem »beispielhaften Tarifvertrag«, der nichts mit Lohndumping zu tun gehabt hätte.[195]

Als van Ooyen 2008 in den hessischen Landtag gewählt

wurde, bemühte er sich, über seine Geldgeber aus der DDR den Mantel des Schweigens zu decken. So behauptete er im März 2008: »Für Geldflüsse war ich nicht zuständig. Wir haben überall gesammelt und alles genommen, was uns angeboten wurde. Bei mir ist nie jemand mit Geld aus der DDR oder Moskau angekommen.« Die Tageszeitung *taz* hatte ihm im November 1989 noch ein ganz anderes Geständnis entlockt. Damals erklärte er dem Blatt: »Durch die Entwicklung in der DDR ist eine entscheidende Finanzquelle überraschend versiegt.« Während er heute beteuert, über die Geldflüsse aus der DDR nichts gewusst zu haben, gab er der *taz* damals bereitwillig über alle Einzelheiten Auskunft. So konnte das Blatt berichten: »Und so ungefähr funktionierten bislang die Zuwendungen des real existierenden Sozialismus an den noch nicht existierenden: Bundesdeutsche Handelsunternehmen im Ost-West-Geschäft investierten – notgedrungen oder gern – einen Teil ihrer Gewinne in den hiesigen Kampf für den Sozialismus.« Vertragsgemäß hätten sie einen Teil ihrer Rendite an DFU oder DKP ausschütten müssen.« Van Ooyen plaudert damit aus, was in DFU- und DKP-Kreisen bislang allenfalls als Verleumdung hartnäckiger Anti-Kommunisten galt«, schrieb die *taz*.[196]

Auch in einem Brief an die Mitglieder und Freunde der DFU ging der Funktionär seinerzeit auf die Finanzquellen des Verbandes ein, der »zu ca. neunzig Prozent aus Spendeneinnahmen finanziert« worden sei. »Durch die rasante und von kaum jemand in Ost und West erwartete Entwicklung in der DDR entstanden schlagartig völlig neue politische Konstellationen. [...] Es gab seit geraumer Zeit Menschen in West und Ost, die nicht aus im Wesentlichen merkantilen, sondern aus umfassenderen politischen Motiven bereit waren, unser Wirken finanziell zu unterstützen.« Deren Spendenmotive seien jetzt entfallen, so dass über die DFU ein »finanzielles Desaster« hereingebrochen sei. Die DFU habe»die finanzielle Krise, wesentlich verursacht durch die schlagartige Einstellung bzw. Stornierung fast aller Dauerspenden« so schwer getroffen, dass es notwendig sei, alle Arbeits- und Mietverträge zu kündigen. Mit der Abwicklung seien er und vier weitere Funktionäre betraut worden. Die entscheidende Schlussfolgerung könne nur lauten,»dass wir uns niemals wieder in eine derartige finanzielle Abhängigkeit begeben dürfen. Das hat auch – wie manchmal zu hören ist – etwas mit der DDR und der SED zu tun.«[197]

In den Landesverbänden der DFU kam damals ebenfalls die Wahrheit über deren trübe Finanzquellen ans Licht. Der Bremer Landesvorstand schrieb seinerzeit an seine Mitglieder:»Nun ist es an den Tag gekommen, daß die DFU zu rund 80 Prozent von Geldern aus der DDR abhängig war. Das haben uns unsere politischen Gegner immer vorgehalten, wir sind dieser angeblichen Verleumdung immer mit Entschiedenheit entgegengetreten.« Am Ende des Schreibens brachten es die Bremer auf eine einfache Formel:»Der Vorwurf besteht, wir seien in den vergangenen Jahren nichts anderes als die bezahlten Vorposten der SED gewesen.«[198]

Neunzehn Jahre später wollte van Ooyen von alledem nichts mehr wissen.»Niemals«, behauptete er nach Bekanntwerden seiner früheren Äußerungen, habe die DDR seine Politik als DFU-Geschäftsführer beeinflusst. Er habe auch nicht gewusst, dass sein Gehalt durch SED-Zuwendungen beglichen wurde. Der Sonderparteitag der LINKEN im Oktober 2008 verabschiedete für ihren Fraktionschef sogar eine Solidaritätsadresse, in der es hieß, DIE LINKE lasse sich »nicht in den Kalten Krieg zurückzerren«.[199] Die Beteuerungen erinnern ein wenig an die Behauptungen früherer Politbüromitglieder, sie hätten vom Schießbefehl an der Mauer nichts gewusst. Wenn jemand über die geheimen Geldquellen der DFU Bescheid gewusst haben muss, dann deren Bundesgeschäftsführer. Sogar die Presse – und der Verfassungsschutz – hatten wiederholt über die dubiosen Geldquellen der DFU berichtet. Van Ooyen war zudem bereits im Amt, als die DFU 1984 ihren Status als Partei aufgab, was sie mit »Veränderungen in den Parteiengesetzen« begründete – den Parteien wurde damals eine Offenlegung ihrer Finanzen vorgeschrieben. Dass die politischen Kampagnen der DFU aus Ost-Berlin gesteuert wurden, geht zudem aus zahlreichen Dokumenten hervor, die heute im Bundesarchiv lagern. So heißt es etwa in einer Notiz für das SED-Politbüromitglied Albert Norden: »Das beiliegende Memorandum der DFU entstand aus einem Material, welches auf unsere Anregung vom [SED-Institut] IPW erarbeitet und dem Parteivorstand der DKP als Handreichung übergeben wurde. […] Das Memorandum einschließlich der Liste der Erstunterzeichner ist in der BRD in 2000 Exemplaren verbreitet worden.«[200]

Zu seiner Entlastung führte van Ooyen auch einen Bescheid der Berliner Stasi-Akten-Behörde an, dem zufolge er kein Mitarbeiter des DDR-Staatssicherheitsdienstes gewesen sei. Das hatte freilich nie jemand behauptet, denn das MfS hatte strikte Anweisung, politische Kader der DDR im Westen nicht anzuwerben. Die Stasi-Unterlagen über den DFU-Funktionär belegen allerdings ein inniges Verhältnis zu den SED-Oberen: In Fernschreiben titulierte er seine Partner von der Nationalen Front mit »Liebe Freunde«. Bei seinen regelmäßigen Reisen in die DDR war er laut Stasi-Anweisung besonders bevorzugt abzufertigen sowie von Zollkontrollen und Mindestumtausch zu befreien – ein ungewöhnliches Privileg, das nur besonders vertrauenswürdigen Personen zuteil wurde. Er und die anderen DFU-Funktionäre wurden zudem wie Staatsgäste empfangen und logierten im noblen Gästehaus des DDR-Ministerrates »Johannishof«. Der Staatssicherheitsdienst sorgte sich schließlich auch, dass über van Ooyen beim Verfassungsschutz »umfangreiche Erkenntnisse« vorlägen. Um ihn vor den »Feindangriffen« zu schützen, leitete man sofort umfassende Maßnahmen ein.[201] Die Stasi-Papiere belegen auch, wie die westdeutschen DFU-Kader seinerzeit instruiert wurden. »Die Friedensbewegung muss die entsprechenden Vorschläge und Initiativen von SED und SPD, den Regierungen der DDR und ČSSR aufgreifen und mit konkreten Aktionen unterstützen«, hatte man beim Besuch einer DFU-Delegation im Mai 1986 unter anderem vereinbart.[202]

Außer van Ooyen zogen mit Hilfe der LINKEN noch weitere Sektierer in den hessischen Landtag ein. Die bildungspolitische Sprecherin der Linksfraktion, Barbara Cárdenas Alfonso, gehörte in den 1970er Jahren dem SED-gesteuerten Marxistischen Studentenbund Spartakus (MSB Spartakus) und anschließend der DKP an. Die Ko-Vorsitzende der sechsköpfigen Fraktion, Janine Wissler, hingegen ist bekennende Trotzkistin. Sie war Mitglied der erwähnten Vereinigung Linksruck und Mitbegründerin der Nachfolgeorganisation »marx21«. Darüber hinaus gehört sie dem Hochschulverband DIE LINKE.SDS und dem Jugendverband Linksjugend ['solid] an. Im Mai 2008 wurde sie mit einem Spitzenergebnis in den Bundesvorstand der LINKEN gewählt.

Die dunkelhaarige Politikstudentin, Jahrgang 1981, genießt das besondere Wohlwollen von Parteichef Lafontaine. Im Landtag von Hessen sorgte die wirtschaftspolitische Sprecherin der Linksfraktion in kurzer Zeit gleich mehrfach für Schlagzeilen. Mal verteidigte sie die Autobahnblockaden protestierender Studenten, mal forderte sie, dass die Strom- und Gasnetze in die öffentliche Hand überführt werden, mal erklärte sie, »dass die SPD für die Ermordung von Rosa Luxemburg und Karl Liebknecht verantwortlich« sei.[203] Obwohl sie sich im Vorfeld der gescheiterten Ypsilanti-Wahl bei öffentlichen Äußerungen Zurückhaltung aufzuerlegen suchte, hat sie ihren politischen Vorstellungen nicht abgeschworen. So antwortete sie einem *Spiegel*-Journalisten auf die Feststellung, dass von der hessischen LINKEN doch nicht ernsthaft eine Revolution zu erwarten sei, schnippisch: »Das wollen wir erst mal sehen.«[204] Und die Frage, ob sie die Partei unterwandern wolle, beantwortete sie mit einem Nein – sowie dem vielsagenden Zusatz: »Wenn ich die LINKE unterwandern wollte, würde ich es ja nicht zugeben.«[205]

In Niedersachsen ist die Lage ähnlich. Fraktionschef ist dort Manfred Sohn, langjähriger Personalrat eines öffentlich-rechtlichen Versicherungsunternehmens, der dreiundzwanzig Jahre lang Mitglied der DKP war. Noch in den 1990er Jahren gehörte er Parteivorstand und -sekretariat an und zählte damit zum engsten Führungszirkel des westdeutschen SED-Auslegers. Erst im Jahr 2000 – elf Jahre nach dem Sturz der SED-Herrschaft – verließ er die ultraorthodoxe Partei, um zwei Jahre später der PDS beizutreten. Im Gleichklang mit Sahra Wagenknecht fabulierte er 2006 in der Linkspostille *Ossietzky* über die »schlichte Wahrheit«, dass »die DDR 40 Jahre lang der friedlichere und sozial gerechtere Teil Deutschlands war«.[206] Auf der Homepage der Linksfraktion bezeichnet sich das Mitglied des Landesvorstands der LINKEN noch heute als »bekennender Marxist«.[207]

Eine ähnliche Vergangenheit hat sein Stellvertreter, der Oldenburger Rechtsanwalt Hans-Henning Adler. In seinem Lebenslauf, mit dem er sich für einen Spitzenplatz auf der Landesliste der LINKEN bewarb, brüstete er sich unter anderem mit einer Verurteilung wegen Hausfriedensbruchs, die er sich Ende der 1960er Jahre bei einem Schulstreik gegen die Notstandsgesetze eingehandelt hatte. Während seines Jurastudiums in den 1970er Jahren wurde er Mitglied des MSB Spartakus. Als Anwalt vertrat er anschließend zahlreiche Linksradikale, die wegen mangelnder Verfassungstreue nicht im öffentlichen Dienst arbeiten durften. Damals trat er auch der DKP bei, die er beim Zusammenbruch der SED-

Diktatur verließ. 1990 war er einer der Mitbegründer der PDS in Niedersachsen, deren Landesvorsitzender er jahrelang war. Seit 1996 gehört Hans-Henning Adler dem Rat der Stadt Oldenburg an, wo er Vorsitzender einer vierköpfigen Fraktion ist.

Bundesweit Schlagzeilen machte die Abgeordnete Christel Wegner, die immer noch der DKP angehört, und das bereits seit deren Gründung 1968. Ihr Mandat im niedersächsischen Landtag hat sie einer Vereinbarung zwischen DKP und Linkspartei zu verdanken, der zufolge die Ultraorthodoxen nicht selbst kandidierten, wenn sie dafür bei der LINKEN einen aussichtsreichen Listenplatz bekamen. Nach diesem Modell haben es DKP-Vertreter, die sonst keine Chance hätten, gewählt zu werden, mit Hilfe der LINKEN bereits in etwa zwanzig Gemeindeparlamente geschafft. Die weitgehend vergessene Sekte, in deren Parteiprogramm die DDR immer noch als eine »der größten Errungenschaften der deutschen Arbeiterbewegung« beschrieben wird, ist auf diese Weise unerwartet in die Politik zurückgekehrt. Mit Wegner, Vorstandsmitglied der DKP in Niedersachsen, zog in der vierzigjährigen Parteigeschichte sogar erstmals eine Funktionärin in einen deutschen Landtag ein. »Wir haben links von uns keinen Platz gelassen«, triumphierte Bundeswahlkampfleiter Ramelow am Wahlabend im Januar 2008.[208]

Die Freude der Parteioberen währte allerdings nicht lange. Im Februar 2008 gab die frisch gebackene Abgeordnete dem Fernsehmagazin *Panorama* ein Interview, das DIE LINKE in massive Bedrängnis brachte. Wegner bekräftigte darin nicht nur ihre Solidarität mit Margot Honecker und anderen Genossen, »die ihr ganzes Leben lang in den Aufbau einer anderen Gesellschaftsform gesteckt haben«, sondern sprach sich auch für eine »Vergesellschaftung der Produktionsmittel« in Deutschland aus, um »die Macht des

Kapitals« zu überwinden. In Verbindung mit den anderen Werktätigen müsse die Arbeiterklasse durch einen revolutionären Umsturz das Kapital absetzen und anschließend selbst die Macht übernehmen. In diesem Zusammenhang forderte sie auch eine Art Wiedereinführung der Stasi: »Ich denke nur, wenn man eine andere Gesellschaftsform errichtet, dass man da so ein Organ wieder braucht, weil man sich auch davor schützen muss, dass andere Kräfte, reaktionäre Kräfte, die Gelegenheit nutzen und so einen Staat von innen aufweichen.« Zum tödlichen Grenzregime der DDR erklärte sie zudem: »Der Bau der Mauer war in jedem Fall eine Maßnahme, um zu verhindern, dass weiterhin Westdeutsche in die DDR konnten.«[209]

Das Interview war für DIE LINKE eine Katastrophe. Die Äußerungen der Abgeordneten, die auch Mitglied der erwähnten VVN/BdA ist, wurden von allen Parteien scharf verurteilt. Tagelang gingen sie durch die Medien. Da DIE LINKE bei den anstehenden Wahlen in Hamburg ebenfalls mehreren DKP-Mitgliedern Listenplätze eingeräumt hatte, bangte sie um den bereits sicher geglaubten Wahlerfolg. Die Parteispitze bemühte sich deshalb mit allen Mitteln, den Schaden einzudämmen, und distanzierte sich öffentlich von Wegners Äußerungen. Wie gewohnt verurteilte sie dabei aber nicht das SED-Regime, sondern nur »den Stalinismus als verbrecherischen Missbrauch des Sozialismus«. Immerhin hieß es aber: »Wir lehnen jede Form von Diktatur ab.«[210] Gysi, der damals die westdeutschen Landesverbände wegen ihrer Zusammenarbeit mit der DKP bei den Landtagswahlen in Niedersachsen, Hessen und Hamburg kritisierte, behauptete sogar, Wegner habe der LINKEN bewusst schaden wollen, was »doch sehr komisch und eher nach Verfassungsschutz« aussehe.[211] Wegner selbst erklärte, Ziel der »Kampagne« gegen sie sei es, »von den Skandalen um e.on, Siemens, Nokia« abzulenken.[212] Weil die DKP-Politikerin nicht bereit war, ihr

Mandat niederzulegen, schloss sie die LINKEN-Fraktion vier Tage nach der Fernsehsendung in einer Krisensitzung aus – Mitglied des Landtags ist sie immer noch.

Die Gewerkschaftspartei

Neben ostdeutschen SED-Kadern und westdeutschen Altkommunisten sind es vorrangig ehemalige Gewerkschaftsfunktionäre, die in der LINKEN den Ton angeben. Seit dem Beitritt der WASG hat die Partei aus diesem Milieu viel frisches Blut zugeführt bekommen, besonders im Westen Deutschlands. Parteivize Klaus Ernst zum Beispiel, einst Chef der WASG, ist Leiter der IG-Metall-Verwaltungsstelle Schweinfurt. Seit den Wahlen 2005 ist er – unter Beibehaltung seines Gewerkschaftspostens – zugleich Vizefraktionschef im Bundestag. Gleich acht Abgeordnete der Linksfraktion geben als ihren Beruf »Gewerkschaftssekretär« an, vier davon sind sogar stellvertretende Fraktionsvorsitzende – so massiv sind die Arbeiterfunktionäre in keiner anderen Partei präsent. Schon 2005 lobte der frühere Chef der IG Medien Detlef Hensche: »Die Linkspartei ist im Kern eine Gewerkschaftspartei.«[213]

Die Liaison zwischen der Partei und den Gewerkschaften hatte sich unter der Hand schon länger angebahnt. Wann immer Betriebsräte oder Arbeitnehmerorganisationen in den letzten Jahren zum Kampf riefen, war die PDS mit Solidaritätsadressen dabei. Umgekehrt fühlten sich auch viele Gewerkschaftsfunktionäre von den Klassenkampfparolen der SED-Nachfolger magisch angezogen. Doch nur im Osten, wo die Partei weit größeren Zuspruch fand, bekannten sich viele von ihnen immer ungenierter zu den Linken.

Einer der Ersten war der ehemalige hessische Gewerkschaftssekretär Bodo Ramelow. Der smarte Funktionär mit dem silbernen Ohrstecker ging 1990 in den Osten und wurde Landesvorsitzender der Gewerkschaft Handel-Banken-Versicherungen (HBV) in Thüringen. Dort entdeckte er bald die PDS als Bündnispartner. 1997 gehörte er zu den Initiatoren der sogenannten Erfurter Erklärung, die – acht Jahre nach dem Sturz des SED-Regimes – ultimativ verlangte, das »Nichtberührungsgebot« gegenüber der ehemaligen DDR-Staatspartei aufzugeben. »Die regierende Politik in unserem formal vereinten Land«, diagnostizierten er und seine Mitstreiter die Lage in Deutschland, »ist in einem Zustand von gnadenloser Ungerechtigkeit, Sozialverschleiß und fehlenden Perspektiven versunken.«[214] Zwei Jahre später trat Ramelow selbst der PDS bei und kandidierte für sie erfolgreich bei den thüringischen Landtagswahlen. 2001 schob der West-Import den blassen Ost-Fraktionsvorsitzenden zur Seite. Unbelastet von eigenen DDR-Verstrickungen schwang er sich bald im Parlament zum angriffslustigen Oppositionsführer auf. Als Ramelow bei den Landtagswahlen 2004 als Spitzenkandidat antrat, erreichte die PDS 26,1 Prozent.

Zu Ramelows hervorstechendsten Eigenschaften gehört seine Fähigkeit zur Selbstinszenierung – wobei ihm fast jedes Mittel recht ist. Im Jahr 2000 trat er der evangelischen Kirche (wieder) bei und demonstriert seitdem einen bei Linken eher unvermuteten Gottesglauben. 2002 nutzte er nach dem blutigen Amoklauf am Erfurter Gutenberg-Gymnasium die wochenlange Berichterstattung, um sich als politischer Anwalt der Hinterbliebenen in Szene zu setzen. Ab 2003 lieferte er sich einen jahrelangen medienwirksamen Streit mit dem Verfassungsschutz, der ihn wegen seiner Kontakte zur DKP beobachtet hatte. Schweigsamer wird er dagegen, wenn es um die Verstrickung seiner Partei in das SED-Unrecht geht. Hier tut er so, als habe sie damit nicht das Geringste zu tun –

obgleich in der thüringischen Linksfraktion mehrere ehemalige Stasi-Informanten sitzen. Sein mediales Geschick, das seinen Lehrmeistern Gysi und Lafontaine alle Ehre macht, qualifizierte Ramelow frühzeitig auch für die Bundespolitik: 2004 wurde er Mitglied des Bundesvorstands, 2005 Bundeswahlkampfleiter, dann Bundestagsabgeordneter und stellvertretender Fraktionsvorsitzender, schließlich Chefunterhändler der Linkspartei bei den Beitrittsverhandlungen mit der WASG. 2009 tritt er erneut als Spitzenkandidat der LINKEN in Thüringen an – und erhebt großspurig schon einmal Anspruch auf das Amt des Ministerpräsidenten.

Auch im Westen traten bereits früher einzelne Gewerkschaftsfunktionäre in die PDS ein, doch der Durchbruch gelang ihr dort erst mittels der WASG. Über die Splitterpartei, die 2005 wie Phönix aus der Asche aufstieg, bekamen die SED-Nachfolger nicht nur Zugang zu breiteren Wählerschichten in Westdeutschland, sondern auch zu den wichtigsten Arbeitnehmerorganisationen der Bundesrepublik. Die Ehe zwischen linken Gewerkschaftern aus dem Westen und den Honecker-Erben aus dem Osten bedurfte dabei keiner besonderen Überredungskünste; knapp zweieinhalb Jahre nach Gründung der WASG war sie perfekt. Die politischen und mentalen Übereinstimmungen waren so groß, dass man sich wundert, warum die Heirat nicht schon früher erfolgte. Doch die Gewerkschaftsfunktionäre im Westen hatten Angst, durch eine offene Kooperation mit der PDS ins politische Abseits zu geraten. Aus diesem Grunde zogen sie es vor, zunächst eine eigene Partei zu gründen.

Die WASG war, wie berichtet, eine politische Ausgründung der Gewerkschaften IG Metall und Verdi. Nach dem Niedergang des Sozialismus hatten sich in deren Reihen zahlreiche Aktivisten aus DKP und K-Gruppen festgesetzt; entsprechend klassenkämpferisch gerieren sich viele ihrer Funktionäre. Während Verdi Mitglied im kapitalismuskritischen Netzwerk attac ist, unterstützen die Metaller die linksradikale VVN. Beide Gewerkschaften spielten auch bei den Protesten gegen die Arbeitsmarktreformen der rot-grünen Koalition eine Schlüsselrolle. Weil sich die Schröder-Regierung davon nicht beeindrucken ließ, entschlossen sich linke Funktionäre 2004, die WASG zu gründen – um die SPD auf andere Weise gefügig zu machen. Der Erfolg der WASG wäre ohne die massive Unterstützung von IG Metall und Verdi nicht möglich gewesen. Schon die Liste der Initiatoren liest sich wie die Teilnehmerliste eines Gewerkschaftstreffens. Fünf der sieben Erstunterzeichner – Klaus Ernst, Thomas Händel, Gerd Lobodda, Günther Schachner und Peter Vetter – waren Leiter von IG-Metall-Verwaltungsstellen. Die einzige Frau in der Runde, Anny Heike, war Händels Stellvertreterin. Der siebte im Bunde war Herbert Schui, langjähriges Verdi-Mitglied und Mitbegründer der Arbeitsgruppe Alternative Wirtschaftspolitik, die seit Jahren gewerkschaftsfreundliche Gegengutachten zu den Analysen der Wirtschaftsweisen produziert. Fast alle sind heute bei der LINKEN aktiv. Die Gewerkschaften waren aber auch beim Parteiaufbau behilflich. So residierte der WASG-Vorstand – wie es hieß, zur Miete – im Haus der IG-Metall in Fürth, die vom Mitbegründer Thomas Händel geleitet wird; er ist inzwischen stellvertretender Vorsitzender der Rosa-Luxemburg-Stiftung. Auch in anderen Orten traf man sich fast immer in Gewerkschaftshäusern, aus denen die junge Partei vielfach auch Veranstaltungs- und IT-Technik erhielt. Selbst das Programm der WASG beruhte weitgehend auf Schriften der wirtschaftspolitischen Abteilung von Verdi und der Arbeitsgruppe Alternative Wirtschaftspolitik. Vor allem aber stellten die Gewerkschaften zahllose Kader mit langjähriger Organisationserfahrung, die erst die WASG aufbauten und sie dann in die Linkspartei überführten.

Viele von ihnen sitzen heute im Bundestag. Rund 15 Prozent der LINKEN-Abgeordneten waren – oder sind – hauptamtliche Gewerkschaftssekretäre. Hinzu kommen diverse Betriebsräte und hauptberufliche Berater der Arbeitnehmerorganisationen. Von 53 Abgeordneten sind 31 (oder 58 Prozent) Gewerkschaftsmitglieder, 19 allein bei Verdi.

Der bekannteste von ihnen ist Klaus Ernst, ein Vertrauter des früheren IG-Metall-Chefs Jürgen Peters. Schon als Lehrling trat er in die Metallgewerkschaft ein und wurde schnell Betriebsrat. Mit fünfzehn verließ der Bayer das Elternhaus und brach die Schule ab. 1970 begann er eine Ausbildung zum Elektromechaniker, später studierte er Volkswirtschaftslehre und Sozialökonomie. Seit 1984 ist er Gewerkschaftssekretär. Im März 2004 rief der Mann mit dem breiten Dauerlächeln und einem Faible für teure Anzüge zu einem politischen Bündnis gegen die Agenda 2010 auf. Im Juli gründete er den Verein »Wahlalternative Arbeit und soziale Gerechtigkeit«, im Januar 2005 die WASG-Partei. Nach dreißigjähriger Mitgliedschaft wurde er deshalb aus der SPD ausgeschlossen. Als Bundesvorsitzender der neuen Partei dominierte Ernst vor allem in der Anfangszeit die Medien – bis er im Juni 2005 vom frisch gebackenen WASG-Mitglied Oskar Lafontaine zur Seite geschoben wurde.

Gleichwohl hatte Ernst entscheidenden Anteil daran, dass die SED-Nachfolger im Westen Deutschlands salonfähig wurden. Ein bisschen plagt ihn deshalb offenbar das schlechte Gewissen. Auf seiner Homepage entschuldigt er sich beinahe, dass es damals keine Alternative zum Bündnis mit den Honecker-Erben gegeben habe. Die vorgezogenen Neuwahlen zum Bundestag hätten die junge Partei 2005 gezwungen, sofort einen bundesweiten Wahlkampf zu führen. »Dies konnte nur mit politischen Formationen gelingen, die in der Zielsetzung vergleichbar waren und vor allem im deutschen Osten verankert sind. Daher verständigten wir uns mit der PDS, als ›Linkspartei‹ einen gesamtdeutschen Wahlkampf zu führen.«[215] In Wirklichkeit hat er damals die vielleicht letzte Chance verspielt, den Einfluss der SED-Nachfolger in Deutschland zurückzudrängen. Für seine auch in den eigenen Reihen umstrittene Schützenhilfe wurde er bald belohnt. Nach seinem Einzug in den Bundestag bekam er den Posten des Fraktionsvize. Als er der PDS dann auch noch die WASG überantwortete, wurde er zusätzlich Parteivize. Manch einen erinnert sein Agieren an Otto Grotewohl, der 1946 die SPD den Kommunisten ausgeliefert hatte. Doch im Unterschied zu damals gab es niemanden, der Ernst dazu gezwungen hätte, und seine Radikalen-Truppe ist meilenweit entfernt von der damaligen SPD-Mitgliedschaft.

Ernst ist nicht der einzige Metaller, der es durch den Deal mit der PDS in den Bundestag geschafft hat. In der Linksfraktion sitzen noch drei weitere hauptamtliche Funktionäre der größten deutschen Einzelgewerkschaft: Alexander Ulrich, umstrittener WASG-, dann LINKEN-Chef in Rheinland-Pfalz, ist IG-Metall-Geschäftsführer in Kaiserslautern. Werner Dreibus, einst Mitglied des hessischen WASG-Vorstandes, heute gewerkschaftspolitischer Fraktionssprecher, ist Bevollmächtigter in Offenbach. Hüseyin Kenan Aydın, der 2005 von der SPD zur WASG übertrat und Sprecher in Nordrhein-Westfalen wurde, ist Sekretär der Bezirksleitung Düsseldorf. Hinzu kommt noch der Ex-Metaller Frank Spieth, der die Partei schon früher als DGB-Vorsitzender in Thüringen tatkräftig unterstützte, ihr aber erst 2007 beitrat.

Die Dienstleistungsgewerkschaft Verdi ist in der Bundestagsfraktion der LINKEN ebenfalls gut vertreten. Mindestens vier hauptamtliche Funktionäre machen dort Bundespolitik. Neben Ramelow gehört dazu die Verdi-Funktionärin Ulla Lötzer, die von 1991 bis 1998 Abteilungsleiterin bei der HBV war und zuletzt als Gewerkschaftssekretärin in Köln arbeitete. Sie trat der PDS bereits 1992 bei und saß für sie schon von 1998 bis 2002 im Bundestag. Monika Knoche, einst für die Grünen im Bundestag und inzwischen Fraktionsvize der LINKEN, ist seit 2002 beim Verdi-Bundesvorstand in Berlin angestellt. Karin Binder, die der Linkspartei und der WASG zugleich angehörte, war jahrelang Betriebsrätin und anschließend hauptamtliche Funktionärin der Dienstleistungsgewerkschaft. Hinzu kommt noch Inge Höger, die bis zu ihrem Einzug in den Bundestag stellvertretende Personalratsvorsitzende bei der AOK in Herford und Vorsitzende des DGB-Frauenausschusses war. Zum engsten Umfeld der Gewerkschaften zählen schließlich auch der Bremer LINKEN-Chef Axel Troost, finanzpolitischer Sprecher der Linksfraktion, sowie der WASG-Begründer Herbert Schui, die beide aus der erwähnten Arbeitsgruppe Alternative Wirtschaftspolitik kommen. Eine solche Anballung von Gewerkschaftsfunktionären hat es wahrscheinlich noch nie in einer Bundestagsfraktion gegeben. Zum Vergleich: Bei der SPD geben derzeit vier von 222 Abgeordneten als Beruf Gewerkschaftssekretär an, bei den anderen Parteien keiner.

In ähnlicher Weise sind Verdi und IG Metall auch im Parteiapparat der LINKEN präsent. Im zwölfköpfigen geschäftsführenden Bundesvorstand sitzen allein vier Verdi-Mitglieder sowie – mit Klaus Ernst – ein hauptamtlicher IG-Metaller. Gewerkschaftspolitischer Sprecher der Partei ist Michael Schlecht, Chefvolkswirt beim Verdi-Bundesvorstand und früher Sympathisant der SED-gesteuerten SEW. Außer ihm sitzen im Parteivorstand unter anderem noch die IG-Metall-Funktionärin Anny Heike, Ex-HBV-Chef Bodo Ramelow sowie der gewerkschaftsnahe Bundestagsabgeordnete Axel Troost. Verdi-Bundessekretär Ralf Krämer und Ex-IG-Metall-Vorstand Horst Schmitthenner gehören der Programmkommission der LINKEN an. Vor allem in den westlichen Landesverbänden stützt sich die Partei auf klassenkampferprobte Gewerkschaftsfunktionäre. In Baden-Württemberg ist Ex-Verdi-Landeschefin Sibylle Stamm Mitglied des geschäftsführenden Landesvorstands; in Bayern gehört die Metaller-Bevollmächtigte Anny Heike der Parteispitze an; in NRW ist Wolfgang Zimmermann, Vorsitzender des Verdi-Bezirks Rhein-Wupper, Sprecher des Landesverbandes – die Liste ließe sich noch um viele Namen verlängern.

Ob die geballte Präsenz linker Gewerkschafter in der Politik dem Lande gut tut, mag jeder selbst beurteilen. Mit den Aufgaben einer Gewerkschaft, überparteilich Tarifpolitik zu betreiben und sich um die sozialen Interessen der Beschäftigten zu kümmern, ist sie jedenfalls nicht zu vereinbaren. »Ihre Unabhängigkeit gegenüber den Regierungen, Verwaltungen, Unternehmern, Konfessionen und politischen Parteien hat sie jederzeit zu wahren«, schreibt die Satzung der IG Metall vor. Und Verdi postuliert, dass sie »unabhängig von Arbeitgebern, staatlichen Organen, Parteien und Religionsgemeinschaften« sei. Beide Gewerkschaften bekennen sich zudem zur freiheitlich-demokratischen Grundordnung der Bundesrepublik.[216] An der Basis dürfte nur wenigen Mitgliedern bewusst sein, wie sehr die von ihnen bezahlten Funktionäre gemeinsame Sache mit SED- und Stasi-Kadern machen. Doch auch aus den Führungsetagen der beiden Gewerkschaften hat bislang niemand dem Treiben Einhalt geboten. Dass LINKEN-Abgeordnete wie Ernst nach wie vor ihren Gewerkschaftsposten ausüben dürfen, ist ein klarer Verstoß gegen die Satzung. Er zeigt, dass die Vermengung von Partei- und Gewerkschaftspolitik offenbar von oben unterstützt wird. Den Schaden haben die Mitglieder, denn der politische Missbrauch der Arbeitnehmerorganisationen gefährdet das Prinzip der Einheitsgewerkschaft und kann zu einer Zersplitterung wie in Frankreich führen.

Gewerkschafter und LINKEN-Funktionäre haben inzwischen ein gut funktionierendes Pingpong-Spiel entwickelt, bei dem sie sich gegenseitig politisch unterstützen. Viele Arbeitnehmerfunktionäre haben nicht nur jegliche Hemmungen abgelegt, mit der einstigen Diktaturpartei Aktionsbündnisse einzugehen, sondern rufen sogar ungeniert zur Wahl der LINKEN auf – nach Satzung wäre dies eigentlich ein Ausschlussgrund. Im Gegenzug erklären sich Partei und Fraktion mit praktisch jeder ihrer Forderungen solidarisch. Schon vor der Bundestagswahl 2005 und vor den Landtagswahlen in Baden-Württemberg 2006 forderten Gewerkschafter öffentlich zur Wahl der Linkspartei auf. Bei der Hessen-Wahl im Januar 2008 verlangten dann fast 200 hessische Gewerkschafter – davon ein Drittel angestellte Funktionäre – in einem Aufruf: »Koch muss weg – darum DIE LINKE wählen.«[217] Verdi-Landessprecher Hermann Schaus kandidierte sogar selber für die Partei, um anschließend Abgeordneter und Vizepräsident des Hessischen Landtags zu werden. Wahlkampfhilfe leistete auch der erwähnte langjährige Vorstandsfunktionär der IG Metall Horst Schmitthenner.

Radikale Gewerkschafter starten jedoch nicht nur regelmäßige Wahlaufrufe zugunsten der LINKEN. Sie rufen auch zum Parteieintritt auf. So verkündeten im Juni 2007 sechzig Funktionäre von Verdi und IG Metall öffentlich ihren Eintritt in DIE LINKE und forderten »zögernde Kollegen« auf, ihrem Beispiel zu folgen. »Laßt uns gemeinsam DIE LINKE mitgründen, eine starke und gesellschaftlich verankerte Partei der Linken in ganz Deutschland«, hieß es in ihrem Aufruf.[218] DIE LINKE revanchiert sich mit unzähligen Solidaritätserklärungen, in denen die gewerkschaftlichen Forderungen meist ohne Abstriche wiederholt werden: Stopp der Bahnprivatisierung, weg mit Hartz IV, keine Rente mit 67, Begrenzung der Leiharbeit, Einführung eines flächendeckenden Mindestlohns, Verabschiedung eines Konjunkturprogramms zur Belebung des Konsums – programmatische Unterschiede zwischen IG Metall, Verdi und der LINKEN sind kaum noch zu erkennen. Durch die enge personelle Verflechtung ist der einfallslose Strukturkonservativismus der Gewerkschaften bei den SED-Nachfolgern zum (wohlvertrauten) Programm geworden. Dagegen war sogar die PDS in ihren Anfängen noch moderner, als sie vor dem Scherbenhaufen des Sozialismus stand und in ihrem ersten Parteiprogramm eine Marktwirtschaft forderte, »die Leistung stimuliert und belohnt und wirtschaftliche Initiative in jeder Weise fördert«.[219]

Gescheiterte Sozialdemokraten

Die Gewerkschafter, die sich der LINKEN angeschlossen haben, waren früher vielfach Sozialdemokraten. Seit dem Beitritt der WASG stellen ehemalige SPD-Mitglieder vor allem im Westen einen beträchtlichen Teil des Funktionärsapparates. Von den Abgeordneten der Linksfraktion im Bundestag gehörten zum Beispiel zwölf – oder mehr als zwanzig Prozent – irgendwann einmal der SPD an. Im geschäftsführenden Parteivorstand der LINKEN liegt ihr Anteil sogar bei über vierzig Prozent. Ex-SPD-Chef Oskar Lafontaine ist nur das prominenteste Beispiel für einen verbreiteten Typus in der Partei – den des gescheiterten Sozialdemokraten.

In der SPD gab es schon immer einen linken Rand, der an der eigenen Partei mehr litt als unter der Politik der konkurrierenden Kräfte. Hier war die Frustration immer dann besonders groß, wenn die SPD an der Macht war und eine an den Realitäten orientierte Regierungspolitik betrieb. Unter dem sozialdemokratischen Bundeskanzler Helmut Schmidt war es vor allem die Verteidigungspolitik, an der die Parteilinke verzweifelte. Lafontaine und andere krittelten so lange daran herum, bis die sozialliberale Koalition 1982 auseinanderflog. Die Folge waren sechzehn harte Oppositionsjahre, in denen man zwar seine Ideen pflegen konnte, aber wenig zu sagen hatte. »Opposition ist Mist«, warnte SPD-Chef Franz Müntefering später seine Partei vor ihrem unstillbaren Drang, sich selbst in die Bedeutungslosigkeit zu befördern. »Lasst das die anderen machen – wir wollen regieren.«[220] Die Chance dazu erhielt die SPD erneut 1998. Der mediengewandte Gerhard Schröder führte sie zu ungewöhnlichen Erfolgen. Doch auch diesmal währte die Freude darüber nicht lange. Jetzt lehnte sich die Parteilinke gegen die Sozial- und Wirtschaftspolitik der Regierung auf. Die Agenda 2010 und die Reform des Arbeitslosengeldes wurden zum Sündenfall der Sozialdemokraten stilisiert. Erneut war es Lafontaine, der den sozialdemokratischen Bundeskanzler öffentlich angriff. Doch die meisten Genossen, die mit der Schröder-Politik über Kreuz lagen, blieben der SPD zähneknirschend treu. Das klägliche Ende der von den sozialdemokratischen Bundestagsabgeordneten Manfred Coppik und Karl-Heinz Hansen 1982 gegründeten »Demokratischen Sozialisten« (DS) hatte die Aussichtslosigkeit anderer politischer Wege gezeigt.

Als die PDS nach dem Ende der DDR versuchte, im Westen Fuß zu fassen, war aus der SPD kaum jemand bereit überzulaufen. Ihre Parolen mochten zwar fast wörtlich von den eigenen Programmen abgeschrieben sein, doch niemand wollte sich mit den kompromittierten SED-Nachfolgern einlassen. Nur ganz wenige Genossen wechselten damals zur PDS: Diether Dehm zum Beispiel, dem die SPD seine Stasi-Tätigkeit nicht verziehen hatte; Hans-Kurt Hill, der die SPD schon früher verlassen hatte und 1998 der PDS beitrat, in der er zum Landesgeschäftsführer und Landesvorsitzenden im Saarland aufstieg; Paul Schäfer schließlich, einst Mitarbeiter der SPD-Bundestagsabgeordneten Anke Fuchs, der der Partei nach Lafontaines Rücktritt 1999 den Rücken kehrte und kurz darauf der PDS beitrat. Alle drei wurden für ihren frühen Übertritt 2005 mit einem Bundestagsmandat belohnt.

Bei den Bundestagswahlen 2002 waren die SED-Nachfolger an der Fünf-Prozent-Hürde gescheitert, im Westen hatten sie den Status einer Splitterpartei – für einflussverwöhnte SPD-Funktionäre waren sie keine verlockende Alternative. Auch die Kampagne gegen die Arbeitsmarktreformen von Kanzler Schröder brachte der Partei keinen Zustrom aus der SPD. Unzufriedene Gewerkschafter, die damals gegen die Regierungspolitik Sturm liefen, zogen es deshalb vor, mit der WASG eine eigene Partei ins Leben zu rufen, die unbelastet von der SED-Vergangenheit war. Erst als diese mit den Genossen im Osten gemeinsame Sache machte, landeten einige linke Sozialdemokraten in der Linksfraktion im Bundestag und dann in der LINKEN. Nicht nur Klaus Ernst und seine Mitstreiter hatten jahrzehntelang der SPD angehört, auch andere altgediente Genossen wechselten ab 2005 ihr Parteibuch. Sie folgten damit dem Beispiel ihres einstigen Vorsitzenden Lafontaine, der wie der Rattenfänger von Hameln Hunderte enttäuschter Sozialdemokraten in die Gysi-Partei führte. Wenn zuweilen behauptet wird, dass Schröder durch seine Agenda-Politik den Erfolg der LINKEN erst möglich gemacht hätte, so ist das nur die halbe Wahrheit. Auch in der CDU gibt es viele, die mit der Politik Angela Merkels unzufrieden sind. Doch solange es keine erfolgversprechende politische Alternative gibt, werden die allermeisten ihrer Partei treu bleiben. Nicht Schröder trägt deshalb die Hauptverantwortung, sondern diejenigen, die dazu beigetragen haben, dass Honeckers Erben in Deutschland wieder hoffähig wurden.

Einer der ersten prominenten Überläufer – neben Lafontaine – war der baden-württembergische SPD-Politiker Ulrich Maurer. Sein Beispiel zeigt, wie sich politisches und persönliches Scheitern beim Übertritt in DIE LINKE miteinander vermischen. Mit 32 Jahren wurde Maurer 1980 in den Stuttgarter Landtag gewählt. Der junge Rechtsanwalt unterstützte damals die Kritik am NATO-Doppelbeschluss, die nach dem Ende der Regierung von Helmut Schmidt zur offiziellen Parteipolitik wurde. Es folgten ein steiler Aufstieg und ein ebenso tiefer Fall: 1987 wurde er Landesvorsitzender in Baden-Württemberg, 1990 innenpolitischer Sprecher des Bundesvorstands, 1992 Fraktionsvorsitzender im Landtag. Zwei Jahre später war er als Innenminister im Kabinett des SPD-Kanzlerkandidaten Rudolf Scharping vorgesehen. Nach der verlorenen Bundestagswahl 1994 wurde er ein Jahr später Mitglied des SPD-Präsidiums, wo er wegen seiner konservativen sicherheitspolitischen Auffassungen dem rechten Flügel zugeordnet wurde. Nur gegen die CDU-Ministerpräsidenten Lothar Späth und Erwin Teufel kam Maurer nicht an. Unter seiner Führung verlor die SPD in Baden-Württemberg ständig an Boden, 1996 erreichte sie nur noch 25,1 Prozent. 1999 wurde Maurer deshalb als Parteichef abgelöst, im selben Jahr schied er auch aus dem Präsidium aus. 2001 verlor er zudem den Posten des Fraktionschefs, ab 2003 durfte er nicht mehr für den Bundesvorstand sprechen. Als er sich 2004 als Spitzenkandidat zur Europawahl aufstellen lassen wollte, scheiterte er auch hier, weil er nicht die Unterstützung des Parteivorstands hatte. Der Geschlagene erklärte damals, dass er bei der nächsten Landtagswahl nicht mehr antreten wolle.

Doch dann kam alles anders. Nach der Niederlage der SPD in Nordrhein-Westfalen im Mai 2005 schrieb Maurer einen Brandbrief an die Parteiführung. Darin ging er mit dem Kurs von Schröder scharf ins Gericht. Er verkündete seinen Genossen:»Wenn die Sozialdemokratie den sozialen Protest nicht mehr formuliert und die Abhängigen nicht mehr verteidigt, ist sie historisch obsolet.«[221] Einen Monat später trat er aus der SPD aus, wurde Mitglied der WASG und kandidierte als Spitzenkandidat der baden-württembergischen Linkspartei für den Bundestag. Sein Landtagsmandat behielt er; erst nachdem er in den Bundestag gewählt und parlamentarischer Geschäftsführer der Linksfraktion geworden war, legte er es nieder. Seit 2007 gehört er auch dem geschäftsführenden Parteivorstand der LINKEN an, wo er Beauftragter für den Parteiaufbau West ist. Seinen neuen Mitstreitern passte sich Maurer in atemberaubender Geschwindigkeit an, von seiner sozialdemokratischen Herkunft ist nichts mehr zu spüren. Mit Modrow, den er schon zu DDR-Zeiten kannte, gab er 2005 ein Buch über die Linkspartei heraus, in einer weiteren Schrift behauptete er, der »größte Unterschied zwischen dem totalitären Realsozialismus des ehemaligen Ostblocks und dem globalen marktradikalen Kapitalismus« bestehe darin, »dass ersterer seinen Zusammenbruch bereits hinter sich hat«.[222] Und als im November 2008 vier SPD-Abgeordnete sich weigerten, Andrea Ypsilanti mit den Stimmen der LINKEN zur Ministerpräsidentin zu wählen, sprach er von einem »schlimmen Tag für Hessen«.[223]

Maurer, Ernst und Lafontaine sind nur die bekanntesten Überläufer aus der SPD. Vor allem in den westdeutschen Landesverbänden finden sich noch viele andere gescheiterte Sozialdemokraten. Auch Coppik, ehedem Gründer der »Demokratischen Sozialisten«, ist inzwischen bei der LINKEN gelandet und hat es dort noch einmal zum Vizechef des zerstrittenen hessischen Landesverbandes gebracht. In den Oppositionsjahren der SPD war er in den Schoß der Partei zurückgekehrt, aus Protest gegen den Kosovo-Krieg verließ er sie 1999 erneut. Sie alle stehen für eine bestimmte Generation von SPD-Politikern. In den 1940er Jahren geboren, wurden sie von den Vorstellungen der Studentenbewegung geprägt, um anschließend den enttäuschenden Marsch durch die Institutionen anzutreten. Die meisten stehen heute an der Schwelle zum Rentenalter. Weil sich die Realität als stärker erwies als ihre Utopien, sind sie in der Politik und in der SPD gescheitert. Der Übertritt zur LINKEN bietet ihnen am Ende ihres politischen Lebens die Chance, sich mit sich selbst zu versöhnen. In der Zeit der Globalisierung wirken freilich nicht nur ihre politischen Konzepte wie aus einer weit entfernten Vergangenheit, auch sie selbst erscheinen wie Überbleibsel aus einer anderen Zeit. Wenn Lafontaine mit 65 Jahren das *Kommunistische Manifest* hervorkramt, erinnert das an einen alten Mann, der sich noch einmal am Feuer seiner Jugend wärmen will.

Napoleon von der Saar

Wenn man so will, ist Oskar Lafontaine der Prototyp eines gescheiterten Sozialdemokraten: Ex-Ministerpräsident, Ex-Vorsitzender, Ex-Finanzminister. Am Ende war er nur noch der nörgelnde Genosse aus dem Saarland, der seiner eigenen Partei immer wieder öffentlich in den Rücken fiel. Als die DDR 1990 zugrunde ging, hätten sich Honeckers Erben wohl nicht im Traum vorstellen können, dass dieser Mann, damals immerhin Kanzlerkandidat der SPD, einmal ihr Parteichef werden würde.»Unter Täuschung, Druck und Zwang vollzog sich die Gründung der SED als künftige Staatspartei der DDR«, hatte er in das SPD-Parteiprogramm vom Dezember 1989 schreiben lassen.»Mit der Neugründung der Partei am 7. Oktober 1989 stellten ostdeutsche Sozialdemokraten den Allmachtsanspruch der SED radikal in Frage. Sie entschieden sich als erste innerhalb der revolutionären Bewegung in der DDR für die parlamentarische

Demokratie und setzten damit das entschiedenste Zeichen, den SED-Staat von innen heraus zu überwinden.«[224]

Damals, als das »Berliner Programm« verabschiedet wurde, führte der Politiker die SPD in eine schwere Krise. Nach dem Fall der Berliner Mauer im November 1989 wollte er vom Wunsch der Ostdeutschen nach einem baldigen Beitritt zur Bundesrepublik nichts wissen. Stattdessen schlug er vor, der DDR-Führung Wirtschaftshilfen zukommen zu lassen und den Zuzug von Ostdeutschen in die Bundesrepublik zu begrenzen. Als Ministerpräsident des Saarlands beauftragte er sogar seine Staatskanzlei mit einem Rechtsgutachten, ob man DDR-Bürgern die Übersiedlung verwehren könne, wenn sie im Westen keinen Wohnsitz und Arbeitsplatz nachweisen könnten. Konsterniert warf ihm der damalige SPD-Vorsitzende Hans-Jochen Vogel daraufhin vor: »Die bauen Mauern ab, und du versuchst, sie aufzurichten.« Doch Lafontaine, dem im Januar 1990 Landtagswahlen ins Haus standen, entgegnete unbeeindruckt: »Wenn ein Arbeitsloser keinen Arbeitsplatz findet, das ist auch eine Mauer. Und wenn einer keine Wohnung bekommt, das ist auch eine Mauer.« Im Interesse der DDR und des westdeutschen Sozialsystems dürften »nicht noch soziale Anreize« geboten werden, dass »immer mehr Menschen zu uns kommen«. Lafontaines Forderung: »Alles Geld, was wir geben, zusammenkratzen und in der DDR investieren.«[225]

In diesem für Deutschland so schicksalhaften Jahr erwies sich Lafontaine als größter Bremsklotz der Einheit. Statt mitzuhelfen, die deutsche Teilung zu beenden, kritisierte er den christdemokratischen Bundeskanzler Helmut Kohl, dass dieser seinen Zehn-Punkte-Plan zur Wiedervereinigung nicht zuvor mit den Siegermächten des Zweiten Weltkriegs abgestimmt hatte. Beim Parteitag der SPD im Dezember 1989 warnte er wenig später vor »nationaler Besoffenheit«. Und als Kohls Berater Horst Teltschik in Absprache mit

Washington eine gesamtdeutsche NATO-Mitgliedschaft ins Gespräch brachte, sagte Lafontaine: »Welch ein historischer Schwachsinn!«[226]

Der SPD-Politiker wollte stattdessen die Eigenstaatlichkeit der DDR erhalten und – wie Gysi und Modrow – nur eine Konföderation der beiden deutschen Staaten schaffen. Immer wieder rechnete er den Deutschen 1990 die Kosten einer raschen Vereinigung vor. Entschieden wandte er sich deshalb auch gegen die Wirtschafts- und Währungsunion, die den DDR-Bürgern zum ersten Mal ein konvertibles Zahlungsmittel in die Hand gab. Er empfahl demgegenüber einen festen Wechselkurs zwischen DDR-Mark und D-Mark, den er am liebsten auf 4:1 festgelegt hätte; dann hätten die Ostdeutschen noch über Jahre in Armut gelebt. Nur das Saarland und das von Gerhard Schröder regierte Niedersachsen votierten damals gegen den Staatsvertrag, und wenn es nach Lafontaine gegangen wäre und Willy Brandt nicht interveniert hätte, dann hätte auch die SPD im Bundestag dagegen gestimmt. Als ihm der Wahlkampfleiter seiner Partei nahelegte, sich mit einem Sommerurlaub auf Rügen wenigstens symbolisch zu Ostdeutschland zu bekennen, entschied sich Lafontaine lieber für Mallorca, weil, wie er sagte, Peter Maffay eine Fete gebe und auch das Essen dort besser sei. Seine unübersehbaren Vorbehalte gegen die deutsche Einheit trugen entscheidend dazu bei, dass er im Dezember 1990 als Kanzlerkandidat eine verheerende Niederlage erlitt: Mit 33,5 Prozent erzielte die SPD das schlechteste Ergebnis seit 1957.

Lafontaine, der im April 1990 durch ein Messerattentat lebensgefährlich verletzt worden war, zog sich damals in sein Stammland zurück. Der »Napoleon von der Saar«, wie er wegen seines machtbewussten Auftretens genannt wurde, machte nun vor allem durch Affären Schlagzeilen. 1992 deckte der *Spiegel* auf, dass er neben seinen Bezügen als Ministerpräsident seit Jahren auch noch Ruhegehalt als Oberbürgermeister erhielt; knapp 230000 D-Mark musste er später an die Staatskasse zurückzahlen. 1993 wurde ihm in der sogenannten Rotlichtaffäre vorgeworfen, sich regelmäßig in Nachtlokalen aufgehalten und zwielichtige Figuren aus dem Milieu mit Gefälligkeiten bedient zu haben. Als Reaktion darauf änderte Lafontaine das saarländische Presserecht, so dass Gegendarstellungen nicht mehr auf derselben Seite kommentiert werden durften. Damals heiratete er die dreizehn Jahre jüngere Mitarbeiterin der SPD-Parteizentrale Christa Müller, die sich heute als familienpolitische Sprecherin der LINKEN im Saarland bei den eigenen Genossen unbeliebt macht, weil sie gegen »die Schaffung eines Überangebotes an Krippenplätzen« ist.[227] 1995 warf Lafontaine dann Rudolf Scharping durch eine unangekündigte Kampfkandidatur aus dem Amt des SPD-Vorsitzenden, und 1996 sorgte er für Entrüstung, weil er die Einwanderung von Spätaussiedlern für die Probleme der gesetzlichen Sozialversicherung verantwortlich machte.

Nach dem rot-grünen Wahlsieg von 1998 wurde SPD-Chef Lafontaine unter seinem Parteifreund Schröder Bundesfinanzminister – und blamierte sich und seine Partei wenig später bis auf die Knochen. Nach 186 Tagen im Amt legte er am 11. März 1999 völlig überraschend Ministeramt, Parteivorsitz und Bundestagsmandat nieder. Erst drei Tage später begründete er seinen Rückzug in einem ARD-Interview mit dem »schlechten Mannschaftsspiel« in der Regierung, aber auch mit den großen Belastungen: »Und ich habe mich jetzt eben nach vielen Jahren für das Privatleben entschieden ...«[228] Jedermann war aber rasch klar, dass sich der Vollblutpolitiker mit Schröder überworfen hatte, weil der in grundlegenden politischen Fragen anderer Meinung war – und Lafontaine sich nicht unterordnen konnte. Seither gilt er in der SPD – wie Gysi – als »Verantwortungsflüchtling«.

Lafontaines Abgang sorgte weltweit für Erleichterung. Mit seinen finanzpolitischen Vorstellungen hatte er sich in kurzer Zeit überall unbeliebt gemacht. »Lafontaine tritt zurück, und die europäische Wirtschaft jubelt«, titelte die *New York Times* am nächsten Tag. Und britische Zeitungen, bei denen Lafontaine schon vorher zum Buhmann geworden war, feierten ein wahres Freudenfest. Die konservative *Times* sah in seinem Rücktritt eine »gute Nachricht für Deutschland wie auch für Europa«, die die Chance für eine »gesündere Wirtschaftspolitik bietet«. Der *Daily Telegraph* kommentierte knapp: »Die Schwäche des Euro könnte nun vorüber sein.« Und die *Financial Times* schrieb: »Lafontaine war entschlossen, die Uhren zurückzustellen. Mit etwas Glück wird die Lafontaine-Ära nur ein Zwischenspiel auf dem unaufhaltsamen Weg zur Eurozone sein.« Die Boulevard-Zeitung *The Sun*, die Lafontaine zuvor als »gefährlichsten Mann Europas« bezeichnet hatte, titelte kurz und knapp: »Nut Ousted« – »Verrückter gestürzt«.[229]

Wohl kaum jemand hätte damals gedacht, dass Lafontaine nach seiner überstürzten Flucht aus dem Amt noch einmal in die Politik zurückkehren würde. In seiner Partei hatte der Saarländer seinen Ruf so gut wie verspielt, und er tat alles dafür, um auch noch den Rest an Sympathien zu zerstören. Der Privatier versuchte nun, vor allem als Buchautor, als regierungskritischer Kolumnist der *Bild*-Zeitung sowie mit provokanten Meinungsäußerungen im Gespräch zu bleiben. 2001 trat er als Laudator eines Buches von Gregor Gysi auf und behauptete, schon als SPD-Vorsitzender langfristig einen Zusammenschluss beider Parteien angestrebt zu haben. 2002 hetzte er wieder gegen Aussiedler aus Osteuropa und meinte: »Drei Viertel von ihnen sind mittlerweile ohne deutsche Wurzeln und Sprachkenntnisse.« Sie bezögen Leistungen aus den Sozialkassen, bildeten Banden und würden straffällig.[230]

2003 gab Lafontaine der ostdeutschen SPD den Rat, mit der PDS zu fusionieren. 2004 stellte er sich hinter den Frankfurter Polizeivizepräsidenten Wolfgang Daschner, der einem Kindesentführer Folter angedroht hatte, und erklärte, dass er in dessen Lage auch so gehandelt hätte. »Ich würde es als Katastrophe für den Rechtsstaat ansehen, wenn dieser Beamte bestraft würde, denn nach meiner Auffassung hat er nach elementarsten sittlichen Geboten unseres Rechtsstaats gehandelt.«[231] Bei allem Verständnis in der Sache muss es äußerst beunruhigen, wenn sich ein ehemaliger Ministerpräsident, der dieses Amt erneut anstrebt, so bedenkenlos über das Grundgesetz hinwegsetzt.

Ebenfalls 2004 machte er sich die umstrittene Forderung zu eigen, Sammellager für Flüchtlinge in Nordafrika einzurichten. Von der SPD verlangte er nicht nur die Rücknahme der Nullrunde für Rentner und die Streichung der Praxisgebühr, sondern auch die Entziehung der Staatsbürgerschaft für Deutsche, die ihr Einkommen im Ausland versteuerten. Damals entdeckte er auch sein Herz für Hartz-IV-Empfänger und trat als Redner bei einer »Montagsdemonstration« gegen die Reform des Arbeitslosengeldes auf.

In den darauf folgenden Monaten organisierte Lafontaine seine Rückkehr in die Politik. Nach der Ankündigung vorgezogener Bundestagswahlen erklärte er im Mai 2005 seinen Austritt aus der SPD. Zugleich teilte er mit, dass er ein Linksbündnis aus WASG und PDS unterstützen und zusammen mit Gregor Gysi als Spitzenkandidat antreten wolle. Wenig später trat er der WASG bei und ließ sich von der bislang chancenlosen Linkspartei in NRW auf den ersten Platz ihrer Kandidatenliste setzen. Den SED-Nachfolgern verschaffte er damit erstmals Zugang zu breiteren Wählerschichten im Westen. Nach den Wahlen im September 2005 wurde er, zusammen mit Gysi, Chef der neuen Linksfraktion im Bundestag. Ausgerechnet der notorische NATO-Gegner wurde nun sogar Mitglied im Notparlament, das im Verteidigungsfall an die Stelle von Bundesrat und Bundestag tritt. Nach dem gemeinsamen Wahlsieg handelte er mit der Linkspartei die Bedingungen für den Beitritt der WASG-Mitglieder aus und wurde im Juli 2007 Ko-Vorsitzender der LINKEN. Schon bald drängte der begnadete Demagoge den biederen PDS-Chef Bisky in den Hintergrund und etablierte sich als Nummer 1 der Partei.

Über Lafontaines Auf und Ab in der Politik ist viel geschrieben worden. Fast alle Beobachter bescheinigen ihm ein außergewöhnliches Talent. Seine rhetorischen Fähigkeiten, sein politischer Instinkt, seine Hemmungslosigkeit, unpopuläre Dinge auszusprechen, haben Freund und Feind beeindruckt. Auf der anderen Seite gibt es kaum einen Politiker in Deutschland, der so unbeliebt ist wie er. Beim ZDF-Politbarometer liegt er regelmäßig auf dem letzten Platz, im Dezember 2008 befand er sich mit einem Wert von minus 1,4 noch hinter Gregor Gysi (minus 0,9). Intuitiv haben viele den Eindruck, dass der 65-Jährige ein Getriebener ist und irgendetwas kompensieren muss – mit provokanten Thesen, heftiger Demagogie und blasiertem Auftreten. Selbst in seiner eigenen Partei wird er nicht geliebt. Im Mai 2008 wurde er mit mageren 78,5 Prozent der Stimmen wiedergewählt, ein Jahr zuvor hatte er knapp zehn Prozent mehr bekommen. Über seinen patriarchalen Politikstil rümpfte seine Stellvertreterin Katja Kipping sogar öffentlich die Nase.

Seine politischen Positionen sind eher wechselhaft – als käme es auf den Inhalt seiner Botschaften nicht sonderlich an. So machte sich Lafontaine 1988 öffentlich für Arbeitszeitverkürzungen ohne vollen Lohnausgleich stark und erklärte, auch die Gewerkschaften trügen Mitverantwortung für die Höhe der Arbeitslosigkeit. Heute präsentiert er sich dagegen als Vorkämpfer der Arbeitnehmer, wettert gegen die Lohnzurückhaltung der letzten Jahre und betont: »Wer jetzt stagnierende Löhne predigt, koppelt die Beschäftigten endgültig vom Aufschwung ab.«[232] 1992 war er maßgeblich am sogenannten Asylkompromiss beteiligt, der zu einer Änderung des Grundgesetzes und einer gravierenden Einschränkung des Asylrechts führte. Inzwischen heißt es in den von ihm mitformulierten »Programmatischen Eckpunkten« der LINKEN: »Wir setzen uns für die Wiederherstellung des Grundrechts auf Asyl ein.«[233] 1993 forderte er zudem, »den Versuch zu stoppen, den Lebensstandard im Osten in kürzester Frist auf Westniveau zu bringen«. Die von ihm geführte LINKE sagt heute dagegen: »Wir fordern gleichen Lohn für gleiche Arbeit und die Beseitigung aller Diskriminierungen Ostdeutscher im Rentensystem.«[234]

Die Liste seiner entgegengesetzten Stellungnahmen ist lang. Einige davon hat die SPD bereits genüsslich weiterverbreitet.[235] 1993 erklärte er zum Beispiel: »Um bestehende Arbeitsplätze zu sichern und neue zu schaffen, müssen auch die Kosten für den Faktor Arbeit sinken. Die gesetzlichen Lohnnebenkosten müssen gesenkt werden.« 2006 rief er dagegen beim DGB-Bundeskongress aus, wenn die anderen Parteien sagten, sie wollten die Lohnnebenkosten senken, dann bedeute dies »nichts anderes als: ›Wir wollen das Geld für Arbeitslose, für Rentner, für Kranke und für Pflegebedürftige kürzen‹«.[236] 1995 meinte er im *Focus*: »Wir können auf die ständig steigende Lebenserwartung nicht mit immer kürzerer Lebensarbeitszeit reagieren.« Im Gegensatz dazu erklärte er 2006 im Bundestag, längere Lebensarbeitszeiten seien »schlicht schwachsinnig«, denn »in unserem Land suchen fünf Millionen Menschen Arbeit«.[237] 1997 betonte er: »Wenn gesellschaftliche Aufgaben durch private Anbieter besser und preiswerter erledigt werden können, dann haben die Bürger ein Recht darauf, dass die für sie beste Lösung gewählt wird, das heißt dann: Privatisierung.« Doch heute meint der LINKEN-Chef: »Die neoliberale Privatisierung der Energiewirtschaft führt zu Monopolpreisen und zu Abzockerei«, weshalb Telekom, Post und Stromwirtschaft in die öffentliche Hand gehörten.[238] 1998 verlangte er, »dass der Sozialstaat seine Leistungen auf die wirklich Bedürftigen konzentriert«, und beklagte, »dass es viele Fälle gibt, in denen jemand hohes Arbeitslosengeld bezieht, obwohl Familieneinkommen und Vermögen da sind«. Inzwischen fordert er hingegen, länger das einkommensabhängige Arbeitslosengeld I zu zahlen und beim Bezug von Arbeitslosengeld II nicht mehr das eigene Vermögen anzurechnen, denn »das ist eine brutale Enteignung der älteren Arbeitnehmerinnen und Arbeitnehmer. Das kann man niemals so akzeptieren.«[239]

Zuweilen hat man das Gefühl, dass sich Lafontaine an seinen Provokationen selbst berauscht. Sein Ton ist mit den Jahren immer schriller geworden. Unvergessen ist seine Rede im Juni 2005 in Chemnitz, als der neue Spitzenmann eines Linksbündnisses erklärte, der Staat sei »verpflichtet zu verhindern, dass Familienväter und -frauen arbeitslos werden, weil Fremdarbeiter zu niedrigen Löhnen ihnen die Arbeitsplätze wegnehmen«.[240] Statt nach der massiven Kritik, auch aus dem eigenen Lager, zurückzurudern, setzte er noch eins drauf und sagte beim WASG-Parteitag: »Viele sagen, das Wort Fremdarbeiter sei nationalsozialistisch geprägt. Ich fordere hier die Öffentlichkeit auf, den Beweis dafür anzutreten. Denn die Nationalsozialisten waren nicht fremdenfeindlich, sondern rassistisch. Denn Fremde wurden hier sehr wohl beschäftigt, sofern sie arischer Abstammung waren.«[241] In seinem damals erschienenen Buch *Politik für alle* werden Vertreter der Wirtschaftsverbände ausgerechnet von Deutschlands Oberpopulisten als »neoliberale Volksverdummer« bezeichnet und die Übernahme englischer Wörter in die deutsche Sprache als »Indiz der geistigen Unterwerfung unter die Großmacht USA«.[242] 2008 provozierte er die Öffentlichkeit mit der Ankündigung, Teile des *Kommunistischen Manifests* in das nächste Parteiprogramm der LINKEN aufzunehmen, wenig später erklärte er Investmentbanker pauschal zu Kriminellen.[243]

In der SPD sind deshalb viele der Überzeugung, dass Lafontaines zweite Polit-Karriere ausschließlich auf Rachsucht und Profilneurose beruhe. Er verfolge, so SPD-Generalsekretär Hubertus Heil, nur noch das Ziel, die SPD zu schädigen und sein Ego aufzupolieren.[244] Tatsächlich wirken viele seiner radikalen Parolen merkwürdig aufgesetzt, denn vom Habitus her ist er alles andere als ein Arbeiterführer. Als er noch bei der SPD war, gehörte er zur sogenannten Toskana-Fraktion. Damals wurde kolportiert, er hätte, als er Ministerpräsident wurde, in die Bundesvertretung des Saarlandes erst einmal einen guten Koch geschickt. Seine pekuniären Interessen hat er nicht nur bei der »Pensionsaffäre« zu wahren gewusst. Auch nach seinem Rücktritt 1999 spielte er bei der Suche nach einem Verlag für sein Buch *Das Herz schlägt links* die verschiedenen Interessenten so lange gegeneinander aus, bis er ein exorbitant hohes Honorar zugesichert bekam. Wenig später schloss er mit dem Axel-Springer-Verlag einen Vertrag über eine Tageskolumne, für die er fünf Jahre lang monatlich 5000 Euro erhielt – neben seinen sonstigen Bezügen als ehemaliger Oberbürgermeister, Ministerpräsident und Bundestagsabgeordneter.

Selbst Lafontaines Mitstreiter, der LINKEN-Europaabgeordnete Brie, erklärte 2005: »Ich finde, dass die Glaubwürdigkeit eines linken Politikers auch von dem Umgang mit seinen eigenen Privilegien und von einer bestimmten Bescheidenheit abhängt.« Er stimme den Kritikern in seiner Partei zu, die Oskar Lafontaine als »Luxus-Linken« bezeichneten. Später korrigierte sich Brie dann jedoch plötzlich, als hätte ihn jemand zurückgepfiffen, und meinte, Lafontaine habe »das Recht, so zu leben wie er es möchte und sich erarbeitet hat«. Es habe in der Linken immer Menschen mit Wohlstand gegeben wie zum Beispiel Friedrich Engels.[245] 2009 will der Politrentner bei der Landtagswahl im Saarland als Spitzenkandidat antreten. Mit dem einstigen Landesvater an der Spitze sagen Umfragen der LINKEN ein Ergebnis von über zwanzig Prozent voraus. Vielleicht kann sie sogar die SPD unter ihrem blassen Parteichef Heiko Maass schlagen und dann mit ihr eine Koalition bilden.»Derjenige, der die meisten Stimmen hat, stellt den Ministerpräsidenten«, verkündete Lafontaine bereits, als er im August 2008 von seinen Genossen mit 92,4 Prozent nominiert wurde.[246] Doch will Lafontaine wirklich mit sechsundsechzig Jahren noch einmal dort anfangen, wo er mit zweiundvierzig Jahren schon einmal stand? Und warum will er dann erneut als Spitzenkandidat seiner Partei für den Bundestag kandidieren?

Wahrscheinlicher ist, dass es ihm tatsächlich um etwas anderes geht – die Demütigung der Partei, in der er vor zehn Jahren scheiterte. Das scheint ihm bisher zu gelingen. Der Zustand der SPD ist besorgniserregend, und das hat vor allem mit der Konkurrenz am linken Rand zu tun. Noch steuert die Republik nicht auf Weimarer Verhältnisse zu, weil sie aus einer anderen Ausgangslage kommt: Hinter ihr liegt kein Weltkrieg, sondern eine Ära großer Stabilität. Doch die Krisenzeichen mehren sich, die Zeiten bundesrepublikanischer Idylle dürften endgültig zu Ende gehen. Populisten und Demagogen, die zur Lösung der gravierenden Probleme nichts beizutragen haben, können in einer solchen Situation sehr gefährlich werden – erst recht, wenn sie sich mit den Erben einer abgewirtschafteten Diktatur verbünden.

Epilog

Zwanzig Jahre nach dem Ende des Kommunismus drängen die Erben der SED erneut an die Macht. Verstärkt durch westdeutsche Sektierer und gescheiterte Linkssozialdemokraten, wollen sie Deutschland noch einmal zum Sozialismus führen. Mit den antiquierten Konzepten marxistischer Theoretiker soll in der Bundesrepublik die »Herrschaft des Kapitals« überwunden werden.

Wohin diese Utopie aus dem 19. Jahrhundert führt, haben die Deutschen schon einmal erlebt. Als die SED nach 1945, gestützt auf die Bajonette der Roten Armee, in Ostdeutschland den Sozialismus errichtete, verstaatlichte sie nicht nur Banken und Industrie, sondern beseitigte auch schrittweise die Freiheit. Um ihr weltfremdes System zu schützen, schuf sie einen gigantischen Überwachungsapparat, verfolgte Hunderttausende Unschuldige und versah ihr Herrschaftsgebiet mit einer tödlichen Grenze. Als das Regime nach vierzig Jahren endlich gestürzt werden konnte, blieb ein heruntergekommenes, traumatisiertes Land zurück.

Dass die dafür verantwortliche Partei 1990 nicht aufgelöst wurde, gehört zu den bleibenden Makeln der jüngsten deutschen Geschichte. Durch Täuschung und Betrug konnte sie sich nahezu unbeschadet in die neue Zeit retten. Die Verantwortung dafür trägt in erster Linie Gregor Gysi, der die SED nicht nur vor dem Untergang rettete, sondern auch das Zusammenwachsen von Ost und West massiv sabotierte.

Salonfähig wurde die PDS vor allem durch die SPD. Aus purem Machtstreben kündigte diese in den 1990er Jahren den antitotalitären Konsens auf und diffamierte öffentlich die Ausgrenzung der SED-Nachfolger. Wolfgang Thierse, Harald Ringstorff und Reinhard Höppner haben damit nicht nur der Demokratie einen schlechten Dienst erwiesen, sondern auch ihre eigene Partei in eine tiefe Krise gestürzt.

Dass die umbenannte SED auch noch im Westen Fuß fassen konnte, haben Oskar Lafontaine und die Gründer der WASG zu verantworten. Zu einer Zeit, als die Westausdehnung der PDS praktisch gescheitert war, sind sie ihr unversehens zu Hilfe gekommen. Als Steigbügelhalter beim Wiederaufstieg der Partei hat sich nicht zuletzt ein erheblicher Teil der Medien betätigt.

Die Ideen, die zur Katastrophe des Kommunismus führten, werden von der LINKEN heute in anderer Verpackung erneut propagiert. Mit großspurigen sozialen Versprechungen will man die Menschen dazu verführen, den gescheiteren Konzepten noch einmal zu folgen. Zugute kommt ihr dabei, dass die bedrückende Erfahrung des real existierenden Sozialismus zunehmend in Vergessenheit gerät. Die Partei hat sich zudem ein demokratisches Mäntelchen umgehängt und überschlägt sich mit Bekenntnissen zu Freiheit und Demokratie. Ausgerechnet diejenigen, die die Bundesrepublik vierzig Jahre lang bekämpft haben, berufen sich ungeniert aufs Grundgesetz.

Mit dieser Methode hat die Partei schon einmal versucht, die Menschen irrezuführen. Auch die DDR nannte sich »demokratische Republik«, und der kommunistisch beherrschte Ostteil Berlins wurde als »demokratischer Sektor« tituliert. Als die SED nach 1945 ihre Diktatur errichtete, bezeichnete sie dies als »antifaschistisch-demokratische Umwälzung«.

Dass eine demokratisch gewählte Partei keineswegs demokratisch sein muss, wissen die Deutschen spätestens seit dem Aufstieg der NSDAP. Die Mitglieder und Funktionäre der LINKEN mögen zwar ernsthaft daran glauben, dass sie mit ihren Vorstellungen eine bessere Welt errichten können; doch dieser Auffassung waren auch viele SED-Funktionäre und Millionen Anhänger des Kommunismus auf der ganzen Welt. Gerade darin lag ein wesentlicher Grund für die Anziehungskraft der sozialistischen Idee, ebendies macht sie auch heute noch gefährlich.

Die Vergangenheit lehrt, dass man auch mit guter Absicht unendliches Unheil über die Welt bringen kann. Utopien, die den Menschen das Paradies auf Erden versprachen, haben sich meist als besonders verhängnisvoll erwiesen. Vierzig Jahre DDR sollten eigentlich ausreichen, denselben Fehler nicht noch einmal zu begehen.

Die Erfahrung des real existierenden Sozialismus zeigt, dass wirtschaftliche und politische Freiheit nicht zu trennen sind. Wer das eine abschaffen will, muss auch das andere beseitigen, weil es immer Menschen gibt, die sich der verordneten Gleichheit widersetzen. Freiheit und Gleichheit, Demokratie und Sozialismus sind, wie die Geschichte schmerzhaft vorgeführt hat, eben nicht miteinander vereinbar.

Es wird nicht leicht sein, das Gespenst des Kommunismus wieder zu verscheuchen. Alle, denen die Demokratie am Herzen liegt, tragen dafür eine Mitverantwortung. Die Parteien müssen wieder eine entschlossene Politik für Freiheit und Wohlstand betreiben, statt nur den Status quo zu verwalten oder der LINKEN hinterherzulaufen. Bündnisse mit der LINKEN müssen tabu bleiben, solange sich in ihren Reihen Diktaturverherrlicher und belastete SED- und Stasi-Kader tummeln. Journalisten dürfen den linken Demagogen nicht länger eine Plattform bieten. Jeder Einzelne ist dafür verantwortlich, dass die Ewiggestrigen von links genauso klar in ihre Schranken verwiesen werden wie die von rechts. Dann gibt es durchaus eine Chance, Honeckers Erben auf den Müllhaufen der Geschichte zu befördern, auf dem die DDR zu Recht gelandet ist.

Abkürzungen

ADN	Allgemeiner Deutscher Nachrichtendienst (DDR)
AL	Alternative Liste
Antifa	Antifaschismus
AOK	Allgemeine Ortskrankenkasse
ARD	Arbeitsgemeinschaft der öffentlich-rechtlichen Rundfunkanstalten der Bundesrepublik Deutschland
BDVP	Bezirksdirektion der Volkspolizei (der DDR)
BKA	Bundeskriminalamt
BStU	Bundesbeauftragte für die Unterlagen des Ministeriums für Staatssicherheit der DDR
BuArch Bln	Bundesarchiv Berlin
BV	Bezirksverwaltung
BvS	Bundesanstalt für vereinigungsbedingte Sonderausgaben
CeBIT	Centrum für Büroautomation, Informationstechnologie und Telekommunikation
ČSSR	Tschechoslowakische Sozialistische Republik
DBD	Demokratische Bauernpartei Deutschlands
DDR	Deutsche Demokratische Republik
DFU	Deutsche Friedensunion
DKP	Deutsche Kommunistische Partei
DS	Demokratische Sozialisten
DSU	Deutsche Soziale Union

DVP	Deutsche Volkspolizei (DDR)
DVZ	Deutsche Volkszeitung
EKKI	Exekutivkomitee der Kommunistischen Internationale
Farc	Fuerzas Armadas Revolucionarias de Colombia, kolumbianische Guerillabewegung
FDGB	Freier Deutscher Gewerkschaftsbund (DDR)
FDJ	Freie Deutsche Jugend (DDR)
GAL	Grün-Alternative Liste (Hamburg)
GBM	Gesellschaft für Bürgerrecht und Menschenwürde e.v.
GdP	Gewerkschaft der Polizei
GD/SD	Geraer Dialog/Sozialistischer Dialog
GEW	Gewerkschaft Erziehung und Wissenschaft
GMS	Gesellschaftlicher Mitarbeiter für Sicherheit
GRH	Gesellschaft zur rechtlichen und humanitären Unterstützung e.V.
Gulag	Glawnoje Uprawlenije Isprawitelnotrudowych Lagerej i koloni (Hauptverwaltung der Besserungsarbeitslager der Sowjetunion)
HBV	Gewerkschaft Handel-Banken-Versicherungen
HFF	Hochschule für Film und Fernsehen (DDR)
HIAG	Hilfsgemeinschaft auf Gegenseitigkeit
HJ	Hitlerjugend
HVA	Hauptverwaltung Aufklärung (Auslandsnachrichtendienst der DDR)
IG	Industriegewerkschaft
IM	Inoffizieller Mitarbeiter (der DDR-Staatssicherheit)
IMA	Inoffizieller Mitarbeiter mit Arbeitsakte

IMK	Inoffizieller Mitarbeiter zur Sicherung der Konspiration
IMK/DT	IM, die die Benutzung ihres Telefons für konspirative Vorgänge zuließen (Decktelefon)
IMS	Inoffizieller Mitarbeiter Sicherheit
IPW	Institut für Internationale Politik und Wirtschaft (DDR)
ISOR	Initiativgemeinschaft zum Schutz der sozialen Rechte ehemaliger Angehöriger bewaffneter Organe und der Zollverwaltung der DDR
KB	Kommunistischer Bund
KI, Komintern	Kommunistische Internationale
Komsomol	Kommunistitscheski Sojus Molodjoschi (Jugendorganisation der KPdSU)
KP	Kontaktperson
KP	Kommunistische Partei
KPD	Kommunistische Partei Deutschlands
KPF	Kommunistische Plattform
KPdSU	Kommunistische Partei der Sowjetunion
KSZE	Konferenz für Sicherheit und Zusammenarbeit in Europa
KZ	Konzentrationslager
LDPD	Liberal-Demokratische Partei Deutschlands
LPG	Landwirtschaftliche Produktionsgenossenschaft
LR	Linksruck
LSK	Landesschiedskommission
MdB	Mitglied des Bundestags
MdL	Mitglied des Landtags
MF	Marxistisches Forum
MfS	Ministerium für Staatssicherheit
MSB	Marxistischer Studentenbund

M/V	Mecklenburg-Vorpommern
NATO	North Atlantic Treaty Organization
NDPD	Nationaldemokratische Partei Deutschlands
NKWD	Narodny Kommissariat Wnutrennich Djel, (sowj.) Volkskommissariat für innere Angelegenheiten (Innenministerium)
NRW	Nordrhein-Westfalen
NS	Nationalsozialismus
NSDAP	Nationalsozialistische Arbeiterpartei Deutschlands
NVA	Nationale Volksarmee (Streitkräfte der DDR)
OKV	Ostdeutsches Kuratorium von Verbänden
PDS	Partei des demokratischen Sozialismus
PID	*Parteiinformationsdienst* (der PDS)
RAF	Rote Armee Fraktion
RGO	Revolutionäre Gewerkschaftsopposition
SA	Sturmabteilung (paramilitärische Kampforganisation der NSDAP)
SALZ	Soziales, Arbeit, Leben & Zukunft (Bildungsgemeinschaft SALZ e. V.)
SAPMO	Stiftung Archiv der Parteien und Massenorganisationen der DDR
SAV	Sozialistische Alternative – Voran
SDAJ	Sozialistische Deutsche Arbeiterjugend
SDP	Sozialdemokratische Partei
SDS	Sozialistisch-Demokratischer Studierendenverband
SED	Sozialistische Einheitspartei Deutschlands
SL	Sozialistische Linke
SMAD	Sowjetische Militäradministration in Deutschland
SPD	Sozialdemokratische Partei Deutschlands
SS	Schutzstaffel (Eliteformation der NSDAP)

Stasi	Staatssicherheit(sdienst), MfS
SWT	Sektor Wissenschaft und Technik (HVA)
taz	*die tageszeitung*
UN(O)	United Nations (Organization), Vereinte Nationen
UNESCO	United Nations Educational, Scientific and Cultural Organization
USPD	Unabhängige Sozialdemokratische Partei Deutschlands
VDJ	Vereinigung demokratischer Juristen
VKPD	Vereinigte Kommunistische Partei Deutschlands
VP	Volkspolizei (DDR)
VVN/BdA	Vereinigung der Verfolgten des Naziregimes/Bund der Antifaschisten
WASG	Wahlalternative Arbeit & soziale Gerechtigkeit
WF	Werk für Fernsehelektronik
ZDF	Zweites Deutsches Fernsehen
ZK	Zentralkomitee

Anmerkungen

I. Herkunft

1 Gregor Gysi, »›Wisst ihr was: Wir werden wichtiger. Na und!‹ Schlusswort des Vorsitzenden der Fraktion DIE LINKE. Im Deutschen Bundestag, 15. Juni 2007«, http://archiv2007.sozialisten.de/partei/parteitag/pt1003/view_html/zid35932/bs1/no.
2 Dietmar Bartsch, Erklärung zum 80. Jahrestag der Gründung der KPD vom 29. Dezember 1998.
3 »7. Wie ›alt‹ ist die neue LINKE?«, http://die-linke.de/partei/geschichte/fragen_und_antworten_zur_auseinandersetzung_mit_der_geschichte/7_wie_alt_ist_die_neue_linke/.
4 Rosa Luxemburg, »Was will der Spartakusbund?«, in: dies., *Gesammelte Werke*, Band 4, S. 442–451.
5 H. Weber (Hg.), *Der deutsche Kommunismus*, S. 38 f.
6 Rosa Luxemburg, »Zur russischen Revolution«, in: dies., a.a.O., S. 332–365, hier S. 359 ff.
7 Rosa Luxemburg, »Auf die Schanzen«, in: dies., a.a.O., S. 452–456, hier S. 455.
8 Rosa Luxemburg, »Eberts Mamelucken«, in: dies., a.a.O., S. 466–469, hier S. 467.
9 Rosa Luxemburg, »Versäumte Pflichten«, in: dies., a.a.O., S. 521–524, hier S. 521.
10 Zit. nach: M. Scharrer, »*Freiheit ist immer ...*«, S. 140.
11 Rosa Luxemburg, »Versäumte Pflichten«, in: dies., a.a.O., S. 521–524, hier S. 524.
12 Rosa Luxemburg, »Das Versagen der Führer«, in: dies., a.a.O., S. 525–528, hier S. 528.
13 Zit. nach: M. Scharrer, »*Freiheit ist immer ...*«, a.a.O., S. 160.
14 Rosa Luxemburg, »Die Ordnung herrscht in Berlin«, in: dies., a.a.O., S. 533–538, hier S. 538.
15 Karl Liebknecht, »Trotz alledem!«, in: ders. *Gesammelte Reden und Schriften*, Bd. IX, S. 675–679, hier S. 676.

16 *Neues Deutschland*, 28. Januar 1988.
17 »Nelken, Tränen, Lafontaine«, *Der Tagesspiegel*, 14. Januar 2008.
18 »Kommunistisches Gedankengut prägte das 20. Jahrhundert mit«. Dietmar Bartsch zum 80. Jahrestag der Gründung der KPD, http://archiv2007.sozialisten.de/partei/klh/geschichte/view_html?pp=1&zid=3354.
19 Rosa-Luxemburg-Stiftung, *Geschäftsbericht 2006/2007*, Berlin 2007, S. 2.
20 »Die Geschichte des Karl-Liebknecht-Hauses«, http://archiv2007.sozialisten.de/partei/klh/geschichte/index.htm.
21 »Liebknecht, Luxemburg und Lafontaine«, *Berliner Zeitung*, 16. Januar 2006.
22 »Die SPD hat die Ehre der Weimarer Republik gerettet«, http://einestages.spiegel.de/static/topicalbumbackground/1767/_die_spd_hat_die_ehre_der_weimarer_republik_gerettet.html.
23 W. T. Angress, *Die Kampfzeit der KPD 1921–1923*.
24 *Rote Fahne*, 12. April 1925, zitiert nach H. A. Winkler, *Arbeiter und Arbeiterbewegung in der Weimarer Republik*, S. 238 f.
25 Protokoll 6. Komintern-Kongreß 1928, Band I, S. 16 ff. und 302.
26 H. Weber (Hg.), *Der Deutsche Kommunismus*, S. 185 f.
27 Ebenda, S. 151 f.
28 Walter Ulbricht, »Rede vom 15. Dezember 1930«, in: ders., *Geschichte der Arbeiterbewegung*, Bd. 1, S. 512.
29 Resolution des Politbüros der KPD vom 4. Juni 1930, zit. in: *Zur Geschichte der Kommunistischen Partei Deutschlands*, S. 276.
30 Ernst Thälmann, Rede auf der ZK-Sitzung vom Februar 1932, zit. in: H. Weber, *Der deutsche Kommunismus*, S. 157 f.
31 Dmitri Manuilski, Rede auf dem XII. EKKI-Plenum, September 1932, *Kommunistische Internationale*, Nr. 15/16, S. 606.
32 Aus dem Referat Ernst Thälmanns auf der Tagung des ZK der KPD im Sporthaus Ziegenhals, http://www.contraer.de/ziegenhals/referat.htm, S. 1 f.
33 F. Heckert, *Was geht in Deutschland vor?*.
34 http://www.contraer.de/ziegenhals/bisky.htm.
35 Katja Kipping, Rede beim Ernst-Thälmann-Meeting anlässlich des 60. Jahrestages seiner Ermordung, 18. August 2004, http://www.contraer.de/ziegenhals/kippling.htm.
36 Ulla Jelpke, Rede zum 122. Geburtstag von Ernst Thälmann, 20. April 2008, http://ulla-jelpke.de/news_detail.php?newsid=833.
37 »Die Proteste werden lauter – gegen Abriss oder Verlagerung der

Ernst-Thälmann-Gedenkstätte!«, in: *Kommunistische Arbeiterzeitung* Nr. 312, S. 39, http://www.kaz-online.de/pdf/312/312_38.pdf, S. 39.

38 Petra Pau, »›Ziegenhals‹ ist wichtig!« Kundgebung zum Erhalt der Thälmann-Gedenkstätte, http://www.petrapau.de/pds/dok/050417_zie genhals.htm.

39 »Die Proteste werden lauter – gegen Abriss oder Verlagerung der Ernst-Thälmann-Gedenkstätte!«, a. a. O., S. 38.

40 Landtag Brandenburg, Plenarprotokoll 4/13 vom 14. April 2005, S. 741–745.

41 Heinz Karl, »Ernst Thälmann in unserer Zeit«, August 2006, http://archiv2007.sozialisten.de/politik/publikationen/geschichtskorrespon denz/view_html?pp=1&zid=33707.

42 Programm der Linkspartei.PDS, beschlossen auf der 2. Tagung des 8. Parteitages am 25./26. Oktober 2003, überarbeitet entsprechend Parteitagsbeschluss zur Namensänderung vom 17. Juli 2005, S. 51.

43 Hermann Weber, »Hotel Lux. Die deutsche kommunistische Emigration in Moskau«, *Die Politische Meinung*, Nr. 443, Oktober 2006, S. 59.

44 M. Djilas, *Gespräche mit Stalin*, S. 139.

45 W. Leonhard, *Die Revolution entläßt ihre Kinder*, S. 296–369, hier S. 358.

46 Aufruf der Kommunistischen Partei Deutschlands vom 11. 6. 1945, zit. nach Erler/Laude/Wilke (Hg.), »*Nach Hitler kommen wir*«, S. 390–397, hier S. 394.

47 Befehl des Volkskommissars für Inneres Nr. 0016 »Über Maßnahmen zur Säuberung des Hinterlandes der Roten Armee von feindlichen Elementen« vom 11. Januar 1945, dokumentiert in: Mironenko/Niethammer/von Plato (Hg.), *Sowjetische Speziallager in Deutschland*, Bd. 2, S. 142–146.

48 SED-Parteivorstand, Beschluss vom 29. Juli 1948, zit. nach: Herbst/Stephan/Winkler, *Die SED*, S. 29.

49 Hilger/Schmeitzner/Schmidt (Hg.), *Sowjetische Militärtribunale*, Bd. 2, S. 334 f.

50 Programm der Linkspartei.PDS, beschlossen auf der 2. Tagung des 8. Parteitages am 25./26. Oktober 2003, überarbeitet entsprechend Parteitagsbeschluss zur Namensänderung vom 17. Juli 2005, S. 51. Fast wortgleich auch: Grundsatzprogramm der PDS, beschlossen auf dem 3. Parteitag vom 29. bis 31. Januar 1993, S. 6.

51 8. Mai 1945. Erklärung der Historischen Kommission beim Parteivorstand der PDS zum 60. Jahrestag der Befreiung vom Faschismus,

5. April 2005, http://archiv2007.sozialisten.de/partei/geschichte/view_html?pp=1&zid=26862.
52 »8. Mai 1945 – Tag der Befreiung. Politische Erklärung des Parteivorstands der PDS zum 60. Jahrestag der Befreiung, 18. April 2005«, http://archiv2007.sozialisten.de/partei/geschichte/view_html?pp=1&zid=26903.
53 Lothar Bisky, »Für PDS 8. Mai Tag der Befreiung von Faschismus und Krieg«, http://archiv2007.sozialisten.de/politik/publikationen/auslandsbulletin/view_html?zid=26580&bs=1&n=0.
54 Jan Korte, »Widersprüchliche Entwicklung. Zum 90. Jahrestag der Gründung der KPD«, 30. Dezember 2008, http://die-linke.de/politik/aktuell/nachrichten/detail/zurueck/nachrichten/artikel/widerspruechliche-entwicklung/.
55 »Das Manifest des Chef-Linken Oskar Lafontaine«, *Die Welt*, 14. April 2008. »Zurück in führender Rolle«, *Der Tagesspiegel*, 8. Dezember 2008.
56 Historische Kommission der PDS, »Zum Zusammenschluss von KPD und SPD, Dezember 1995«, http://archiv2007.sozialisten.de/partei/geschichte/view_html?pp=1&zid=3364.
57 »Halbherzige Entschuldigung für Zwangsvereinigung«, SPIEGEL ONLINE, 18. April 2001.
58 PDS-Parteivorstand, »Auseinandersetzung mit der Geschichte nicht instrumentalisieren«, Erklärung vom 6. Mai 2001, http://archiv2007.sozialisten.de/partei/geschichte/view_html?zid=3344&bs=31&n=31.
59 »Zum 60. Jahrestag der Gründung der SED. Stellungnahme des Sprecherrates der Historischen Kommission beim Parteivorstand der Linkspartei.PDS«, http://archiv2007.sozialisten.de/partei/geschichte/view_html?pp=1&n=5&bs=1&zid=32372.
60 »Streit um SED bringt Koalition in die Krise«, *Berliner Zeitung*, 2./3. Dezember 2006.
61 »Wir haben uns für den Zwang entschuldigt«, http://www.tagesspiegel.de/berlin/;art;1944824.
62 »Lafontaine: SPD ist für SED-Gründung mitverantwortlich«, *Der Tagesspiegel*, 3. September 2008.
63 »Wie Lafontaine sich selbst umdeutet«, SPIEGEL ONLINE, 4. September 2008, http://www.spiegel.de/politik/deutschland/0,1518,druck-576200,00.html.
64 Programm der Linkspartei.PDS, beschlossen auf der 2. Tagung des 8. Parteitages am 25./26. Oktober 2003, überarbeitet entsprechend Parteitagsbeschluss zur Namensänderung vom 17. Juli 2005, S. 3.

65 »Beschluss der II. Parteikonferenz der Sozialistischen Einheitspartei Deutschlands zur gegenwärtigen Lage und zu den Aufgaben im Kampf für Frieden, Einheit, Demokratie und Sozialismus«, in: *Dokumente der SED*, Bd. IV, S. 70–78, hier S. 73.
66 Protokoll Nr. 5/53 des Politbüros der SED, Anlage Nr. 2, SAPMO Bu-Arch DY 30 J IV 2/2/259.
67 *Schweriner Volkszeitung*, 18. März. 1953.
68 Hertle/Stephan (Hg.), *Das Ende der SED*, S. 72.
69 Rede des Ministers des Innern vor den Chefs der BDVP am 21.10.1989; BStU, ZA, ZAIG 8637, Bl. 1–81, hier Bl. 22.
70 Gerhard Schürer, Persönliche Aufzeichnungen, Politbüro 17. Oktober 1989, Barch/P, E-1-56321, zit. nach Hertle/Stephan (Hg.), *Das Ende der SED*, S. 53.
71 Zentrum für Theaterdokumentation und -information, *Wir treten aus unseren Rollen heraus*, S. 219–221.
72 Gerhard Schürer, »Analyse der ökonomischen Lage der DDR mit Schlussfolgerungen. Vorlage für das Politbüro des ZK der SED vom 30. Oktober 1989«, *Deutschland Archiv*, Nr. 10/1992, S. 1112 ff.
73 Programm der Linkspartei.PDS, beschlossen auf der 2. Tagung des 8. Parteitages am 25./26. Oktober 2003, überarbeitet entsprechend Parteitagsbeschluss zur Namensänderung vom 17. Juli 2005, S. 51.
74 »Was sagt Die Linke zur DDR?«, http://die-linke.de/partei/geschichte/fragen_und_antworten_zur_auseinandersetzung_mit_der_geschichte/3_was_sagt_die_linke_zur_ddr/.
75 Das Manifest des Chef-Linken Oskar Lafontaine, *Die Welt*, 14. April 2008.
76 Hornbogen/Nakath/Stephan (Hg.), *Außerordentlicher Parteitag der SED/PDS*, S. 142 f. Vgl. dazu auch Th. Falkner, »›Putsch‹ oder ›Sturm aufs Große Haus‹?«, S. 156 f.
77 M. Schumann, »PDS: Geschichte und Politik«, in: Bisky/Czerny/Mayer/Schumann, *Die PDS – Herkunft und Selbstverständnis*, S. 21–35, hier S. 24.
78 Hornbogen/Nakath/Stephan (Hg.), *Außerordentlicher Parteitag der SED/PDS*, Rede Schumann S. 178–192, hier S. 186.
79 Ebenda, S. 182.
80 Ebenda, S. 186.
81 Ebenda, S. 188.
82 Ebenda, S. 189.
83 Ebenda, S. 183.
84 Ebenda, S. 191.

85 Ebenda, S. 181 f.
86 Ebenda, S. 179.
87 *Superillu*, 13. September 2007, http://die-linke.de/partei/geschichte/.
88 Von einem Redner wurde kritisiert, dass Schumann in der Vergangenheit mit einem Standpunkt aufgetreten sei, »der nicht der gegenwärtigen Linie der Partei entspricht«. Hornbogen/Nakath/Stephan (Hg.), *Außerordentlicher Parteitag der SED/PDS*, S. 176.
89 M. Schumann, »PDS: Geschichte und Politik«, S. 23 f. und S. 33.
90 Vgl. Bisky/Heuer/Schumann, »*Unrechtsstaat?*«. Volkmar Schöneburg, »Unrechtsstaat DDR?«.
91 Erweiterte Präsidiumssitzung des Ostdeutschen Kuratoriums von Verbänden, *ISOR aktuell*, Nr. 1/2005, S. 2.
92 »Empörung über Modrow«, *Frankfurter Allgemeine Zeitung*, 29. April 2006.
93 Programm der PDS, beschlossen von der 1. Tagung des 3. Parteitages der PDS, 29. bis 31. Januar 1993, S. 8.
94 Programm der Linkspartei.PDS, beschlossen auf der 2. Tagung des 8. Parteitages am 25./26. Oktober 2003, überarbeitet entsprechend Parteitagsbeschluss zur Namensänderung vom 17. Juli 2005, S. 51.
95 Traueranzeige für Markus Wolf, *Neues Deutschland*, 17. November 2006.
96 »Nachhut der Arbeiterklasse«, *Der Spiegel*, 18. August 2008, S. 29.
97 Lothar Bisky, »Zum 25. Todestag Walter Ulbrichts. Erklärung vom 31. Juli 1998«, http://8euro-mindestlohn.de/partei/geschichte/view_html?pp=1&n=47&bs=41&zid=3361.
98 Gabi Zimmer, »Zum 125. Geburtstag von Wilhelm Pieck«. Erklärung vom 3. Januar 2001, http://8euro-mindestlohn.de/partei/geschichte/view_html?zid=3348&bs=31&n=34.
99 »Wilhelm Pieck in unserer Zeit«, http://archiv2007.sozialisten.de/politik/publikationen/geschichtskorrespondenz/view_html?pp=1&n=2&bs=1&zid=3422.
100 Heinz Karl, »Wilhelm Pieck an einem Wendepunkt deutscher Geschichte«, Mitteilungen der Kommunistischen Plattform der Linkspartei.PDS, Januar 2006, http://archiv2007.sozialisten.de/politik/publikationen/ppf-mitteilungen/view_html?pp=1&n=6&bs=1&zid=31357.
101 Horst Schneider, »Anmerkungen zur Aktualität der Auseinandersetzungen um das Bild über Otto Grotewohl«, Geschichtskorrespondenz: Juli 2004, http://archiv2007.sozialisten.de/politik/publikationen/geschichtskorrespondenz /view_html?pp=1&zid=23364.

102 Wolfgang Triebel, »Otto Grotewohl in unserer Zeit; Geschichtskorrespondenz«: Juli 2004, http://archiv2007.sozialisten.de/politik/publikationen/geschichtskorrespondenz/view_html?pp=1&n=2&bs=1&zid=23363.
103 »Der Arbeiteraufstand – was geschah am 17. Juni 1953?«, *Neues Deutschland*, 3./4. Mai 2003.
104 Autorenkollektiv, *Von den Anfängen*, S. 163.
105 »Ein Urteil über die Geschichte, über das Recht. Stellungnahme des Parteivorstandes der PDS zur Verurteilung von Egon Krenz und anderen«, *PID*, Nr. 35, 29. August 1997, S. 8–10.
106 »Zwangsvereinigung kein Parteitags-Thema«, *Der Tagesspiegel*, 23. April 2001.
107 »Mauer im Kopf«, *Der Tagesspiegel*, 26. Juni 2001.
108 »Die PDS hat sich vom Stalinismus der SED unwiderruflich befreit«. Erklärung des Parteivorstandes der PDS zum 13. August 2001.
109 »Wie steht DIE LINKE zur ›Mauer‹?«, http://die-linke.de/partei/geschichte/fragen_und_antworten_zur_auseinandersetzung_mit_der_geschichte/4_wie_steht_die_linke_zur_mauer/.
110 »Die Mauer verläuft durch die PDS«, *Der Tagesspiegel*, 24. August 2005.
111 »›Ich war kein Held‹. Interview mit Hans Modrow«, *Cicero*, Mai 2006. Vgl. »Empörung über Modrow«, *Frankfurter Allgemeine Zeitung*, 29. April 2006.
112 »Nachhut der Arbeiterklasse«, *Der Spiegel*, 18. August 2008, S. 29.
113 »Bisky zieht Schießbefehl in Zweifel«, SPIEGEL ONLINE, 26. August 2007, http://www.spiegel.de/politik/deutschland/0,1518,502053,00.html.
114 Hornbogen/Nakath/Stephan (Hg.), *Außerordentlicher Parteitag der SED/PDS*, S. 63.
115 Gegen Strafverfolgung wegen nachrichtendienstlicher Tätigkeit. Beschluss der 2. Tagung des 2. Parteitages, 21. bis 23. Juni 1991, http://archiv2007.sozialisten.de/partei/geschichte/beschluesse_umgang_mfs/view_html?zid=32970&bs=1&n=5.
116 »6. Wie hält es DIE LINKE mit ehemaligen MfS-Mitarbeitern und IMs?«, http://die-linke.de/partei/geschichte/fragen_und_antworten_zur_auseinandersetzung_mit_der_geschichte/6_wie_haelt_es_die_linke_mit_ehemaligen_mfsmitarbeitern_und_ims/.
117 »Nachhut der Arbeiterklasse«, *Der Spiegel*, 18. August 2008, S. 30.
118 »Ein Podium für den Stasi-General«, *Berliner Zeitung*, 25. September 2008.

119 »Keine Spur von Diktatur«, *Der Spiegel*, 3. November 2008, S. 174–177, hier S. 176. Gesine Lötzsch, Pressemitteilung vom 24. September 2008, http://www.pds-lichtenberg.de/kat_publikationen_detail.php?v=1324.
120 »Linke will DDR-Opfern zuhören«, *Der Tagesspiegel*, 12. Oktober 2008.
121 Vgl. H. Knabe, *Die Täter sind unter uns*, S. 253 ff.
122 »Das Gruselkabinett des Dr. Hubertus Knabe(lari)«, *Marzahn-Hellersdorf links*, Dezember 2005, S. 8.
123 »Ich sage mal etwas Löbliches über die Stasi«, *Die Welt*, 27. April 2006; »Vorwärts – ins Gemümmel«, *Berliner Zeitung*, 30. April 2006.
124 »Gysi nimmt Stasi-Mitarbeiter in Schutz«, ddp, 30. April 2006.
125 Hans Modrow, Rede zur Eröffnung der 1. Tagung des 10. Parteitages in Halle, 29. April 2006, http://archiv2007.sozialisten.de/partei/parteitag/pt1001/ view_ html/n44/bs1/zid32577.
126 »Spaltung nicht ausgeschlossen«, *Berliner Zeitung*, 29. April 2006.
127 »Ich war kein Held«. Interview mit Hans Modrow, *Cicero*, Mai 2006. Vgl. »Empörung über Modrow«, *Frankfurter Allgemeine Zeitung*, 29. April 2006.
128 »Nachhut der Arbeiterklasse«, *Der Spiegel*, 18. August 2008, S. 30.
129 »Anregungen zum Umgang mit der Geschichte. Erklärung des Ältestenrats der Partei DIE LINKE vom 16. Juli 2008«, http://die-linke.de/partei/geschichte/anregungen_zum_umgang_mit_der_geschichte/.
130 Hans Modrow, Rede zur Eröffnung der 1. Tagung des 10. Parteitages in Halle, a. a. O.
131 »Zum Gedenkstein ›Den Opfern des Stalinismus‹«, *Junge Welt*, 26. Januar 2008.
132 »Nicht unter dieser Anschrift«, http://www.faz.net/s/Rub5925252BCC9C45B880812B358AC3FFA4/Doc~E651402C072C145198334 3C1385A78387~ATpl~Ecommon~Scontent.html?rss_googlefeed.
133 »Lafontaine hält Stasi-Diskussion für ›verlogen‹«, ngo-online. Internetzeitung für Deutschland, 7. August 2006.
134 »Das Manifest des Chef-Linken Oskar Lafontaine«, *Die Welt*, 14. April 2008.
135 »TV-Eklat bei Anne Will«, http://www.bild.de/BILD/news/politik/2008/06/02/lafontaine-tv-zoff/bei-anne-will.html.
136 »Erst draufhauen, dann wegducken«, SPIEGEL ONLINE, 6. März 2006, http://www.spiegel.de/politik/deutschland/0,1518,404640,00.html.

137 J. Staadt, »Der Doppelenkel«, S. 183.
138 Ebenda, S. 184.
139 Ebenda, S. 185 f.
140 Landtag des Saarlandes, 9. Wahlperiode, 13. Sitzung am 27. November 1985, S. 493.
141 Zu den vier »Geraer Forderungen« gehörte ferner die Umwandlung der Ständigen Vertretungen in Botschaften und die Festlegung des Grenzverlaufes an der Elbe in der Mitte der Wasserstraße. Vgl. J. Kuppe, »Die deutsch-deutschen Beziehungen aus der Sicht der DDR«, S. 563.
142 Oskar Lafontaine, »Er lässt auch fünfe gerade sein«, *Der Spiegel*, 24. August 1987, S. 34–46, hier S. 45 f.
143 J. Staadt, »Der Doppelenkel«, S. 185.
144 Ebenda, S. 186 ff.
145 Ebenda, S. 187.
146 »Angst vor den Akten«, *Der Spiegel*, 24. August 1992.
147 Ebenda.
148 »Oskar Lafontaine, nützlicher Idiot«, *Die Welt*, 14. August 2005.
149 Zit. nach: »Angst vor den Akten«, a. a. O.
150 Zit. nach: Hertle/Stephan (Hg.), *Das Ende der SED*, S. 107.
151 Zit. nach: ebenda, S. 80.
152 Zit. nach: ebenda, S. 392.
153 Zit. nach: ebenda, S. 94, FN 176.
154 Zit. nach: Herbst/Stephan/Winkler, *Die SED*, S. 826.
155 Zit. nach: Hertle/Stephan (Hg.), *Das Ende der SED*, S. 422.
156 Zit. nach: ebenda, S. 390.
157 Zit. nach: ebenda, S. 469.
158 Zit. nach: ebenda, S. 426.
159 Gründungserklärung der SED-»Plattform WF« im Berliner Werk für Fernsehelektronik vom 30. November 1989, in: Herbst/Stephan/Winkler, *Die SED*, S. 825 f.
160 Herbst/Stephan/Winkler, *Die SED*, S. 107.
161 Gysi/Falkner, *Sturm aufs Große Haus*, S. 69.
162 Herbst/Stephan/Winkler, *Die SED*, S. 107. Hertle/Stephan (Hg.), *Das Ende der SED*, S. 92.
163 Hertle/Stephan (Hg.), *Das Ende der SED*, S. 93.
164 Ebenda, S. 462.
165 *Neues Deutschland*, 4. Dezember 1989.
166 Dem Ausschuss gehörten an: Heinz Albrecht, Hans-Jürgen Audehm, Wolfgang Berghofer, Lothar Bisky, Ellen Brombacher, Roland Claus,

Gregor Gysi, Hans-Joachim Hahn, Klaus Höpcke, Dagmar Hülsenberg, Norbert Kertscher, Dieter Klein, Herbert Kroker, Eva Maleck-Levy, Bernd Meier, Peter Pechauf, Ulrich Peck, Wolfgang Pohl, Erich Postler, Gerd Schulz, Wolfgang Thiel, Andreas Thun, Heinz Vietze, Markus Wolf, Roland Wötzel, Brigitte Zimmermann.

167 Hornbogen/Nakath/Stephan (Hg.), *Außerordentlicher Parteitag der SED/PDS*, S. 37.
168 Ebenda, S. 38.
169 Ebenda, S. 51 und 61 f.
170 Hornbogen/Nakath/Stephan (Hg.), *Außerordentlicher Parteitag der SED/PDS*, S. 93 ff.
171 Ebenda, S. 97.
172 Ebenda, S. 300–305.
173 »Statut der SED/PDS«, in: ebenda, S. 438–444, hier S. 438.
174 Hornbogen/Nakath/Stephan (Hg.), *Außerordentlicher Parteitag der SED/PDS*, S. 309–348.
175 Ebenda.
176 Ebenda, S. 310, 333 und 348.
177 Dienstbesprechung anlässlich der Einführung des Generalleutnant Schwanitz als Leiter des Amtes für Nationale Sicherheit durch den Vorsitzenden des Ministerrates der DDR, Gen. Hans Modrow, 21. November 1989; BStU, ZA, ZAIG 4886, Bl. 39 und Bl. 33.
178 Ebenda, Bl. 65.
179 Fernschreiben des Ministerrates an die Beauftragten vom 7. Dezember 1989; BStU, ZA, Rechtsstelle 693, Bl. 9 f.
180 Herles/Rose (Hg.), *Vom Runden Tisch zum Parlament*, S. 25 f.
181 *Jahrbuch für historische Kommunismusforschung*, zit. nach: *Die Welt*, 13. April 2007.
182 http://www.stiftung-aufarbeitung.de/downloads/pdf/2007/art170407.pdf.
183 *Neues Deutschland*, 18. Dezember 1989.
184 Hornbogen/Nakath/Stephan (Hg.), *Außerordentlicher Parteitag der SED/PDS*, Rede Gysi S. 309–348, hier S. 336.
185 Ebenda, S. 337.
186 Regierungserklärung vom 11. Januar 1990, S. 362.
187 Schlussbericht der Enquete-Kommission »Überwindung der Folgen der SED-Diktatur«, Deutscher Bundestag, Drucksache 13/11000, S. 214.
188 Deutscher Bundestag, Bericht der Unabhängigen Kommission zur Überprüfung des Vermögens der Parteien und Massenorganisatio-

nen der DDR über das Vermögen der Sozialistischen Einheitspartei Deutschlands (SED), jetzt: Partei des Demokratischen Sozialismus (PDS), des Freien Deutschen Gewerkschaftsbundes (FDGB), der sonstigen politischen Organisationen, Drucksache 13/11353 vom 24. August 1998, S. 147.
189 »Angst vor der Vergangenheit«, *Focus* Nr. 49 vom 5. Dezember 1994. Materialien der Enquete-Kommission der 12. Wahlperiode, Band VIII, S. 359 ff.
190 Autorenkollektiv, *Von den Anfängen*, S. 18.
191 Ebenda, S. 18.
192 Moreau/Neu, *Die PDS zwischen Linksextremismus und Linkspopulismus*, S. 9.
193 *Junge Welt*, 19. April 1990.
194 »14. Tagung am 11.–12. 1. 1990«, in: Volkskammer, Protokolle, 9. Wahlperiode, Bd. 25, S. 364.

II. Politik

1 »Das Signal steht auf Einmischung für eine andere, bessere Politik«. Rede von Lothar Bisky, Vorsitzender der Partei DIE LINKE, 25. Mai 2008, http://die-linke.de/partei/organe/parteitage/1_parteitag/reden/lothar_bisky/.
2 »Wir haben noch große und schwere Aufgaben vor uns«. Rede von Oskar Lafontaine, Vorsitzender der Partei DIE LINKE, 25. Mai 2008, http://die-linke.de/partei/organe/parteitage/1_parteitag/reden/oskar_lafontaine/.
3 »Wir müssen uns gegenseitig verändern – das ist der richtige Weg«. Rede von Gregor Gysi, Vorsitzender der Bundestagsfraktion DIE LINKE, 25. Mai 2008, http://die-linke.de/partei/organe/parteitage/1_parteitag/reden/gregor_gysi/.
4 »Das Signal steht auf Einmischung für eine andere, bessere Politik«. Rede von Lothar Bisky, a. a. O.
4a »Wir haben noch große und schwere Aufgaben ...«, a. a. O.
5 Ebenda.
6 Ebenda.
7 »Das Signal steht auf Einmischung für eine andere, bessere Politik«. Rede von Lothar Bisky, a. a. O.
8 »Wir müssen uns gegenseitig verändern – das ist der richtige Weg«. Rede von Gregor Gysi, a. a. O.

9 Bericht der Delegierten Christine Buchholz und Alexander King an die delegierende BAG Friedens- und Internationale Politik, Mai 2008, http://die-linke.de/fileadmin/download/zusammenschluesse/bag_fip/BPT_Bericht.pdf.
10 Gregor Gysi, »Wisst ihr was: Wir werden wichtiger. Na und!« Schlusswort des Fraktionsvorsitzenden der Fraktion DIE LINKE. Im Deutschen Bundestag, 15. Juni 2007, http://archiv2007.sozialisten.de/partei/parteitag/pt1003/view_html?zid=35932&bs=1&n=2
11 Th. Ammer, »Die Machthierarchie der SED«, S. 846 f.
12 Gregor Gysi, »Wisst ihr was: Wir werden wichtiger. Na und!«, a.a.O.
13 Hornbogen/Nakath/Stephan (Hg.), *Außerordentlicher Parteitag der SED/PDS*, S. 43.
14 »Programm der Partei des Demokratischen Sozialismus«, in: G. Gysi (Hg.), *Wir brauchen einen dritten Weg*, S. 157–166, hier S. 158.
15 G. Gysi, »Was will die PDS in Deutschland?«, ebenda, S. 9–26, hier S. 10 f.
16 »Programm der Partei des Demokratischen Sozialismus, a.a.O., S. 163.
17 G. Gysi, »Was will die PDS in Deutschland?«, a.a.O., S. 20.
18 Autorenkollektiv, *Von den Anfängen*, S. 35.
19 »Nobelpreis für DDR-Bürgerrechtler gefordert«, netzeitung.de, 29. März 2007, http://www.netzeitung.de/deutschland/599211.html.
20 Zit. nach M. Behrend, *Eine Geschichte der PDS*, S. 53 f.
21 Vgl. R. Hartmann, *Die Liquidatoren*. S. Wenzel, *Was war die DDR wert?*. Blessing/Damm/Werner, *Die Schulden des Westens*. Horst Schneider, »Wird die DDR-Geschichte verklärt?«, http://www.okv-ev.de/Dokumente/bei%20anderen%20gelesen/Verklaerte%20DDR-Geschichte.pdf. »Krenz greift Köhler an«, *Berliner Zeitung*, 14. Juni 2008.
22 Referat Gregor Gysi, in: PDS (Hg.), *PDS auf dem Weg der Erneuerung*, S. 13–53, hier S. 42.
23 Autorenkollektiv, *Von den Anfängen*, S. 46.
24 Für die PDS/Linke Liste gehörten dem 12. Deutschen Bundestag an: Petra Bläss, Jutta Braband, Ulrich Briefs (später fraktionslos), Dagmar Enkelmann, Ursula Fischer, Gregor Gysi, Bernd Henn (zeitweise fraktionslos), Uwe-Jens Heuer, Barbara Höll, Ulla Jelpke, Dietmar Keller, Andrea Lederer, Hans Modrow, Gerhard Riege, Fritz Schumann, Ilja Seifert und Angela Stachowa (später fraktionslos).
25 Autorenkollektiv, *Von den Anfängen*, S. 83 und 103.
26 Die PDS fiel von 268 000 auf 163 000 Stimmen.

27 Autorenkollektiv: *Von den Anfängen*, S. 68.
28 Ebenda, S. 68 und 84.
29 Gregor Gysi: »... bin ich zu dem Entschluss gekommen, nicht mehr für diese Funktion zu kandidieren«, *Neues Deutschland*, 1. Dezember 1992.
30 »SED-Millionen«, *Fakt*, 3. März 2008.
31 »Was ist mit dem Altvermögen der LINKEN?«, http://die-linke.de/par tei/geschichte/fragen_und_antworten_zur_auseinandersetzung_mit_ der_geschichte/8_was_ist_mit_dem_altvermoegen_der_linken.
32 »SED-Millionen«, *Fakt*, 3. März 2008.
33 Hornbogen/Nakath/Stephan (Hg.), *Außerordentlicher Parteitag der SED/PDS*, S. 303f.
34 Deutscher Bundestag, »Bericht der Unabhängigen Kommission zur Überprüfung des Vermögens der Parteien und Massenorganisationen der DDR über das Vermögen der Sozialistischen Einheitspartei Deutschlands (SED) jetzt: Partei des Demokratischen Sozialismus (PDS), des Freien Deutschen Gewerkschaftsbundes (FDGB), der sonstigen politischen Organisationen«, Drucksache 13/11353 vom 24. August 1998, S. 103.
35 Ebenda, S. 104.
36 Ebenda, S. 164.
37 Ebenda, S. 67.
38 »SED-PDS überführt Betriebe der Partei in Volkseigentum«, *Neues Deutschland*, 15. Januar 1990. Vgl. Deutscher Bundestag, »Bericht der Unabhängigen Kommission ...«, a.a.O., S. 102.
39 »SED-PDS überführt Betriebe der Partei in Volkseigentum«, a.a.O. Vgl. Deutscher Bundestag, »Bericht der Unabhängigen Kommission ...«, a.a.O., S. 102 und 181.
40 Deutscher Bundestag, »Bericht der Unabhängigen Kommission ...«, a.a.O., S. 77.
41 »Wir müssen einen neuen Schritt bei der Erneuerung der Partei gehen«, *Neues Deutschland*, 16. Mai 1990. Vgl. Deutscher Bundestag, »Bericht der Unabhängigen Kommission ...«, S. 182.
42 PDS (Hg.), *PDS auf dem Weg der Erneuerung*, a.a.O., S. 52.
43 Deutscher Bundestag, »Bericht der Unabhängigen Kommission ...«, a.a.O., S. 106.
44 Ebenda, S. 204.
45 Ebenda, S. 105.
46 Ebenda.
47 Ebenda, S. 142.
48 *PDS auf dem Weg der Erneuerung*, a.a.O., S.50 ff.
49 Deutscher Bundestag, »Beschlußempfehlung und Bericht des 2. Unter-

suchungsausschusses nach Artikel 44 des Grundgesetzes vom 28. Mai 1998«, Drucksache 13/10900, S. 362.
50 Deutscher Bundestag, »Bericht der Unabhängigen Kommission ...«, a.a.O., S. 107.
51 Ebenda, S. 137.
52 Ebenda, S. 280.
53 Deutscher Bundestag, »Bekanntmachung von Rechenschaftsberichten der politischen Parteien für das Kalenderjahr 1990«, Drucksache 12/2165, S. 145–157.
54 Deutscher Bundestag, »Beschlußempfehlung und Bericht ...«, a.a.O., S. 206.
55 Ebenda, S. 207.
56 Ebenda, S. 361.
57 Deutscher Bundestag, »Bericht der Unabhängigen Kommission ...«, a.a.O., S. 263.
58 »Verlorene Spuren«, *Der Spiegel*, 21. August 2006.
59 Deutscher Bundestag, »Beschlußempfehlung und Bericht ...«, a.a.O., S. 359.
60 Ebenda. Bei dem Ausschussmitglied der PDS handelte es sich um Wolfgang Bierstedt, der von 1994 bis 1998 und 2002 Bundestagsabgeordneter war.
61 Autorenkollektiv, *Von den Anfängen*, S. 148.
62 Deutscher Bundestag, »Bericht der Unabhängigen Kommission ...«, a.a.O., S. 228.
63 MDR-*Fakt*: »O-Töne Gysi«, Abschrift vom 28. Februar 2008.
64 Deutscher Bundestag, »Beschlußempfehlung und Bericht ...«, a.a.O. S. 203.
65 André Brie, Referat auf der Klausurtagung des Parteivorstandes am 12. und 13. Mai 1990, in: PDS (Hg.), *PDS auf dem Weg der Erneuerung*, S. 7–12, hier S. 9 und 11.
66 »Ich möchte das schwärzeste aller schwarzen Schafe sein«, *Neues Deutschland*, 2. Januar 1993.
67 Autorenkollektiv, *Von den Anfängen*, S. 180.
68 Gregor Gysi, »Wisst ihr was: Wir werden wichtiger. Na und!«, a.a.O.
69 Programm der PDS, beschlossen von der 1. Tagung des 3. Parteitages der PDS, 29. bis 31. Januar 1993, S. 12f.
70 Ebenda.
71 »PDS-Anhänger fordern Erhalt des Palastes«, *Berliner Zeitung*, 13. Oktober 1997.
72 Autorenkollektiv, *Von den Anfängen*, S. 161.

73 H. Knabe, *Die Täter sind unter uns*, S. 253–339.
74 Erklärung des Vorstands der ISOR e.V. zum 15. Jahrestag des Anschlusses der DDR an die BRD, *ISOR aktuell*, Nr. 9/2005, S. 1.
75 »TDS lehnt längere Frist für Stasi-Überprüfung ab«, *Der Tagesspiegel*, 14. Juni 2006.
76 Petra Pau, »Rentenstrafrecht ist Unrecht«, *ISOR aktuell*, Nr. 6/2005, S. 1.
77 *ISOR aktuell*, Nr. 7/2005, S. 4.
78 »Kritik an Gysis Auftritt bei Stasi-Veteranen. Linke bestätigen zögernd Rede vor Alt-Kadern«, *Leipziger Volkszeitung*, 16. August 2007.
79 Horst Parton, »Deutschland hat die Wahl oder hat Deutschland die Wahl?«, *ISOR aktuell*, Nr. 8/2005, S. 2.
80 *ISOR aktuell*, Nr. 1/2006, S. 2.
81 »Gegen Entstellungen von DDR-Geschichte«, http://www.gbmev.de/erklaer/Gegen%20Entstellung%20von%20DDR-Geschichte.htm.
82 »Verstärkte Angriffe auf die GBM«, http://die-linke.de/index.php?id=536&type=123&tx_ttnews%5Btt_news%5D=2449&cHash=45c18f21d2. Bezirke stoppen Rentenberatung der GBM, in: *Berliner Zeitung*, 11. April 2008.
83 *Süddeutsche Zeitung*, 13. Juli 1992.
84 Es handelte sich um die Insiderkomitee-Mitglieder Wolfgang Hartmann und Klaus Panster. Bisky/Czerny/Schumann (Hg.), *Die PDS – Herkunft und Selbstverständnis*, S. 397 f.
85 § 2 der Satzung der Gesellschaft zur rechtlichen und humanitären Unterstützung e.V. (GRH e.V.) in der Fassung vom 9. Oktober 2004.
86 Hans Bauer, Beitrag der GRH auf dem Kolloquium des Ostdeutschen Kuratoriums von Verbänden (OKV) am 29. September 2005 zum Thema 15 Jahre Einheit, http://grh-ev.org/html/body_soinfgtnov2005.HTM, S. 41.
87 »Aus der Postmappe«, *GRH Mitteilungen*, 11-2005.
88 P. Moreau, *Was will die PDS?*, S. 86.
89 Gregor Gysi, »Ingolstädter Manifest. Wir – mitten in Europa. Plädoyer für einen neuen Gesellschaftsvertrag«, *Neues Deutschland*, 17. Februar 1994, S. 9 ff.
90 »Wirkliche Einheit Deutschlands kann es nur demokratisch und mit der Linken geben«. Erklärung vom 10. März 2007, http://www.okv-ev.de.
91 Vgl. Deutz-Schroeder/Schroeder, *Soziales Paradies oder Stasi-Staat?*, S. 56.
92 Rolf Reißig, »Die PDS in der Berliner Koalition – Erfahrungen und

strategische Schlussfolgerungen«, Berlin 2004, http://www.rosalux. de/cms/fileadmin/rls_uploads/pdfs/Reissig_PDSBerlin_d.pdf, S. 49.
93 Programm der PDS, beschlossen von der 1. Tagung des 3. Parteitages der PDS, 29. bis 31. Januar 1993, S. 8.
94 »Lafontaine lenkt nach links«, FOCUS ONLINE, 8. März 1999.
95 »Die Sozialdemokratie in den neuen Bundesländern stärken«, *Sozialdemokratischer Pressedienst*, 6. Dezember 1994, S. 4ff.
96 Zitiert nach: Viola Neu: »SPD und PDS auf Bundesebene: Koalitionspartner im Wartestand?«, Arbeitspapiere/Dokumentation Nr. 5/2001, hrsg. von der Konrad-Adenauer-Stiftung, Sankt Augustin 2001, S. 2.
97 »Angst vor Unterwanderung«, FOCUS ONLINE, 11. Juli 1994.
98 »Zurück zu den Wurzeln«, FOCUS ONLINE, 26. September 1995.
99 Wolfgang Thierse: »SPD kann Zusammenarbeit mit der PDS im Osten nicht ausweichen«, *Frankfurter Rundschau*, 19. Dezember 1996. »Die SPD-Qual der Wahl mit der PDS«, WELT ONLINE, 7. Januar 1997.
100 »Linker Schmusekurs«, FOCUS ONLINE, 9. Mai 1994.
101 »Angst vor Unterwanderung«, FOCUS ONLINE, 11. Juli 1994.
102 »Ringstorff schoß Eigentor«, FOCUS ONLINE, 24. Oktober 1994.
103 »Die Sozialdemokratie in den neuen Bundesländern stärken«, *Sozialdemokratischer Pressedienst*, 6. Dezember 1994, S. 4ff.
104 Rüdiger Dambroth: »Parlamentarische Bündnisbestrebungen von SPD und PDS im Wahljahr 1998«, *Politische Studien*, Heft 360, 49. Jahrgang, Juli/August 1998, S. 28–38, hier S. 31.
105 »Sachsen-Anhalt: Höppner kündigt Minderheits-Regierung der SPD an«, *Berliner Zeitung*, 13. Mai 1998.
106 Programm der PDS, beschlossen von der 1. Tagung des 3. Parteitages der PDS, 29. bis 31. Januar 1993.
107 F. Berg, *Die Mitte-Links-Koalition in Mecklenburg-Vorpommern*, Teil I: *Politikfeldanalysen*, S. 4.
108 E. Felfe, »Warum? Für wen? Wohin? 7 Jahre PDS Mecklenburg-Vorpommern in der Regierung«, S. 55.
109 F. Berg: *Die Mitte-Links-Koalition in Mecklenburg-Vorpommern*, Teil I: *Politikfeldanalysen*, S. 43ff., 86 und 133f.
110 Bezirksvorstand der PDS Tempelhof-Schöneberg: »2½ Jahre Rot-Roter Senat – was hat es bisher gebracht?«, 4.4.2004, http://www. die-linke-berlin.de/partei/parteitage/9_landesparteitag/3_tagung/de batten/212_jahre_ rot_roter_senat_was_hat_es_bisher_gebracht/.
111 Bezirksvorstand der PDS Lichtenberg: »Vorbereitung einer Bilanz«, 16.2.2004, http://www.die-linke-berlin.de/partei/parteitage/9_lan desparteitag/3_tagung/debatten/vorbereitung_einer_bilanz/.

112 Bezirksverband Steglitz-Zehlendorf der PDS: Stellungnahme zur Halbzeitbilanz: Bereich Wirtschaftspolitik, 26.4.2004, http://www.die-linke-berlin.de/partei/parteitage/9_landesparteitag/3_tagung/debatten/stellungnahme_zur_halbzeitbilanz_bereich_wirtschaftspolitik/.
113 Bezirksvorstand PDS Reinickendorf: Stellungnahme, 10.05.2004, http://www.die-linke-berlin.de/partei/parteitage/9_landesparteitag/3_tagung/debatten/stellungnahme/.
114 Rolf Reißig, »Die PDS in der Berliner Koalition«, a.a.O., S. 36.
115 »Es geht um alles. Die PDS braucht einen zweiten Anlauf«. Offener Brief der Landesvorsitzenden Cornelia Ernst an die Genossinnen und Genossen der PDS in Sachsen, http://www.8euro-mindestlohn.de/politik/publikationen/pressedienst/view_html?zid=10797&bs=4&n=11
116 »Bilanz eines Desasters, Konsequenzen für Gera«, *Junge Welt*, 27. September 2002
117 »Öffnung nach links«, *Junge Welt*, 19. Oktober 2002.
118 »Der Charakter der PDS hat sich definitiv verändert«, *SoZ – Sozialistische Zeitung*, Februar 2004, S. 5.
119 http://archiv2007.sozialisten.de/sozialisten/nachrichten/view_html/zid16182/bs1/n17.
120 http://archiv2007.sozialisten.de/sozialisten/nachrichten/view_html?zid=16207.
121 »Der Charakter der PDS hat sich definitiv verändert«, *SoZ – Sozialistische Zeitung*, Februar 2004, S. 5.
122 Heinrich Eckhoff, »Was war die Linke Liste/PDS?«, Juli 2005, http://archiv2007.sozialisten.de/politik/publikationen/disput/view_html?zid=28980&bs=1&n=4.
123 »Im Westen wie auf Auslands-Dienstreise«, *Neues Deutschland*, 6./7. April 1996.
124 Christine Ostrowski/Ronald Weckesser, »Brief aus Sachsen: Für eine ostdeutsche Volkspartei PDS«, *Neues Deutschland*, 8. Mai 1996. Ostrowski, bis Dezember 1990 und von 1998 bis 2002 Mitglied des Bundestags und über zehn Jahre lang Leiterin des PDS-Stadtverbands in Dresden, trat 2008 aus der LINKEN aus, weil sie der Partei und insbesondere Oskar Lafontaine zunehmenden Populismus vorwarf.
125 »Wir wollen die PDS auch im Westen«, *Neues Deutschland*, 24. November 1997
126 »PDS-Wahlkampf in Westdeutschland«, in: *PID*, Nr. 7, 13. Februar 1998, S. 9–12.
127 G. Gysi, Abschiedsrede als Fraktionsvorsitzender vor der PDS-Bun-

destagsfraktion, 2. Oktober 2000, zit. nach: M. Meuche-Mäker, *Die PDS im Westen 1990–2005*, S. 86.
128 G. Gysi, *Ein Blick zurück, ein Schritt nach vorn*, S. 60f.
129 »Also, wenn ich was zu sagen hätte in der PDS«, *Berliner Zeitung*, 21. August 2004.
130 »Die PDS kommt im Westen nicht an«, *Der Tagesspiegel*, 17. Mai 2005.
131 André Brie, Pressemitteilung vom 30. März 2005, http://www.andrebrie.de/pds/dok/pe-wasg.htm.
132 Zitiert nach: Hübner/Strohschneider, *Lafontaines Linke*, S. 131.
133 »Für eine wahlpolitische Alternative 2006« (15.03.2004), http://www.sommeruni.net/2004/download/2004-06-11_frank_iwer_wahlalternative.pdf.
134 Erklärung (12. März 2004), http://www.sopos.org/aufsaetze/408-ab4991c289/1.phtml.
135 Ist die WASG eine gezielte Beute der PDS?, *Stuttgarter Zeitung*, 24. August 2005.
136 Michael Brie, »Ist die PDS noch zu retten?«, RLS-Reihe Standpunkte 3/2003, Mai 2003, S. 3.
137 André Brie, »15 Jahre PDS – und wie nun weiter?« Rede auf dem 9. Politischen Bildungstag der PDS Sachsen-Anhalt am 20. November 2004 in Bernburg, http://www.andrebrie.de/pds/dok/Bernburg_15_Jahre_PDS.pdf.
138 Rolf Kutzmutz, »PDS ist offen für einen Dialog mit der Wahlalternative«, Erklärung vom 20. November 2004, http://archiv2007.sozialisten.de/presse/presseerklaerungen/view_html/zid24840/bs1/n8.
139 »Im Mittelpunkt steht die soziale Frage«, WASG-Positionspapier, Juni 2004, *Linksruck*, Nr. 180, 23. Juni 2004.
140 Gründungsprogramm der WASG, http://archiv.w-asg.de/uploads/media/gruendungsprogramm_20050531.pdf.
141 »PDS im Namensstreit kompromissbereit«, SPIEGEL ONLINE, 13. Juni 2005.
142 Karin Graßhof/Hans Hugo Klein, »Die Wahl wäre ungültig«, *Frankfurter Allgemeine Zeitung*, 6. August 2005.
143 »Linkspartei kann in allen Bundesländern antreten«, SPIEGEL ONLINE, 19. August 2005.
144 »Wahlleiter sieht Hürden für Linkspartei«, *Handelsblatt*, 25. Juli 2005.
145 Falk Heunemann, »Die Kooperation der PDS und der WASG zur Bundestagswahl 2005«, Magisterarbeit, Jena 2006, S. 90, http://

www.rosaluxemburgstiftung.de/fileadmin/rls_uploads/pdfs/Themen/leftparties/pdfs/heunemann-pds-wasg-magisterarbeit.pdf.

146 »Programmatische Eckpunkte auf dem Weg zu einer neuen Linkspartei in Deutschland«, Februar 2006, http://www.transform-network.org/index.php?id=540&L=2.

147 »Programmatische Eckpunkte« – Programmatisches Gründungsdokument der Partei DIE LINKE. Beschluss der Parteitage von WASG und Linkspartei.PDS am 24. und 25. März 2007 in Dortmund«, S. 2.

148 »Spielwiese für totalitäre Ambitionen«, SPIEGEL ONLINE, 15. Januar 2008.

149 DIE LINKE, Landesschiedskommission Rheinland-Pfalz, Entscheidung vom 23. August 2008, http://www.die-linke-rlp.de/fileadmin/lv/LSK/entscheidungen/40-08LSK_LU_-_Sondermann.pdf.

150 »DIE LINKE.Rheinland-Pfalz: Kritiker Wolfram Sondermann tritt in unbefristeten Hungerstreik«, *scharf-links*, 10. Oktober 2008.

151 »Linke zanken vor Vorstandswahl«, *taz*, 20. September 2008.

152 »Linkspartei-Politiker feiert Stalin-Party«, WELT ONLINE, 7. Oktober 2008.

153 »Intrigen und Grabenkämpfe in der Partei DIE LINKE«, REPORT MAINZ, 8. September 2008.

154 Ebenda.

155 »Hessens Linke vor Austrittswelle«, FR-online.de, 13. Dezember 2008.

156 Pit Metz: »Austrittserklärung«, FR-online.de, 6. Januar 2009.

157 Weitere Parteiaustritte bei den Linken, FOCUS ONLINE, 12. Januar 2009.

158 »Gysi will ›Spinner‹ aus Partei werfen«, SPIEGEL ONLINE, 31. Januar 2009.

159 »Die Linke: Kreisverbände zoffen sich«, *SZON*, 4. Februar 2009.

160 Die Berliner Runde, *ZDF*, 18. Januar 2009, http://www.zdf.de/ZDFmediathek/content/Berliner_Runde_zur_Wahl_in_Hessen/673192?inPopup=true«.

161 »Programmatische Eckpunkte«, a. a. O. (s. Anm. 147), S. 1.

162 »Das Manifest des Chef-Linken Oskar Lafontaine«, WELT ONLINE, 14. April 2008.

163 »Programm der Partei des Demokratischen Sozialismus«, in: G. Gysi (Hg.), *Wir brauchen einen dritten Weg*, S. 157–166, hier S. 158 und 163.

164 Ebenda, S. 163.

165 Programm der PDS, beschlossen von der 1. Tagung des 3. Parteitages der PDS, 29. bis 31. Januar 1993, S. 1.

166 Jesse/Lang, *Die Linke*, S. 44.
167 Programm der Linkspartei.PDS, beschlossen auf der 2. Tagung des 8. Parteitages am 25./26. Oktober 2003, überarbeitet entsprechend Parteitagsbeschluss zur Namensänderung vom 17. Juli 2005, S. 1f., 4f. und 8.
168 »Programmatische Eckpunkte« ..., a.a.O. (s. Anm. 147), S. 2, 5, 7, 9 und 11.
169 Ebenda, S. 1–5 und 10.
170 SPD-Bundestagsfraktion, »Die Linkspartei und das Geld«, August 2007, Manuskript, S. 20.
171 »Ost-Realos gegen West-Revoluzzer«, *Magdeburger Volksstimme*, 23. Mai 2008.
172 »Sachsen-Anhalts Linkspartei legt ihren Kurs fest«, *Berliner Zeitung*, 25. September 2006.
173 »Der Plakat-Oskar«, *Der Tagesspiegel*, 24. Mai 2008.
174 »Sachsen-Anhalts Linkspartei legt ihren Kurs fest«, *Berliner Zeitung*, 25. September 2006.
175 »So will die Linke das Geld neu verteilen«, WELT ONLINE, 5. März 2008.
176 »Solidarität, Demokratie, Frieden – Gemeinsam für den Wechsel in Europa!« Leitantrag des Parteivorstandes DIE LINKE an den Europaparteitag am 28. Februar 2009 in Essen / Beschluss vom 19. Januar 2009, http://die-linke.de/wahlen/dokumente/solidaritaet_demokratie_frieden_gemeinsam_fuer_den_wechsel_in_europa/.
177 »Das Manifest des Chef-Linken Oskar Lafontaine«, WELT ONLINE, 14. April 2008.
178 »In Lafontaines Bann«, *Frankfurter Rundschau*, 10. August 2008.
179 »Statt NATO-Militärinterventionen – Kollektive Sicherheit durchsetzen«. Diskussionspapier der Fraktion DIE LINKE im Bundestag, beschlossen auf der Fraktionssitzung am 11. November 2008, www.forum-ds.de/serveDocument.php?id=40&file=7/3/34c9.pdf.
180 »Die NATO von innen her auflösen«, *Junge Welt*, 20. November 2008.
181 »Programmatische Eckpunkte« ..., a.a.O. (s. Anm. 147), S. 15.
182 Ebenda, S. 15 f.
183 »Solidarität, Demokratie, Frieden«, a.a.O.
184 »Europa spaltet die Linkspartei«, *Der Tagesspiegel*, 13. Oktober 2008.
185 »Lafontaine plädiert für faires Urteil zu Südamerika«, *Die Linkszeitung*, 1. September 2007.

186 »Kuba-Krise in der Linkspartei – wie viel Kritik verträgt der Sozialismus unter Palmen?«, *Kontraste*, 23. März 2006.
187 »Parteivorstand kanzelt Kuba-Kritiker ab«, SPIEGEL ONLINE, 28. Februar 2006.
188 »Lafontaine plädiert für faires Urteil zu Südamerika«, *Die Linkszeitung*, 1. September 2007.
189 »Abschied mit vielen Beschlüssen«. Von der Vorstandssitzung am 12. April 2008, http://www.die-linke.de/index.php?id=1779.
190 »Linken-Abgeordnete vergleicht Dalai Lama mit Chomeini«, SPIEGEL ONLINE, 3. April 2008.
191 »Die Linke und das Lächeln des Dalai Lama«, *Der Tagesspiegel*, 7. April 2008.
192 Stefan Wirner, »Kein Herz für Tibet«, WELT ONLINE, 21. April 2008.
193 Michael Leutert, »Situation in Tibet kann nur politisch gelöst werden«, 17. März 2008, http://www.linksfraktion.de/pressemitteilung.php?artikel=1280534514.
194 Stefan Wirner, »Kein Herz für Tibet«, a. a. O.
195 »Zu einer aktuellen Debatte: Wie anti-israelisch ist die ›neue‹ Linkspartei?«, 26. Juli 2007, http://www.hagalil.com/01/de/Antisemitismus.php?itemid=1082.
196 Ulla Jelpke, »Flüchtlinge aus dem Libanon sofort aufnehmen«. Rede am 29. Juli 2006 bei einer Demonstration in Berlin, http://www.ullajelpke.de/news_detail.php?newsid=158.
197 »Deutsche Soldaten in Israel nicht denkbar«, taz.de, 26. Juli 2006.
198 »Zentralrat der Juden attackiert die Linke«, SPIEGEL ONLINE, 21. Juni 2007.
199 »Eine empörende Feindseligkeit«, 7. Juli 2007, http://www.hagalil.com/archiv/2007/07/graumann.htm.
200 »Die Haltung der deutschen Linken zum Staat Israel«. Vortrag von Dr. Gregor Gysi auf einer Veranstaltung »60 Jahre Israel« der Rosa-Luxemburg-Stiftung am 14. April 2008, http://www.die-linke.de/index.php?id=55&tx_ttnews[tt_news]=1714&tx_ttnews[backPid]=9&no_cache=1.
201 »Streit über Antizionismus. Israel spaltet die Linke«, taz.de, 13. Mai 2008.
202 Ellen Brombacher u. a., »Staatsräson und Regierungsbeteiligung«. Überlegungen zur Rede Gregor Gysis auf einer Veranstaltung »60 Jahre Israel« der Rosa-Luxemburg-Stiftung vom 20. Mai 2008, http://die-linke.de/partei/zusammenschluesse/kommunistische_platt

form_der_partei_die_linke/dokumente/staatsraeson_und_regierungsbeteiligung/.
203 Notizen zur Veranstaltung: »Palästina – Ein politischer Reisebericht von Prof. Dr. Norman Paech (DIE LINKE im Bundestag)« 23. April 2008, http://bak-shalom.de/wp-content/2008/05/notizen_zur_veranstaltung_mit_normanpaech_neukoelln0804.pdf.
204 »Streit über Antizionismus. Israel spaltet die Linke«, a.a.O.
205 »Heikle deutsche Antisemitismusdebatten«, *Neue Zürcher Zeitung*, 29. Oktober 2008.
206 Lafontaine und der Chic der Guerilleros, SPIEGEL ONLINE, 31. August 2008. »Flirt mit Terroristen weltweit«, FOCUS ONLINE, 18. August 2008.
207 »NPD lobt Lafontaines ›lupenreine‹ Positionen«, netzzeitung.de, 21. Juni 2007, http://www.netzeitung.de/deutschland/678530.html.

III. Personal

1 http://die-linke.de/fileadmin/spenden/.
2 »PDS-Punkerin war Stasi-Informantin«, SPIEGEL ONLINE, 11. Juni 2002, http://www.spiegel.de/politik/deutschland/0,1518,200196-2,00.html.
3 »Ich wollte Weltmeisterin werden«, *Berliner Zeitung*, 29. Juni 2002.
4 Jesse/Lang, *Die Linke*, S. 169 und S. 173.
5 Mitgliederzahlen 2007, http://die-linke.de/partei/fakten/mitgliederzahlen_2007/. Vgl. Jesse, S. 170f.
6 Rainer Ferchland, »Befunde einer Mitgliederbefragung im Berliner Stadtbezirk Marzahn-Hellersdorf«, in: Brie/Hildebrandt/Meuche-Mäker (Hg.), *Die Linke. Wohin verändert sich die Republik?*, S. 234.
7 Lebenslauf Dr. Dietmar Bartsch, http://www.dietmar-bartsch.de/vita.html.
8 Thomas Nord, http://www.dielinke-brandenburg.de/partei/strukturen/personen/lv/thomas_nord/.
9 Hinck, *Eliten in Ostdeutschland*, S. 134 ff. und 142.
10 Bezirksverwaltung für Staatssicherheit: Auskunftsbericht vom 22.11.1977, BStU, Ast. Pdm, AP 125/85, Bl. 77.
11 »Honeckers letzter Mann«, *taz*, 24. August 2004.
12 Abteilung XX/2: Bericht über eine Absprache mit dem Gen. Vietze am 20. 5. 1982 in der FDJ-BL Potsdam, BStU, Ast. Pdm, AP 125/85, Bl. 178 ff.

13 »Der Strippenzieher«, *Berliner Zeitung*, 16. September 2004.
14 »Honeckers letzter Mann«, *taz*, 24. August 2004.
15 »Lenin und das Grundgesetz«, *Berliner Zeitung*, 20. September 2007.
16 »Mann aus dem Kreml«, *Der Spiegel*, 23. August 2004.
17 Modrow, *Ich wollte ein neues Deutschland*, S. 57 ff.
18 Autorenkollektiv, *Von den Anfängen*, S. 146.
19 »Interessante Einblicke: Ein Sommerinterview im Saarland«, ZDF, 8. August 2006, http://www.saareconomy.de/web/index.php?cid=2&id=1018&PHPSESSID=52f26d1a82b132ec9b16c62ddba3db1e.
20 »PDS-Wahlkampf in Westdeutschland«, *PID*, Nr. 7, 13. Februar 1998, S. 11.
21 Humboldt-Universität Berlin, Sektion Rechtswissenschaft: Abschlußbeurteilung des Studenten Gregor Gysi, 5. Juni 1970, BStU, ZA, HA XX/AKG 856, Bl. 26.
22 Stadtgericht von Groß-Berlin, Referat Kader: Beurteilung des Richterassistenten Gregor Gysi, 7. 5. 1971, BStU, ZA, HA XX/AKG 856, Bl. 38.
23 Gesetz über die Kollegien der Rechtsanwälte der Deutschen Demokratischen Republik vom 17. 12. 1980, *Gesetzblatt der DDR*, Teil I, 1981, S. 1.
24 Bernd Eisenfeld, »Rolle und Stellung der Rechtsanwälte in der Ära Honecker ...«, S. 372.
25 Rechtsanwaltskollegium von Groß-Berlin: Beurteilung vom 19. 8. 1975, BStU, ZA, HA XX/AKG 856, Bl. 29.
26 G. Gysi, »Zur Vervollkommnung des sozialistischen Rechtes im Rechtverwirklichungsprozess«, S. 6.
27 HVA/Abteilung XI: Sachstandsbericht vom 17. Februar 1978, BStU, ZA, AIM 9564/86, Bl. 61 f. Zur leichteren Auffindbarkeit wird hier und im Folgenden wenn möglich aus dem im Internet zugänglichen Gysi-Bericht des Bundestages zitiert. Deutscher Bundestag: Bericht des Ausschusses für Wahlprüfung, Immunität und Geschäftsordnung zu dem Überprüfungsverfahren des Abgeordneten Dr. Gregor Gysi gemäß § 44b Abs. 2 Abgeordnetengesetz vom 29. Mai 1998, Drucksache 13/10893, S. 42.
28 HVA/Abteilung XI: Sachstandsbericht vom 17. Februar 1978, a.a.O., Bl. 61 f.
29 Suchauftrag vom 6. 2. 1978, BStU, ZA, AIM 9564/86, Bl. 9.
30 Deutscher Bundestag: Bericht des Ausschusses ..., a.a.O., S. 11.
31 Ebenda, S. 11.
32 Ebenda, S. 13 f.
33 Ebenda, S. 21.

34 Information über einen Besuch des GMS »Gregor« bei Robert Havemann am 18.4.1980 in Grünheide, 19. April 1980, BStU, ZA, AOP 26321/91, Bd. 3, Bl. 90.
35 Vgl. H. Knabe, *Die Täter sind unter uns*, S. 69–78.
36 Zitiert nach: *Märkische Allgemeine*, 4. Juni 2008.
37 HA IX/2: Vermerk vom 19. November 1980, BStU, ZA, AU 18566/81, Bd. 3, Bl. 108 f.
38 Deutscher Bundestag: Bericht des Ausschusses ..., a.a.O., S. 46.
39 Ebenda, S. 29.
40 Beschluss über die Archivierung des IM-Vorlaufes, 14.8.1986, BStU, ZA, AIM 9564/86, Bl. 5.
41 Interview mit DDR-Anwalt Gregor Gysi, ZDF, 18. Januar 1989.
42 »Wir haben unterschiedliche Gewalten«, *Der Spiegel*, Nr. 11/1989, S. 38–46, hier 45.
43 G. Gysi, *Ein Blick zurück, ein Schritt nach vorn*, S. 17.
44 Gregor Gysi, »Brief an die Mitglieder des Bundesvorstandes und des Parteirates der PDS vom 31. Januar 1993«, in: W. Sabath, *Gregor Gysi*, S. 88–95.
45 »*So schaffen Sie weder mich, geschweige denn die Linke*«, http://www.linksfraktion.de/rede.php?artikel=1353747538, 5. Juni 2008.
46 Deutscher Bundestag: Bericht des Ausschusses ..., a.a.O., S. 3.
47 »Gregor Gysi und die drei Möglichkeiten«, *Die Welt*, 9. Juni 2006.
48 »Stasi-Verdacht gegen Gysi. Oskar Lafontaine fordert Birthlers Ablösung«, WELT ONLINE, 28. Mai 2008.
49 »Der Pinti-Aufklärer«, *Süddeutsche Zeitung*, 27. Mai 2008.
50 »Bundestagsausschuss: Gysi nicht vom Stasi-Vorwurf entlastet«, HAZ. de, 19. Dezember 2008.
51 G. Gysi, *Ein Blick zurück, ein Schritt nach vorn*, S. 14.
52 Jesse/Lang, *Die Linke*, S. 241.
53 Vgl. die entsprechenden Bundestagsdrucksachen zu Heinrich Fink (14/6694), Klaus Grehn (14/3145), Rolf Kutzmutz (13/10498) und Christa Luft (13/11104).
54 Deutscher Bundestag: Bericht des Ausschusses für Wahlprüfung, Immunität und Geschäftsordnung zu dem Überprüfungsverfahren des Abgeordneten Roland Claus, Drucksache 16/3392, S. 7.
55 Erklärung von Roland Claus nach Einsicht in die Unterlagen aus der so genannten »Rosenholz«-Datei, 11. 4. 2006, http://www.linksfraktion.de/pressemitteilung.php?artikel=1230143054.
56 HVA/SWT: Schreiben vom 7. Mai 1982, BStU, ZA, AP 80376/92, Bl. 15.

57 FDJ-Zentralrat, 1. Sekretär: Beurteilung des Genossen Roland Claus, Juli 1986, BStU, ZA, HA XX 11897, Bl. 86f.
58 Lothar Bisky: »Massenmedien und sozialistische Persönlichkeitsentwicklung Jugendlicher«. Vgl. auch ders., *Massenmedien und ideologische Erziehung der Jugend*; ders., *Geheime Verführer*.
59 »Biografisches«, http://www.lotharbisky.de/kat_person.php.
60 MfS, SWT/Abt. XV: Schreiben an die BV Leipzig vom 28. Juni 1979, BStU, ZA, AP 74150/92, Bl. 171.
61 SWT/Abt. XV: Einschätzung der Person Dr. Bisky, Lothar, 8. August 1980; BStU, ZA, AP 74150/92, Bl. 48.
62 BStU, Ast. Pdm., Abt. XX, HFF 267.
63 Biografisches, http://www.lotharbisky.de/kat_person.php.
64 BV Leipzig, Abteilung XX/7: Vorschlag vom 25. August 1980; BStU, ZA, AP 8765/91, Bl. 19.
65 Erklärung des Vorsitzenden der PDS Lothar Bisky, 29. Juli 2003, http://archiv2007.sozialisten.de/presse/presseerklaerungen/view_html/zid15043/bs1/n5.
66 HVA IX/B: Vorlage zur Werbung einer IMK/DT vom 28. Februar 1987, BStU, ZA, AIM 3771/88, Bd. I, Bl. 10–14, hier Bl. 11.
67 Ebenda.
68 Lutz Heilmann, Verpflichtung vom 2.10.1985, BStU, ZA, KS 6110/90, Bl. 96–100, hier Bl. 97.
69 Lutz Heilmann, Erklärung vom 27.6.1985, BStU, ZA, KS 6110/90, Bl. 250.
70 http://www.bundestag.de/mdb/bio/H/heilmluo.html.
71 Linke zanken vor Vorstandswahl, *taz*, 20. September 2008.
72 Linke: Jetzt trifft es Heilmann, http://www.hl-live.de/aktuell/textstart.php?id=47614.
73 Keine weiteren juristischen Schritte gegen Wikipedia, 16. November 2008, http://www.linksfraktion.de/pressemitteilung.php?artikel=1246470002. http://www.mark.linkeblogs.de/2008/11/15/wie-peinlich-lutz-heilmann-mdb-im-kreuzzug-gegen-wikipedia/.
74 HA XX/5/1: Bericht über [die] durchgeführte Kontaktaufnahme zu Diether Dehm vom 25.6.1971; BStU, ZA, AIM 4166/81, Teil I, Bd. 1, Bl. 135. HA XX/5: Abschlussbericht zum IM »Willy«, Reg.-Nr. XV/2180/71, vom 1.12.1980; ebenda, Bl. 284.
75 HA XX/5: Treffbericht vom 28.11.1978; ebenda, Bl. 182–184, hier Bl. 185. HA XX/5/I: Treffkonzeption vom 18.12.1978; ebenda, Bl. 188.
76 [Oberleutnant Notroff/«Christa«:] Hinweise über Aktivitäten Biermanns […] vom 26.1.1978; BStU, ZA, ZMA XX 20 001, Bd. 8,

Bl. 215-218. In handschriftlicher Form ist der Bericht auch in der IM-Akte von »Christa« abgeheftet; BStU, ZA, AIM 3965/81, Teil II, Bd. 1, Bl. 111-112a.
77 HA XX/5: Information vom 3.2.1977; BStU, ZA, AIM 4166/81, Teil II, Bd. 1, Bl. 238-240, hier: Bl. 238f.
78 HA XX/5: Information vom 8.3.1977; BStU, ZA, AIM 4166/81, Teil II, Bd. 1, Bl. 261f.
79 HA XX/5: Vorschlag zur Auszeichnung des IM »Willy« vom 4.11. 1977; BStU, ZA, AIM 4166/81, Teil I, Bd. 1, Bl. 191.
80 HA XX/5: Einstellungsbeschluß, o. Datum; BStU, ZA, AIM 4166/81, Teil I, Bd. 1, Bl. 38.
81 »Dehm darf Stasi-Spitzel genannt werden«, *Frankfurter Rundschau*, 2. August 1996.
82 »Keinen Finger mehr. In der SPD gibt es kaum noch Zweifel an den Verstrickungen des Diether Dehm«, *Focus*, 6. Mai 1996, S. 47. »Sozis reden von Treibjagd gegen Linke. Warme Worte für den vermutlichen Stasi-Spitzel Dehm«, *taz*, 25.5.1996.
83 »Diether Dehm schlägt zurück: Strafanzeige gegen Broder«, *Frankfurter Neue Presse*, 15. November 1996.
84 »Vergleich im Fall Diether Dehm«, *Frankfurter Allgemeine Zeitung*, 2. Oktober 1996. »Dehm verzichtet bis 1998 auf SPD-Ämter«, *Frankfurter Rundschau*, 2. Oktober 1996.
85 Diether Dehm, »Unter dem Wolfspelz. Ehrenbürger Biermann? Er ist doch nur noch ein Schatten seiner selbst«, *Der Tagesspiegel*, 21. Januar 2006.
86 Diether Dehm: »Stasi bezeichnete mich als Staatsfeind«, *Weserkurier*, 13. Oktober 2008.
87 »Jeder 10. Abgeordnete unter Stasiverdacht«, WELT ONLINE, 29. Mai 2008.
88 »Wie hält es DIE LINKE mit ehemaligen MfS-Mitarbeitern und IMs?«, http://die-linke.de/partei/geschichte/fragen_und_antworten_zur_aus einandersetzung_mit_der_geschichte/6_wie_haelt_es_die_linke_mit_ ehemaligen_mfsmitarbeitern_und_ims/.
89 »Zur konsequenten, offenen und öffentlichen Auseinandersetzung der PDS mit der Problematik ›Staatssicherheit‹«. Beschluss der 2. Tagung des 2. Parteitages, 21. bis 23. Juni 1991, http://archiv2007.sozialis ten.de/partei/geschichte/beschluesse_umgang_mfs/view_html?zid= 32968&bs=1&n=7.
90 Ergänzung zu [Name geschwärzt], BStU, Ast. Potsdam, AIM 2219/89, Bd. II/3, Bl. 131.

91 »Zur konsequenten offenen und öffentlichen Auseinandersetzung der PDS mit der Problematik ...«, a.a.O.
92 PDS-Punkerin war Stasi-Informantin, SPIEGEL ONLINE, 11. Juni 2002, http://www.spiegel.de/politik/deutschland/0,1518,200196-2,00.html.
93 »Linkspartei kämpft mit ihren Nostalgikern«, *Berliner Zeitung*, 13. Juni 2006.
94 »Zum weiteren Umgang mit den Beschlüssen zur persönlichen Offenlegung der Biografie und ...«. Beschluss des Parteivorstandes vom 12. Juni 2006, http://archiv2007.sozialisten.de/partei/geschichte/beschluesse_umgang_mfs/view_html?zid=32974&bs=1&n=0.
95 HA I/VM: Aktenvermerk vom 18.9.1978, BStU, ZA, AIM 3878/84, Teil I, Bd. 1, Bl. 55.
96 Sicherheit der Jugendklubs des Stadtbezirks, 5.4.1982, BStU, ZA, AGMS 2418/91, Bd. 1, Bl. 309–316, hier 314f.
97 HA VIII/13: Information zur Person [Name geschwärzt], 2.4.1984, BStU, ZA, AGMS 2418/91, Bd. 1, Bl. 309–316, hier Bl. 469. Information, 3.2.1984, BStU, ZA, AGMS 2418/91, Bd. 1, Bl. 470ff.
98 Auskunftsbericht zur Person Nord, Thomas, 1.9.1986, BStU, ZA, AGMS 2418/91, Bd. 1, Bl. 144f.
99 Verpflichtung, 23.2.1984, BStU, ZA, AGMS 2418/91, Bd. 1, Bl. 18f.
100 Thomas Nord: »Für ein Brandenburg der Regionen«, http://www.dielinke-brandenburg.de/partei/strukturen/personen/lv/thomas_nord/.
101 »Linke verteidigen den Stasi-Verein«, *Bild*, 12. April 2008.
102 IM-Vorgang »Katrin«, BStU, ZA, AIM 5220/88, Teil II, Bd. 1, Bl. 3, 7, 15, 31, 33, 35 und 53.
103 AG Leningrad: Abschlussbeurteilung des IMS »Katrin«, 19. 8. 1983, BStU, ZA, AIM 5220/88, Teil I, Bd. 1, Bl. 158f.
104 Erklärung, o.D. (1979), BStU, ZA, AIM 5220/88, Teil I, Bd. 1, Bl. 56.
105 »Ich habe nicht in Spitzelrolle gelebt«, *Der Tagesspiegel*, 26. Januar 2001.
106 Treffbericht vom 4. 1. 1983, BStU, ZA, AIM 5220/88, Teil II, Bd. 1, Bl. 87.
107 »Ehemalige ›IM Katrin‹ will gegen Platzeck antreten«, *Mitteldeutsche Zeitung*, 26. Januar 2008.
108 »Schachzug vor der Hessen-Wahl«, *Neues Deutschland*, 30. Januar 2008.
109 Beurteilung, 28. 12. 1978, BStU, Ast. Pdm, AIM 1672/86, Teil I, Bd. 1,

Bl. 166–172, hier Bl. 169. Abteilung XV: Information, 3.1.1978, BStU, Ast. Pdm, AIM 1672/86, Teil I, Bd. 1, Bl. 92.
110 Abteilung XX/1: Abschlussbericht, 20.8.1986, Ast. Pdm, AIM 1672/86, Teil I, Bd. 1, Bl. 217.
111 Einflussnahme auf Antragsteller, 16.11.1984, BStU, Ast. Pdm, AIM 1672/86, Teil II, Bd. 1, Bl. 234.
112 »Zensur für Denkmale aus DDR-Tagen«, *Neues Deutschland*, 16. Juni 2006.
113 »Lenin kommt ins Depot«, *Berliner Zeitung*, 29. September 2006.
114 *Potsdamer Neueste Nachrichten*, 17. Februar 2007.
115 Verpflichtung, 30.3.1988, BStU, Ast. Suhl AIM 558/92, Teil 1, Bd. 1, Bl. 7. Vgl. »Garten nicht so intensiv bestellt«, *Freies Wort*, 12. Juli 2006.
116 »PDS-Abgeordneter für ›parlamentsunwürdig‹ erklärt«, SPIEGEL ONLINE, 13. Juli 2006.
117 Ebenda.
118 Deutscher Presserat: Entscheidung des Beschwerdeausschusses 1 in der Beschwerdesache BK 1-283/06 vom 5. Dezember 2006.
119 Verpflichtung, 5.6.1985, BStU, Ast Suhl, AOG 1092/86, Teil I, Bd. 2, Bl. 68.
120 Kreisdienststelle Jena: Abschlussbericht, 12.1.1973, BStU, Ast. Gera, AIM 92/73, Teil I, Bl. 31.
121 Kreisdienststelle Jena: Bericht zur Aussprache, 9.10.1971, BStU, Ast. Gera, AIM 92/73, Teil I, Bl. 16 f. Vgl. »Damals in Budapest«, *Thüringische Allgemeine*, 28. November 2005.
122 »Ich war ein engagierter DDR-Bürger«, *Sächsische Zeitung*, 9. Februar 2007. »Stasi-Streit um Külow geht weiter«, *Neues Deutschland*, 17. Februar 2007.
123 »Kein Rücktritt Külows trotz Stasi-Mitarbeit«, *Neues Deutschland*, 16. Februar 2007.
124 »Gesicht kommt mir bekannt vor«, *Leipziger Volkszeitung*, 21. Februar 2007.
125 Verpflichtung, Datum unleserlich (1968), BStU, ZA, AIM 12274/72, Teil I, Bd. 1, Bl. 20. Vgl. »Jeder 10. Abgeordnete unter Stasiverdacht«, WELT ONLINE, 29. Mai 2008.
126 BV für Staatssicherheit, Abteilung XX: Aktennotiz vom 5. März 1984; BStU, Ast. Leipzig, AOPK 316/85, Bd. 1, Bl. 35.
127 BV für Staatssicherheit, Abteilung XX/9: Schreiben an die HVA vom 20. März 1984; BStU, Ast. Leipzig, AOPK 316/85, Bd. 1, Bl. 62.
128 IM-Vorgang »Rosemarie Lehmann«, BStU, Ast. Gera, 536/77, Teil II, unpaginiert.

129 Kreisdienststelle Jena: Abschlußeinschätzung des IMS »Rosemarie Lehmann«, 4.2.1977, BstU, Ast. Gera, 536/77, Teil I, Bd. 1, Bl. 85.
130 »IM ›Rosemarie‹ soll Diktaturgeschichte aufarbeiten«, *Die Welt*, 28. Juli 2007.
131 »Opferverband greift PDS-Politikerin an«, *Mitteldeutsche Zeitung*, 10. Mai 2007.
132 »Opferverbände lassen Arbeit im Gedenkstättenrat ruhen«, *Volksstimme*, 11. Mai 2007. »Irgendwie dialektisch«, *Der Tagesspiegel*, 23. Juli 2007. Report München: »Der Fall Tiedge – Wie Ex-Stasi-Kader die DDR-Geschichte umschreiben« (Sendung vom 3. Oktober 2007). »Ungeeignet für die Stiftung?« *Neues Deutschland*, 13. Oktober 2007.
133 »IM ›Rosemarie‹ soll Diktaturgeschichte aufarbeiten«, a.a.O.
134 Wulf Gallert/Matthias Höhn: »Angriffe von CDU, SPD und FDP auf Gudrun Tiedge sind heuchlerisch«, Erklärung vom 23. Oktober 2007.
135 Kreisdienststelle Neubrandenburg: Abschlussbericht, 13.10.1988, BstU, Ast. Neubrandenburg, AIM 1378/88, Teil I, Bd. 1, Bl. 153f.
136 »Beobachtung ist grotesk«, *Nordwest-Zeitung*, 16. Mai 2008.
137 »Bartsch fordert Ende der Beobachtung«, Tagesschau.de, 15. Mai 2008. »Linke klagen über ›Hexenjagd‹«, SPIEGEL ONLINE, 16. Mai 2008.
138 Wir bleiben, was wir waren und sind: In der Partei DIE LINKE organisierte Kommunistinnen und Kommunisten. Beschluss der 3. Tagung der 13. Bundeskonferenz der KPF vom 10. November 2007, http://die-linke.de/partei/zusammenschluesse/kommunistische_plattform_der_partei_die_linke/dokumente/wir_bleiben_was_wir_waren_und_sind_in_der_partei_die_linke_organisierte_kommunistinnen_und_kommunisten/.
139 Selbstverständnis des Studierendenverbandes Die Linke.SDS, http://www.linke-sds.org/spip.php?article81. Vgl. Bundesamt für Verfassungsschutz, *Verfassungsschutzbericht 2007*, S. 149–157, hier S. 157.
140 »In großer Sorge«, *Neues Deutschland*, 18. Mai 1995.
141 http://die-linke.de/partei/weitere_strukturen/weitere_zusammenschluesse/marxistisches_forum/das_marxistische_forum/.
142 Plädoyer für einen bundesweiten Zusammenschluss »Geraer Dialog / Sozialistischer Dialog« in der Partei DIE LINKE. Beschluss der Mitgliederversammlung vom 29. April 2007 in Kassel, http://www.sozialistischer-dialog.de/texte/korat/folder.2007-06-19.9224053090/document.2007-06-19.9355898142.

143 Erklärung des Bundessprecherrates, *Bulletin des GD/SD*, Ausgabe 5/ August 2006, S. 15.
144 Plädoyer für einen bundesweiten Zusammenschluss »Geraer Dialog / Sozialistischer Dialog«, a. a. O.
145 Kommunistische Plattform der Partei DIE LINKE, http://die-linke.de/ partei/zusammenschluesse/kommunistische_plattform_der_partei_ die_linke/.
146 Bundesamt für Verfassungsschutz, *Verfassungsschutzbericht 2005*, S. 106.
147 Satzung der Kommunistischen Plattform der PDS, *Mitteilungen der KPF*, Heft 1/1993, S. 15.
148 »Die PDS ist in Gefahr«. Erklärung des Bundessprecherrates und weiterer Genossen der Kommunistischen Plattform vom 15. Mai 2001, http://archiv2007.sozialisten.de/partei/strukturen/agigs/kpf/doku mente/view_html?zid=4031&bs=71&n=74.
149 »Wir machen den Weg nicht ohne weiteres frei«. Offener Brief an den Parteivorstand der PDS vom 23. August 2003, http://archiv 2007.sozialisten.de/partei/strukturen/agigs/kpf/dokumente/view_ html?zid=4055&bs=51&n=52.
150 »Nicht provozieren lassen – Auseinandersetzen!« Offener Brief von Kurt Julius Goldstein, Ellen Brombacher, Rim Farha, Prof. Heinz Karl und Sahra Wagenknecht vom 6. Dezember 2006, http://ar chiv2007.sozialisten.de/partei/strukturen/agigs/kpf/dokumente/view_ html?zid=34763&bs=1&n=5.
151 Christian Klar, »Das Grußwort im Wortlaut«, http://www.rp-online. de/public/article/politik/deutschland/412304/Christian-Klar-Das-Grusswort-im-Wortlaut.html.
152 »Christian Klars Position entspricht den grausamen Realitäten«. Erklärung des Bundeskoordinierungsrates der Kommunistischen Plattform vom 3. März 2007, http://archiv2007.sozialisten.de/partei/ strukturen/agigs/kpf/dokumente/view_html?zid=35238&bs=1&n =3.
153 »Zur Gründung der neuen Partei DIE LINKE«. Offener Brief des Bundeskoordinierungsrates der Kommunistischen Plattform vom 7. Juli 2007, http://die-linke.de/partei/zusammenschluesse/kommunistische_ plattform_der_partei_die_linke/dokumente/offener_brief_des_bun deskoordinierungsrates/. Vgl. »Chávez schwächt Demokratie«, Sued-deutsche.de, 19. September 2008.
154 »Für linke Bündnispolitik – Keine Ausgrenzung von Kommunistinnen und Kommunisten«. Erklärung des Bundeskoordinierungsrates der

Kommunistischen Plattform der Partei DIE LINKE vom 1. März 2008, http://die-linke.de/index.php?id=1646&type=123.
155 http://die-linke.de/partei/zusammenschluesse/kommunistische_platt form_der_partei_die_linke/.
156 Beratung der SED-Bezirksleitung am 28. Oktober 1989, zit. nach: W. Süß, *Staatssicherheit am Ende*, S. 401.
157 »Was sich die Linke selbst schuldig ist ...«, *Unsere Zeit*, 5. Februar 1993.
158 Politik-digital.de, 2. Juli 2003, http://politik-digital.de/salon/transcrip te/lbisky.shtml.
159 »Die Schwierigkeiten kommen erst noch«, *Neues Deutschland*, 29./30. April 2006.
160 § 7 der Bundessatzung der Partei DIE LINKE.
161 Sahra Wagenknecht, »Marxismus und Opportunismus. Kämpfe in der sozialistischen Bewegung gestern und heute«, *Weißenseer Blätter*, Nr. 4/1992, S. 12–26, hier S. 13.
162 Sahra Wagenknecht, »Kungelkurs und Widerstand«, *Konkret* 7/94, S. 44 f., hier S. 44.
163 Ebenda.
164 »Ein klarer Rückschritt«, *Der Spiegel*, 26. Dezember 1994.
165 »Die Bundesrepublik ist in ihrer Substanz nicht demokratisch«, WELT ONLINE, 17. Juni 2001.
166 »Kampferklärung einer Betonkommunistin«, SPIEGEL ONLINE, 19. Mai 2008.
167 Offener Brief an die Vorsitzenden der Partei DIE LINKE, Genossen Lothar Bisky und Oskar Lafontaine (ohne Datum), http://solid-mv. de/index2.php?option=com_content&do_pdf=1&id=300. Unterzeichnet wurde der Brief von: Heinrich Fink (Vorsitzender des BdA/ VVN und Ex-IM »Heiner«), Christa Luft (ehemalige DDR-Wirtschaftsministerin und Ex-IM »Gisela«), Klaus Höpcke (ehemaliger stellvertretender DDR-Kulturminister), Friedrich Wolf (ehemaliger DDR-Rechtsanwalt), Peter Kurbjuweit (IG Metall, Landesvorstand Niedersachsen), Walter Gruber (IG Metall, Landesvorstand Niedersachsen), Mariana Schott (stellvertretende Landesvorsitzende und MdL in Hessen), Manfred Sohn (MdL und Fraktionsvorsitzender in Niedersachsen), Patrick Humke (Landesgeschäftsführer und MdL in Niedersachsen), Dorothée Menzner (MdB und Mitglied des Landesvorstands in Niedersachsen), Pia Zimmermann (MdL in Niedersachsen), Wolfgang Gehrcke (MdB und Mitglied des Parteivorstands), Alexander Steltenkamp (Landesvorstand Niedersachsen), Angelika

Hannappel (Landesvorstand Schleswig Holstein), Asja Huberty (Landesvorstand Schleswig Holstein), Benjamin Brusniak (Bundessprecher Linksjugend [,solid]), Elke Lison (Landesvorstand Baden-Württemberg), Esther Abel (Landesvorstand Hessen), Florian Höllen (Bundessprecher Linksjugend ['solid]), Florian Paul (Landesvorstand Bayern), Haimo Stiemer (Bundessprecher Linksjugend ['solid]), Konstantin Löbbert (Bundesschatzmeister Linksjugend ['solid]), Lorenz Gösta Beutin (Landessprecher Schleswig Holstein), Lukas Larbig (Mitglied des Landesvorstands in Hessen), Sabine Lösing (Mitglied des Parteivorstands), Victor Perli (MdL in Niedersachsen), Wolfgang Zimmermann (Landessprecher NRW), Barbara Borchardt (MdL in Mecklenburg-Vorpommern), Birgit Schwebs (MdL in Mecklenburg-Vorpommern), Matthias Bärwolf (MdL in Thüringen), Nele Hirsch (MdB), Robert Blättermann (Mitglied des Landesvorstands in Thüringen), Torsten Koplin (MdL in Mecklenburg-Vorpommern), Michael Müller (Mitglied des Bundesvorstands des Hochschulverbandes Linke.SDS).

168 »Sahra Wagenknecht gibt auf«, *Die Welt*, 17. Mai 2008.
169 »Kampferklärung einer Betonkommunistin«, SPIEGEL ONLINE, 19. Mai 2008.
170a Sahra Wagenknecht, *Vorwärts und vergessen?*
170 »Beim Hummer-Essen fotografiert – Bilder gelöscht«, SPIEGEL ONLINE, 15. Dezember 2007. »Ich habe schon öfter mal Hummer gegessen«, Sueddeutsche.de, 25. April 2008.
171 »Wie die Linkspartei Extremisten duldet und nutzt«, WELT ONLINE, 7. August 2008.
172 »Kuba-Krise in der Linkspartei – wie viel Kritik verträgt der Sozialismus unter Palmen?«, *Kontraste*, 23. März 2006.
173 »Gysis Heimkind«, *Der Spiegel*, 21. Juli 2008.
174 *Der Spiegel* Nr. 22 vom 27. Mai 2006.
175 Ulla Jelpke, Erklärung vom 29. Mai 2006, www.ulla-jelpke.de.
176 »Rotlicht statt rote Fahne«, SPIEGEL ONLINE, 13. Februar 2006.
177 http://www.gertwinkelmeier.de/index.html.
178 »Kuckuck im roten Nest«, *Der Spiegel*, 6. März 2006, Seite 44.
179 »Eine marxistische Stimme in den Linken«, *Linksruck. Zeitung für internationalen Sozialismus*, Nr. 223 vom 18. Oktober 2006, S. 19.
180 »Marx21: Politische Leitsätze«, http://marx21.de/content/view/194/93.
181 »Selbstverständnis des Studierendenverbandes Die Linke.SDS«, 10. Mai 2007, http://www.linke-sds.org/spip.php?article81.

182 »In die Offensive kommen – für eine starke Linke«. Positionspapier der Sozialistischen Linken, *Junge Welt*, 11. Dezember 2007.
183 Norman Paech: »Sinn und Missbrauch internationaler Gerichtsbarkeit« (März 2002), http://www.uni-kassel.de/fb5/frieden/themen/Voelkerrecht/paech.html.
184 »Für eine antikapitalistische Linke«, http://www.antikapitalistische-linke.de/topic/16.text.html.
185 Erstunterzeichner waren Sahra Wagenknecht (MdEP, Parteivorstand der Linkspartei), Cornelia Hirsch (MdB), Tobias Pflüger (MdEP), Eva Bulling-Schröter (MdB), Sevim Dagdelen (MdB), Lutz Heilmann (MdB), Ulla Jelpke (MdB), Heike Hänsel (MdB), Elke Reinke (MdB), Dorothée Menzner (MdB), Sabine Lösing (Gründungsmitglied der WASG), Rainer Spilker (Bundesvorstand der WASG), Thies Gleiss (Bundesvorstand der WASG), Katharina Schwabedissen (Landessprecherin der WASG NRW), Wolfgang Zimmermann (Landessprecher der WASG NRW), Marko Röhrig (Mitglied im Landesvorstand der WASG NRW), Edith Bartelmus-Scholich (Mitglied im Landesvorstand der WASG NRW), Susanne Hennig (MdL Thüringen), Torsten Koplin (MdL M/V), Barbara Borchardt (MdL M/V), Birgit Schwebs, (MdL M/V, stellv. Landesvorsitzende M/V), Gerhard Bartels (MdL M/V), Volker Külow (MdL Sachsen), Klaus Bartl (MdL Sachsen), Freya-Maria Klinger (MdL Sachsen), Kerstin Köditz (MdL Sachsen, Kreisvorsitzende Muldentalkreis), Dietmar Pellmann (MdL Sachsen), Antje Brose (['solid]), Frederico Elwing (['solid]) und Peter Schüren (Bildungsgemeinschaft SALZ e.V.).
186 Bundesamt für Verfassungsschutz, *Verfassungsschutzbericht 2005*, S. 171.
187 Der VVN gehören nach eigenen Angaben folgende Bundestagsabgeordnete an: Jan Korte, PDS-Mitglied seit 1999, Eva Bulling-Schröter, DKP-Mitglied seit 1974, sowie Lutz Heilmann, Gert Winkelmeier, Karin Binder und Dorothée Menzner.
188 Bundesamt für Verfassungsschutz, *Verfassungsschutzbericht 2006*, S. 193.
189 30 Jahre Stammheim 77 – und kein Ende der Repression, http://www.rote-hilfe.de/content/pdf/283.
190 Die Rote Hilfe und der Kampf ums Ganze, http://www.rote-hilfe.de/publikationen/die_rote_hilfe_zeitung/2006/3/die_rote_hilfe_und_der_kampf_ums_ganze.
191 CDU-Fraktion im Hessischen Landtag, »Nicht auf dem Boden der Verfassung«, S. 61.

192 »Metz ist ein anständiger Kerl«, Sueddeutsche.de, 6. September 2007.
193 »Linken-Spitzenkandidat bezeichnet Roland Koch als ›Gewalttäter‹«, FR-online.de, 13. Januar 2008.
194 Abgeordnetenbiographie Willi van Ooyen, http://www.landtag.hessen.de/inhalt.cfm?seite=biografie&id=1092.
195 »Andrea Ypsilantis riskanter Pakt mit Willi van Ooyen«, WELT ONLINE, 31. Oktober 2008.
196 »Berufsrevolutionäre arbeitslos: DKP ist pleite«, *taz-bremen*, 29. November 1989.
197 DFU: Schreiben an die Mitglieder und Freunde vom Dezember 1989, in: CDU-Fraktion im Hessischen Landtag: »Nicht auf dem Boden der Verfassung«, o. S. (Anhang).
198 Bundesamt für Verfassungsschutz, *Verfassungsschutzbericht 1989*, S. 39.
199 »Wie die Stasi Willi van Ooyen schützte«, WELT ONLINE, 13. Oktober 2008.
200 Hausmitteilung von Karl Wildberger, Westabteilung, an Albert Norden vom 18. 11. 1974. Anlage: »An die Welternährungskonferenz der UNO: Memorandum Gegen den Hunger der Welt«; BuArch Bln DY 30 IV B 2/2.208/7. Vgl. auch die Unterlagen zum Gespräch zwischen Albert Norden und einer Delegation der DFU am 20. 2. 1973, in denen unter anderem die folgenden »Angaben über die DFU« gemacht werden: »Größere Aktionen der DFU in der Vergangenheit waren der sehr positiv zu bewertende Appell gegen den Antikommunismus in der BRD mit 8000 Unterzeichnern [...]. Aktiv war die DFU im Kampf gegen den USA-Krieg in Vietnam, in der Bildungspolitik«; BuArch Bln DY 30 IV B 2/2.208/5, Bl. 33. Ferner: Aktivitäten der DFU der BRD für die Unterstützung der Aufnahme der DDR in die UNESCO, 20. 7. 1972; BuArch Bln DY 30 IV B 2/2.208/6. In diesem Papier heißt es u. a.: »Es kommt darauf an, den kalten Krieg aus den Schulen und Hochschulen zu verbannen. Die von den Kultusministern erlassenen Richtlinien zur sogenannten ›Ostkunde‹ und ›zur Behandlung des Totalitarismus im Unterricht‹ sind schnellstens ersatzlos abzuschaffen« (S. 2).
201 HA II, AG Koordinierung, »Gegnerische Aktivitäten gegen Mitglieder leitender Organe der Deutschen Friedensunion der BRD (DFU)«, 1. April 1986, BstU, ZA, HA II 35108, Bl. 136 ff.
202 Information über den Aufenthalt der Delegation der Kommission Abrüstung und Sicherheit beim Bundesvorstand der DFU vom 7. bis 10. Mai 1986, BstU, ZA, HA XX 7557, Teil 1, Bl. 2–9, hier Bl. 5.

203 CDU-Fraktion im Hessischen Landtag: »Nicht auf dem Boden der Verfassung«, S. 67.
204 »Hessens linke Strippenzieherin«, SPIEGEL ONLINE, 9. Oktober 2008.
205 »Wollen Trotzkisten DIE LINKE unterwandern?«, *Allgemeine Zeitung*, 30. Januar 2008.
206 »Am liebsten eine Swimming-Pool-Steuer«, SPIEGEL ONLINE, 28. Januar 2008.
207 Dr. Manfred Sohn, http://linksfraktion-niedersachsen.linkes-cms.de/fraktion/landtagsabgeordnete/dr_manfred_sohn/.
208 »Am liebsten eine Swimming-Pool-Steuer«, a.a.O.
209 Auszüge des Interviews mit Christel Wegner vom 14. Februar 2008, http://daserste.ndr.de/panorama/archiv/2008/erste622.pdf.
210 »Vorstand distanziert sich in aller Form«. Erklärung vom 14. Februar 2008, http://die-linke.de/presse/presseerklaerungen/detail/zurueck/aktuell/artikel/vorstand-distanziert-sich-in-aller-form.
211 »Koalitionen verbieten ist dumm«. Interview mit Gregor Gysi, *Der Tagesspiegel*, 17. Februar 2008.
212 Christel Wegner, »Persönliche Erklärung zur Panoramasendung vom 14.2.2008«, http://www.dkp-nordheide.de/aktuell/cwpersa.htm.
213 »Machtkampf links«, ZEIT ONLINE, 19. August 2005.
214 »Erfurter Erklärung« vom 9. Januar 1997, *DOKUMENTE forum bürgerbewegung. Zeitschrift für direkte Demokratie, Ökologie & Menschenrechte*, Nr. 1/97, S. 10 f.
215 Klaus Ernst, »Willkommen auf meiner Homepage«, http://www.klaus-ernst-mdb.de/mdb/.
216 Vgl. § 2 der Satzung der IG Metall und § 5 der Satzung von Verdi.
217 »Für ein sozial gerechtes Hessen! Koch muß weg – darum die Linke wählen«, http://www.die-linke-hessen.de/cms/component/option,com_docman/task,doc_download/gid,85/Itemid,30/.
218 »Gewerkschafter rufen zur Mitgliedschaft in der Linken auf«, *Die Welt*, 11. Juli 2007.
219 »Programm der Partei des Demokratischen Sozialismus«, in: G. Gysi (Hg.), *Wir brauchen einen dritten Weg*, S. 157–166, hier S. 163.
220 Detlev Lücke, »Opposition ist Mist. Lasst das die anderen machen – wir wollen regieren«, *Das Parlament* Nr. 14 vom 29.3.2004.
221 Ulrich Maurer, Brief vom 24. Mai 2005 an die Mitglieder des SPD-Parteivorstands, http://www.ulrich-maurer.de/index.php?id=9,14,0,0,1,0.

222 Ulrich Maurer, *Eiszeit. Staatsstreich des Kapitals oder Renaissance der Linken*, S. 276.
223 Schlimmer Tag für Hessen, http://www.ulrich-maurer.de/.
224 Grundsatzprogramm der Sozialdemokratischen Partei Deutschlands, beschlossen vom Programm-Parteitag der Sozialdemokratischen Partei Deutschlands am 20. Dezember 1989 in Berlin, geändert auf dem Parteitag in Leipzig am 17. April 1998, S. 9, http://www.spd-schleswig-holstein.de/docs/1118733935_programmdebatte_grundsatzprogramm.pdf.
225 »Eisige Atmosphäre«, *Der Spiegel*, 18. Dezember 1989.
226 »Ohne Sinn für die Einheit«, *Die Zeit*, 2. November 2006.
227 »Mixa bekommt Unterstützung von ganz links«, augsburger-allgemeine.de, 11. Februar 2008.
228 Oskar Lafontaine, *Das Herz schlägt links*, S. 231.
229 »Ausland: Jubel und Skepsis«, *Hamburger Morgenpost*, 13. März 1999.
230 *Bild*, 04. März 2002.
231 Lafontaine: »Im Notfall für Folter«, WELT ONLINE, 18. Mai 2004.
232 »Wie Oskar fast Hartz IV erfunden hätte«, SPIEGEL ONLINE, 27. August 2004. »Oskar Lafontaine fordert ein Ende der Lohnzurückhaltung und steuerliche Entlastung für niedrigere und mittlere Einkommen«, Presseerklärung vom 27. September 2007, http://www.linksfraktion.de/pressemitteilung.php?artikel=1221642984.
233 »Programmatische Eckpunkte« – Programmatisches Gründungsdokument der Partei DIE LINKE. Beschluss der Parteitage von WASG und Linkspartei.PDS am 24. und 25. März 2007 in Dortmund, S. 11.
234 *Der Tagesspiegel*, 7. Oktober 1993. »Programmatische Eckpunkte« ..., a.a.O., S. 14.
235 »Lafontaines Vorher-Nachher-Show«, SPIEGEL ONLINE, 2. August 2007.
236 *Abendzeitung München*, 15. November 1993. Oskar Lafontaine, Fraktionsvorsitzender »Die Linke im Bundestag«, http://www.dgb.de/themen/archiv/kongress2006/reden/statements/lafontaine.htm/.
237 *Focus* Nr. 33/1995. »Lafontaine und Müntefering diskutieren über die Rente«, ngo-online, 10. Februar 2006.
238 »Oskars Welt – früher und heute«, WELT ONLINE, 6. August 2007. »Lafontaine will Post und Telekom wieder verstaatlichen«, SPIEGEL ONLINE, 13. April 2008.
239 »Wie Oskar fast Hartz IV erfunden hätte«, SPIEGEL ONLINE, 27. August 2004. »Lafontaine fordert Arbeitslosengeld I für 24 Monate«,

ddp, 29. Dezember 2008. Oskar Lafontaine, Fraktionsvorsitzender »Die Linke im Bundestag«, http://www.dgb.de/themen/archiv/kon gress2006/reden/statements/lafontaine.htm/.
240 »Lafontaines Vorher-Nachher-Show«, SPIEGEL ONLINE, 2. August 2007.
241 »Oskar Lafontaine mit Nazi-Jargon?«, *Fakt*, 4. Juli 2005.
242 O. Lafontaine, *Politik für alle*, S. 57, 241.
243 »Linke nimmt Kommunisten-Manifest ins Programm«, WELT ONLINE, 13. April 2008. »Investmentbanker sind kriminell«, Sueddeutsche.de, 3. Oktober 2008.
244 »Deutsche würden Große Koalition wiederwählen«, SPIEGEL ONLINE, 1. August 2007.
245 »Lamento über den ›Luxus-Linken‹ Lafontaine«, SPIEGEL ONLINE, 23. August 2005.
246 »Auf Honeckers Spuren«, stern.de, 9. August 2008.

Epilog

1 Lothar Bisky, »Wir sind gekommen, um zu bleiben«. Rede auf der 3. Tagung des 10. Parteitages, 15. Juni 2007, http://archiv2007.sozialis ten.de/partei/parteitag/pt1003/view_html?zid=35922&bs=1&n=1.

Literatur

Ammer, Thomas, »Die Machthierarchie der SED«, in: Deutscher Bundestag (Hg.), *Materialien der Enquete-Kommission »Aufarbeitung von Geschichte und Folgen der SED-Diktatur in Deutschland«*, Bd. II/2
Angress, Werner T., *Die Kampfzeit der KPD 1921–1923*, Düsseldorf 1974
Autorenkollektiv, *Von den Anfängen. Eine illustrierte Chronik der PDS 1989–1993*, Berlin 1994
Bayerlein, Bernhard H., Leonid G. Babičenko, Fridrich I. Firsov, Aleksandr Ju. Vatlin, *Deutscher Oktober 1923. Ein Revolutionsplan und sein Scheitern*, Berlin 2003
Behrend, Manfred, *Eine Geschichte der PDS. Von der zerbröckelnden Staatspartei zur Linkspartei*, Köln 2006
Berg, Frank, *Die Mitte-Links-Koalition in Mecklenburg-Vorpommern*, Teil I: *Politikfeldanalysen* (Manuskripte 18 der Rosa-Luxemburg-Stiftung), Berlin 2001
Bisky, Lothar, *Massenmedien und ideologische Erziehung der Jugend*, Berlin (Ost) 1976
–, *Massenmedien und sozialistische Persönlichkeitsentwicklung Jugendlicher. Zu einigen ausgewählten Problemen*, Leipzig 1979
–, *Geheime Verführer: Geschäft mit Shows, Stars, Reklame, Horror, Sex*, Berlin (Ost) [3]1982
–, *So viele Träume. Mein Leben*, Berlin 2005
–, Jochen Czerny, Herbert Mayer, Michael Schumann (Hg.), *Die PDS – Herkunft und Selbstverständnis*, Berlin 1996
–, Uwe-Jens Heuer, Michael Schumann (Hg.), *»Unrechtsstaat?« Politische Justiz und die Aufarbeitung der DDR-Vergangenheit*, Hamburg 2002
Blessing, Klaus, Eckart Damm, Matthias Werner, *Die Schulden des Westens. Wie der Osten Deutschlands ausgeplündert wird*, Selbstverlag Klaus Blessing, [3]2006
Brie, Michael (Hg.), *Die Linkspartei. Ursprünge, Ziele, Erwartungen*, Berlin 2005
–, Cornelia Hildebrandt, Meinhard Meuche-Mäker (Hg.): *Die Linke. Wohin verändert sich die Republik?*, Berlin 2007

–, Rudolf Woderich (Hg.), *Die PDS im Parteiensystem*, Berlin 2000
Bundesamt für Verfassungsschutz, *Verfassungsschutzbericht 1989*, Bonn 1990
–, *Verfassungsschutzbericht 2005*, Köln 2006
–, *Verfassungsschutzbericht 2006*, Köln 2007
CDU-Fraktion im Hessischen Landtag, »*Nicht auf dem Boden der Verfassung*«. *Eine Analyse und Dokumentation zur Partei* DIE LINKE, Teil II, Oktober 2008, Frankfurt/M. 2008
Deutscher Bundestag (Hg.), *Materialien der Enquete-Kommission »Aufarbeitung von Geschichte und Folgen der SED-Diktatur in Deutschland«* (12. Wahlperiode des Deutschen Bundestages), 9 Bände in 18 Teilbänden, Baden-Baden 1995
Deutz-Schroeder, Monika, Klaus Schroeder, *Soziales Paradies oder Stasi-Staat? Das DDR-Bild von Schülern – ein Ost-West-Vergleich*, München 2008
Ditfurth, Christian von, *Ostalgie oder linke Alternative. Meine Reise durch die PDS*, Köln 1998
Djilas, Milovan, *Gespräche mit Stalin*, Stuttgart/Hamburg o. J.
Dokumente der Sozialistischen Einheitspartei Deutschlands. Beschlüsse und Erklärungen des Zentralkomitees sowie seines Politbüros und seines Sekretariats, Bd. IV, Berlin (Ost) 1954
Eisenfeld, Bernd, »Rolle und Stellung der Rechtsanwälte in der Ära Honecker im Spiegel kaderpolitischer Entwicklungen und Einflüsse des MfS«, in: Engelmann/Vollnhals (Hg.): *Justiz im Dienste der Parteiherrschaft*, S. 347–373
Engelmann, Roger, Clemens Vollnhals (Hg.): *Justiz im Dienste der Parteiherrschaft. Rechtspraxis und Staatssicherheit in der DDR*, Berlin 1999
Erler, Peter, Horst Laude, Manfred Wilke (Hg.), »*Nach Hitler kommen wir*«. *Dokumente zur Programmatik der Moskauer KPD-Führung 1944/45 für Nachkriegsdeutschland*, Berlin 1994
Falkner, Thomas, »›Putsch‹ oder ›Sturm aufs Große Haus‹? Für eine Rückbesinnung auf die eigene Kraft«, in: Bisky/Czerny/Mayer/Schumann (Hg.), *Die PDS – Herkunft und Selbstverständnis*, S. 150–160
–, Dietmar Huber, *Aufschwung PDS. Rote Socken – zurück zur Macht?*, München 1994
Felfe, Edeltraut, Erwin Kischel, Peter Kroh (Hg.), *Warum? Für wen? Wohin? 7 Jahre PDS Mecklenburg-Vorpommern in der Regierung*, Schkeuditz 2005
– »*Warum? Für wen? Wohin? 7 Jahre PDS Mecklenburg-Vorpommern*

in der Regierung«, in: Hildebrandt/Brie (Hg.): *Die Linke in Regierungsverantwortung*, S. 52–58

Ferchland, Rainer, »Befunde einer Mitgliederbefragung im Berliner Stadtbezirk Marzahn-Hellersdorf«, in: Brie/Hildebrandt/Meuche-Mäker (Hg.): *Die Linke. Wohin verändert sich die Republik?*, S. 233–258

Filmer, Werner, Heribert Schwan, *Oskar Lafontaine*, Düsseldorf 1996

Fülberth, Georg, »*Doch wenn die Dinge sich ändern*«. *Die Linke*, Köln 2008,

Gleumes, Hermann (d.i. Patrick Moreau), Christoph Brand, »*Mit Kommunisten und Grünen in die 90er Jahre?« Strukturen und Entwicklungstendenzen des linksradikalen Bündnisgeflechts an den Hochschulen der Bundesrepublik* Deutschland, Hg., RCDS-Bundesvorstand, Erlangen 1986

–, *Die PDS: Profil einer antidemokratischen Partei*, München 1998

–, *Verdeckte Verführung. Die »Erfurter Erklärung« und die Bündnispolitik der PDS im Wahljahr 1998*, Erfurt o.J.

Gysi, Gregor, »Zur Vervollkommnung des sozialistischen Rechtes im Rechtverwirklichungsprozess«, Dissertation an der Humboldt-Universität zu Berlin«, Berlin 1975

–, »Brief an die Mitglieder des Bundesvorstandes und des Parteirates der PDS vom 31. Januar 1993«, in: W. Sabath, *Gregor Gysi*, S. 88–95

–, *Ein Blick zurück, ein Schritt nach vorn*, Hamburg 2001

–, Referat auf der Klausurtagung des Parteivorstandes am 12. und 13. Mai 1990, in: PDS (Hg.), *PDS auf dem Weg der Erneuerung*

– (Hg.), *Wir brauchen einen dritten Weg. Selbstverständnis und Programm der PDS*, Hamburg 1990

–, Thomas Falkner, *Sturm aufs Große Haus. Der Untergang der SED. Gedanken von Gregor Gysi, Thomas Falkner und Werner Hübner – aufgezeichnet von Thomas Falkner*, Berlin 1990

Hartmann, Ralph, *Die Liquidatoren. Der Reichskommissar und das wiedergewonnene Vaterland*, 3., erg. u. aktual. Aufl., Berlin 2008 [1997]

Heckert, Fritz, *Was geht in Deutschland vor? KPD und Hitlerdiktatur*, Moskau 1933

Herbst, Andreas, Gerd-Rüdiger Stephan, Jürgen Winkler, *Die SED. Geschichte – Organisation – Politik. Ein Handbuch*, Berlin 1997

Herles, Helmut, Ewald Rose (Hg.), *Vom Runden Tisch zum Parlament*, Bonn 1990

Hertle, Hans-Hermann, Gerd-Rüdiger Stephan (Hg.), *Das Ende der SED. Die letzten Tage des Zentralkomitees*, Berlin 1997

Hildebrandt, Cornelia, Michael Brie (Hg.), *Die Linke in Regierungsverantwortung. Analysen, Erfahrungen, Kontroversen*, Berlin 2006

Hilger, Andreas, Mike Schmeitzner, Ute Schmidt (Hg.), *Sowjetische Militärtribunale*, Bd. 2: *Die Verurteilung deutscher Zivilisten 1945-1955*, Köln, Weimar, Wien 2003

Hinck, Gunnar, *Eliten in Ostdeutschland. Warum den Managern der Aufbruch nicht gelingt*, Berlin 2007

Historische Kommission der ARD (Hg.), *Die Ideologiepolizei. Die rundfunkbezogenen Aktivitäten des Ministeriums für Staatssicherheit der ehemaligen DDR in der DDR sowie in der Bundesrepublik Deutschland*, Frankfurt/M. 2008

Hornbogen, Lothar, Detlef Nakath, Gerd-Rüdiger Stephan (Hg.), *Außerordentlicher Parteitag der SED/PDS. Protokoll der Beratungen am 8./9. und 16./17. Dezember 1989 in Berlin*, Berlin 1999

Hübner, Wolfgang, Tom Strohschneider, *Lafontaines Linke. Ein Rettungsboot für den Sozialismus?*, Berlin 2007

Jahrbuch für historische Kommunismusforschung, hg. von Ulrich Mählert, Bernhard H. Bayerlein, Horst Dähn, Bernd Faulenbach, Ehrhart Neubert, Peter Steinbach, Stefan Troebst und Manfred Wilke im Auftrag der Bundesstiftung zur Aufarbeitung der SED-Diktatur, Berlin 2008

Jesse, Eckhard, Jürgen P. Lang, *Die Linke – der smarte Extremismus einer deutschen Partei*, München 2008

Jun, Uwe, Henry Kreikenbom, Viola Neu, *Kleine Parteien im Aufwind. Zur Veränderung der deutschen Parteienlandschaft*, Frankfurt am Main 2006

Knabe, Hubertus, *Die Täter sind unter uns. Über das Schönreden der SED-Diktatur*, Berlin 2007

Kuppe, Johannes, »Die deutsch-deutschen Beziehungen aus der Sicht der DDR«, in: Werner Weidenfeld, Hartmut Zimmermann (Hg.), *Deutschland-Handbuch. Eine doppelte Bilanz 1949-1989*, Bonn 1989, S. 551-567

Lafontaine, Oskar, *Das Herz schlägt links*, München 1999

–, *Politik für alle. Streitschrift für eine gerechte Gesellschaft*, Berlin 2005

Lang, Jürgen P., *Ist die PDS eine demokratische Partei? Eine extremismustheoretische Untersuchung*, Baden-Baden 2003

Leonhard, Wolfgang, *Die Revolution entlässt ihre Kinder*, Köln 1987

Liebknecht, Karl, *Gesammelte Reden und Schriften*, Bd. IX, Berlin (Ost) 1968

Lucas, Erhard, *Märzrevolution 1920*, Bd. 2, Frankfurt/M. 1973
Luxemburg, Rosa, *Gesammelte Werke*, Bd. IV, Berlin 1988
Maurer, Ulrich, *Eiszeit. Staatsstreich des Kapitals oder Renaissance der Linken*, München 2006
–, Hans Modrow, *Links oder lahm? Die neue Partei zwischen Auftrag und Anpassung*, Berlin 2006
Meuche-Mäker, Meinhard, *Die PDS im Westen 1990–2005. Schlussfolgerungen für eine neue Linke*, Berlin 2005
Mironenko, Sergej, Lutz Niethammer, Alexander von Plato (Hg.), *Sowjetische Speziallager in Deutschland 1945 bis 1950*, Bd. 2, *Sowjetische Dokumente zur Lagerpolitik*, Berlin 1998
Modrow, Hans, *Ich wollte ein neues Deutschland*, München 1999
Moreau, Patrick, *Man muß so radikal sein wie die Wirklichkeit. Die PDS: eine Bilanz*, Baden-Baden 2003
–, *PDS: Anatomie einer postkommunistischen Partei*, Bonn und Berlin 1992 (mit Unterstützung der Konrad-Adenauer-Stiftung und der Hanns-Seidel-Stiftung)
–, *Die PDS: Profil einer antidemokratischen Partei*, München 1998
–, *Gefahr von links? Die PDS auf dem Weg zur Etablierung*, Wiesbaden 1994
–, *Politische Positionierung der PDS – Wandel oder Kontinuität?*, München 2002
–, Jürgen P. Lang, *PDS: das Erbe der Diktatur*, Grünwald 1994
–, Jürgen P. Lang, *Linksextremismus. Eine unterschätzte Gefahr*, Bonn 1996
–, Jürgen P. Lang, Viola Neu, *Was will die PDS?*, Frankfurt/M, Berlin 1994
–, Jürgen P. Lang, Viola Neu, *Auferstanden aus Ruinen ...? Die PDS nach dem Super-Wahljahr 1994*, Sankt Augustin 1995
–, Viola Neu, *Die PDS zwischen Linksextremismus und Linkspopulismus*, Sankt Augustin 1994
–, Rita Schorpp-Grabiak, *Nach der Berliner Wahl: Zustand und Perspektiven der PDS*, München 1999
–, Rita Schorpp-Grabiak, Bettina Blank, »Die West-PDS als Gravitationsfeld eines linksextremistischen Pluralismus«, in: Manfred Agethen, Eckhard Jesse, Ehrhart Neubert u. a., *Der missbrauchte Antifaschismus*, Freiburg 2002
–, Manfred Wilke u.a., *Verdeckte Verführung. Die »Erfurter Erklärung« und die Bündnispolitik der PDS im Wahljahr 1998*, hg. von den Landesverbänden der CDU in den neuen Bundesländern, Erfurt 1998

Neu, Viola, »Das Janusgesicht der PDS, Wähler und Partei zwischen Demokratie und Extremismus«, Baden-Baden 2004 (Diss. Universität Chemnitz, 2003)

Neugebauer Gero, Richard Stöss, *Die PDS. Geschichte. Organisation. Wähler, Konkurrenten*, Opladen 1996

PDS (Hg.), *PDS auf dem Weg der Erneuerung. Klausurtagung des Parteivorstandes am 12. und 13. Mai 1990*, Berlin 1990

Sabath, Wolfgang, *Gregor Gysi*, Berlin 1993

Scharrer, Manfred, »Freiheit ist immer ...«. *Die Legende von Rosa & Karl*, Berlin 2002

Schöneburg, Volkmar, »Unrechtsstaat DDR? Literaturbericht«, in: Bisky/Czerny/Mayer/Schumann (Hg.), *Die PDS – Herkunft und Selbstverständnis*, S. 334–346

Schumann, Michael, »PDS: Geschichte und Politik«, in: Bisky/Czerny/Mayer/Schumann (Hg.), *Die PDS – Herkunft und Selbstverständnis*, S. 334–346

Segall, Peter Christian (d.i. Patrick Moreau), *Die PDS im Wahljahr 1999* München 1999

–, *Die PDS vor den Europawahlen*, München 1999

–, *Transmissionsriemen der Postkommunisten?*, Erfurt 1999

Spier, Tim, Felix Butzlaff, Matthias Micus, Franz Walter (Hg.), *Die Linkspartei. Zeitgemäße Idee oder Bündnis ohne Zukunft?*, Wiesbaden 2007

Staadt, Jochen, »Der Doppelenkel«, in: Filmer/Schwan, *Oskar Lafontaine*, S. 176–190

Sturm, Eva, »›Und der Zukunft zugewandt‹? Eine Untersuchung zur ›Politikfähigkeit‹ der PDS«, in: *Forschung Politikwissenschaft*, Bd. 77, Opladen 2000 (Diss. Universität Augsburg, 1999)

Süß, Walter, *Staatssicherheit am Ende. Warum es den Mächtigen nicht gelang, 1989 eine Revolution zu verhindern*, Berlin 1999

Ulbricht, Walter, *Zur Geschichte der deutschen Arbeiterbewegung*, Bd. 1: *1918–1933*, Institut für Marxismus-Leninismus beim ZK der SED, Berlin (Ost) 1963

Wagenknecht, Sahra, *Vorwärts und vergessen? Ein Streit um Marx, Lenin, Ulbricht und die verzweifelte Aktualität des Kommunismus*, Hamburg 1996

Weber, Hermann (Hg.), *Der deutsche Kommunismus. Dokumente*, Köln, Berlin 1964

Wenzel, Siegfried, *Was war die DDR wert? Und wo ist dieser Wert geblieben? Versuch einer Abschlußbilanz*, Berlin 2001

Winkler, Heinrich August, *Arbeiter und Arbeiterbewegung in der Weimarer Republik. Der Schein der Normalität. 1924–1930*, Berlin/Bonn 1985

Zentrum für Theaterdokumentation und -information, *Wir treten aus unseren Rollen heraus. Dokumente des Aufbruchs Herbst '89*, zusammengestellt von Angela Kuberski, Berlin 1990

Zerbst, Jan, *Eine Untersuchung der Lücke im Parteiensystem von Österreich und Deutschland und deren Füllung durch populistische Parteien. Zum Vergleich von FPÖ und Linkspartei*, München 2006

Zur Geschichte der Kommunistischen Partei Deutschlands. Eine Auswahl von Materialien und Dokumenten aus den Jahren 1914–1946, hrsg. vom Marx-Engels-Lenin-Stalin-Institut beim Zentralkomitee der SED, Berlin (Ost) 1955

Personenregister

Adenauer, Konrad 82
Adler, Hans-Henning 362 f.
Adolphi, Wolfram 310
Aurich, Eberhard 295
Aydın, Hüseyin Kenan 370

Bahr, Egon 119
Bahro, Rudolf 94, 279 ff., 283, 296
Barroso, José Manuel 148
Barth, Margrit 328
Bartl, Klaus 323 f.
Bartsch, Dietmar 18, 26 f., 82, 148, 158, 167, 174 ff., 191, 212, 237, 253, 265, 271, 306, 330 f., 337
Bärwolff, Matthias 337
Bauer, Hans 193
Baumgarten, Hans-Dieter 40
Beck, Kurt 202, 262
Becker, Hermann 48
Beckstein, Günter 96
Belter, Herbert 60
Berghofer, Wolfgang 117, 126, 132, 273
Bergsdorf, Harald 320
Bernstein, Eduard 200
Betancourt, Ingrid 343
Biermann, Wolf 303 ff., 307, 314
Binder, Karin 371
Birthler, Marianne 93, 194, 292
Bischoff, Joachim 223

Bisky, Lothar 26, 38, 41, 53, 61, 75, 80, 82, 85, 88, 97, 115, 117, 137–141, 148, 157, 164, 170, 177, 181, 185, 196, 201, 213, 220, 230 f., 233, 258, 262 f., 265, 267, 269, 295–299, 306, 308, 317, 330, 332, 335, 337, 339 ff., 390
Bismarck, Otto von 216
Blechschmidt, André 321
Bohley, Bärbel 25, 104, 148, 327
Bohley, Heidi 327
Bonk, Julia 353
Brandt, Karl-August 65
Brandt, Willy 50, 304, 381
Braun, Otto 34
Brauns, Nick 258
Brie, André 115, 160, 170, 180 f., 212, 221, 223, 239, 251 f., 311, 335, 388
Brie, Michael 115, 223, 335
Briefs, Ulrich 215
Broder, Henryk M. 305
Brombacher, Ellen 117, 337
Buber-Neumann, Margarete 43
Buchholz, Christine 141, 349
Bulling-Schröter, Eva 345
Bunge, Martina 89, 191, 205, 266
Bush, George W. 211

Cárdenas Alfonso, Barbara 361
Christiansen, Sabine 276, 338

Chruschtschow, Nikita S. 76
Churchill, Winston S. 248
Claus, Roland 211f., 220, 266, 294f., 309
Coppik, Manfred 375, 378

Dağdelen, Sevim 353
Dalai Lama 253f.
Daschner, Wolfgang 384
Dehm, Diether (»Lerryn«) 212, 263, 302–307, 310, 350, 375
Deneke, Marlies 160, 192
Diestel, Peter-Michael 194
Djilas, Milovan 44
Dohnanyi, Klaus von 37
Dörre, Karin 312
Dreibus, Werner 370
Drohsel, Franziska 353
Dserschinski, Felix 91

Ebert, Friedrich 21ff., 27, 140
Ehrensperger, Günter 68
Eichner, Klaus 91
Einsiedel, Heinrich Graf von 216
Eisenfeld, Bernd 278
Emmrich, Christina 92, 268f.
Engelhardt, Heinz 128
Engelmann, Wolfgang 165
Engels, Friedrich 7, 59, 137f., 238, 388
Enkelmann, Dagmar 252f., 263, 265, 271
Ernst, Cornelia 212, 267, 322
Ernst, Ewald 48
Ernst, Klaus 82, 141, 222ff., 226f., 252, 339, 349, 365, 368–372, 376, 378
Erwin, Thomas 282f., 291

Falk, Wilhelm 48
Fink, Heinrich 166, 294, 353
Flierl, Thomas 87, 92, 209f.
Frey, Peter 237
Fuchs, Anke 375
Fuchs, Jürgen 95
Fuchs, Ruth 321

Gallert, Wulf 327
Gehrcke, Wolfgang 215, 257, 339, 342–345
Gorbatschow, Michail 69, 109, 119, 130, 272
Graf, Stefanie 350
Grams, Wolfgang 344
Grass, Günter 283
Graßhof, Karin 228
Graumann, Dieter 255
Grehn, Klaus 189, 294
Großmann, Werner 91, 128
Grotewohl, Otto 26, 48, 60, 84, 132, 370
Guevara, Ernesto »Che« 252
Gysi, Gregor 8, 11, 15, 26, 41, 61, 78, 87f., 90, 92, 94, 97, 107, 115–123, 126ff., 130f., 133, 138–170 passim, 173ff., 177, 182, 185f., 191, 194ff., 204, 208, 210–220, 222, 226, 229, 231, 236, 256f., 262, 265, 273, 276–295, 297, 311, 330, 332, 334, 339f., 346ff., 354, 357, 364, 367, 376, 381, 383ff., 390
Gysi, Klaus 115, 277, 280

Hager, Kurt 132
Hahlen, Johann 228
Hahn, André 267
Hammerstein, Christian von 172

Händel, Thomas 224, 368
Hansen, Karl-Heinz 375
Harich, Wolfgang 96
Haufe, Frank 50
Havemann, Robert 281–284, 288f., 291
Heike, Anny 368, 371f.
Heil, Hubertus 388
Heilmann, Lutz 233f., 266, 300f., 310, 353
Henn, Bernd 153, 215
Hensche, Detlef 365
Henschke, Axel 329
Herger, Wolfgang 108
Hermes, Andreas 48
Herrmann, Joachim 110, 129
Herrmann, Sabine 157
Heym, Stefan 71, 196, 314, 337
Hiksch, Uwe 222
Hildebrandt, Regine 201
Hill, Hans-Kurt 375
Hilsberg, Stephan 199
Hindenburg, Paul von 30
Hirsch, Cornelia 339f.
Hitler, Adolf 28, 30f., 33, 35f., 38, 43, 52f., 78
Höger, Inge 371
Höhn, Matthias 245f., 328
Höll, Barbara 266
Holluba, Karl 267
Holter, Helmut 86, 204
Honecker, Erich 10, 68, 70ff., 75, 98–105, 108ff., 117, 119, 126, 149, 167, 193, 197, 241, 286, 338, 356, 363, 367, 393
Honecker, Margot 363
Höpcke, Klaus 115, 117, 332
Höppner, Reinhard 201–204, 391
Hövelmann, Holger 275
Humke-Focks, Marc 353

Iwaschko, Wladimir A. 130

Jakobs, Jann 318
Janka, Walter 94
Janssen, Helmut 357
Jarowinsky, Werner 112, 114
Jelpke, Ulla 38, 191, 212, 215, 255f., 258, 263, 331, 343ff., 352
Jesse, Eckhard 293
Jesse, Willy 50
Junghanns, Ulrich 276

Kaiser, Jakob 48
Kaiser, Kerstin 267, 313, 315f.
Kamnitzer, Heinz 25
Kaufmann, Karl-Heinz 169
Kautsky, Karl 200
Kawetschanky, Gregor 357
Kayser, Karl 114
Kelp, Dieter 216
Kerenski, Alexander F. 20
Kessler, Heinz 85
Khomeini, Ruhollah Musavi 253
Kierstein, Herbert 90
Kipping, Katja 38, 141, 252, 256, 261f., 353, 385
Klar, Christian 334f.
Klees, Inga 154
Klein, Dieter 335
Klein, Hans Hugo 228
Klier, Freya 25, 104
Klinger, Freya-Maria 353
Klotz, Sibyll-Anka 275
Klute, Jürgen 350
Knake-Werner, Heidi 208, 347
Knoche, Monika 371
Koch, Roland 355, 373
Kohl, Helmut 101, 122, 130, 148, 185, 218, 356, 380

Koplin, Torsten 328
Korschewsky, Knut 320
Korte, Jan 54
Krämer, Ralf 221 f., 350, 371
Krenz, Egon 70, 72, 86, 93, 108 f., 114 ff., 124, 126, 129, 132, 193, 273, 286, 336, 357
Kroker, Herbert 117 f.
Külow, Volker 321 ff.
Kuschel, Frank 319 f.
Kutzmutz, Rolf 224, 294

Lafontaine, Oskar 8, 10 f., 15 f., 26 f., 41, 54, 58, 66, 74, 96–106, 137–141, 154 f., 157 f., 203, 211, 226, 228 ff., 233, 237, 245–248, 251 ff., 255 f., 261 ff., 265, 274, 292, 317, 330, 332, 339 f., 348, 361, 367, 369, 374 ff., 378–385, 387 ff., 391
Langnitschke, Wolfgang 168 ff., 176
Lederer, Andrea (verh. Gysi) 153, 212, 215
Lederer, Klaus 82, 91, 263
Lemmer, Ernst 48
Lengsfeld (gesch. Wollenberger), Vera 25, 285
Lenin, Wladimir Iljitsch 21, 26, 59, 75, 77, 120, 238, 302, 338, 347
Leonhard, Wolfgang 44
Leukefeld, Ina 320
Leutert, Michael 254, 353
Liebknecht, Karl 18, 22–28, 95, 361
Lobodda, Gerd 368
Lohr, Günter 280, 283, 285, 288
Lötzer, Ulla 350, 370

Lötzsch, Gesine 38, 91, 191, 211, 227, 229, 266
Löwer, Wolfgang 228
Luft, Christa 294
Lüttke, Ragnar 233 f.
Luxemburg, Rosa 18–28, 95, 137, 335, 338, 361

Maass, Heiko 389
Maffay, Peter 381
Manuilski, Dmitri 34
Markov, Helmuth 252, 258
Marquardt, Angela 212, 218, 262
Marx, Karl 7, 59, 64, 66, 75, 137 f., 238, 243, 332, 338, 341 f., 349 f.
Matthies, Frank-Wolfgang 284
Maurer, Ulrich 236, 376 ff.
Meckel, Markus 199 f.
Menzner, Dorothée 333, 340, 353
Merkel, Angela 96 ff., 254
Merker, Paul 61
Methling, Wolfgang 267
Metz, Peter (Pit) 235, 354 f.
Mielke, Erich 31, 70 f., 91, 117, 124, 176, 288
Milošević, Slobodan 351
Missfeldt, Wiebke 234
Mittag, Günter 106, 110, 129
Modrow, Hans 15, 26, 40, 61, 80, 82, 87, 93 ff., 99, 107, 111, 115, 118 f., 121, 124–128, 133, 144, 148, 160 f., 170, 177, 214, 227, 271–274, 297, 312, 378, 381
Momper, Walter 56
Moog, Christa 324
Müller, Christa 382

Müller, Manfred 216
Müntefering, Franz 203, 226, 375

Nahles, Andrea 262, 305
Naumann, Kersten 266 f.
Nehring-Venus, Almuth 57
Nord, Thomas 267, 313 ff.
Norden, Albert 360
Notroff, Jürgen 303

Ooyen, Willi van 131, 355, 357–361
Opelt, Friedheim 325
Orwell, George 65
Ostrowski, Christine 217
Otegi, Arnaldo 258

Paech, Norman 253, 255, 257 f., 351
Pau, Petra 26, 38, 40, 56, 58, 82, 177, 191, 194, 211 f., 227, 229, 256, 266, 330 f.
Pelikan, Gerd 157 f., 160, 164
Peters, Jürgen 369
Pflüger, Tobias 254
Pieck, Wilhelm 22, 26, 43 f., 60, 83 f., 132
Pieper, Cornelia 275
Platzeck, Matthias 40, 271
Pohl, Gerhard 168 ff.
Poppe, Gerd 148, 284
Porsch, Peter 86, 91, 324 f.
Portugalow, Nikolai S. 130
Postler, Erich 117

Özkan, Ingrid 234

Quandt, Bernhard 114

Rajda, Christel 350
Rákósi, Mátyás 44
Ramelow, Bodo 54, 177, 227, 252, 258, 330 f., 348, 363, 366 f., 370 f.
Rataizick, Siegfried 193
Rathenow, Lutz 284
Rau, Johannes 101, 203
Reagan, Ronald 251
Redler, Lucy 230, 348 f.
Reißig, Rolf 201
Rettner, Gunter 103
Ringstorff, Harald 201, 203 f., 206, 391
Ritter, Peter 190, 267
Rüdiger, Werner 50

Sarge, Günther 193
Schabowski, Günter 110 f., 132
Schachner, Günther 368
Schäfer, Paul 249, 345, 375
Schalck-Golodkowski, Alexander 106, 113, 117, 159
Scharf, Heidi 350
Scharfenberg, Hans-Jürgen 313, 317 ff.
Scharping, Rudolf 199 ff., 203, 377, 382
Schatz, Carsten 87
Schäuble, Wolfgang 330
Schaus, Hermann 373
Scheel, Christine 346
Scheidemann, Philipp 21 ff.
Scherff, Julius 50
Schlecht, Michael 350, 371
Schmidt, Helmut 98, 104, 356, 374, 377
Schmidt, Wolfgang 90
Schmitthenner, Horst 371, 373
Schneider, Christiane 253 f.

Schnell, Lucia 350
Schnur, Wolfgang 282 f.
Schorlemmer, Friedrich 119
Schott, Marjana 246
Schramm, Gotthold 90 f.
Schreiber, Walther 48
Schröder, Esther 271
Schröder, Gerhard 204, 206, 211 f., 221, 226, 368, 375 ff., 381 f.
Schui, Herbert 368, 371
Schukow, Georgi 44
Schulz, Werner 148
Schumacher, Kurt 49
Schumann, Michael 75 ff., 79
Schürer, Gerhard 72
Schwanitz, Wolfgang 93, 124 f., 127, 193
Schwarz, Ulrich 285
Seidel, Jörg 192
Seifert, Ilja 266, 299 f.
Sieloff, Karl-Klaus 231
Sitte, Petra 266
Sohn, Manfred 362
Sondermann, Wolfram 233
Späth, Lothar 377
Speer, Rainer 269 ff.
Spieth, Frank 370
Stalin, Josef W. 26, 30, 34, 36 ff., 43 f., 47 f., 50, 52, 61, 63, 66, 76 f., 83, 95, 233, 338
Stamm, Sibylle 372
Stange, Eva-Maria 275
Stauffenberg, Claus Graf Schenk von 38
Steinbach, Erika 305
Steinbrück, Jürgen 194
Steinbrück, Peer 340
Steindling, Rudolfine 171
Stempel, Günter 60

Stolpe, Manfred 298
Stoph, Willi 108

Tackmann, Kirsten 266
Teltschik, Horst 380
Templin, Wolfgang 104
Teufel, Erwin 377
Thalheim, Hendrik 292
Thälmann, Ernst 30, 32–39, 41
Thälmann, Irma 37
Thierse, Wolfgang 200, 391
Tiedge, Gudrun 326 ff.
Tillich, Stanislaw 276
Tisch, Harry 106, 268
Troost, Axel 371
Trotzki, Leo 21, 347

Ulbricht, Walter 26, 32, 36, 43 ff., 49, 60, 66, 68, 78, 82 f., 265, 338, 356
Ulrich, Alexander 233, 370

Vaatz, Arnold 275
Vetter, Peter 368
Vietze, Heinz 269 ff., 313
Vogel, Hans-Jochen 380

Wagenknecht, Sahra 26, 256, 313, 334, 336–341, 352, 362
Walraff, Günter 303
Walter, Martina 235
Walther, Bernhard 308
Warski, Alexander 21
Weber, Hanspeter 105
Weber, Hermann 43
Weckesser, Ronald 217
Wegner, Christel 74, 306, 336, 363 f.
Weisskirchen, Gert 103, 105

Weizsäcker, Richard von 53
Welker, Helge 236
Werner, Harald 346
Wilken, Ulrich 235, 354
Will, Anne 96, 338
Wilzek, Herbert 236
Winkelmeier, Gert 345 f.
Winkler, Heinrich August 28
Wissler, Janine 349, 361
Witt, Katarina 304
Wohlgethan, Hermann 319
Wolf, Harald 210, 347
Wolf, Markus 76, 81 f., 115, 117, 126, 297
Wolf, Winfried 212 f.

Wollenberger, Vera s. Lengsfeld, Vera

Younes, Abdel Majod 166
Ypsilanti, Andrea 361, 378

Zerhau, Ulrike 141, 349 f.
Zetkin, Clara 21
Zimmer, Gabriele (Gabi) 56, 83 f., 86, 141, 211, 213, 220, 252, 306, 321
Zimmermann, Pia-Beate 353
Zimmermann, Wolfgang 340, 372
Zumwinkel, Klaus 154, 167
Zwerenz, Gerhard 216